RECUEIL
DES CHARTES
DE L'ABBAYE
DE SAINT-GERMAIN-DES-PRÉS
DES ORIGINES AU DÉBUT DU XIII

PUBLIÉ PAR

RENÉ POUPARDIN

TOME PREMIER
(558-1182)

A PARIS

Chez H. CHAMPION

Libraire de la Société de l'Histoire de Paris
Quai Malaquais, 5 (VIe)

1909

Exercice 1909

RECUEIL DES CHARTES

DE L'ABBAYE

DE SAINT-GERMAIN-DES-PRÉS

DES ORIGINES AU DÉBUT DU XIIIᵉ SIÈCLE

L'introduction et la table du Recueil des chartes de Saint-Germain-des-Prés paraîtront avec le second volume ; l'introduction devra être reliée en tête du premier. Voici, à titre provisoire, l'indication des sigles sous lesquels les divers recueils utilisés ont été désignés dans la présente édition, la lettre *A* étant réservée aux originaux ou prétendus originaux.

B. Cartulaire †††(fin du XIIe s.), Arch. Nat. LL. 1024.
C. Cartulaire AB (XIIIe s.), Arch. Nat. LL. 1025.
D. Cartulaire de l'abbé Guillaume (XIIIe s.), LL. 1026.
E. Cartulaire AD de la pitancerie (XIIIe s.), Arch. Nat. LL. 1027.
F. Cartulaire pour Paris (XVe s.), Arch. Nat. LL. 1028.
G. Cartulaire (XIVe-XVIe s.), Arch. Nat. LL. 1029.
H. Cartulaire (XVe s.), Arch. Nat. LL. 1034.
J. Cartulaire (XVIe s.), Bibliothèque de l'Arsenal, ms. 4099.
M. Chronique d'Aimoin, interpolée et continuée, Bibliothèque nationale, ms. lat. 12711.

La lettre *N*, accompagnée d'un indice, est affectée aux diverses rédactions des Annales de Saint-Germain-des-Prés, de J. du Breul.

N^1. Bibl. nat., ms. lat. 12844. N^5. Bibl. nat., ms. lat. 12837.
N^2. Bibl. nat., ms. lat. 12843. N^6. Bibl. nat., ms. lat. 12839.
N^3. Bibl. nat., ms. lat. 12840. N^7. Bibl. nat., ms. lat. 12841.
N^4. Bibl. nat., ms. lat. 12838. N^8. Bibl. nat., ms. lat. 12842.

Enfin les lettres *O* et *P* désignent les deux obituaires de l'abbaye dans lesquels un certain nombre de chartes ont été transcrites.

O. Obituaire du XIIe s., Bibl. nat., ms. lat. 13882.
P. Obituaire du XIIIe s., Bibl. nat., ms. lat. 12833.

Sauf indication contraire, les documents cités d'après une simple cote, sans mention du dépôt dans lequel ils sont conservés, se trouvent aux Archives nationales.

RECUEIL
DES CHARTES
DE L'ABBAYE
DE SAINT-GERMAIN-DES-PRÉS

DES ORIGINES AU DÉBUT DU XIIIe SIÈCLE

PUBLIÉ PAR

RENÉ POUPARDIN

TOME PREMIER

(558-1182)

A PARIS

Chez H. CHAMPION

Libraire de la Société de l'Histoire de Paris
Quai Malaquais, 5 (VIe)

1909

RECUEIL DES CHARTES

DE L'ABBAYE

DE SAINT-GERMAIN-DES-PRÉS

DES ORIGINES AU DÉBUT DU XIIIe SIÈCLE

I

6 décembre 558.
(Acte faux) (1).

Childebert Ier, ayant fondé, avec le concours des Francs et des Neustriens, sur les conseils de Germain, évêque de Paris et d'accord avec les évêques, près des murs de Paris, sur une terre dépendant du fisc royal d'Issy, au lieu dit « Locotitia », un monastère en l'honneur de saint Vincent, dont le roi a rapporté d'Espagne les reliques, de la sainte Croix, de saint Etienne, saint Ferréol, saint Julien, saint Georges, saint Gervais, saint Protais, saint Nazaire et saint Celse, donne audit monastère le fisc d'Issy en Parisis, près de la Seine, avec tout ce qui en dépend, en particulier les moulins établis entre la porte de la cité et la tour, la pêcherie appelée « Vanna », et toutes les pêcheries établies sur la Seine depuis le pont de la cité jusqu'au ruisseau de Sèvres, avec la jouissance de la largeur d'une perche de terre sur chaque rive dudit fleuve, les engins établis pour prendre les oiseaux sur la rivière, et aussi la cha-

(1) Sur cet acte et le suivant, cf. J. Quicherat, *Critique des deux plus anciennes chartes de l'abbaye de Saint-Germain-des-Prés*, dans la *Bibl. de l'Ecole des Chartes*, t. XXVI, p. 513.

DOCUMENTS XV

pelle dédiée à saint Andéol, que le roi a achetée d'Hilaire et de Chéron.

A. Original prétendu, avec traces de sceau, K 1, n° 2.
B, fol. 17. — D, fol. 1. — G, fol. 1. — H, fol. 67 (copie du 4 mars 1403). — M, fol. 28 v°. — N2, fol. 9 v°. — N3, fol. 7 v°. — N4, fol. 11 v°. — N5, fol. 10. — N6, fol. 22. — N7, fol. 9. — N8, fol. 5 v°. — V. Copie du XIII° siècle, Bibl. nat., ms. lat. 13089, fol. 127. — W. Copie du XV° siècle, dans le *Livre des métiers*, KK 1336, fol. 149 r°. — X. Copie du XVII° siècle, LL 1131, p. 25. — Y. Copie du XVIII° siècle, LL 1049, fol. 1.

EDIT.. : (a) Aimoin, *Gesta Francorum*, l. II, c. 20, éd. 1514, fol. 21; éd. 1567, p. 117 ; éd. Du Breul, p. 56. — (b) Baronius, *Annales ecclesiastici*, a. 561, t. VII, p. 475. — (d) Le Cointe, *Annales ecclesiastici Francorum*, t. I, p. 482. — (c) J. Du Breul, *Théâtre des Antiquités de Paris*, p. 296, sans indication de source. — (e) Le Maire, *Paris ancien et nouveau*, t. I, p. 251, d'après C. — (f) Dubois, *Historia ecclesiae Parisiensis*, t. I, p. 87, d'après a. — (g) Bouillart, *Hist. de Saint-Germain-des-Prés*, pr. p. 1, n° 1, d'après A. — (h) Félibien, *Histoire de Paris*, t. III, p. 15, d'après A. — (i) *Gallia Christiana*, t. VII, instr., col. 1, n° 1, d'après g. — (j) *Recueil des Histor. de France*, t. IV, p. 622, n° X, d'après g. — (k) Bréquigny, *Diplomata, chartae*, p. 53, n° 28, d'après A. — (l) Pardessus, *Diplomata*, t. I, p. 116, n° CLXIII, d'après A. — (m) [Teulet et Letronne], *Diplomata merovingicae aetatis*, p. 1, n° 1, d'après A. — (n) Quicherat, *Les deux plus anciennes chartes de Saint-Germain-des-Prés* dans *Biblioth. de l'Ecole des Chartes*, t. XXVI, p. 514, d'après A. — (o) Tardif, *Cartons des rois*, p. 2, n° 2, d'après A. — (p) K. Pertz, *Diplomata*, t. I, p. 7, n° 5, d'après A. — (q) Berty et Tisserand, *Topographie historique du Vieux Paris. Région du bourg Saint-Germain*, p. 317, d'après o. — (r) Lasteyrie, *Cartulaire de Paris*, p. 3, n° 2, d'après A.

INDIQ. : Bréquigny, *Table chronologique*, t. I, p. 29.

FAC-SIM. : *Nouveau traité de diplomatique*, t. III, p. 657, pl. 67 (fragm.). — Letronne, *Diplomata merovingicae aetatis*, n° 1.

(*Chrismon*) **Childebertus rex Francorum vir inluster. Recolendum nobis est et perpensandum utilius quod hii qui templa domini Jhesu Xpisti redificaverunt** *(a)* **et pro requie animarum ibidem tribuerunt vel in alimonia pauperum aliquid dederunt et voluntatem Dei adimpleverunt in aeter-**||² na requie sine dubio apud Deum mercedem recipere meruerunt. Ego Childebertus rex, una cum voluntate Francorum et Neustrasiorum et exortatione sanctissimi Germani Parisiorum urbis pontificis vel consensu episcoporum, cepi construere templum in urbe Parisiaca prope muro[s civit]atis, in terra quae ‖ 3 aspicit ad fiscum nostrum Isciacense (*b*), in loco qui appellatur Locotitie, in honore sancti Vincentii martiris, cujus reliquias de Spania apportavimus, seu et sancte Crucis vel sancti Stephani et sancti Ferreoli et sancti Juliani et beatissimi sancti Georgii et sancti Gervasii, Protasii, pueri Nazarii [et] Celsi [quorum] reliquie ibi sunt consecra[te. ‖ 4 Propte]rea in honore dominorum sanctorum cedimus nos fiscum largitatis nostre qui vocatur Isciacus, qui est in pagis Parisiorum prope alveum Sequanae, una cum omnia que ibi sunt aspecta, cum mansis comanentis (*c*), agris, territoriis, vineis, silvis, pratis, servis, inquilinis, libertis, ministerialis, preter illos quos ‖ 5 [nos in]genuos esse precipimus, cum omnibus appenditiis suis qui ibi aspiciunt, cum omnibus adjacentiis qui ibi adagunt, cum omnia que nos deserviunt, tam in aquis vel insulis, cum molendinis inter portam civitatis et turrim positis, cum insulis que ad ipsum fiscum adjacent, cum piscatori[a] que appell[atur Banna (*d*) ‖ 6 cum] pis[ca]toriis om[nibu]s que sunt in ipso alveo Sequane, sumuntque initium a ponte civitatis et sortiuntur finem ubi alveolus veniens Savara precipitat se in flumine. Has omnes piscationes que sunt et fieri possunt in utraque parte fluminis, sicut nos tenemus et nostra fores-‖ 7 tis est [tra]dimus ad ipsum locum ut habeant ibidem Deo servientes victum cotidianum per suadentia (*e*) tempora. Damus autem hanc potestatem ut cujuscunque potestatis litora (*f*) fuerint, utriusque partis fluminis teneant unam perticam terre legalem, sicut mos est, ad d[uoen]das naves et reducen‖8das, ad mittenda retia et retrahenda absque ulla refragatione. De argumentis vero per que aves possunt capi super aquam, precipimus ut nulla potens persona inquietare audeat famulos Dei; sed omnia secure teneant, possideant per infinitas temporum successiones, cum areis ‖ 9 et casis in P[ari]sius [civitate, cum] terra [et v]inea et oratorio in honore sancti Andeoli martiris, que de Elario et Ceraunio dato pretio compar[avimus], omnia et ex omnibus, quicquid ea nos deservierunt, in postmodum pro requie animae mee quando Deus de hac clar[issim]a luce dede-‖ 10 runt discessum, ipse fiscus qui vocatur Isciacus cum omnia que ibi sunt aspecta, ipso die ad ipsum templum Domini quod nos edificamus, deserviat, et omnia quae ibi sunt opus tam ad lumen quam, in Dei nomine, ad stipendia servis Dei, qui ibi instituimus, seu ad ipsos rectores, qui ipsos regere habent, ‖ 11 omnia et ex omnibus ibi transsolvant, ejusque temporibus et per longum annorum spatia ad ipsum templum Domini absque contradictione vel refragatione aut juditiaria contentione, inspecta ipsa preceptio, omnique tempore profitiat in aucmentum (*g*), et haec preceptio cessi-‖ 12 onis nostre futuris temporibus.

Deo auxiliante (*h*), firmior habeatur vel per tempora inviolabilis conservetur, manibus propriis vel nostris signaculis subter infra decrevimus roborare.

|| 13 Datum quod fecit menso decembre dies sex, anno XLVII[II] postquam Childebertus rex regnare cepi[t. Ego Valenti]anus notarius et amanuensis recognovi et [subscripsi] (*i*).

|| 14 **Signum Childeberti gloriosissimi regis** (*j*).

(*a*) reedificaverunt, tribuerunt, dederunt, adimpleverunt, meruerunt, *corrigés en* reedificaverint, etc. *B.* — (*b*) Isciacensem *B.* — (*c*) commanentis *B.* — (*d*) venna *B*, vanna *n.* — (*e*) sic *A* ; suadentia *avec le premier* a *sur un grattage B.* — (*f*) littora *B.* — (*g*) augmentum *B, qui ajoute ensuite le passage suivant* : statuimus etiam et regia auctoritate precipimus ut nulla secularis persona aliquas exactiones ab hominibus prefati monasterii preter voluntatum abbatis et monachorum aliquatenus requirat, nec judiciariam potestatem super eos exercere presumat. *Le passage a été barré, avec, en marge, cette indication d'une main du* XVe *siècle* : haec non habentur in originalibus, *et ne se retrouve pas dans les autres cartulaires.* — (*h*) B donne après temporibus *les mots* firmior habeatur ; *qui ont été barrés, et rajoutés après* auxiliante *d'une main du* XVe *siècle.* — (*i*) subscripsi *omis dans B.* — (*j*) *La souscription royale est omise dans B et rajoutée en marge d'une main du* XVe *siècle.*

II

Paris, 21 août 566.
(Acte refait).

Germain, évêque de Paris, rappelant la fondation de l'abbaye de Sainte-Croix et de Saint-Vincent par le roi Childebert, et les privilèges qui ont été accordés par ce souverain audit monastère, confirme aux religieux le droit d'élire librement leur abbé, et leur indépendance vis-à-vis des évêques.

A. Original prétendu, K 1, n° 3.
B, fol. 1. — E, fol. 32. — N1, fol. 5. — N2, fol. 19. — N3, fol. 17. — N4, fol. 28 v°. — N5, fol. 25. — N6, fol. 40. — N7, fol. 25. — N8, fol. 15 v°. — X. Copie du xviie siècle, LL 1131, p. 29.

EDIT. : (*a*) Aimoin, *Gesta Francorum*, l. III, c. 2 ; éd. 1567, p. 125 ; éd. Du Breul, p. 75. — (*b*) Du Breul, *Antiquités de Paris*, p. 331, sans indic. de source. — (*c*) Malingre, *Antiquités de Paris*, p. 189, d'après *b*. — (*d*) Le Cointe, *Annales ecclesiastici*, t. II, p. 63. — (*e*) Le Maire, *Paris ancien et nouveau*, t. I, p. 235. — (*f*) Dubois, *Hist. ecclesiae Parisiensis*, t. I, p. 89, d'après A. — (*g*) Bouillart, *Hist.*

de Saint-Germain-des-Prés, pr. p. 11, n° 11. — (*h*) Félibien, *Hist. de Paris*, t. III, p. 16, d'après *b*. — (*i*) Bréquigny, *Diplomata, chartae*, p. 62, n° xxxv, d'après *A*. — (*j*) Pardessus, *Diplomata*, t. I, p. 127, n° CLXXII. — (*k*) [Teulet et Letronne], *Diplomata, chartae*, p. 3, n° 2, d'après *A*. — (*l*) Tardif, *Cartons des rois*, p. 3, n° 3, d'après *A*. — (*m*) Lasteyrie, *Cartulaire de Paris*, p. 5, n° 3, d'après *A B E*.

INDIQ. : Bréquigny, *Table chronologique*, t. I, p. 30.

FAC-SIM. : Letronne, *Diplomata et chartae*, n° 2.

[Domin]is viris apost[olicis] sanctis et in Xpisto fratribus, omnibus episcopis Parisiace urbis [c]um gratia Dei futuris et celesti visitatione ditatis, Germanus peccator. Omnibus non habetur incognitum qualis ac quantus circa monas[teria], ‖ ² [ecclesi]as aut er[ga loca D]e[um] timentium virorum fuerit in[clite m]emorie [glo]riosissimus Childebertus rex, cujus summa [beniv]olentia multis largita est copiosa beneficia et immunitati nostre stabilitatem perpetuam. Scilicet co[gitans quia qui] ‖ ³ ista tempo[ral]ia reservaret (*a*) me[ten]da, sibi multo majora [a] Deo illi attribuerent[u]r, si ob ejus a[more]m templa (*b*) funda[ret, et egentium] inopiam substentaret, et pro magnis parva offerret, atque pro terrenis celes[ti]a acdipisceretu[r ; unde et nobis ob ‖ ⁴ s]epulture sue meritum aliqua [se] con[sid]e[ra]re ma]nd]avit et consi[de]rata cessit. Itaque inclitus [ist]e princeps Parisius basilicam in honore sancte Cru[cis et] domni Vincentii vel reliquorum sanctorum in unum membrum construxi[t et sibi sepulturam] ‖ ⁵ inibi [co]llocavit, ac largita[tis sue] copiam per testamenti sui pagina[m nob]is h[a]bere decrevit et habe[ndi m]eritum loco tanti ordinis constituit. Sed dum pag[in]a testamenti sui et cordis fides sub humana fragilitate temporaliter vige[ret, agente id ‖ ⁶ quorum]dam calliditate ne etern[a illi tri]bueretur [be]atitudo, ac scriptu[m] non sortiretur effectum, sim[u]lque [ab]bas et congregatio deputata non perciperent ac sterilitate victus et vestitus deperirent, monuit me illius recordati[o et ob ‖ ⁷ amor]em illius terruit me tanta [sec]ur[it]as [simu]lque pietatis et car[it]atis affectus. Ille et[enim po]st Deum dum superesset fuit nostra immunitas et securitas, pax et recuperatio ac sequestratio omnis a civili negotio ‖ ⁸. [Nos ver]o in hac re pietati illius con[su]lentes et ceterorum reg[um velle stabi]liri conantes, ca[ritatem] fraterne dilectionis vestre nobiscum volumus concordari quatinus (*c*) illius sancti loci honor celeberrimus et ‖ ⁹ [memori]a jam dicti principis gloriosi eniteat [eo]dem in loco omnibus [e]jus evi temporibus, habeat[que] abbatem ex propria congregatione (*d*) ipsa ecclesia qui sub gubernatione scilicet regum, per successiones eundem locum ‖ [10] [praevide]at, s[i]tq[ue ali]enus pontifex omnis **Parisiorum** ab eodem loco ut non deinceps aliqu[am pot]estatem in omnibus ad ipsum locum pertinentibus habeat. Simulque sancimus ut nullus metropolitanus aut aliquis ‖ [11] [suffraganeus ejus causa alicujus ord]inati[o]nis illu[c i]ngredi presumat, nisi solu[mmo]do ab abbate ejusdem loci vocatus venerit ad sanctitatis misterium (*e*) celebrandum aut ad ecclesia[s ‖ [12] conse]crandas [aut] ad bene[dictio]ne[s cl]ericorum vel monachorum instituendas, quod debi[tum] renuere nullatenus renuere debet. Ceterum quicquid a die presenti tam a tempore meo quam et suc-‖ [13] [cessorum] meo[rum om]nium in sede [Parisiorum r]esidentium episcoporum vel a Deum timentibus principibus ejusdem plebis, in fiscis, villis, agris, in au[ro v]el argento fuerit delegatum sive donatum, ut ad integrum habeat, volo ‖ [14], [rogo, conju]ro. Decrevi eti[am] per [h]anc cartulam immunitatis et cessionis meam basilicam superius nuncupatam sine gestorum obligatione manere. Et quia id antea consuetudo non fuit et modo a regibus et prin-‖ [15] [ci]pib[us mihi e]st concessum, v[ol]untatem pietatis vestre in hoc scripto pretermittere nolui sed in omnibus per vos roborari et confirmari exposco ut deinceps ratum permaneat. Et si aliquis umquam fuerit, ‖ [16] [qui con]tr[a] han[c] deliberationem meam, quam ego pro firmitatis studio cum metropoli[tani] et reliquorum episcoporum consilio ac suasione decrevi conscribere, quoquo tempore venire temptaverit ‖ [17] [aut fortas]sis locum refragandi quesierit, in primis a liminibus sanctarum ecclesiarum ab omnibus episcopis et sacerdotibus Dei tam presentis temporis quam et futuri sit excommunicatus et alienus a pace, et in ‖ [18] [futuro judicio cum sanctis et a]micis Dei in quorum [honore] (*f*) hec conscriptio facta est, meum ac d[ominorum meor]um metropolitanorum (*g*) seu episcoporum presentium super se adesse sentiat judicium, et sit anathema maranatha. ‖ [19] [At insuper ut hec] cartula firmiorem possit adipisci plenitudinem comprovincialiam dominorum [episcoporum] et fratrum meorum presbyterorum seu diaconorum conscriptionibus ipsam volui corroborare.

‖ [20] [Actum] P[arisius civitate sub die duodecima calendarum septembris anno quinto domini Chariberti regis]. Germanus peccator hanc car[tulam cessio]nis et emunitatis a me factam relegi et subscripsi [sub die quo supra].

‖ [21] N[ice]tius Lugdunens[is episcopus] in Xpisti nomine petente apostolico donno et fratre meo Germano episcopo et [d]onna Ultrogote regina atque donna [Ch]rodesinta ac Chroberga constitutionem hanc scili[cet a presenti ‖ [22] tempore a successoribus donni Germani episcopi] perpetuo custodiendam relegi et manus [mee subscriptione corroboravi] notato die. P[ret]extatus Cabillonensis episcopus deliberationem superius comprehen[sam roga-]|| 23 nte et presente donno Germano episcopo g[au]denter suscepi r[e]legendam et subscripsi not[ato die]. Felix Aurelianensis episcopus juxta consensum et deliberationem donni Germani in perpetuo mansu[ram su]b-|| 24 [scrips]i notato die. E[u]f[r]onius Ni[v]ern[ensis] episcopus rogante donno apostolico Germano e[piscopo han]c deliberationem relegi et subscripsi notato die. Domicia[n]us Carnotensis episcopus juxta consensum et deli-|| 25 [beratione]m fratis mei Germ[ani episco]pi [co]n[s]ensi et subscri[psi] notato die. Donnolus Cenoman[nens]is episcopus c[onsens]i et subscripsi notato die. Caletricus p[ecc]ator juxta consensum et deliberationem donni || 26 [Germa]ni episcopi conse[ns]i et s[ub]scripsi notato die. Victurius peccator juxta deliberatio[nem] hanc Germano presente fratre meo et rogante, consensi et subscripsi notato die.

|| 27 [Leodeb]au[du]s peccator consensi et subscripsi notato die.

|| 28 [**Amanuensis notarius sub jussi**]**one donni Germani episcopi hoc privilegium cessionis scripsi et subscripsi.**

(*a*) servaret *B*. — (*b*) ecclesias et templa *B*. — (*c*) *Le mot* quatinus *répété A*. — (*d*) ex propria sua electione *B*. — (*e*) sacrum misterium *B*. — (*f*) *Le mot est omis dans A*. — (*g*) metropolitani *B*.

III

S. d. [...576].
(Acte perdu).

Saint Germain donne à l'église de Sainte-Croix, Saint-Etienne et Saint-Vincent, son alleu de Bitry avec la forêt de Poiseux, pour l'entretien du luminaire de ladite église.

INDIQ. : *Polyptyque d'Irminon*, X, 1, éd. Longnon, t. II, p. 155 (1).

(1) « Habet villa Vitriaco mansum... Est ibi salva quae vocatur Puciolus quae pertinet ad ipsam villam; quae videlicet silva, cum ipsa villa, fuit alodum sancti Germani... Nam ipsum alodum senctus contulit Germanus ad luminaria ecclesiae sanctae Crucis sanctique Stephani prothomartyris seu sancti Vincentii levitae et martyris. » — Comme date, il n'est guère possible d'indiquer que le *terminus ad quem* fourni par la mort de saint Germain, puisque nous ignorons la date précise de la fondation de l'église de Saint-Vincent.

IV

S. d. [...576].
(Acte perdu).

Saint Germain donne à l'église de Sainte-Croix, Saint-Étienne et Saint-Vincent, son alleu de Vailly, avec ses dépendances, que son père avait acquis du comte Ermenfroi, pour la célébration de l'anniversaire des parents du donateur.

INDIQ. : *Polyptyque d'Irminon*, X, 2, éd. Longnon, t. II, p. 156 (1).

V

S. d. [567-584].
(Acte perdu).

Chilpéric Ier donne au monastère de Saint-Vincent, dont Droctové est abbé, les domaines d' « Ipiacus » et « Adiacus » en Quercy.

INDIQ. : Aimoin, *Hist. Francorum*, l. III, c. 56, éd. Du Breul, p. 119 (2).

(1) « Est ibi in confinio quaedam alia possessio quae dicitur Valliacus, aliaque procul quae vocatur Galliacus, quas pater sancti Germani ab Ermenfrido comite emit, quasque praedictus sanctus praesul contulit praedictae ecclesiae sanctae Crucis sanctique prothomartyris Stephani seu sancti Vincentii levitae et martyris, cum omnibus appenditiis suis, quatinus annis singulis in commemoratione natalitii patris seu genitricis suae solvant ad sepulchra eorum cereos duos. » — Le *terminus ad quem* est le même que celui de l'acte précédent.

(2) Aimoin, après avoir rapporté d'après Grégoire de Tours le meurtre de Chilpéric à Chelles puis son transfert à Paris et sa sépulture dans l'église de Saint Vincent, rappelle l'exemption de tonlieu que le prince aurait concédée à cette même église (cf. *infra*, n° VI) et ajoute : « necnon et duas possessiones in pago Caturcensi sitas, quarum altera Ipiacus, altera autem Adiacus dicebatur, tempore Droctovei abbatis per syngraphum ibi contulerat. » Les dates extrêmes sont celles du règne de Chilpéric Ier à Paris.

VI

S. d. [567-584].
(Acte perdu).

Chilpéric Ier accorde au monastère de Saint-Vincent, dont Scubilio est abbé, un privilège d'exemption de péages dans toutes les provinces de son royaume.

INDIQ. : Aimoin, *Hist. Francorum*, l. III, c. 56, éd. Du Breul, p. 119 (1).

VII

S. d. [613-629] (2).
(Acte perdu).

Clotaire Ier concède divers domaines et divers droits à l'église de Saint-Vincent.

INDIQ. : Aimoin, *Hist. Francorum*, l. II, c. 29 et l. III, c. 39, éd. Du Breul, p. 67 et 74 (3).

VIII

S. d. [629-639].
(Acte faux) (4).

Dagobert Ier lègue divers domaines à plusieurs églises de Paris, et en particulier à l'église de Saint-Vincent la terre de Combs.

B, fol. 18. — D, fol. 1 v°. — M, fol. 85. — Y. Copie du XIIIe s., Bibl. nat., ms. lat. 13089, fol. 127 v°. — Z. Copie du XVIIIe s., K 181, n° 92.

(1) Les termes employés par Aimoin sont assez peu précis : « quam [basilica sancti Vincentii] ipse immunem ab omni civili negotio tam in eundo vel redeundo vel negotia exercendo per totas regni sui provincias regali praecepto tempore abbatis Scubilionis effecerat. » Je conjecture qu'ils désignent une *tractoria*, un privilège d'exemption de tonlieux. — Les dates extrêmes sont celles du règne de Chilpéric Ier.

(2) Les dates extrêmes sont celles du règne de Clotaire II à Paris.

(3) L'acte est en outre mentionné dans les privilèges pontificaux du XIIe siècle depuis la bulle de Pascal II de 1107 (*infra*, n° LXXIII).

(4) L'auteur des *Gesta Dagoberti*, qui écrivait au IXe siècle, a inséré dans son œuvre (c. 39 ; éd. Krusch, dans les *Mon. Germ.*, in-4°, *SS. Rer.*

EDIT. : (a) Aimoin, *Gesta Francorum*, l. IV, c. 30, éd. 1514, fol. 65 v°; éd. 1567, p. 176, éd. Du Breul p. 357; d'après *M*. — (b) Duchesne, *Scriptores hist. Francorum*, t. III, p. 113, d'après *M*. — (c) Le Cointe, *Annales ecclesiastici Francorum*, t. III, p. 28, d'après *M*. — (d) Bouillart, *Hist. de Saint-Germain-des-Prés*, pr., p. IV, n° IV, d'après *B*. — (e) *Recueil des Hist. de France*, t. III, p. 133, d'après *M*. — (f) Bréquigny, *Diplomata*, p. 162, n° XCIII, d'après *BM*. — (g) Pardessus, *Diplomata*, t. II, p. 38, d'après *G*. — (h) K. Pertz,

merov., t. II, p. 417) le texte d'un prétendu discours prononcé par Dagobert à une assemblée tenue à « Bigargium » (Garges selon Lebeuf, Lusarches selon d'autres. Le roi s'y exprime ainsi : « ...ne ultimus dies juxta dispensationem Domini nos de memoria sanctorum vel consolatione egentium pigros inveniat, ita nobis sana mente sanoque consilio placuit, et ut jam diximus devotio animae admonuit pro aeterna retributione testamentum condere, in quo basilicas sanctorum pene omnes regni nostri temporibus nostris nominatas proprii nostris donationibus heredes fieri preciperemus et pro immutabili beneficio quatuor uno tenpore unoque temporis momento, vobis omnibus consentientibus, firmare decrevimus, et quicquid ubi ad loca sanctorum per eadem nunc ad praesens contulimus, infra simili adnotatione contexuimus. Ex quibus unum Lucduno Galliae dirigimus, alium vero Parisius in archivo ecclesiae commendamus, tertium Mettis ad custodiendum domno Abboni donamus, quartum autem, quem et in manibus tenemus, in thesauro nostro reponi jubemus. » — Un fragment du même texte, portant en tête le titre moderne de « Fragmentum testamenti Dagoberti regis Francorum », se trouve transcrit au fol. 39 du ms. 581 du fonds de la Reine Christine à la bibliothèque du Vatican. Mais c'est par erreur que M. B. Krusch indique ce fragment comme contenant déjà l'énumération de diverses donations faites par Dagobert à certaines abbayes (*SS. Rer. merov.*, t. II, p. 416, n.) Cette énumération ne se trouve que dans le texte en forme de diplôme, tel qu'il a été conservé par Aimoin et les cartulaires de Saint-Germain-des-Prés. Ce diplôme, comme l'a fort bien montré M. B. Krusch (*loc. cit.*), a été fabriqué à l'aide du discours des *Gesta*, et à Saint-Germain, par un homme plus soucieux de la gloire de cette abbaye que de la vérité historique. Il indique en effet comme lieu de sépulture de Dagobert le monastère de Saint-Vincent, alors que ce prince fut enseveli, selon le désir exprimé par lui, dans la basilique de Saint-Denis (Frédegaire, *Chron.*, l. IV, c. 79). Il me paraît douteux que le faux doive être attribué à l'interpolateur d'Aimoin lui-même, autrement on s'expliquerait mal qu'il ait composé le document à l'aide du discours qu'il venait d'insérer dans son récit, en y renvoyant pour certains passages. On s'explique mieux qu'il l'ait fait s'il avait lui-même sous les yeux un pseudo-document reproduisant *in extenso*, ou presque *in extenso*, les considérations déjà développées dans le discours emprunté aux *Gesta*. L'interpolateur d'Aimoin, en les retrouvant, pouvait les abréger comme il l'a fait. Il est question dans le fragment qui nous est parvenu, de donations faites par Dagobert à quatre abbayes : Saint-Denis, Saint-Vincent, Saint-Pierre et Saint-Paul, Sainte-Colombe de Sens. Le faussaire, influencé comme le croit M. Krusch, par les quatre copies dont parlent les *Gesta*, a-t-il attribué arbitrairement à Dagobert des donations faites aux quatre plus célèbres monastères de

Diplomata, p. 156, Spuria, n° 39, d'après *BM*. — (1) Lasteyrie, *Cartulaire de Paris*, p. 11, n° 9, d'après B (1).

In nomine Trinitatis domini Dei omnipotentis. Apostolicis patribus pontificibus videlicet ac abbatibus vel reliquis sacerdotibus in regnum nostrum consistentibus Dagobertus rex Francorum. Quantum intellectualis sensus humani potest mente sagaci pensare atque sollerti indagatione perpendere, nichil amplius valet in hujus seculi luce ac fugitiva gaudia lucrari quam quod de rebus transitoriis locis venerabilibus quis studeat in alimonia pauperum inpen-

l'époque mérovingienne ? Ou, au contraire, comme il le dit, a-t-il eu sous les yeux un document contenant une énumération plus complète (« et cetera que ibi plura continentur »)? Il est également question de la donation de Combs-la-Ville à Saint-Vincent par Dagobert dans un diplôme de Philippe I" (Prou, *Actes de Philippe I"*, p. 39, n° XIII), mais ce témoignage du diplôme de Philippe I" peut ne reposer que sur l'acte faux de Dagobert, ou même sur des prétentions que ce faux était destiné à justifier. Cependant, nous savons que les moines de Saint-Germain étaient en possession de Combs dès le temps de l'abbé Irminon (*Polyptyque d'Irminon*, XVI, 1, p. 255). En ce qui concerne la donation de Draveil au monastère des saints Pierre et Paul, plus tard Sainte-Geneviève, nous ne sommes pas autrement renseignés. Le don de Brunoy à Saint-Denis est mentionné, d'après le testament du roi, par les *Gesta Dagoberti* (c. 39, p. 418). Quant à « Grandiscampus » un diplôme de Louis le Pieux en mentionne la concession faite à Sainte-Colombe de Sens par Dagobert (*Hist. de France*, t. VI, p. 590). Le faussaire aurait pu connaître par les *Gesta Dagoberti* la donation de Brunoy ; pour qu'il ait indiqué avec exactitude celle de « Grandiscampus », il faut qu'il ait eu entre les mains un autre document, peut-être un extrait du testament de Dagobert conservé à Saint-Denis et connu de l'auteur des *Gesta Dagoberti*. Dans ce texte, venant de Saint-Denis, le faussaire de Saint-Germain-des-Prés aurait inséré la mention de la sépulture de Dagobert dans son abbaye. Tout ceci est d'ailleurs sans préjuger de l'authenticité du testament de Dagobert et de la nature de l'extrait ou document dérivé quelconque qu'a pu connaître le moine de Saint-Vincent. Il suffit d'ailleurs de renvoyer sur ce point au mémoire très complet de M. W. Levison, *Kleine Beiträge zu Quellen der fränkischen Geschichte. Das Testament Dagoberts I*, dans le *Neues Archiv*, t. XXVII, 1902, p. 333-336. — Quant à l'époque de la fabrication du faux, elle me paraît impossible à déterminer. La possession de la terre de Combs fut, à la fin du X° siècle et au début du XI°, l'objet de contestations dont il est longuement question dans le diplôme de Philippe I" cité plus haut, mais le désir des moines de posséder dans leurs archives un privilège du plus célèbre des rois mérovingiens suffit à expliquer l'origine du faux tout aussi bien que la nécessité de produire un titre pour la possession de la terre de Combs.

(1) En outre ce texte a été publié d'après les *Gesta Dagoberti* par Duchesne (*Script. hist. Franc.*, t. I, p. 584), par Delalande (*Suppl. ad concil. Galliae*, p. 462), par Ekkart (*Commentarii de rebus Franciae orientalis*, t. I, p. 205), par Br. Krusch (*Mon. Germ. in-4°*; *SS. Rer. merov.*, t. II, p. 416).

dere, quatinus qui fragilitatem naturę generaliter patiuntur, priusquam subitanea transpositio eveniat, pro salute animę invigilent ut non inveniatur quisquam imparatus vel sine aliquo respectu discedat e seculo. Quin potius dum proprię libertati (*a*) jure substitit, ex caducis substanciis in eterna tabernacula viam studeat mercare perpetuam, ut inter justorum consortio desiderabilem valeat adipisci locum (*et cetera, itemque post pauca*) (*b*) : Itaque nobis sana mente sanoque consilio placuit et, ut diximus, devotio divina nos ammonuit ut pro salute nostra vel pro eterna retributione conscribendum preciperemus testamentum, et pro immutabili beneficio quattuor uno tenore firmavimus et quicquid ubique per loca sanctorum contulimus inibi simili annotatione contexuimus. Ex quibus unum Lugduno Gallie direximus aliud vero Parisius in archivis ecclesię commendavimus (*ut supradictum est. Deinde subjungitur*) (*b*) : Donamus igitur ad basilicam domni Vincentii Parisius ubi sepulturam quandoquidem Deus jusserit habere disponimus, donatumque in perpetuo esse decernimus villam cognominatam Cumbis in pago Parisiaco, quem Ursa filia Alderici tenuit. Pari modo ad basilicam beati Petri apostoli Parisius, ubi sancta Genovefa requiescit in corpore, villam Dravernum in Brigeio. Ad basilicam vero domni Dyonisii item Parisius ubi cum sociis suis requiescit villam Braunate in Brigeio (*d*). Ad basilicam domnę Columbę vel domni Lupi Senonis villam Grandecampum in Guastinense (*e*) (*et cetera que ibi plura continentur. Ad ultimum vero intulit*) (*b*) : Vos autem, boni filii, considerantes primum naturę religionem cujus gratia et bestias ligat, manete fratres, nolite exuere qui onerati estis. Deinde reveremini me patrem vestrum, qui rogare malo cum possum jubere, ut statuta nostra inconvulsa servetis sicuti vestra a successoribus vestris servari mavultis, profecto scientes quod si a nobis sancita contemptui habueritis (*f*), quod non arbitror, pari modo et vestra a posteris contempnentur decreta.

(*a*) libertatis *avec* s *exponctué M.* — (*b*) *ces indications se trouvent dans* BM. — (*c*) in corpore *om. B.* — (*d*) *le passage* ad basilicam vero... Braunate in Brigeio, *relatif à Saint-Denis, est omis par B.* — (*e*) Gastinense B. — (*f*) habueris B.

IX

Pressagny, 20 août 682.

Wademarus et Ercamberta, sa femme, ayant reçu du monastère de Saint-Vincent et Saint-Germain et de son abbé Sigefroi des terres à Pressagny en Vexin, s'engagent à les conserver à titre de précaire, en même temps que les terres concédées par eux-mêmes audit monastère, à « Novisolium » en Anjou et à Hiesmes en Dreugesin (1), moyennant un cens annuel de 30 sous.

A. Original, K 4, n° 5.

ÉDIT. : (*a*) Pardessus, *Diplomata*, t. II, p. 360, n° DXLVII, d'après A. — (*b*) Guérard, *Polyptyque d'Irminon*, Append., t. II, p. 341, d'après A. — (*c*) [Teulet et Letronne], *Diplomata et chartae*, p. 76, n° XLIV. — (*d*) Tardif, *Cartons des rois*, p. 19, n° 24, d'après A.

FAC-SIM. : Letronne, *Diplomata et chartae*, n° XLIV.

Domno sancto et in Xpisto venerabile patri Sigofredo abbati vel omni [congre]gatione (*a*) monasterii sancti Vincentii et sancti Germani, ubi ipse praeciosus ||² domnos in corpore requiescit, qui est sub opidum Parisius civitate constructus. [Ego enim] in Dei nomine inluster vir ||³ Vuademerus et inluster matr[ona su]a Ercambertane d. m...... du... et nost........ decrevit [|⁴ [v]oluntas ut villa vestra cui vocabulum est Prisciniacus, quae est in pago Vilgasino super alveum Sig[ona], illam med[iet]a[te] q[ue ge]netor ||⁵ [n]oster nomen Hebroulf[ous] condam et Hansberta ad ipso monasterio vestro delegaverunt, ad usu b[eneficio dign]ati fuistis

(1) Il existe en effet une autre charte des mêmes personnages portant donation de terres à diverses églises, et entre autres à l'église de Saint-Vincent et Saint-Germain et à l'abbé Audtharius des domaines d'Hiesmes en Dreugesin et de *Noviolium* en Anjou (Pardessus, *Diplomata*, t. II, p. 208, n° CCCCXII ; l'original de l'acte est conservé, K 4, n° 11). Mais cette pièce est datée de la XVII° année du règne d'un Thierry qui est certainement Thierry III. Elle appartient donc à la période comprise entre le printemps de l'an 689 et le printemps de l'an 690, et ce ne peut être l'acte dont il est question dans la donation de 682. La donation de 689-690 doit être elle-même considérée comme une confirmation d'un acte antérieur ou un abandon par les deux époux des droits qu'ils possédaient encore. L'acte de 689-690 est incomplet du début, cependant il semble devoir être rangé dans la catégorie des testaments.

[no]bis conced[ere] ‖ ⁶, tam illas res quam et illas alias...... nos per nostra strumenta ante hos dies ad casa sancti Vincentii et sancti Germani adfirmavimus, hoc est Novis[o]lio in [pago Ande-] ‖ ⁷ gaveninso seu alias res quae sunt in [pa]go Dorgasino............... [domi]bus, edificiis, casticiis, mancipiis, silvis campis, pratis, pascu[is], ‖ ⁸ farinariis, gregibus cum pastoribus, aquis aquarumve decursibus, presidiis mobilibus et inmobilibus utriusque genere sexsus, tam majore quam et minore [adja-] ‖ ⁹ cenciis vel reliquis quibuscumque beneficiis. Ea viro ratione, ut dum pars partis nos advexeremus, ipsas res superius nominatas, Prisciniacus, Novisolio et Uxxima ‖ ¹⁰ usufructuario ordine excollere, possidere debeamus. Post nostrum quoque amborum discessum omnem rem inmeliorata quicquid ibidem inventum aut repertum fuerit ‖ ¹¹ tam vos quam et successores vestri ad partibus monasterii vestri sancti Vincentii et sancti Germani recipere debeant, ut neque nos neque de haeredibus nostris per [ar]tificium (b) non habeant ‖ ¹² aliud adserciendum et cinso annis singulis de festivitate in festivate sancti Germani, quod evenit II. kl. junias, solidus in argento .xxx. dare et adimplere stude[a] ‖ ¹³ mus, et si de ipso cinso neglegens aut tardus apparuerimus, licenciam vobis permittimus de ipsas res ut eiciatis et ad partibus vestris revocare. Si qu[is] ‖ ¹⁴ vero, quod fieri non credimus, si nos ipsi aut aliquis de haeredibus nostris vel prohaeredibus [v]el quislibet extranea persona, qui contra hanc epistolam prae-‖ ¹⁵ caturia ista qui nos spontanea voluntate fieri vel conscripbere rogavimus, venire aut eam infrangere voluerit, tunc vobis vel ad partibus ‖ ¹⁶ vestris unacum distringente fisco auri libras .v., argento pondo .x., emend[are] faciat; et ut haec epistola precaturia tam se de ‖ ¹⁷ quinquennio in quinquennio renovata fuerit, ista non sit necesse cui nobis pla[cea]t adfirmare, sed per semetipso omni tempore obte ‖ ¹⁸ neat firmitatem cum estipulacione subnexa. Hactum Prisciniaco villa publice quod fecit mensis ag[us]tu[s] ‖ ¹⁹ dies .XX. viginti, in anno decimo .X. regnante Theodorico gloriosissimo regis. ‖ ²⁰ Vuademerus hanc epistola praecaturia facta relicta subscripsi (c). Ercamberta s[ubscripsi] ‖ ²¹ Signum † Faroino dominus subscripsi. Asinarius subscripsi. Jonatas subscripsi. ‖ Signum † Ansberto, servo Dei. ‖ ²² Ratbertus subscripsi. Rainarius subscripsi.

(a) *L'original présente quelques lacunes que je supplée par conjecture entre crochets.* — (b) *L'original paraît porter* pertificium. — (c) *Le mot* subscripsi *est représenté à la suite de chaque nom par la syllabe* subs *ou la lettre* s *suivie d'une sorte de paraphe.*

X

Paris, 6 avril 697.

Gammon et sa femme Adalgudis fondent à Limeux un monastère de femmes, à la tête duquel ils placent comme abbesse leur fille Berthe ; ils le dotent de domaines sis tant au delà qu'en deçà de la Loire, à Villeneuve, Bertigny, Quincy, Breuil, etc., en le soumettant à l'abbaye de Saint-Croix et Saint-Vincent, et à l'autorité de l'abbé de celle-ci, Autarius, et de ses successeurs.

B, fol. 46. — D, fol. 162.

EDIT. : (*a*) Mabillon, *Annales Benedictini*, t. I, p. 704, d'après *B*. — (*b*) Mabillon, *Supplementum ad rem diplomaticam*, p. 94, d'après *B*. — (*c*) Bouillart, *Hist. de Saint-Germain-des-Prés*, pr., p. 6, d'après *a*. — (*d*) Bréquigny, *Diplomata, chartae*, p. 349, n° CCXL, d'après *B*. — (*e*) Pardessus, *Diplomata*, t. II, p. 243, n° CCCCXLII, d'après *B*. — (*f*) Lasteyrie, *Cartulaire de Paris*, p. 20, n° 13, d'après *B*.

INDIQ. : Bréquigny, *Table chronologique*, t. I, p. 75.

PRIVILEGIUM GAMMONIS

In nomine sanctę Trinitatis. Prosperum quidem et salubre consilium immoque satis jocundum esse dinoscitur ut de caduca quispiam seculi facultate Deo conferat quo peccata redimere sua valeat et abluere, et quid prudentius consilium quam ut homo de mundanis rebus comparet Paradysum et de terrena substantia transferat aliquid in celestia. Igitur ego Gammo et conjunx mea Adalgudis, cogitantes qualiter sarcinulam peccatorum nostrorum possimus abstergere et ad ęterna gaudia pervenire, monasterium in loco proprietatis nostre nuncupante Lemauso in honore sancti Johannis et sancte Crucis vel ceterorum dominorum cepimus construere, ut ibidem puellas in honore sanctę Marię institueremus, ut sub sancta norma regulę ibidem conversare (*a*) deberent. Quod ita et fecimus, et filiam nostram Bertam in ipso loco instituimus ut diebus vitę suę tam ipsa quam et quę cum ipsa in ipso monasterio conversare videntur sub hordine monastico vel regula sancti Benedicti vivere et conversari debeant, et ipsam filiam nostram Bertam ibidem instituimus esse abbatissam, et ipsum locum Lemausum sibi delegavimus una cum omnibus quę ibidem aspicere videntur, cum omni integritate vel adjacentiis suis in quibuscunque pagis vel territoriis tam ultra Ligerim sitis vel citra Ligerim. Loca vero nuncupantur ita: id est Nova villa (*b*) Vintoris, Britinniacus, Quintiacus, Bragogilo, Grimoaldo villare, Prulliacus, Rovere, Mauro villa, Barbarione villa, Villa Milies, Galdono maso, Ferrarias, Culmellas montis, Alnao, Tricasinis, Felcariolas, Noiolio, Mundone villa, Childeno villa, Potiosus, Hadone villa, Flaviago, Alvernis, Postuniago, Cacerias, Busxerias; similiter ultra Ligerim Balbiago, Cervatiaco et Valle, ut diximus tam ultra Ligerim quam et citra, quicquid nostra possessio presenti tempore esse videtur, vel in antea Deo auxiliante fuerit. Hec loca superius comprehensa ad ipsum monasteriolum nuncupatum Lemausum delegavimus atque firmavimus. Ea vero ratione ut dum nos pariter advixerimus, tam ego Gammo quam et conjunx mea Adalgudis sed et filię nostrę Berta et Maria, hoc possidere vel donare faciamus tam ipsum monasteriolum Lemausum quam etiam dictas villas una cum terris, domibus, edificiis (*c*), accolis, mancipiis, libertis, campis, vineis, silvis, pratis, pascuis, acquis aquarumque decursibus, farinariis, peculiis, prediis mobilibus et immobilibus, cultis et incultis, omnia et ex omnibus ad omnia stipendia sanctimonialium vel ad ipsum monasteriolum, quod nos pro amore domini nostri Jesu Xpisti in honore sancti Johannis et sanctę Crucis et ceterorum sanctorum construximus, proficiat in augmentum. Sed et omnia quę de presidio meo in die depositionis meę inventum penes me aut repertum fuerit, hoc est aurum, argentum, vestimenta vel predia, illa abbatissa que tunc temporis in ipso monasteriolo Lemauso preesse videbitur contra heredes meos ex omnibus tertiam partem recipere debeat, ea (*d*) tamen ratione ut perpetualiter in pauperibus et peregrinis et Deum timentibus in elemosina pro animę nostrę remedio dare debeant. Et dum ipse sexus femineus per se minime aliquid valeat exercere, vel pro mercede nostra augenda vel pro earum necessitatibus gubernandis eis nullatenus est licitum foris egredi, propterea omnia jamdicta ipsumque monasterium jamdictum Lemausum una cum villis vel omnibus adjacentiis suis, ut diximus, in quibuslibet pagis vel territoriis tam ultra Ligerim quam citra, ad monasterium sancti Vincentii et sanctę Crucis Parisius civitate, ubi sanctus Germanus in corpore quiescit, ubi Autharius abbas in Dei nomine cum norma plurima monachorum preesse videtur, donatum in perpetuo esse volumus, ut ibidem sicut diximus deinceps omni tempore permaneant, et per hanc epistolam contradimus ut nullus contradicere audeat nec temerare ipsas res quę hic sunt insertę, aut nos vel heredes nostri nec ullus quislibet alicui nec vendere vel donare neque alienare nec per ullum strumentum cartarum minuere licentiam non habeat faciendi. Et si contigerit juxta divinam dispensationem ut ipsa Berta de hac luce discesserit, cui ipsas monacas vel ipsum monasterium Lemausum delegavimus, vel ipsius rectores sancti Vincentii vel sancti Germani decreverint, in ipso loco abbatissam debeant instituere, et ipsa abbatissa alias monachas in jam dicto loco non audeat mittere vel intus alium pastorem admittere non audeat nisi ex monasterio sancti Vincentii sanctique Germani aut ipsos qui ibidem rectores esse videntur. Quod nos in hac donationis epistola prescribere rogavimus ego Gammo et conjunx mea Adalgudis vel jamdictę filię meę Berta et Maria quandiu vixerint ipsum monasterium Lemausum vel memoratas res tenere vel dominare debeamus. Et post nostrum quoque discessum (*e*), juxta quod superius diximus, tam ipsum monasterium et jamdictas villas cum adjacentiis ipse Autarius (*f*) abbas, aut successores sui qui eo tempore in ipso monasterio sancti Vincentii et sanctę Crucis sanctique Germani fuerint, possideant perpetualiter, ut habeant in dominationem. Si quis vero, ut assolet et ut habet humana fragilitas, nosmet ipsi aut aliquis de heredibus vel proheredibus nostris, vel quelibet opposita persona contra presentem epistolam donationis istius, quam nos pro animę nostrę salute fieri jussimus, venire aut aliqua calumpnia per quascumque personas infringere presumpserit, in primis iram Dei incurrat, et cum Juda traditore igni perpetuo dampnetur, et ab omnibus ecclesiis et ab omnibus pontificibus vel sacerdotibus excommunicetur, et ante conspectum sancti Vincentii et sancti Germani, quibus res istas delegavimus, in parte reproborum esse valeat, qui de rebus ad ecclesias vel pauperibus delegatas proferre voluerit, et nullatenus merces sua convaleat nec vitam mereatur habere eternam qui nostram voluerit convellere elemosinam. Insuper cogatur solvere fisco regis auri libras .xxx. argenti pondo .lx., et nec sic quod repetit valeat assequi. Et ut epistola hujus donationis firma permaneat, Bituricas in conventu nobilium in presentia regis domini nostri Childeberti relecta et Parisius civitate in monasterio sancti Vincentii die sexto mensis aprilis super altare sanctę Crucis posita, anno tertio ejusdem domini nostri Childeberti regis. Turnoaldus (*g*) acsi peccator episcopus subscripsi. Guntharius et ipse indignus diaconus subscripsi. Madolandus indignus abbas subscripsi. In Xpisti nomine, Andeboldus abbas subscripsi. Durandomarus gratia Dei abbas subscripsi. Desiderandus in Xpisti nomine abbas subscripsi. Ego Gammo hanc donationis meę cartam relegendo subscripsi. Adalgudis subscripsi. Bertinus miles subscripsi. Berdandus miles subscripsi.

(a) conservare *D*. — (b) Villa Nova *D*. — (c) edeficiis *D*. — (d) ea *om*. *D*. — (e) decessum *corr. en* discessum *D*. — (f) Autharius *D*. — (g) Aurnoaldus *BD*; *sur la correction, qui se justifie par la ressemblance de l'*a *et du* t *dans l'écriture mérovingienne, cf.* Longnon, Polyptyque d'Irminon, *t. I, p. 191, n. 2.*

XI

Bougival, 25 avril 697.

Echange de terres sises à Marly en Pincerais conclu entre illustre personne Adalricus et l'abbé Waldromarus.

A. Original papyrus, K 3, n° 12².

EDIT. : (a) Teulet, *Charte inédite du* VII° *siècle*, dans la *Bibliothèque de l'Ecole des chartes*, t. II, p. 570, d'après *A*. — (b) Pardessus, *Diplomata*, t. II, p. 428, n° IX *add.*, d'après *A* et *a*. — (c) Tardif, *Cartons des rois*, p. 32, n° 39, d'après *A*.

Quociens de [con]mut[an]dis (a) ribus licit orta est condicio eas sci[licet] ||² litterarum pagina debent............[fi]rmare. Cum inter inlustri viro Adalrico [necno]n et ||³ venerabili viro Vuald[romaro abbate] boni pacis placuit adeo con[venire] ||⁴ ut inter se et ....eorum] conmutare debirint, quod ita et [fici]runt [de-] ||⁵ dit predictus vir Vualdromarus abba Adalrico terra plus minus. (b) bunu[aria.....] ||⁶ in loco noncopante Mairilaco, quod est in pago Penesciacinsi, qu[ae est] ||⁷ adfinis ab uno latere et fronte Bertino, ab alio latere Ansberto, a ||⁸ quarto viro terra ipsius abbatis. Simili modo econtra dedit s[upra-]||⁹ dictus vir Adalricus Vualdromaro abbati in reiconpensacione bunu-||¹⁰ ario nono in ipso loco noncopante Mairilaco quod sunt adf[ines] ||¹¹ de totas partis ipsius abbatis. Et commutaturus quisque quod.... ||¹² cipit teniat, possediat, vindat, donit, commutit, vel quic-||¹³ quid exinde facire voluerit liberum in omnibus pociantur arbitrio ||¹⁴. Si quis viro, quod fieri minime credimus, si aliquis de nos aut de ||¹⁵ heridibus vel successoribus n[ostri]s contra hanc epistola conmuta-||¹⁶ cionis anbolare voluerit, no[n v]aliat sed inferat pari. ||¹⁷ pares ut una cum socio f[isco ....lib.........gent]a debiat esse ||¹⁸ multandus, cum stipolacione interposita. Actum Beudechisilo val-||¹⁹ le sub diae quod ficit minsis abrilis dies viginti et quinque, anno ||²⁰ tercio rignum domni nostri Childeberti gloriosi regis.

||²¹ [Vual]dromarus hac si peccatur abba hanc conmutacionem a me factam *SS* (c).

||²² Ebaldoaldus et si indignus abba *SS*. Serenus relegi et *SS*.

‖ 23 † In Dei nomene Ursinus hac si indignus diaconus SS.
‖ 24 † Chramlenus ac si peccator presbiter rogitus SS. Sign. †
Leodonis.
‖ 25 Arisulfus SS. Bettolinus SS. Sign. † Frumoaldo. ‖ Sign. †
Andromaro. Sig. † Martino.
‖ 26 Ego Sicharius lictor rogitus scripsi et SS.

(a) *L'original est mutilé. Je restitue entre crochets quelques mots ou quelques syllabes déchirés ou effacés. Quelques mots aujourd'hui illisibles avaient pu être déchiffrés par Teulet. — (b) Les mots plus minus ont été ajoutés en interligne. — (c) J'indique par SS. l'espèce de ruche ou de paraphe qui représente le mot* subscripsi *à la suite de chaque souscription.*

XII

Quierzy, 25 fvrier 703.

Jugement de Childebert III, confirmant au monastère de Saint-Vincent et Saint-Germain, et à l'abbé Chedelmarus, la possession du monastère de Limours en Etampois, jadis donné à ladite abbaye par Gammon et Adalgudis sa femme (1).

A. Original papyrus, K 3, n° 13. — Z. Copie du XVIII° siècle, K 181, n° 93.

EDIT. : (a) Mabillon, *Acta sanctorum ordinis sancti Benedicti*, saec. IV, p. 561, d'après A. — (b) Mabillon, *De re diplomatica*, p. 480, d'après A. — (c) Mabillon, *Supplementum ad rem diplomaticam*, p. 95, d'après A. — (d) Le Cointe, (e) Bouillart, *Hist. de Saint-Germain-des-Prés*, pr., p. VIII, n° VII, d'après A. — (f) *Gallia Christiana*, t. VII, instr. col. 4, n° IV, d'après bc. — (g) *Rec. des Histor. de France*, t. IV, p. 680, n° XCI, d'après bc. — (h) Bréquigny, *Diplomata*, p. 366, n° CCLIII, d'après A. — (i) Pardessus, *Diplomata*, t. II, p. 261, n° CCCCLVI, d'après A. — (j) [Teulet et Letronne], *Diplomata, Chartae*, p. 61, n° XXXV, d'après A. — (k) Tardif, *Cartons des rois*, p. 35, n° 42, d'après A. — (l) K. Pertz, *Diplomata* p. 64, n° 73, d'après A. — (m) Lasteyrie, *Cartulaire de Paris*, p. 22, n° 15 (fragm.). — (n) Lauer et Samaran, *Diplômes originaux des Mérovingiens*, p. 20, n° 29.

INDIQ. : Bréquigny, *Table chronologique*, t. I, p. 76.

FAC-SIM. : Letronne, *Diplomata*, n° XXXV. — Lauer et Samaran, *Diplômes originaux*, n° 29.

(1) Cf. n° IX, et sur l'erreur commise par le scribe de la chancellerie royale, qui a cru qu'il s'agissait de Limours quand la donation de Gammon portait sur une église située à Limeux en Berry, voy. Longnon *Polyptyque d'Irminon*, t. I, p. 192-193.

(*Chrismon*) **Childeberthus rex Francorum viris inlustrebus.**
‖ ² Cum nos, in Dei nomine, Carraciaco villa, Grimoaldo, majorem domus nostris, una cum nostris fedilebus resederimus, ibique veniens venerabelis vir Chedelmarus abbas, adversus misso Adalgude Deo sagrata nomine Aigatheo, ‖ ³ suggerebat dum dicerit eo quod monastheriolo in pago Stampinse, noncobante Lemauso, una cum adjecencias suas in qu[ibus]cumquae pagis adquae terreturiis, villabus, domebus, aedificiis, acc[o]labus, mancipiis, libertis, campis, ‖ ⁴ viniis, silvis pratis, pascuis, aquis aquarumve decursebus, farinariis, gregis cum pastorebus, presidiis, mobilebus et imm[obil]e[b]us, [r]em inexquaesita, ad integrum quicquid possessio Gammone condam et conjoge suae memorata ‖ ⁵ Adalgude fuerit per eorum strumenta ad monasthyrio sancti Vincenti vel domni Germani, ubi ipsi preciosus domnus in c[o]r[po]re requiescit, quae est sub opidum Parisiacae civetatis constructus, ubi Chedelmarus abbas preesse videtur, ‖ ⁶ condonaverant, et ipsa strumenta in presenti ostendit ad relegenda. Relecta ipsa strumenta, sollicetum fuit ipsi A[igat]heo a nobis vel a proceribus nostris interrogasse se alequid contra ipsa strumenta dicere aut ob-‖ ⁷ ponere volebat, in presenti dicere debirit. Sed ipsi taliter adseruit quod ipsas donacionis, quem venerabilis vir Ch[edel]marus abbas proferebat veracis aderant et eas recognovit et nihil contra hoc dicere nec obponire ‖ ⁸ volebat. Qui et ipsi Aigatheus in presenti per sua festuca, tam pro se quam et pro ipsa Adalgude, se in omneb[us de] ipso monasthyriolo Lemauso una cum adjecencias vel adpendiciis suis superius intematum dixit ‖ ⁹ esse exitum. Proinde nos taliter una cum nostris procerebus constetit decrivisse, ut dum inluster vir Ghyslemarus comes pa[lat]ii nostri testimoniavit, et inter ipsis fuit judicatum, ut dum contra ipsa strumenta nihil habebat ‖ ¹⁰ quod dicere nec quod obponere, per sua festuca se exinde in presenti dixit esse exitum, jobemus ut ipso m[on]asth[y]riolo superius nomenato Lemauso cum omni integritate sua ad se pertenente vel aspiciente, quem ‖ ¹¹ jam dictus Gammo condam vel conjox sua Adalgudis per eorum strumenta ad ipso monasthyrio sancti Vincenti v[e]l d[om]ni [G]ermani [co]donarun[t], vel quicquid ipsi Grammo moriens dereliquit abisquae re[p]edicione ‖ ¹² jamdicta Adalgude aut heridebus suis, omni tempore ad partem ipsius monasthyriae sancti Vincenti vel domni Germani aut rectoris suos, habiant aevindecatum adquae aelidiatum, et sit inter ipsis ex hac re‖ ¹³ m postmodo sibita causacio. (*Signum. Chrismon*) Beffa recognovit (*Signum. Notes tironiennes*) ‖ ¹⁴ (*Traces de sceau*). BAENE VALETE. ‖ ¹⁵ Data quod ficit mensis februarius dies [XXV] anno VIII rigni nostri, Carr[aci]aco feliciter.

XIII

721-722.

(Acte perdu).

Une femme du nom de Chulberta donne au monastère de Saint-Vincent, Sainte-Croix et Saint-Germain ses biens à « Bodasio » et à Maule pour les recevoir en précaire, à une époque de famine, au temps de l'abbé Babo.

INDIQ. : Mabillon, *Annales Benedictini*, l. XX, n° XLI, t. II, p. 60 (1).

Domno et in Christo venerabili patri Baboni abbati, vel omni congregationi monasterii sancti Vincentii vel sancte Crucis et domni Germani ubi ipse pretiosus domnus in corpore requiescit [*ubi testatur Chulberta se venditionis titulo cessisse*] monasterio sanctae Crucis et domni Germani [*res suas in villa Bodasio et in villa Manila, easque*] tempore famis [*precario recepisse. Haec charta data est*] anno quinto Chilperici regis.

XIV

S. d. [721-737] (2).

(Acte faux).

Thierry IV (3) confirme la donation faite à l'abbaye de Sainte-Croix et Saint-Vincent, au faubourg de Paris, par Gautier et sa femme Goda, des biens que lesdits époux possédaient en Berry,

---

(1) Mabillon ne dit point comment ce document lui était parvenu. Comme il donne certains passages comme textuellement empruntés à la charte qu'il cite, j'ai cru devoir reproduire ceux-ci, en conservant en italique entre crochets les phrases de Mabillon qui unissent les uns aux autres ces quelques fragments de la charte de Chulberta. — Nous savons par le *Polyptyque d'Irminon* (C. XXI, p. 279) que l'abbaye de Saint-Germain, au début du IX° siècle, possédait en effet des terres à *Mantula* ou *Mantla*, aujourd'hui Maule-sur-Mandre, en Seine-et-Oise.
(2) Les dates extrêmes sont celles du règne de Thierry IV.
(3) L'acte a été attribué par Mabillon au règne de Thierry III. Mais

c'est à savoir Fresne, Chavin avec l'église de Saint-Monial, sur la Creuse, Gargilesse, Déols avec l'église de Saint-Germain, Argenton, et leurs autres possessions au delà de la Loire, à la condition que si ladite Goda survit à son mari, elle sera placée à la tête des religieuses qu'elle établira dans l'église de Saint-Monial, pour être remplacée, à son décès, selon la volonté d'Autarius, abbé de Sainte-Croix et de Saint-Vincent, ou de son successeur.

B, fol. 18 v°. — D, fol. 2 et D' fol. 1. — G, fol. 2. — Z. Copie du xviii° siècle, K. 181, n° 94.

EDIT. : (a) Mabillon, *Annales Benedictini*, t. I, p. 542, d'après B. — (b) Bouillart, *Hist. de Saint-Germain-des-Prés*, pr. p. VIII, n° VIII, d'après B. — (c) Pardessus, *Diplomata*, t. II, p. 361, d'après B. — (d) Bréquigny, *Diplomata, chartae*, p. 461, n° CCCXXXIII, d'après B. — (e) K. Pertz, *Diplomata*, p. 205, Spuria, n° 92, d'après B.

INDIQ. : Bréquigny, *Table chronol.*, t. I, p. 87 à 730. — Lasteyrie, *Cartulaire de Paris*, p. 25, n° 19, « v. 730 ».

PRIVILEGIUM THEODERICI REGIS

Theodericus Dei gratia rex Francorum. Si peticionibus servorum vel ancillarum Dei in hoc quod ad loca sanctorum ac Deum timentium hominum adtinet assensum prebuerimus, hoc ad merce-

comme l'ont déjà reconnu D. Bouillart et Pardessus, cette attribution est inadmissible, car Thierry III n'était pas fils d'un roi du nom de Dagobert, et ne comptait pas de prince du nom de Childebert parmi ses ancêtres en ligne directe. Il s'agit certainement de Thierry IV, fils de Dagobert III et petit-fils de Childebert III. L'épithète de « second » accolée au nom de Dagobert prouve simplement que le rédacteur de l'acte ne faisait point entrer en ligne de compte, dans sa liste de souverains, Dagobert II, roi d'Austrasie (674-679), ou même qu'il en ignorait complètement l'existence. — En tout état de cause d'ailleurs, l'acte, encore considéré par Pardessus comme authentique, doit être rangé parmi les faux, comme l'a reconnu K. Pertz. Sans parler de l'adjonction de la formule *Dei gratia* dans la suscription, adjonction qui pourrait être du fait du copiste, le préambule « si peticionibus servorum... » est de l'époque carolingienne. Les clauses finales, et la fixation d'une amende contre le violateur éventuel de l'acte appartiennent à la fin du x° siècle ou au début de la période capétienne. D'autre part, la donation est faite à un abbé Autarius. Il y a bien eu à Saint-Vincent un abbé de ce nom, mentionné en 690 et 697 (cf. *supra* p. 12, n. 1, et p. 14) mais en 703, il était remplacé par Sigofredus. Bouillart dédouble Autarius et a attribué l'acte à un Autarius II du viii° siècle. Le faussaire aura sans doute pris ce nom dans la charte de

dem futuram et stabilitatem et tuitionem regni nostri in Dei nomine prodesse confidimus, ut propter hoc in antea semper in melius delectentur erga culmen regale fidem servare et pro stabilitate regni nostri Dominum cotidie deprecare. Ideoque notificamus cunctis nostris fidelibus quod quidam nostrorum procerum, nomine Galterius, ejusque conjunx, nomine Goda, adierunt nostram clementiam, suggerentes quatinus donum quod ex suis rebus in pago Bituricensi positis faciebant ad ecclesiam sanctę Crucis sanctique Vincentii in suburbio Parisiaco sitam, ubi preciosus confessor domnus Germanus in corpore requiescit, nostra auctoritate firmaremus. Sunt autem hęc loca denominata : Fraxinum cum ecclesiis, Caldunum cum ecclesia domni Monialis confessoris super Chrosam fluvium, Graegilidum, Dolum cum ecclesia domni Germani, Argentonem cum ecclesia vel quicquid ultra Ligerim possidere videbantur, una cum domibus, edificiis, accolis, mancipiis, vineis, silvis, campis, pratis, decimis, greges cum pastoribus, servis et ancillis, aquis aquarumque decursibus, et insuper omnia ad integrum quicquid ad supradictas pertinent possessiones. Ita videlicet ut post obitum Galterii, si Goda ejus conjunx superstes esset, in corpore Deo sacrata foret et in ecclesia domni Monialis cum puellis Deo sacratis quampluribus sibi associatis Deo serviret, ipsumque locum una cum supradictis possessionibus ad ecclesiam sanctę Crucis sanctique Vincentii levitę et martyris, ubi preciosus confessor Germanus in corpore requiescit, in suburbio Parisiacę urbis, sicuti vir suus Galterius et ipsa Goda pari et communi assensu nostra firmante auctoritate decreverant, sub dominatione et providentia Autharii ecclesię sanctę Crucis predictorumque sanctorum abbate delegaverunt, ea scilicet ratione ut predictus abbas post depositionem predictę Godę abbatissam ibidem debeat, aut post obitum ejus abbas qui sibi successerit vel rectores qui sibi per futura secula successerunt in sepedicta sanctę Crucis sanctorumque dictorum ecclesia eligere et constituere provideant. Quam testamenti paginam, Dei ac predictorum sanctorum amore seu remedio nostri ac conjugis seu filiorum nostrorum vel genitoris Dagoberti secundi

697, relative également à des biens sis en Berry (*supra*, n° IX). Le nom d'ailleurs semble avoir séduit les faussaires, puisque — sans parler d'un dédoublement plaçant un Autarius en tête du catalogue abbatial (cf. *Gall. christ.*, t. VII, col. 421) — on trouve un abbé du même nom dans un acte apocryphe de Charles le Chauve (*infra*, n° XXXIII). — Quant aux circonstances et à l'époque de la rédaction du faux diplôme de Thierry IV, il ne me paraît pas possible de les déterminer avec précision, mais à en juger par les formules finales, on ne se trompera sans doute pas beaucoup en attribuant la fabrication du document à la fin du Xe siècle ou au début du XIe (cf. Longnon, *Polyptyque d'Irminon*, t. I, p. 219).

vel atavi nostri Childeberti Francorum regum salute ac requie, manu et auctoritate signaculi nostri firmavimus. Quin etiam juxta precem fidelis nostri Galterii ac uxoris ejus Godę hoc etiam addidimus ut si, quod absit, vel quod minime credimus fieri, hanc testamenti paginam reclamare vel violare (a) conatus fuerit, vel a dominatione ęcclesię sanctę Crucis sanctique Vincentii levitę et martyris necnon domni beatissimique Germani vel rectorum sive monachorum ejusdem ecclesię subtrahendo auferre conatus fuerit, in primis iram Dei incurrat et cum Juda traditore simulque Dathan et Abiron sine fine penas infernales subeat, immo etiam trecentas auri libras fisco nostro persolvere cogatur et quod repetit minime assequatur.

(a) *il faut suppléer* quis *ou un mot analogue omis par BD.*

XV

(Acte perdu).

Paris, 25 juillet 755.

Pépin le Bref donne au monastère de Saint-Vincent et de Saint Germain le domaine de Palaiseau.

INDIQ.: Aimoin, *Hist. Francorum*, l. IV, c. 62, éd. Du Breul, p. 198 (1). — Bohmer-Muhlbacher, *Regesten*, p. 41, n° 77 a (anc. 75 a).

XVI

S. d. [5 mars 752-24 septembre 768] (2).

(Acte perdu).

Pépin le Bref accorde à tous ceux qui font le commerce pour le compte du monastère de Saint-Vincent et Saint-Germain l'exemption de tonlieux et autres péages dans tout le royaume.

INDIQ.: Diplôme de Charlemagne du 27 mars 779, ci-après n° XIX. — Sickel, *Acta Karolinorum*, t. II, p. 385.

(1) « Ipsa die quandam villam nuncupatam Palatiolum sitam in pago Parisiaco sancto pontifici perpetuo habendam regali precepto contradidit. » — La date est celle du jour de la translation du corps de saint Germain.

(2) Les dates extrêmes sont celles du règne de Pépin.

XVII

Herstall, 20 octobre 772.
(Acte refait) (1).

Charlemagne, à la requête de l'abbé Lanfroi, confirme l'immunité et les autres privilèges accordés par les rois ses prédécesseurs à l'église de Saint-Vincent et Saint-Germain, pour tous ses domaines tant en deçà qu'au delà de la Loire.

A. Pseudo-original scellé, du IX° siècle, K 6, n° 1.
A'. Pseudo-original avec traces de sceau, du XI° siècle, K 6, n° 1 bis.
B, fol. 27 v°. — D', fol. 6. — G, fol. 7 — N1, fol. 8. — N2, fol. 40 v°. — N3, fol. 38. — N4, fol. 64. — N5, fol. 56 v°. — N6, fol. 68 v°. — N7, p. 54. — N8, fol. 33 v°. — W. Copie de la fin du XIII° siècle, d'après un vidimus de 1275, LL 1077, fol. 1. — X. Copie du XVII° siècle, LL 1131, p. 33. — Y. Copie du XVII° siècle, LL 1087, fol. 1. — Z. Copie du XVIII° siècle, K 181, n° 95.

ÉDIT. : (a) Dubois, *Hist. ecclesiae Parisiensis*, t. I, p. 261, d'après B ou G. — (b) Bouillart, *Hist. de Saint-Germain-des-Prés*, pr. p. XI, n° XI, d'après A. — (c) *Rec. des Histor. de France*, t. V, p. 722, n° XVII, d'après b. — (d) Migne, *Patr. lat.*, t. XCVII, col. 922, n° X, sans ind. de source. — (e) Tardif, *Cartons des rois*, p. 57, n° 70, d'après A. — (f) Lasteyrie, *Cartulaire de Paris*, p. 29, n° 22, d'après A. — (g) *Monumenta Germaniae*; série in-4°. *Diplomata Carolina*, t. I, p. 102, n° 71, d'après AA'.

INDIQ. : Bréquigny, *Table chronologique*, t. I, p. 108. — Böhmer, *Regesta Karolorum*, n° 49. — Sickel, *Acta Karolinorum*, t. II, p. 232 (K. 16). — Böhmer-Mühlbacher, *Regesten*, n° 150 (147). — Wauters, *Table chronologique des chartes relatives à l'histoire de Belgique*, t. I, p. 93.

[EMUNITATE QUEM FECIT CAROLUS LANTFREDO] (a).

(*Chrismon*). Carolus gratia Dei rex Francorum, vir inluster.

(1) Le document conservé actuellement aux Archives nationales sous la cote K 6, n° 1 (A) ne doit pas être considéré comme un original, comme l'ont fait remarquer Sickel et Tangl (*Monumenta Germaniae. Diplomata Carolina*, p. 102), mais comme une copie du début du IX° siècle, faite d'après un document émané du chancelier Radon, dont on a dans une certaine mesure cherché à imiter la souscription. Le sceau est un sceau de Louis le Pieux, ajouté à une époque récente, car Mabillon (*De re Diplomatica*, p. 387), dit que de son temps la pièce n'était pas scellée. Cependant, il ne semble pas qu'il y ait lieu de considérer l'acte comme un faux, car il ne présente point dans sa teneur de particularités qui per-

Regalis serenitas semper ea instruere (*b*) debet quae ad aeterna multimoda conferant (*c*) lucra, ut de praesente (*d*) regimine ‖ ² ad caelestem vitam conscendere (*e*) quae (*f*) et illud (*g*) nobis oportet et condecet cuncta salubri consilio peragrare (*h*), pricipue (*i*) petitionibus (*j*) sacerdotum in quo nostris auribus fuerint prolati (*k*) ad effectum in Dei nomen (*l*) mancipare. Ideoque dum et nobis et plures habetur (*m*) percognitum qualiter basilica sancti Vicentii et sancti Germani sub opidum Parisius constructa | ³ ubi ipse praeciosus domnus in corpore requiescit a parentibus nostris anteriores reges (*n*) vel a nobis integra emunitate de (*o*) omnes villas agros, vel terraturiis (*p*), videtur habere concessus (*q*). Sed nos, pro mercedis nostrae compendium, ad petitione venerabile viro Lantfredo abbate (*r*), qui ibidem custos praeesse videtur, pro reverentia ipsius sancti loci, tam villabus, agris, terraturiis, ‖ ⁴ tam (*s*) ultra Ligere quam citra Ligere vel ubi et ubi in (*t*) regno, Deo propitio nostro eorum possessiones esse noscuntur, tam emunitatis (*u*) quam reliqua omnia instrumenta ipsius basilicae sancti Vincenti vel sancti Germani vel (*v*) undique ibidem delegatum habent, aut adhuc in Dei nomen (*w*) a Deo timentes (*x*) hominibus additum ‖ ⁵ vel conlatum (*y*) fuerit, per nostra praeceptione (*z*) confirmamus, et integra emunitate a novo concedimus, ut quicquid fiscus noster, de (*a*) quaelibet modo, de omnes homines (*b*) qui super terras ipsius basilicae (*c*) sancti Vincenti. vel domni (*d*) Germani conmanere noscuntur, habere potuerat, et de omnes redibutiones ‖ ⁶ quaslibet, absque ullius judicis introitum (*e*) aut repetitione habeant concessum (*f*). Praecipientes enim jubemus ut neque vos (*g*) neque juniores seu successoresque vestri, nec nullus quislibet ex (*h*) judiciaria potestate accinctus pro quocumque modo, nullus ingenuis (*i*) curtis vel terraturiis ‖ ⁷ praefati basilice, quod (*j*) praesenti tempore possidere videntur (*k*), aut quod in antea a Deo timentes hominibus ibidem fuerit additum aut conlatum (*l*), nec ad causas audiendum nec freta exigendum (*m*), nec districtiones faciendum, nec mansiones faciendum,

---

mettent de le condamner, à l'exception de certaines irrégularités de rédaction ou de fautes contre la langue, qu'il faut peut-être attribuer simplement au fait du copiste. Quant à la pièce A', c'est manifestement un faux, d'une écriture contournée qui ne rappelle nullement la minuscule carolingienne, d'une encre rougeâtre, avec une très grossière imitation de ruche et de souscriptions. L'écriture est la même que celle du faux diplôme de Louis le Pieux du 25 février 819 (*ci-après*, n° XXVII) et du faux diplôme de Charles le Chauve, sans date, pour l'évêque Évrouin (*ci-après*, n° XXXIII), et le but poursuivi par le faussaire se révèle dans les deux interpolations relatives aux « homines de capite », et à leur droit de témoigner en justice contre les hommes libres

nec nullas paratas requirendum paenitus ingre-|| [8] dere, nec exigere, nec facere nullatenus praesumatis, et praetermissa (*n*) vestras repetitionibus quasi (*o*) aut vestris temporibus aut antecessoribus vestrorum repetitionem (*p*), omnia (*q*) superius scripta perpetuis Deo auxiliante temporibus maneat inconvulsum (*r*); ita, ut dictum est, quod omnes homines || [9] qui super terra vel suprascripte (*s*) basilice sancti Vincenti et domni Germani commanere noscuntur, et de caput eorum et de omnes redibutiones, quicquid fiscus (*t*) noster exinde exire aut sperare potuerat, vos omnimodis praesentialiter removere (*u*) nec requirere non studeatis (*v*), et (*w*) fortasse, caliditatem || [10] judicum faciente, ipsas emunitates aliubi fuerint inruptas. a modo decernimus ut nullus hoc facere praesumat, qui non vult rerum amissione multarum (*y*), sed quod a priscis parentibus nostris anteriores reges ad ipsa sancta ecclesia (*z*) domni Vincenti et sancti Germani noscitur fuisse concessum, inspectas eorum praeceptiones, vel nos (*a*) a novo nostra in-|| [11] dulgentia roboramus, atque plenissima et prumptissima voluntate, pro respectu fidei, jamdicto Lantfredo abbate (*b*) suisque successoribus concedimus ut quid nullus (*c*) pro qualibet ocasione (*d*) refragare aut minui, convelli praesumatis, sed quod (*e*) fiscus noster de antedictis villis suprascripti basilice (*f*) sancti Vincenti vel domni Germani ubicumque || [12] in regno, Deo propitio, nostro habere videntur, ad easdem protenentium (*g*) potuerit augmentare, ad ipsa sancta basilica perennis temporibus profiat (*h*) in augmentis. Hanc quoque auctoritatem, ut perenniter nostris et futuris. Deo auxiliante, temporibus a vobis vel vestrisque (*i*) successoribus || [13] inviolabiliter ut vigorem perduret firmitatem (*j*), manus nostrae subscriptionibus (*k*) subter eam (*l*) decrevimus roborare, et de anulo nostro subter siggilare.

|| [14] **Signum** (*Monogramme*) **Caroli** (*m*) **gloriosissimi regis**.

|| [15] (*Chrismon*) Rado ad vicem Hitherii (*n*) (*Ruche. Sceau*) Data tertio decimo kld. novembris, anno quinto regni nostri. Actum Haristallio (*o*) palatio publico. In Dei nomen filiciter (*p*).

(*a*) *Au dos, d'une main du* IX*ᵉ siècle*. — *Une main du* XII*ᵉ a ajouté le titre suivant* : Privilegium Karoli Magni de libertate terre sanctissimi Germani et hominum qui super terras commanent ubicumque sint. *Au dos de* A', *d'une main du* XII*ᵉ siècle* : Privilegium Karoli magni de libertate ecclesie et hominum terre tam capitalium quam aliorum super terram manentium ubicumque sint. — *Je donne le texte d'après* A, *en corrigeant toutefois certaines erreurs grossières, en donnant en variante la leçon du ms. Les leçons de* A' *sont données en variantes. J'indique également, en les désignant par le sigle* g, *quelques corrections très vraisemblables, adoptées par les éditeurs des* Monumenta Germaniae, *mais que je n'ai pas cru devoir introduire dans un texte établi en principe d'après*

A. — (*b*) instituere A'. — (*c*) conferat A. — (*d*) praesenti A'. — (*e*) valeat *ajoute* A'. — (*f*) quare A'. — (*g*) et illud *om.* A'. — (*h*) peragere A'. — (*i*) pecipue A'. — (*j*) petitiones A'. — (*k*) prolate A'. — (*l*) nomine A'. — (*m*) Ideoque nobis et pluribus habeatur A'. — (*n*) anterioribus regibus A'. — (*o*) de *om.* A'. — (*p*) terras A'. — (*q*) videtur quas possidet habere concessas A'. — (*r*) compendio ad petitionem venerabilis viri Lamfredi abbatis A'. — (*s*) villas cum agris, terris tam A'. — (*t*) ultra Ligerim quam citra habere vel ubi ubi in A'. — (*u*) emunitatis A, emunitates A', tam [per] emunitatis *g.* — (*v*) quicquid *ajoute* A'. — (*w*) in Dei nomen *om.* A'. — (*x*) a Deum timentibus A'. — (*y*) collatum A'. — (*z*) nostram preceptionem A'. — (*a*) de *om.* A. — (*b*) quolibet modo ab omnibus A'. — (*c*) basilicae *om.* A'. — (*d*) sancti A'. — (*e*) habere poterat et omnes redibitiones absque ullius judicis introitu A'. — (*f*) concessa A'. — (*g*) nos A'. — (*h*) successores nostri vel quilibet ex A'. — (*i*) ullis ingeniis A', nullisque ingeniis *g.* — (*j*) in cunctis terris prefate basilice vel in eo quod A'. — (*k*) videtur A'. — (*l*) in antea ibidem additum a Deum timentibus fuerit vel collatum A'. — (*m*) nec ad recta exigendum A'. — (*n*) pretermissas *g.* — (*o*) quas *g.* — (*p*) districtiones aut mansiones faciendum nec ullas parvas res requirendum aut homines de capite in juditio reprobare ullatenus presumant et pretermissis repetitionibus, quas aut nostris aut antecessorum nostrorum repetere consueverant, omnia A' : *il faut évidemment suppléer* temporibus *après* nostrorum. — (*q*) repitionem A ; repetere [consuetudo fuisset] *g.* — (*r*) maneant inconvulsa A'. — (*s*) ita igitur ut dictum est, de omnibus hominibus, qui super terras prescripte A'. — (*t*) fiscuscus A. — (*u*) remore A. — (*v*) de capite eorum quos contra homines liberos in omni placito [platito *ms.*] testimonium ferre concedimus et quod vos exinde exigere aut sperare poteratis nos omnimodis presentialiter removere et sequestrare studemus A'. — (*w*) [si] *ajoute g.* — (*x*) et fortasse quod calliditate judicum faciente ipse emunitates ubi ubi fuerant interrupte ; a novo decernimus A'. — (*y*) *les mots* : sumat... multarum *sont sur un grattage dans* A, *d'une main un peu postérieure* ; multari *g.* — (*z*) anterioribus regibus ipsi sancte basilice A'. — (*a*) inspectis eorum preceptionibus nos A'. — (*b*) Lamfredo abbati A'. — (*c*) quod nullus A' ; nullus [quic-]quid *g.* — (*d*) ocansione A. — (*e*) minuere aut convellere presumat sed et si quid A'. — (*f*) suprascripte basilice *om.* A'. — (*g*) vel de rebus ad easdem pertinentibus A' ; pertenentium *g.* — (*h*) augmentari ipsi basilice temporibus perempnibus profitiat A' ; proficiat *g.* — (*i*) nobis vel nostrisque *g.* — (*j*) inviolabiliter aeternam perduret in firmitatem A' ; vigorem obtineat firmiorem *g.* — (*k*) manu nostre subscriptionis A'. — (*l*) eam *om.* A'. — (*m*) A' *place le monogramme après* Caroli. — (*n*) Hiterii A'. — (*o*) Aristallio A'. — (*p*) nomine feliciter A'.

XVIII

[774-775].

(Acte perdu) (1).

L'abbé Fróduinus donne au monastère de Saint-Vincent et Saint-Germain, dont Wichadus est abbé, la villa de Foucherolles sur la rivière de Rodon (2).

INDIQ. : Mabillon, *Annales Benedictini*, l. XXIV, n° LXI, t. II, p. 233.

XIX

Herstall, 27 mars 779.

Charlemagne, à la requête de Robert, abbé du monastère de Saint-Vincent et Saint-Germain, confirme l'exemption de tonlieux et autres péages accordée par le roi Pépin dans tout le royaume et dans tous ses ports à ceux qui font le commerce pour le compte dudit monastère ; il lui concède en outre le droit de percevoir, pour l'entretien du luminaire, le tonlieu que le comte Girard possédait à Villeneuve.

A. Original, avec traces de sceau, K 7, n° 2.
B, fol. 19 v°. — D, fol. 3 et D', fol. 1 v°. — G, fol. 2 v°. — M, fol. 122 v°. — Y. Copie du XVII° siècle, LL 1131, p. 37, d'après A. — Z. Copie du XVIII° s., K 181, n° 96, d'après A.

EDIT. : (a) Aimoin, *Gesta Francorum*, l. V, c. 1, éd. 1514, fol. 100; éd. 1567, p. 545 ; éd. Du Breul, p. 263. — (b) Baronius, *Annales ecclesiastici*, a. 779, n° 2, t. IX, p. 342, d'après M. — (c) G. Heda, *Historia episcoporum Ultrajectensium*, éd.

(1) Mabillon ne donne malheureusement de cet acte qu'une analyse extrêmement sommaire. « Wichadus abbas anno septimo Caroli regis, laudatus in primariis litteris Frodoini cujusdam abatis Filcherolas super fluvium Rosdon tradentis basilicae sancti Vincentii et sancti Germani, ubi praeerat vir venerabilis Wichadus abbas una cum norma plurima monachorum. » Il ne dit pas si ces *primariae litterae*, c'est-à-dire sans doute un original, se trouvaient de son temps dans les archives de Saint-Germain-des-Prés (cf. Longnon, *Polyptyque d'Irminon*, t. I, p. 200), et il est impossible de dire à la tête de quel monastère l'abbé Frodoinus, Frouin en roman, pouvait se trouver placé.

(2) L'identification de *Felcherolae*, proposée par l'abbé Lebeuf (*Hist. de la ville et du diocèse de Paris*, éd. Bournon, t. III, p. 332) est assez douteuse.

1612, p. 227; éd. 1643, p. 43, d'après *a*. — (*d*) M. Freher, *Corpus hist. Francicae*, p. 446, d'après *a*. — (*e*) Goldast, *Constitutiones Imperii*, t. III, p. 122, d'après *A* (?). — (*f*) Le Cointe, *Annales ecclesiastici Francorum*, t. VI, p. 162, d'après *a*. — (*g*) Gretser, *Opera*, t. VI, p. 424, d'après *b*. — (*h*) Bouillart, *Histoire de Saint-Germain-des-Prés*, pr. p. XII, n° XII, d'après *B*. — (*i*) *Recueil des Histor. de France*, t. V, p. 742, n° XLV, d'après *h*. — (*j*) Bondam, *Charterbook von Gelderland*, t. I, p. 5, n° 5, d'après *c* et *d*. — (*k*) Migne, *Patrologie latine*, t. XCVII, col. 963, n° 40, d'après *i*. — (*l*) Tardif, *Cartons des rois*, p. 63, n° 81, d'après *A*. — (*m*) Sloet, *Orkondenbook van Gelre*, t. I, p. 14, n° 12. — (*n*) Lasteyrie, *Cartulaire de Paris*, p. 33, n° 25, d'après *A*. — (*o*) *Diplomata Carolina*, p. 170. n° 122, d'après *A*.

INDIQ. : Bréquigny, *Table chronologique*, t. I, p. 114. — Böhmer, *Regesta Karolorum*, n° 97. — Sickel, *Acta Karolinorum*, t. II, p. 38 (K. 680). — Böhmer-Mühlbacher, *Regesten*, n° 218 (212). — Wauters, *Table chronologique des chartes relatives à l'histoire de Belgique*, t. I, p. 100.

[PRECEPTUM DE TELONEIS TAM DE VILLA NOVA QUAM DE ALIIS LOCIS] (*a*).

Carolus gratia Dei rex Francorum et Langobardorum atque patricius Romanorum, omnibus episcopis, abbatibus, comitibus seo junioribus vestris. Si oportuna beneficia ad loca sanctarum ecclesiarum ||² vel sacerdotibus prestare non desinemus, hoc nos procul dubium ad aeternam beatitudinem retribuere confidimus. Igitur cognuscat magnitudo seo utilitas vestra qualiter venerabilis vir Hrotbertus, abba de basilica sancti Vincentii vel domni Germani ||³ ubi ipse preciosus corpore requiescit, clementia regni nostri suggessit, et preceptionem domni et genitoris nostri bone memoriae Pippini, quondam regis, nobis ostendedit relegendam, ubi reperimus insertum qualiter, propter nomen Domini, et ejus ||⁴ meritis conpellentibus, beneficium prestetisse; cognuscite ut annis singulis, ubicumque in regno nostro negociantes ipsius sancti loci pergere vellent, sicut ipse Hrotbertus abbas mercare videtur, tam ad luminaria conparanda vel pro reliqua necessitate ||⁵ discurrentes, tam ultra Ligere quam et cetera Ligere, vel in Burgundia, etiam et in Proventia, vel in Frantia, quam et in Austria, ubicumque in regna, Xpisto propitio, nostra pergere vellent, nullo toloneo, nec de saumas, nec de carrigine, ||⁶ neque de navigio, neque de qualibet redebutione, exinde ad parte fisci nostri missi sui discurrentis dissolvere non debeant. Propterea per presentem preceptum decernimus, quod perpetualiter mansurum esse jubemus, ut per ullos portos neque ||⁷ per civitates, tam in Rodomo quam et in Vuicus, neque in Ambianis, neque in Trejecto, neque in Dorstade, neque per omnes portos ad sancta Mascentia, neque aliubi, neque in Parisiago, neque in Ambianis, neque in Burgundia, in pago Trigasino neque in Senonico, per omnes ‖ ⁸ ci[vit]at[es] similiter ubicumque in regna Xpisto propitio nostra, aut pagos vel territuriis, teloneus exigetur, nec de navale, nec de carrale, neque de saumas, neque de trava evectione, nec rotatico, nec pontatico, nec pulveratico, nec salutatico, nec ‖ ⁹ cispitatico, nec nulla redebutione, quod fiscus noster exinde poterat sperare, nec vos nec juniores aut successoresque vestri eisdem non requiratis, nec exactetis, sed omnia et in omnibus hoc, propter nomen Domini, ipse abba vel successores sui, ‖ ¹⁰ aut memorata ecclesia sancti Vincenti vel domni Germani, habeant indultum, vel ad luminaribus ipsius loci proficiat in augmentis. Adjungimus etiam teloneum illum, quem Gaerhardus comis ad Villa Nova curte sancti Germani ‖ ¹¹ visus fuit recipisse, ut deinceps pars sancti Germani ipso telloneo, cum omni integritate, in nostra aelimosina ad luminaribus ipsius ecclesiae recipere debeant, absque alicujus contrariaetate. Quam vero auctoritate perpetuisque temporibus valetura manu nostra propria decrevimus roborare.

(*Traces de sceau*) ‖ ¹² **Signum** (*Monogramme*) **Caroli gloriosissimi regis.**

‖ ¹³ (*Chrismon*) **Optatus ad vicem Radoni recognovi et** (*Ruche*). (*Notes tironiennes* : Optatus ad vicem Radoni ordinantis recognovi et subscripsi.)

‖ ¹⁴ Data sexto kalendas aprilis, anno undecimo et quinto regni nostri. Actum Haristalio palatio publico.

(a) *Au dos, d'une main du* IXᵉ *siècle. Au* XIIᵉ *siècle on a encore ajouté au dos de l'acte le titre suivant* : Preceptum Karoli magni de libertate teloneorum et navigii.

XX

Worms, 5 novembre 786.

(Acte refait) (1).

Charlemagne donne au monastère de Saint-Germain, près de Paris, gouverné par l'abbé Robert, la villa de Marolles en

(1) Le diplôme paraît avoir été récrit dans la seconde partie du IXᵉ siècle, d'après les derniers éditeurs, et il semble bien notamment que toute la partie relative aux droits de port et de marché, depuis les mots *et portum* jusqu'à *mercatum quoque* doive être considérée comme

Melunois, sur la Seine, telle que la tenait en bénéfice le comte Aubert, avec toutes ses dépendances, en particulier les droits de port et de marché, sur la Seine, entre le Melunois et le Sénonais, depuis Souzy, domaine de ladite abbaye de Saint-Germain, jusqu'au petit monastère de Saint-Maurice.

A. Original prétendu, K 7, n° 5
B, fol. 20. — D, fol. 3 v° et D', fol. 2. — G, fol. 3. — M, fol. 123. — Z. Copie du XVIII° siècle, K 181, n° 97.

EDIT. : (*a*) Aimoin, *Gesta Francorum*, l. V, c. 1; éd. 1514, fol. 100 v°; éd. 1567, p. 547 ; éd. Du Breul, p. 265, d'après *M.* — (*b*) Le Cointe, *Annales ecclesiastici*, t. II, p. 312, d'après *A.* (*c*) Bouillart, *Hist. de Saint-Germain-des-Prés*, pr. p. XII, n° XIII. d'après *A.* — (*d*) *Recueil des Histor. de France*, t. V, p. 749, n° LIX, d'après *c.* — (*e*) Migne, *Patr. lat.*, t. XCVII, col. 974, n° LI, d'après *d.* — (*f*) Tardif, *Cartons des rois*, p. 65, n° 85, d'après *A.* — (*g*) *Diplomata Carolina*, t. I, p. 208, n° 154.

INDIQ. : Bréquigny, *Table chronol.*, t. I, p. 120. — Böhmer, *Regesta Karolorum*, n° 125. — Sickel, *Acta Karolinorum*, t. II, p. 47, (K. 108). — Bömer-Mühlbacher, *Regesten*, n° 276 (anc. 267).

[PRECEPTUM DOMNI IMPERATORIS KAROLI DE MADRIOLIS] (*a*).

(*Chrismon*) [Carolus gratia Dei rex] (*b*) **Francorum et Langobardorum ac patricius Romanorum omnibus fidelibus nostris praesentibus et futuris. Quicquid enim locis venerabilibus ob amorem Domini et oportunitate servorum Dei benivola deliberatione concedimus, hoc nobis ad aeternam beatitudinem vel remedium animae nostrae pertinere confidimus.** || ² [Quapropter compertum sit] omnium vestrorum magnitudini qualiter donamus ad monasterium sancti Germani, quod est prope Parisius civitate constructum, ubi ipsius pretiosum corpus quiescit humatum, quod venerabilis vir Hrotbertus abba in regimen habere videtur, donatumque ad eundem sanctum locum et fratribus ibidem degentibus esse volumus, hoc est villam nostram nuncupate Madriolas in pago Meledunense super || ³ flu[vium Sequana cum omni in]tegritate sua ad se pertinente vel aspiciente, sicuti a longo tempore et nunc justae et rationabiliter ad eandem visum est pertinuisse, vel sicut moderno tempore Autbertus comes per nostrum beneficium tenere videtur,

une interpolation. Elle est assez maladroitement introduite au milieu de la formule habituelle relative à l'énumération des dépendances juridiques du domaine concédé, et le membre de phrase qui la suit (*et omnia*, etc.) se rattache certainement à ce qui précède, et devrait se trouver après la fin de l'énumération précédente, c'est-à-dire après le mot *immobilibus*.

id est tam terris, domibus, aedificiis, accolabus, mancipiis, vineis, silvis, campis, pratis, pascuis, aquis aquarumve decursibus, mobilibus et immobilibus, et portum quod est inter pagum Senonicum ‖ 4 et [Meledunensem ab] Celsiaco villa praefati sancti Germani usque monasteriolum sancti Mauricii ex utraque ripa fluminis Sequanae cujuscumque sit terra, ita ut nullus inibi portum (c) habere nisi jamdicta potestas almi Germani neque teloneum aut rotaticum seu vultaticum, cespitaticum, ripaticum vel salutaticum cuiquam accipere liceat, mercatum quoque omniaque ex omnibus quicquid dici aut nominari potest, ad integrum ad ipsum ‖ 5 [sanctum locum] ejusque [rect]oribus ac monachis a die praesente tradimus perpetualiter ad possidendum. Propterea hanc praeceptionem auctoritatis nostrae conscribere jussimus, per quam omnino statuentes decernimus, quod cir[ca] ipsum abbatem vel rectores ipsius ecclesiae perpetualiter volumus esse mansurum, ut nullus quislibet de judiciaria potestate aut de parte fisci nostri aut qualiscumque ‖ 6 [persona] de praedicta villa Madriolas vel quicquid ad eam aspicit ipsum abbatem vel monachos in eodem monasterio consistentes inquietare, vel contra rationis ordinem aut calumniam generare facere non praesumant, sed ab hodierna die actores ipsius monasterii (d) eam habeant, teneant atque possideant, quatenus melius delectet jamdictum abbatem vel ipsos monachos pro nobis uxoreque nostra et filiis ‖ 7 necnon pro stabilitate regni nostri Domini misericordiam attentius deprecari. Et ut haec auctoritas firmior habeatur vel nostris et futuris temporibus melius conservetur, manu propria subter eam decrevimus roborare (e) et de anulo nostro jussimus sigillari.

‖ 8 **Signum** (*Monogramme*) **Caroli gloriosissimi regis.** (*Chrismon*) **Vuigbaldus ad vicem Radonis recognovi et** (*Ruche*). (*Notes tironiennes* : Vuihbaldus ad vicem Radonis recognovi et subscripsi ordinante domno rege per... virtum (1). (*Traces de sceau*). (*f*).

‖ 9 Data nonas novembris anno nono decimo et tertio decimo regni nostri. Actum Vuarmasia palatio. In Dei nomine feliciter.

(*a*) *Au dos d'une main du* X*ᵉ siècle*. — (*b*) *Quelques mots sont effacés sur l'original : je les rétablis entre crochets d'après B*. — (*c*) *en interligne, d'une main plus récente sont ajoutés les mots* vel aque. — (*d*) mosterii A. — (*e*) *Le mot* decrevimus *est répété dans A*. — (*f*) *Le sceau a*

(1) Pour le déchiffrement de ces notes, cf. les travaux indiqués par les éditeurs des *Monumenta* : Kopp, *Paleographia critica*, t. I, p. 384 et Sickel dans les *Sitzungsberichte* de l'Académie de Vienne, 1893, p. 686, n° 1, auxquels il faut ajouter Em. Chatelain, *Introduction à la lecture des notes tironiennes*, p. 189, n° VII.

disparu à une époque récente, car K. Pertz l'avait vu et le considérait comme un sceau de Lothaire plaqué sur un faux diplôme de Charlemagne.

XXI

Pesche, 3 septembre 790.

Folradus donne à l'abbaye de Sainte-Croix, Saint-Vincent et Saint-Germain au faubourg de Paris deux manses et demi sis à Pesche dans le « pagus Lommensis », à la condition qu'il les conservera en précaire sa vie durant, et ses enfants après lui, et donne en outre, au même monastère un autre manse et un quart, avec quatre serfs.

A. Original, K 7, n° II°.

ÉDIT. : (a) H. Bordier, *Deux chartes inédites des années 769 et 789*, dans la *Bibl. de l'École des chartes*, t. VII, p. 75. — (b) Tardif, *Cartons des rois*, p. 69, n° 90.

INDIQ. : Wauters, *Table chronologique des chartes relatives à l'histoire de Belgique*, t. I, p. 631.

[DE VILLA PESCO IN PAGO LOMENSE] (a).

(Chrismon) Ego in Dei nomine Folradus cogitans mecum de infirmitate || ² hujus saeculi adque transitoria vita, quatinus aliquid mercedis ade-|| ³ cresceret anime meae. Ut... pr...al...minu... fu-|| ⁴ turo saeculo statuere vo... quatinus ex... itate gen... ad-|| ⁵ huc viverem ad loca sancta traderem, ad basilicam sancte Crucis adque sanctorum mar-|| ⁶ tirum Stephani, Vincencii, ubi beatiss... adque pontifex adque antistes Ger-|| ⁷ manus requiescit, que basilica sita est in suburbio Parisius ; ea racione ut || ⁸ quamdiu advixero ego, et si ego accepero uxorem et exinde natus fuerit || ⁹ filius aut filia, res ipsius [abe]ant que sunt in pago Lumense, in villa que || ¹⁰ vocatur Pesco, reciperem ego [in prestaria], duos videlicet mansos [et dimidium], || ¹¹ ut supradictum est, quamdiu advixer.... ego et uxor mea si ego accep[ere abu]||¹² erit filium aut filiam abeant, teneant adque possideant. Ego vero Folradus, ex jure || ¹³ meae hereditatis que mihi accidit ex parte avi mei et patris mei, trado ad ip-|| ¹⁴ sum monasterium supradictum, utbi beatissimus requiescit Germanus, mansum hunum || ¹⁵ adque quartam partem mansi, ea racione ut post meum discessum et uxoris meae || [16] et filii mei vel filiae horum duorum unus ex illis teneat adque possideat. Dono autem || [17] et mancipia .iiii[or]. his nominibus prenotatis : Evrem[undus], Anselm, Deda, || [18] Bernuit. Quod si evenerit ut aliquis ex propinquis meis aut extranea persona || [19] [in]fringere temptaverit aut voluerit, yram Dei omnipotentis (b) incurrat || [20] et quod evindicare voluerit non valeat ; insuper et libras auri .x. || [21] persolvat. Et ut hec prestaria firmior permaneat, manibus meis corrobo-|| [22] rare studui et testibus prenotatis adscribere jusi. † Sig. Folradi quod ipsa || [23] propria manu firmavi. † Signum Engran[ni] † Vuolvo † Hemmeline. † || [24] Rotbolt. † Hector... †......... Amolri. † Crist...

|| [25] Actum Pesco, villa puplica, ubi fuit levata, sub die .III. non. sept., || [26] anno .XXII. regnante domino nostro Karolo rege.

(a) *Au dos, d'une main du Xe siècle. — L'acte présente quelques lacunes, par suite de déchirures, et de mots à peu près complètement effacés. Les mots ou syllabes entre crochets sont restitués par conjecture.* — (b) *omnipotis A.*

XXII

« Vemundinga », 14 août 791.

Jugement rendu par Acbert et Godebert, missi royaux, en faveur de Ratbert, abbé de Saint-Vincent et Saint-Germain, contre le comte Aubert, qui détenait injustement la forêt de « Mons Adraldus », au pagus de Melun, jadis possédée par le comte Hildebrand et son fils Nevelon, puis donnée par Charlemagne à l'abbaye de Saint-Germain.

A. Original, K 7, n° 11[4].

Edit. : Tardif, *Cartons des rois*, n° 92, p. 70.

[Notitia (a) de Briaco pertinens ad Madriolas] (b).

............................notitia qualiter inter magnificum virum Ratbertum, abbatem de monasterio sancti Vincentii et || [2] [sancti] German[i, et in]ter inlustrem virum Autbertum comitem orta fuit intentio. Sed veniens Ratbertus abba || [3] Rac...burgo, palatio publico, in villa nuncupante Vemundinga, ante Acbertum et Godebertum, missos domni || [4] regis Karoli, vel ante presentiam bonorum hominum qui ibidem aderant, interpellavit aliquem hominem nomine || ⁵ Autbertum comitem..... adversus eum, eo quod silvam aliquam in pago Milidunense, in loco nuncupante Monte || ⁶ Adraldo, quam domnus rex Karolus in sua elemosina ad partem sancti Germani condonavit, ipsam silvam Autbertus comes || ⁷ post se malo ordine retineret injuste vel indebite. Propter hoc quia Hildebrandus comes et filius suus Nevelongus ad || ⁸ [Ma]driolas visi fuissent tenuisse, tunc ipse Ratbertus abba tales testes habuit qui hoc testimoniaverunt, quorum || ⁹ nomina subter tenentur inserta, et hanc notitiam firmaverunt quod Autbertus comes neque in eodem loco, id est in Monte || ¹⁰ Adraldo, neque prope Madriolas, neque in ullo alio aliquo loco nullam portionem de silva nec de grossa nec de minuta || ¹¹ habere deberet, sed potestas sancti Germani tenere et rectores ipsius monasterii atque fratres per largitionem seu || ¹² concessionem domni Karoli regis. Unde et Autbertus comes ante ipsos missos domni regis jam superius comprehen-|| ¹³ sos ipsam silvam cum omni integritate sua, cum terminis vel evidentiis suis, et sicut testimonia testimoniaverunt || ¹⁴ quod ad ipsam villam Matriolas semper fuisset aspecta, cum omni integritate vel appenditiis suis, sicut in illa dona-|| ¹⁵ tione loquitur, Autbertus comes cum suo vuadio potestatem sancti Germani vel advocatum Ratberti abbatis visus || ¹⁶ fuit revestisse ; proptera oportunum fuit ipsi Ratberto abbati, ut talem notitiam inde bonorum hominum manibus || ¹⁷ roboratam accipere deberet : quod ita et fecit, ut de post hunc diem tam ipse quam successores sui de ipsa silva quieti et || ¹⁸ securi valeant residere. Taliter actum fuit. Actum Vemundinga villa publica, ubi facta et firmata || ¹⁹ fuit, in anno vicesimo tertio regnante Karolo gloriosissimo rege Francorum et Langobardorum ac patricio || ²⁰ Romanorum. Datum quod fecit mense augusto dies .XIIII.

|| ²¹ [*col. 1*] Signum Giroldi. Signum Ermenardi. Signum Ermni. || [*col. 2*] Signum Ermenoldi. Signum Agri. Signum Hairradi. || [*col. 3*] Signum Babilonii.

(a) Notia A. — (b) *Au dos de l'acte, d'une main de l'époque carolingienne.*

XXIII

Saint-Germain, 5 mai 794.

Theodrade, avec le concours de son fils Blitri, donne à l'abbaye de Saint-Germain des terres [à Achêne, au « pagus Lommensis »].

A, Original, K 7, n° 11⁴.

EDIT. : (a) Bordier, *Chartes inédites du* VIII° *siècle*, dans la *Bibl. de l'Ecole des chartes*, t. VIII, p. 416. — (b) Tardif, *Cartons des rois*, p. 70, n° 93.

INDIQ. : Wauters, *Table chronologique des chartes relatives à l'histoire de Belgique*, t. I, p. 631.

[CARTA DE ACINIAGAS DE LUMENSE] (1) (a).

|| ⁷ basilic (b) || ⁸... || ⁹ une tradidi atque firmavi.................................. [manci] || ¹⁰ piis casticiis, silvis, rivis, pratis, pascuis, aquis aquarumve de[cursibus, terris] || ¹¹ cultis et incultis....................... || ¹² obvinit, hoc vobis tradidi adque firmavi, ita ut ab hac die quicquid [tam vos] quam et [vestri succes]-|| ¹³ sores vel pars basilicae sancti Germani de ipsa rem facere [vo]lueritis, liberimam et firmissimam Xpisto || ¹⁴ propitio in omnibus habeatis potestatem ad faciendi. Si quis vero, quod futurum esse non || ¹⁵ credimus, si ego ipsa aut ullus de heredibus ac proheredibus meis vel quelibet ex[tranea] || ¹⁶ aut opposita persona, qui contra hanc donationem istam, quem ego plenissima voluntate || ¹⁷ fieri et conscribere rogavi, venire aut aliquid resultare temptaverit. inferat partibus || ¹⁸ vestris auri libras .X., argento pondus quinque, fisco discutiente, multa conponat, et quod || ¹⁹ repetit evindicare non valeat, sed presens donatio ista vel [me]rcis mea omnique tempore || ²⁰ firma et stabilis permaneat cum stipulatione subnexa. Actum monasterio sancti Germani || ²¹ tertio nonas maias, anno .XXVI. regnante domno nostro Carolo gloriosissimo rege.

|| ²² Signum † Theodredane, qui hanc donacione fieri et firmare rogavit.

|| ²³ Signum † Blitrico filio suo consenciente.

|| ²⁴ Signum † Vuitghero. Signum † Adalango. Signum † Agilmundo.

|| ²⁵ Signum † Hrodmanno. Signum † Mauronto. Signum † Ghiuralo.

|| ²⁶ Signum † Dominio. Signum † Hairoasto.

|| ²⁷ Signum † Odelberto. Signum † Salamon.

|| ²⁸ Signum † Adalghero. Signum † Hroone.

(a) *Au dos, d'une main peut-être contemporaine.* — (b) *L'acte est mutilé; le début manque; divers mots ont disparu par suite de déchirures ou sont aujourd'hui effacés. J'en rétablis quelques-uns entre crochets par conjecture.*

(1) L'acte étant incomplet, la situation des domaines concédés n'est connue que par ce titre ancien placé au dos de l'acte.

XXIV

Flerzheim, 27 mai 794.

Donation faite au monastère de Saint-Vincent et Saint-Germain par... cerharius de terres sises à Flerzheim (1) au pagus de Zulpich.

A, Original mutilé, K 7, n° 115.

EDIT. : Bordier, *Chartes inédites du VIIIe siècle*, dans la *Biblioth. de l'Ecole des chartes*, t. VIII (1846), p. 418.

INDIQ. : Tardif, *Cartons des rois*, p. 71, n° 94.

(*Chrismon*) Exemplari...
|| ² In nomine Dei summi trini et almi. Ego...... [quicqu]id mi[hi]... || ³ Xpisti misericordia [co]mmode complacuit........, ...tres m......con...ad......cr... || ⁴ sancti Vincentii et domni Germani condonare de peren[ni qu]od ita...... fici quae est foras murum P[aris]ius || ⁵ constructus, vel ubi preest venerabilis vir [in Dei] nomine Ratbertus abba una cum agm[in]e mon[a-]|| ⁶ chorum ibidem consistentium, donatumque a die presente in perpetuum......... et de jure meo in [ju]re et d...... || ⁷ dominatio[nem i]psius monasterii trado ad possidendum, quae si[ta sunt in pa]go...l............ [in] loco || ⁸ nuncupante Flaridishaim, quem mihi homo aliquis nomine Sa............ [te]sti-|| ⁹ monia tradidit, hoc est manso cum omni supra supraposito, habentem plus minus in lon[gi]-|| ¹⁰ [tu]dinem perticas quatuordecim per pedes decem, in latitudinem de fronte superiore perticas ||¹¹ quattuor, de inferiore vero tres... et habet ipse mansus terminationes d[e du]as partes terra ||¹² sancti Germani, de uno fronte terra Amalario et de alio fronte h...... sointi......, ita ut ab hodierna ||¹³ die quicquid ab

---

(1) Cette identification est assez conjecturale. M. Longnon (*Polyptyque d'Irminon*, t. I, p. 204) propose trois localités comme pouvant représenter le *Flaridishaim* donné en 794 à l'abbaye de Saint-Germain-des-Prés. Or, il me semble reconnaître un *l* dans la troisième lettre du nom presque complètement effacé du *pagus* dans lequel se trouvait *Flaridishaim* : il s'agirait donc du *pagus Juliacensis* ou du *pagus Tulpiacensis*, étant donné que la recherche doit se restreindre aux pays de langue germanique. Dans l'un ou l'autre cas, il faut écarter Floersheim près de Worms et Floersheim près de Mayence. Au contraire, Flerzheim (kreis de Rheinbach, reg. de Cologne) paraît avoir été situé dans le *pagus Bunnensis*, mais dans le voisinage immédiat du *p. Tulpiacensis*. Il en faisait peut-être partie à la fin du VIIIe siècle.

hodierna die de supradictas res jam superius conprehensas vos aut successo-‖ 14 resque vestri facere eligeritis habendi, tenendi, commutandi liberum ac firmissimum jure, Xpisto propi-‖ 15 tio, in omnibus habeatis potestatem ad faciendum. Si quis vero, quod futurum esse minime ‖ 16 credo, si fuerit aut ego ipse aut ullus de heredibus vel proheredibusque meis seu quislibet ulla extranea ‖ 17 aut opposita persona qui hanc donatione, [qua]m ego benivola deliberatione fieri et conscribere rogavi, venire aut aliqua calumnia generare voluerit, nihilominus valeat evin-‖ 18 dicare sed unacum cogente fisco soledos centum partibus vestris multa conponat, et quod ‖ 19 repetit sua repetitio nullum obtineat effectum, et presens donatio firma permaneat ‖ 20 cum stipulatione subnexa. Actum Flaridishaim ante basilica sancti Petri, ubi facta et ‖ 21 firmata fuit in anno vigesimo sexto regnante Carolo gloriosissimo rege Francorum. ‖ 22 Datum quod fecit mensis maius dies viginti et septem. ‖ 23 Sign. †......... cerhario qui hanc donatione fieri et firmare rogavit.

XXV

S. d. [778-814] (1).

(Acte perdu).

Charlemagne donne ou restitue à l'abbaye de Saint-Germain diverses villae en Aquitaine.

INDIQ. : Diplôme de Pépin d'Aquitaine du 10 août 829, ci-après n° XXX. — Sickel, *Acta Karolinorum*, t. II, p. 385.

XXVI

Aix-la-Chapelle, 30 août 816.

Louis le Pieux donne au monastère de Saint-Germain, dont Irminon est abbé, une installation de pêche établie à Rueil en Pincerais par Charles Martel, et désignée sous le nom de « Karoli Venna », sous réserve des droits que les abbayes

(1) Les dates extrêmes sont celles du règne de Charlemagne.

de Saint-Denis et de Saint-Pierre (1) *possèdent sur ladite pêcherie.*

A. Pseudo-original du X⁰ siècle, K 8, n° 5.
B. fol. 21 v°. — D', fol. 3. — G, fol. 4. — Z, copie du XVIII⁰ siècle, K 181, n° 98.

Edit. : ((*a*) Mabillon, *Acta sanctorum ordinis sancti Benedicti*, saec. III, t. II, p. 108, d'après A. — (*b*) Bouillart, *Hist. de Saint-Germain-des-Prés*, pr., p. xiii, n° xiv, d'après A. — (*c*) *Rec. des Histor. de France*, t. VI, p. 505, n° lxxxi, d'après *a*. — (*d*) Migne, *Patrol. lat.*, t. CIV, col. 1065, n° lxviii, d'après *b*.

Indiq. : Bréquigny, *Table chronologique*, t. I, p. 187. — Böhmer, *Regesta Karolorum*, n° 302. — Sickel, *Acta Karolinorum*, t. II, p. 314 (L. 96). — Wauters, *Table chronologique des chartes relatives à l'histoire de Belgique*, t. I, p. 154. — Böhmer-Mühlbacher, *Regesten*, n° 628 (608). — Tardif, *Cartons des rois*, p. 79, n° 110.

(*Chrismon*) **In nomine domini Dei et Salvatoris nostri Jesu Xpisti. Hludovicus divina ordinante providentia imperator augustus. Quicquid ob amorem Dei pro oportunitate servorum** ‖ ² Dei agimus, hoc nobis ad aeternam beatitudinem obtinendam pertinere confidimus. Igitur notum sit omnibus fidelibus nostris praesentibus scilicet et futuris quia ob emolumentum ‖ ³ animae nostrae quandam piscariam quam olim proavus noster bonae memoriae Karolus in pago Pinciacense, in villa quę vocatur Rioilus, in fluvio videlicet Sequanę fieri jussit, ad monasterium sancti Germani, ubi sanctum ‖ ⁴ et venerabile ejus corpus requiescit et ubi Hirmino vir venerabilis pastorali fungitur officio, ad subsidium monachorum in eodem sancto loco Deo famulantium libentissime concessimus, et per hos apices confirma-‖ ⁵ vimus, ea scilicet conditione ut illam nocturnam quam monasterium sancti Dyonisii exinde accipit et sancti Petri monasterium nullatenus eis a quoquam subtrahatur : sed eadem monasteria omni ‖ ⁶ tempore pro sua portione restaurationi Vennę atque emendationi adminiculum prestent, prout necesse fuerit. Reliqum vero in integrum eidem venerabili sancti quidem Germani cessimus ‖ ⁷ monasterio. Jubemus quoque atque decernimus ut de memorata piscaria nullus praedictum monasterium ejusque procuratores inquietare nostris futurisque temporibus presumat, ‖ ⁸ neque aliquam contrarietatem ex ipsa eidem monasterio facere aut aliquid inde abstrahere pertemptet, sed amodo et dein-

---

(1) C'est-à-dire l'abbaye désignée plus tard sous le nom de Sainte-Geneviève.

ceps ita libere teneant ipsi monachi hanc Karoli Vennam, ‖ 9 quemadmodum genitor noster Karolus serenissimus imperator et augustus, avus etiam noster Pippinus atque proavus Karolus, qui eandem construere jussit capturam, nos quoque tandem tenuimus actenus, ‖ 10 scilicet ut omni tempore sit salva undique ab omnibus obstaculis aqua sicuti apud nos adhuc extat ; nec fiant unquam ulla opera huic Vennę nocitura, nec ante vel retro ; siquidem cujus-‖ 11 cumque potestatis sint littora nostra, tamen est regalis aqua. Ergo super hanc cessionis auctoritatem hoc nostrum regale preceptum fieri jussimus, per quod decernimus atque jubemus ut nullus ‖ 12 quilibet Xpistianitatis cultor audeat vel praesumat nostrae salutis donativum infringere, neque per violentiam neque per ullum calliditatis praejudicium Karoli Vennę nociturum : sed potius sine ‖ 13 ulla subtractione vel diminutione atque dampnatione liceat monachis sancti Vincentii sanctique Germani cum omni integritate hoc munus quod eis conferimus ad nostram requiem sempiternam perpetua-‖ 14 liter possidere et frui. Ergo haec nostrae auctoritatis praeceptio ut firmiter continuationis vigorem obtineat per succedentia annorum curricula, manu propria subter roborantes, anulo nostro ‖ 15 ea jussimus insigniri. **Signum** (*Monogramme*) **Hludovici serenissimi imperatoris.** (*Chrismon*) **Durandus diaconus ad vicem Helisachar** ‖ 17 **recognovi.** (*Imitatation de ruche. Traces de sceau.*)

‖ 18 **Data tertio kl. septemb. anno propitio .III. imperii domni Hludovici piissimi augusti, indictione .X. Actum Aquisgrani palatio regio. In Dei nomine feliciter. Amen.**

XXVII

Aix-la-Chapelle, 25 février 819.
(Acte faux) (1).

Louis le Pieux, à la requête d'Hilduin, abbé du monastère de Saint-Vincent et Saint-Germain et archichapelain du sacré

(1) Le diplôme est de la même écriture que le diplôme de Charlemagne de 772 dans sa rédaction interpolée (*ci-dessus*, n° XVII) et que le faux diplôme de Charles le Chauve pour l'évêque Evrouin (*ci-après*, n° XXXIII). Le préambule est peut-être imité de celui de l'acte authentique de Louis le Pieux de 816 (n° XXVI), mais la souscription de chancellerie est certainement empruntée à un précepte de Charles le Chauve. En outre l'acte présente des irrégularités au point de vue chronologique. La sixième année du règne de Louis le Pieux, qui tombe en 819, corres-

palais, confirme audit monastère le privilège d'immunité qui lui a été concédé par l'empereur Charlemagne (1).

A, Original prétendu, K 8, n° 6.
B, fol. 28 v°. — D, fol. 6 v° et D', fol. 7 v°. — G, fol. 8. — Y. Copie du XVI° siècle, LL 1087, fol. 2. — Z. Copie du XVII° siècle, LL 1131, p. 41, d'après A.

EDIT. : (a) Lasteyrie, *Cartulaire de Paris*, p. 41, n° 31, d'après A et B.

INDIQ. : Tardif, *Cartons des rois*, p. 79, n° 111. — Sickel, *Acta Karolinorum*, t. II, p. 441 (acta spuria). — Böhmer-Mühlbacher, *Regesten*, n° 683 (663).

[PRECEPTUM HLUDUICI DE LIBERTATE ECCLESIE HUJUS ET LIBERTATE HOMINUM] (a).

(*Chrismon*) **In nomine domini Dei et Salvatoris nostri Jesu Xpisti. Ludovicus divina ordinante providentia imperator augustus. Quia quid ob amorem Dei pro oportunita-||² te servorum Dei agimus, hac** (b) **nobis ad presentis vite curricula felitius transigenda et ad future beatitudinis premia facilius obtinenda non dubitamus.** Comperiat igitur ||³ omnium fidelium sancte Dei aecclesie nostrorumque presentium et futurorum industria quia vir venerabilis Hilduinus, monasterii sancti Vincentii ac sancti Germani ||⁴ abbas necnon et sacri palatii archicapellanus, detulit nobis emunitatem genitoris nostri pie recordationis Karoli augusti, in qua invenimus insertum quomodo ipse et ||⁵ antecessores ejus priores reges Francorum, propter divinum amorem et reverentiam sancti Germani, ubi plerique illorum ob nimium amorem prefato loci sua sepeliri corpora manda-||⁶ verunt, supradicto monasterio semper sub plenissima defensione et emunitatis tuitione habuissent. Predictus itaque Hilduinus ob majorem firmitatem rei a man-||⁷ suetudine nostra postulavit ut eorumdem regum auctoritates, ob amorem Dei et reverentiam ipsius sancti Germani, nostra confirmaremus auctoritate. Nos autem, pro mercedis ||⁸ nostre compendio petitioni ipsius libenter adquievimus et ita in omnibus concessimus, sicut in antecessorum nostrorum privilegiis insertum erat, ac hoc (c) preceptum fieri decrevimus, ||⁹ per quod et statuimus et perpetuo mansurum fore, Domino juvante, preci-

pond à l'indiction XII et non à l'indiction VIII. D'autre part, ce qui est plus grave, l'abbatiat d'Irminon se prolongea au moins jusqu'en 823 (Longnon, *Polyptyque d'Irminon*, t. I, p. 4), Hilduin n'était donc certainement pas abbé en 819.

(1) Cf. supra, n° XVII.

pimus ut nullus judex, vel quilibet ex juditiaria potestate vel aliquis ex fidelibus nostris tam presentibus quam futuris in ecclesias ‖ 10 aut loca vel agros seu reliquas possessiones memorati monasterii, quas moderno tempore tam in Frantia quam in Burgundia, seu in Neustria, sive etiam in Aquitania, vel ubicumque in ‖ 11 regnis, Deo propitio, juste et rationabiliter possidet, vel que deinceps a catholicis viris eidem ecclesie collate fuerint, ad causas audiendas, vel freda vel tributa aut telonea exigen-‖ 12 da, aut mansiones vel paratas fatiendas, aut fidejussores tollendos, aut homines ejusdem ecclesie, tam ingenuos quam servos, super terras ipsius commanentes distringendos, aut illici-‖ tas 13 occasiones requirendas, nostris et futuris temporibus ingredi audeat, vel ea que supra memorata sunt exigere presumat, sed liceat jamdicto abbati suisque successoribus res et homines ‖ 14 predicti monasterii sub emunitatis nostre defensione, remota totius juditiarie potestatis inquietudine, quieto ordine possidere; et homines de capite contra liberos in ‖ 15 omni placito testimonium ferre concedimus, ut in alimoniam pauperum et stipendia monachorum ibidem Deo famulantium perhenni' tempore per hoc et alia concessa profitiat et augmentetur, ‖ 16 quatinus servi Dei qui ibidem Deo famulantur pro nobis et pro memorato genitore nostro et totius regni a Deo nobis collati stabilitate celestem deprecari opem attentius debeant. Et ut ‖ 17 auctoritas ista a nostris fidelibus melius credatur et diligentius conservetur, manu propria subter firmavimus et anuli nostri impressione signari jussimus.

‖ 18 **Signum** (*Monogramme*) **Hludovici gloriosissimi imperatoris.** (*Chrismon*) **Signum Eneas notarius ad vicem** ‖ 19 **Hludovici** (*d*) **recognovit et subscripsit.** (*Imitation de ruche. Traces de sceau.*)

‖ 20 Dato quinto kal. marcii, anno Xpisto propitio VI[to] Hludovici piissimi augusti, indictione VIII[va]. Actum Aquis-‖ 21 grani palatio. In Dei nomine feliciter. Amen.

(*a*) *Au dos, d'une main contemporaine.* — (*b*) *Il faut évidemment corriger en* hoc, *qui est la leçon de B.* — (*c*) *Au-dessus du mot* hoc, *et d'une autre encre, est figurée une croix.* — (*d*) *Un blanc dans l'original.*

XXVIII

Aix-la-Chapelle, 13 janvier 829.

Louis le Pieux et Lothaire confirment l'attribution faite à la mense conventuelle du monastère de Saint-Vincent et Saint-Germain par Hilduin, abbé dudit monastère et archichapelain du sacré Palais, de diverses redevances et des villae d'Antony, La Celle-[Saint-Cloud], Marolles, Cachant, Nogent, Epinay, « Valedronis » et Esmans avec la forêt d'Othe.

B, fol. 22. — D, fol. 4 et D', fol. 3 v°. — G, fol. 4 v°. — H, fol. 235. — M, fol. 129 v°. — N2, fol. 44 v°. — N3, fol. 42 v°. — N4, fol. 71. — N5, fol. 64. — N6, fol. 75 v°. — N7, fol. 60 v°. — N8, fol. 40. — X. Copie du XVI° siècle, LL 1131, p. 45, « d'après l'original » (?) (1). — X', ibid., fol. 53, 57, 61, d'après B. — X", ibid., fol. 49, d'après D. — Y. Copie du XVII° siècle, LL. 1043, fol. 3 v°. — Z. Copie du XVIII° siècle, K 181, n° 99.

EDIT. : (a) Aimoin, Gesta Francorum, l. V, c. X, éd. 1514, fol. 106; éd. 1567, fol. 579; éd. Du Breul, p. 280, d'après M. — (b) Baronius, Annales ecclesiastici a. 829, n° XIII, t. IX, p. 790, d'après M. — (c) Le Cointe, Annales ecclesiastici Francorum, t. VIII, p. 47. — (d) Yepes, Chronicon ordinis sancti Benedicti, éd. Weiss, p. 505. — (e) Dubois, Historia ecclesiae Parisiensis, t. I, p. 341. — (f) Mabillon, Annales ordinis sancti Benedicti, t. II, p. 521, d'après B et M. — (g) Bouillart, Hist. de Saint-Germain-des-Prés, pr. p. XIV, n° XV, d'après B. — (h) Rec. des Histor. de France, t. VI, p. 559, n° CL., d'après f. — (i) Migne, Patr. lat., t. CIV, col. 1175, n° CXLV, d'après f. — (j) Lasteyrie, Cartulaire de Paris, p. 47, n° 34.

INDIQ. : Bréquigny, Table chronologique, t. I, p. 176. — Böhmer, Regesta Karolorum, n° 395. — Sickel, Acta Karolinorum, t. II, p. 334, L. 260. — Wauters, Table chronologique des chartes relatives à l'histoire de Belgique, t. I, p. 183. — Böhmer-Mühlbacher, Regesten, n° 857 (833).

PRIVILEGIUM LUDOVICI ET LOTHARII IMPERATORUM (a).

In nomine domini Dei et Salvatoris nostri Jesu Xpisti, Hludovicus (b) et Hlotharius (c) divina ordinante providentia imperatores augusti. Si ea que fideles imperii nostri pro statu et utilitate ecclesiarum ac servorum Dei fideliter ac devote ob Dei amorem in locis sibi commissis statuerint nostris confirmamus edictis, hoc nobis procul dubio ad eternam beatitudinem et totius regni a Deo nobis commissi tutelam (d) mansurum esse credimus, et retributorem Dominum in futuro habere confidimus. Igitur notum sit omnibus fidelibus sancte Dei ecclesie ac nostris presentibus scilicet et futuris quia vir venerabilis Hilduinus, monasterii sancti Vincentii ac sancti Germani

---

(1) Bien que cette copie se donne comme « collationnée à l'original », elle paraît avoir été faite d'après un cartulaire, et ne pas fournir de variante utile.

abba (*e*) recnon et sacri palatii nostri archicapellanus (*f*), nostrę suggessit serenitati quod pro Dei omnipotentis amore et futuro ejusdem congregationis cavendo periculo, ne aliqua successorum suorum regligentia aut parcitate ordo in ea futuris temporibus perturbaretur monasticus, stipendia eorum que annuatim in cibo et potu accipere debebant, necnon et quasdam villas specialiter necessitatibus illorum deserviendis constituisset ac deputasset, atque per litterarum seriem et largitionis sue cartam, sua aliorumque bonorum hominum manibus roboratam, eis concessisset ac delegasset, quatinus nulla occasione nec rei publicę servitio quisquam ex successoribus suis impedimentum in futuro inferre potuisset, pro quo a via rectitudinis et observatione regulari oberrare necesse esset, sed deputatis sibi rebus et stipendiis contenti absque necessitate et inopia regularem normam tenere et sine pręvaricatione, quantum humana sinit fragilitas, observare quivissent. Unde humiliter peciit ac postulavit celsitudinem nostram ut pro rei firmitate super eandem constitutionem auctoritatis pręceptum nostrę pro divino intuitu ac ipsorum sanctorum reverentia fieri juberemus, per quod in antea stabilis et inviolata permaneret. Nos vero petitioni illius, quia necessaria et rationabilis erat, aurem accommodantes, et qua voluntate ac ratione talia clementię nostrę sugg[er]eret (*g*) perspicue intelligentes, veluti postulaverat fieri adjudicavimus. Quapropter statuimus atque jubemus, secundum quod in illius ordinatione continetur, ut dentur eis annis singulis de tritico puro modii mille quadringenti et quadraginta, et in susceptione hospitum modii centum octoginta, quod sunt simul modii mille sexcenti viginti ; de vino modii duo milia ; de legumine modii centum octoginto ; de caseo pensas (*h*) centum sexaginta ; de pinguedine aut modii viginti aut porci quinquaginta, quales meliores inveniri possunt ; de butiro modii quattuor ; de melle carrada una ex modiis octo, vel sicut ex censu de villa Lucarias persolvitur, et mensalem de duodecim villis melle et cęra, id est unoquoque mense sextaria quattuor, et cera libras duas; de sale modii centum; volatilia cum ovis de duobus festis, id est Pascha et Natalis Domini. Ad vestimenta etiam vel omnes eorum necessitates secundum regularem institutionem procurandas, constituimus illis easdem villas quas ipse per suam concessionem eis visus est condonasse, id est : Antoniacum (*i*) cum ipsa capella vel quicquid ad suum opus pręsentialiter habuit, vel quicquid inde homines per precarias tenent vel quicquid per beneficium illius aliqui adhuc habent et illic pertinere videtur, ut post eorum discessum ad usus fratrum revertantur ; alteram cujus vocabulum est Cella quę dicitur Villaris cum omnibus appenditiis suis, quantum ipse presente tempore ad suum opus illic habuit vel quicquid homines per precarias vel per beneficia illiud tenent et illic pertinere videtur ; tertiam quę vocatur Matriolas cum omni integritate sua; quartam que vocatur Caticantus; quintam cujus vocabulum est Novigentus cum omni integritate ; sextam cujus vocabulum est Spinogilum, cum ipsa capella vel quicquid inde ad suum opus habuit ; septimam locellum qui vocatur Valedronis. ; octavam que dicitur Agmantus, una cum ipsa silva que vocatur Usta. Has ergo villas cum appendiciis et reditibus suis, ut diximus, ad omnes ejusdem congregationis tam infirmorum quam senum necessitates faciendas et sustentacula mortalis vite ministranda, imperiali auctoritate et indulgentia per hoc preceptum confirmationis nostrę sicut (*j*) prędictus venerabilis abbas in sua confirmavit constitutione, stabili jure eis concedimus ac confirmamus, pręcipientes ut nullus abba (*k*) per successiones quod salubri egit consilio subtrahere aut minuere audeat, aut ad suos usus retorqueat aut alicui in (*l*) beneficio tribuat, sed neque servitia ex eis exactet, neque paraveredos aut expensas ad hospitum susceptiones recipiat, neque ullas in aliqua re exactiones inde exigat absque inevitabili necessitate, preter mensuras in principali ęcclesia beati Germani et in ponte Parisius longo a tempore (*m*) dispositas, et si augeri adjudicaverit et numerum monachorum in majus augeri, amplificari pecunia majori licentiam habeat. Hec enim, ut putamus, ad usus centum .xx. monachorum sufficiunt. Distrahendi autem aut minuere eas quas pro Dei statuimus amore nequaquam presumat, sed si facere presumpserit et post discessum nostrum hanc nostram confirmationem, quam supradicti venerabilis viri Hilduini constitutionem fecimus (*n*), violare voluerit, querela ad successores nostros qui tunc temporis nobis superstites fuerint deveniat, ipsique, agnita auctoritate nostra, statuta nostra defendant et sue auctoritatis precepto confirment, qualiter futuris temporibus fratres in cenobio supradicto regulam beati Benedicti servantes absque perturbatione libere Deo deservire (*o*) queant, nobisque merces exinde in perpetua recompensetur eternitate. Et ut hec auctoritas quam ob amorem Dei et anime nostrę remedium statuimus, firmiorem obtineat vigorem, et deinceps inconvulsa valeat perdurare, manus nostre subscriptione eam subterfirmavimus et anulo nostro sigillare jussimus. Datum idibus januarii, anno Xpisto propitio .XVI. imperii domni Ludovici serenissimi augusti, indictione septima. Actum Aquisgrani palatio regio. In Dei nomine feliciter.

(*a*) *BDD' donnent seuls un titre* ; *B et D' omettent* privilegium. — (*b*). Ludovicus *BDD'X*. — (*c*) Lotharius *BDD'X*. — (*d*) tutellam *X*. —

(e) abbas *BDD'*. — (f) archicappellanus *X*. — (g) suggeret *BDD'*. — (h) pennas *BDD'*. — (i) Anthoniacum *X*. — (j) sive *BDD'M* ; *une main du* xve *siècle a indiqué dans B la correction* sicut, *qui s'impose en effet*. — (k) abbas *BDD'X*. — (l) in om. *BDD'X*. — (m) a longo tempore *D*. — (n) sic *BDD'MX* ; *la phrase est inintelligible, il faut corriger* : super predicti... constitutionem *ou* [de] supradicti... constitutione. — (o) servire *X*.

XXIX

S. d. [28 janvier 814-20 août 829] (1).

(Acte perdu).

Louis le Pieux donne ou restitue à l'abbaye de Saint-Germain diverses villae en Aquitaine.

INDIQ. : Diplôme de Pépin d'Aquitaine, du 10 août 829, ci-après, n° xxx. — Sickel, *Acta Karolinorum*, t. II, p. 385.

XXX

« Aviziaci villa », 10 août 829.

Pépin Ier, roi d'Aquitaine, confirme à l'abbaye de Saint-Germain près de Paris, gouvernée par l'abbé Hilduin, la possession des villae de Vernoil, « Cixiacus », *Lusignan, Noré,* « Casiliacus », « Quinciacus », *et* « villa Buslana », *qui avaient été données audit monastère par Charlemagne et par Louis le Pieux.*

B, fol. 23 v°. — D', fol. 4 v°. — G, fol. 5 v°. — M, fol. 137 v°. — N2, fol. 46. — N3, fol. 44. — N4, fol. 73. — N5, fol. 67. — N6, fol. 77 v°. — N7, p. 62. — N8, fol. 41 v°. — Z. Copie du xviiie siècle, K 181, n° 100.

EDIT. : (a) Aimoin, *Gesta Francorum*, 1. V, c, 17, éd. 1567, p. 615 ; éd. Du Breul, p. 298, d'après *M*. — (b) Bouillart, *Hist. de Saint-Germain-des-Prés*, pr., p. xv, n° xvi, d'après *B*. — (c) *Recueil des Histor. de France*, t. VI, p. 669, n° x, d'après *b*.

INDIQ. : Bréquigny, *Table chronologique*, t. I, p. 176. — Böhmer, *Regesta*, n° 2072. — R. Giard, *Catalogue des actes des*

(1) Les dates extrêmes sont celles de l'avènement de Louis le Pieux et du diplôme de Pépin d'Aquitaine qui mentionne l'acte perdu.

rois d'Aquitaine, dans Bibl. de l'Ecole des chartes, t. LXII, 1901, p. 517, n° 14.

[PIPINI REGIS] (a).

Pippinus gratia Dei rex Aquitanorum (b). Si locis venerabilibus Deoque dicatis opem ferimus eorumque sincerissimis famulatoribus congrua beneficia prestamus atque ab intrinseca incursione et inquietudine regali auctoritate eos immunes efficimus, id nobis et ad mortalem vitam temporaliter transigendam et ad eternam feliciter capiendam profuturum liquido credimus. Noverit itaque sagacitas seu utilitas fidelium nostrorum tam presentium quam et futurorum quia adierunt nos monachi sancti Germani eximii confessoris juxta Parisius civitatem, quibus preest Hilduinus venerabilis abba (c), et humiliter (d) deprecati sunt mansuetudinem culminis nostri ut villas ejusdem ęcclesię sancti Germani, quę infra ditionem regni nostri consistunt, quarum hęc sunt vocabula: Vernogilus, Cixiacus, Lixiniacus, Noveridus, Casiliacus, Quinciacus, Villa Buslana, cum omnibus appendiciis earum, quas partim pię sanctęque memorię domnus et avus noster Karolus invictissimus augustus in sua elemosina eidem reddidit ęcclesię, partim in processu temporum domnus et genitor noster Hludovicus (e) serenissimus imperator eisdem fratribus perpetualiter confirmavit et ad stipendia eorumdem monachorum in integrum deputavit, nos quoque ob amorem et honorem Xpisti similiter per nostrum preceptum easdem confirmaremus villas, ut eorum sumptibus et stipendiis per nostram inde confirmationem deservirent. Nos vero eorum petitioni ob divini cultus amorem et anime nostre salutem libenter annuimus, et hoc nostrę regię potestatis preceptum eis fieri decrevimus, per quod et statuimus et perpetuo mansurum fore Domino adjuvante volumus ut eedem villę, cum omnibus ad eas juste legaliterque pertinentibus vel aspicientibus, in avi nostri et genitoris necnon et nostra elemosina, in usus vel stipendia memoratę ęcclesię monachorum tam presentium quam et futurorum confirmatę permaneant (g), ita videlicet ut absque ullius cujuslibet ordinis vel potestatis in regno nostro degentis inquietudine vel prejudicio, sub eorum dominio, disponente et ordinante ipsius ęcclesię abbate, omni tempore teneant atque possideant, quatinus cum cęteris rebus sibi deputatis hujus nostri beneficii juvamine suffragati liberius et expeditius omnipotentis Dei misericordiam pro memorato avo et genitore nostro, necnon et nobis conjuge proleque totiusque regni statu jugiter exorent. Illud etiam ad cumulum mercedis nostrę pertinere non ambigimus ut easdem villas sub tuitionis nostrę immunitate consistere faceremus. Quapropter precipimus atque jubemus ut nullus judex publicus vel quilibet judiciaria (*h*) potestate aut ullus ex fidelibus nostris tam presentibus quam et futuris in easdem villas, vel in eadem loca quę eis juste et legaliter subjecta sunt, ad causas audiendas, vel freda aut tributa aut thelonea exigenda, aut mansionaticos vel paratas faciendas, aut fidejussores tollendos, aut homines ipsius ęcclesię tam ingenuos quam servos ibidem commanentes distringendos, nec ullus redibitiones aut illicitas occasiones ingeri audeat, aut ea quę supramemorata sunt exigere presumat ; sed liceat rectoribus ipsius ęcclesię atque monachis easdem villas cum omnibus ad eas juste pertinentibus vel aspicientibus sub tuitionis atque immunitatis nostrę defensione, remota totius judiciaria potestatis inquietudine, quieto vel libero ordine possidere, atque pro memoratis genitoribus nostris nostręque conjugis prolisque incolumitate, seu etiam totius regni a Deo nobis collati, ejusdemque clementissima miseratione per immensum conservandi stabilitate cęlestem deprecari opem. Et quicquid de prefatis villis juxta legis mundanę censuram jus fisci exigere poterat, ad integrum eidem concessimus ęcclesię, ut monachis ibidem Deo famulantibus ad Dei servitium peragendum nostrę mercedis causa augmentum sit vel supplementum. Et ut hoc a fidelibus nostris melius credatur et diligentius conservetur, manu propria subterfirmavimus et anuli nostri impressione signari jussimus. Data .IIII. id. augusti, anno .XVII. imperii domni Hluduvici (*i*) serenissimi augusti et .XV. regni nostri. Actum in Aviziaci villa.

(*a*) Pas de titre dans *M* ; *B ajoute cette indication, d'une main du* XV* *siècle* : caremus originali. — (*b*) Francorum rex *BD*. — (*c*) abbas *BD*. — (*d*) *les mots* abbas *et* humiliter *sur un grattage dans M*. — (*e*) Ludovicus *BD*. — (*f*) mansuetum *B*. — (*g*) permant *D*. — (*h*) ex judiciaria *D*. — (*i*) Ludovici *BD*.

XXXI

Aix, 26 juin 845.
(Acte faux) (1).

Charles le Chauve, à la requête de Josselin, son archichapelain et abbé du monastère de Saint-Germain de Paris, interdit d'exi-

(1) Le diplôme se distingue à première vue d'un original par ses caractères extérieurs, par l'écriture, par la disposition maladroite des souscriptions, où la recognition de chancellerie précède le monogramme royal, par les dimensions ridiculement exiguës du monogramme, par la pseudo-

ger le chevage ou des présents d'aucune sorte des serves de l'abbaye, à l'occasion de leur mariage.

A. Pseudo-original scellé du XI⁰ siècle, K II, n° 3.
B, fol. 34 v°. — D, fol. 10 v°. — G, fol. 11. — Z. Copie du XIII⁰ s., Bibl. nat., ms. lat. 13089, fol. 128.

Edit. : Lasteyrie, *Cartulaire de Paris*, p. 56, n° 38, d'après AB.

Indiq. : Tardif, *Cartons des rois*, p. 97, n° 148.

[De contentione monachorum et beneficiis militum] (a).

(*Chrismon*). In nomine Domini et Salvatoris nostri Jesu Xpisti. Karolus divina ordinante providentia rex Francorum. Cunctis sancte Dei ecclesie fidelibus et nostris notum ‖ ² esse volumus quemadmodum venerabilis vir Gozlinus (b) et abba monasterii sanctissimi presulis Germani Parisiacę urbis nostram adiit presentiam, innotescens nobis ingentem ‖ ³ altercationem et scandalum que erat inter suos milites et monachos ipsius sancti presulis Germani, videlicet propter feminas que ducebantur de villis abba-‖ ⁴ tiae jamdicti abbatis Gozlini suorumque fidelium in potestatem monachorum uxorandi causa, quas postea repetere volebant, et capitalitium ab eis ‖ ⁵ requirebant. Nos quoque ex hac altercatione atque tam forti jurgio consilium requirentes, nostrorum cum assensu principum hac nostri archicapellani ‖ ⁶ et abbatis Gozlini, tale repperimus consilium pro Dei amore et sancti Germani, quo omni tempore fuisset nobis propitius et misericors, ut femine que ex abbatię ‖ ⁷ ductę fuerint in monachorum potestatem (c) a nullo umquam ex ipsa potestate abbatis repetantur, nec aliquod capitalitium neque ullum munusculum eis requiratur ab ‖ ⁸ ipsis. Ergo precipientes jubemus vobis hunc pietatis preceptum omni tempore inconvulsum et intemeratum permanere, quemadmodum

---

ruche, où des lignes tortueuses et des boucles sont censées représenter des notes tironiennes. Le sceau plaqué ovale est en mauvais état et l'effigie complètement effacée. D'autre part, l'acte présente assez de caractères anormaux dans sa teneur pour devoir être considéré comme suspect. A la rigueur, l'omission de mots ou de fragments de mots pourrait être attribuée à l'inadvertance d'un scribe effectuant une copie figurée. Mais l'invocation au Sauveur, le titre de *rex Francorum* donné au roi, l'absence de préambule, l'emploi d'expressions comme : « nostrorum assensu principum », « quo omni tempore fuisset nobis propitius et misericors », sont choses anormales dans un diplôme de Charles le Chauve. Enfin, en 845, ce prince ne pouvait donner de diplôme à Aix-la-Chapelle, dans le royaume de Lorraine, et le chancelier était Louis, abbé de Saint-Denis, et non Josselin, qui ne paraît qu'en 863.

nostri antecesso-||⁹ res sua juserunt precepta sistere firma. Et ut hec auctoritas firmior habeatur et per futura secula melius conservetur, de anulo nostro sigillare jussimus. ||¹⁰ Qui vero nostro tempore aliter facere presumbserit (d), sive post discessum nostrum hanc confirmationem (e) violare voluerit, a Deo cujus extitit contemptor penis ęternalibus se damnandum ||¹¹ cognoscat.

||¹² **Ebrohardus ad vicem Gozlini archicapellani recognovi.** *(Ruche. Imitation de notes tironiennes). (Sceau). (Chrismon).*

||¹³ **Signum Karoli gloriosissimi regis.** *(Monogramme).*

||¹⁴ Data .VI°. idus julii, anno Xpisto propitio .VI°. imperii domni Karoli serenissimi (f) regis. Actum Aquisgrani palatii. In Dei nomine fel[ici]ter. Amen.

(a) *Au dos, d'une écriture du* XI*ᵉ siècle.* — (b) *Il paraît manquer ici le mot* archicapellanus. — (c) potem *A*. — (d) presubserit *A*. — (e) hanc confirmatiouem *A*. — (f) serenissimo *corr. en* serenissimi *A*.

XXXII

Ver, 7 août 846.

Charles le Chauve, à la requête de l'évêque Evrouin, abbé du monastère de Saint-Germain et archichapelain du sacré Palais, exempte de tonlieux et autres redevances les bateaux dudit monastère circulant sur la Seine et les rivières qui s'y jettent, la Marne, l'Yonne, l'Oise et l'Aisne, ainsi que sur les autres rivières du royaume.

A. Original scellé, K II, n° 5.
B, fol. 25. — D, fol. 5 v° et D' fol. 5 v°. — G, fol. 6 v°. — Y. Copie du XVII° siècle, LL 1131, fol. 73. — Z. Copie du XVIII° siècle, K 181, n° 101.

EDIT. : (a) Besly, *Evesques de Poictiers*, p. 27 « ex tabulario S. Germani ». — (b) Labbe, *Alliance chronologique*, t. II, p. 462, d'après *A*. — (c) Bouillart, *Hist. de Saint-Germain-des-Prés*, pr. p. XVII, n° XVIII, d'après *A*. — (d) *Gallia christiana*, t. VII, instr. col. 12, n° II, d'après *b*. — (e) *Rec. des Histor. de France*, t. VIII, p. 484, n° LXIII, d'après *c*. — (f) Tardif, *Cartons des rois*, p. 99, n° 153, d'après *A*.

INDIQ. : Bréquigny, *Table chronologique*, t. I, p. 220. — Böhmer, *Regesta Karolorum*, n° 1589. — Lasteyrie, *Cartulaire de Paris*, p. 57, n° 39.

[PRECEPTUM KAROLI REGIS DE TELONEO AQUARUM CONCESSO] (*a*).

In nomine sanctae et individuae Trinitatis. Karolus gratia Dei rex. Cum preces sacerdotum Xpisti, quas auribus excellentiae nostrae utilitatibus et necessitatibus ecclesiarum sibi commissarum [providentes humiliter] ||² d[irigun]t, clementer exaudimus, regiae celsitudinis opera frequentamus, ac per hoc aeternam beatitudinem facilius nos adepturos liquido credimus. Itaque notum sit omnibus episcopis, abbatibus, ducibus, comitibus, vicariis, centenariis, telonariis, accionariis vel omnibus rem publicam ad[ministrantibus seu ceteris] fidelibus sanctae ||³ Dei ecclesiae et nostris, presentibus sive futuris, quia vir venerabilis Ebroinus episcopus, monasterii praeclarissimi confessoris Christi Germani abbas, necnon et sacri palatii nostri (*c*) archicappellanus, postulavit serenitatem nostram ut praefato monasterio et congregationi ibidem Deo famulanti teloneum de [navibus eorum que] ||⁴ per fluvium Sequanam sive per alia flumina in ipsum confluentia, id est per Matronam, per Ionam, Isam et Axonam, vel per cetera flumina regni nostri (*d*), propter diversas utilitates ipsius ecclesiae discurrunt, in elemosina genitoris nostri ac nostra concedere seu indulgere dignaremur. [Cujus, inquam, petitionibus] ||⁵ ob amorem Dei et reverentiam sancti Germani libenter adquievimus, et beneficium quod postulavit praescripto monasterio clementer concessimus, ac proinde magnitudinis nostrae hoc praeceptum fieri jussimus, per quod praecipimus atque jubemus ut naves potestatis ejusdem sancti Germani monasterii, [per prae]-||⁶ scripta vel alia quaelibet regni nostri flumina discurrentes, ob utilitatem scilicet et necessitatem praemissae ecclesiae, ut dictum est, ejusque congregationis ibidem Deo servientis, ad quascumque civitates, castella aut portus, vel cetera loca accessum habuerint, nemo fidelium nostrorum, nec quislibet ex[actor] ||⁷ judiciariae potestatis, nec ullus telonarius, de ipsis aut hominibus qui eas praevident, ullum teloneum aut ripaticum, aut portaticum, aut pontaticum, aut salutaticum, aut cespitaticum, aut cenaticum, aut pastionem, aut laudaticum, aut trabaticum, aut pulveraticum, aut ullum occursum, vel [ullum censum, aut] ||⁸ ullam redibitionem accipere aut exigere audeat; sed licitum sit (*e*) absque alicujus contrarietate vel detentione, per hanc nostram auctoritatem ipsis navibus vel hominibus qui eas praevidere debent, cum his quae deferunt, per universum regnum nostrum libere atque secure ire et redire. Et [si aliquas moras in quo]-||⁹ libet loco fecerint, aut aliquid mercati fuerint aut vendiderint, nihil ab eis prorsus ut dictum est exigatur ; sed quicquid exinde res publica exigere poterat, pro mercedis nostrae augmento, utilitatibus saepe dictae ecclesiae proficiat in augmentum. Et ut haec magnitudinis nostrae auctoritas (*f*) ab omnibus || 10 melius credatur et diligentius in omnibus conservetur, de anulo nostro subter eam jussimus sigillare (*g*).

|| 11 **Aeneas notarius ad vicem Hludovuici recognovit et** (*Ruche. Notes tironiennes*).

|| 12 Data .VII. idus agusti, anno .VII. regnante Karolo glorioso rege, indictione .VIIII. Actum Vern palatio regio. In Dei nomine feliciter. Amen.

(*a*) *Au dos, d'une main du* x*e siècle*. — (*b*) *La fin de la plupart des lignes a disparu par suite d'une déchirure de l'original ; il est facile de rétablir entre crochets, d'après B, les quelques mots manquants*. — (*c*) nostri *en interligne*. — (*d*) *un blanc de cinq ou six lettres est laissé après* nostri. — (*e*) *Un espace blanc équivalent à trois ou quatre lettres est laissé après le mot* sit. — (*f*) *le mot* ut *est répété après* auctoritas. — (*g*) *La souscription royale manque*.

XXXIII

S. d. [842-857] (1).

(Acte faux) (2).

Charles le Chauve, à la requête de l'évêque Evrouin, recteur du monastère de Saint-Germain près de Paris, confirme les privilèges d'immunité que son aïeul Charlemagne et son père Louis le Pieux avaient accordés audit monastère.

A. Prétendu original scellé, K 10, n° 8.
B, fol. 29 v°. — D, fol. 7 r° et D', fol. 8. — G, fol. 9 r°. — X. Copie de la fin du XIII° siècle, LL 1077, fol. 111. — Y. Copie du XV° siècle, LL 1087, fol. 2 v°. — Z. Copie du XVI° siècle, LL 1131, fol. 19.

EDIT. : (*a*) Besly, *Evesques de Poictiers*, p. 32 « ex tabulario S. Germani ». — (*b*) Lasteyrie, *Cartulaire de Paris*, p. 54, n° 37, d'après A.

INDIQ. : Tardif, *Cartons des rois*, p. 95, n° 140.

(1) Les dates extrêmes sont celles de l'abbatiat d'Evrouin, elles-mêmes un peu incertaines.
(2) Bien que l'acte porte un sceau plaqué en mauvais état, c'est certainement un faux. Il est de la même écriture contournée et de la même encre rougeâtre que les diplômes faux de Charlemagne de 772 (*ci-dessus*, n° XVIII) et de Louis le Pieux de 819 (*ci-dessus*, n° XXVII), mais le faussaire n'a pas cru nécessaire d'imiter une ruche. Au point de vue du texte

PRECEPTUM EMUNITATIS KAROLI CALVI ET LIBERTATE
HOMINUM ECCLESIE HUJUS (*a*).

In nomine Domini et Salvatoris nostri Jesu Xpisti. Karolus divina ordinante providentia Francorum rex. CUM PETITIONIBUS ‖ ² sacerdotum justis et rationabilibus divini cultus amore favemus, superna nos gratia muniri non dubitamus. Proinde noverit omnium ‖ ³ fidelium nostrorum presentium et futurorum sollertia quia Ebroinus venerabilis episcopus rectorque monasterii sancti Germani confessoris, ubi ipse ‖ ⁴ corpore requiescit, siti non procul ab urbe Parisiaca, detulit nobis emunitates avi nostri Karoli [et genitoris nostri] (*b*) Hludovici piissimi augusti, in quibus invenimus ‖ ⁵ insertum quomodo ipsi et antecessores eorum priores reges Francorum prefato monasterio, propter divinum amorem et reverentiam sancti Germani, ubi plerique illorum ‖ ⁶ ob nimium [pre-

il présente également des irrégularités : l'invocation au Sauveur au lieu de l'invocation constante à la Trinité, le titre de « Francorum rex » donné au roi dans la suscription, l'omission de mots nombreux et de la date dans un texte qui se présente comme un original.

Il est donc certain que les trois diplômes de Charlemagne, de Louis le Pieux et de Charles le Chauve sont l'œuvre du même faussaire, dont l'écriture est caractéristique, avec ses boucles contournées et enjolivées de fioritures, ses hastes inférieures violemment inclinées vers la gauche. J'ajoute que la manière d'imiter la ruche carolingienne est la même dans les deux premiers de ces actes, et qu'à en juger par l'aspect de l'écriture et par l'encre employée, le faussaire a écrit lui-même les titres anciens qui figurent au dos des trois documents. Quant à l'objet des faux, il ne paraît pas douteux : c'est d'introduire au milieu des clauses ordinaires de l'immunité, une concession pour les « homines de capite » de l'abbaye du droit de témoigner en justice contre les hommes libres. Pour le diplôme de Charlemagne, le faux a été constitué à l'aide d'un acte, authentique à ce qu'il semble, dont nous possédons encore une copie ancienne. Pour les diplômes de Louis le Pieux et de Charles le Chauve, la chose est beaucoup plus douteuse. En ce qui concerne le premier, en particulier, ainsi qu'il a été dit plus haut, le faussaire ne devait pas avoir eu sous les yeux un acte authentique, puisqu'il a emprunté la souscription de chancellerie d'un précepte de Charles le Chauve. D'autre part, certaines indications exactes fournies par les deux actes (la dignité d'archichapelain de Hilduin, le fait qu'Evrouin était évêque en même temps qu'abbé de Saint-Germain) pouvaient être connues du faussaire par les actes authentiques de 816, 829 et 846 (nᵒˢ XVI, XXVIII et XXXII). Les deux faux de Louis le Pieux et de Charles le Chauve sont d'ailleurs étroitement apparentés entre eux au point de vue de la rédaction. Il est possible que le faussaire les ait fabriqués de toutes pièces tous les deux. Quant à l'époque à laquelle travaillait ce faussaire, elle paraît impossible à déterminer avec précision, mais elle est antérieure à 1058, date à laquelle un diplôme de Henri Iᵉʳ (*ci-après*, nᵒ LXIII) vise expressément le diplôme faux de Charlemagne.

fati sancti loci] (c) amorem sua sepeliri corpora preoptaverunt, semper sub plenissima defensione et emunitatis tuitione habuissent. Ob firmitatem || 7 tamen rei postulavit nobis predictus Ebroinus episcopus et abbas ut eorumdem regum auctoritates, ob amorem Dei et reverentiam ipsius sancti Ger-|| 8 mani, nostra confirmaremus auctoritate. Cujus petitioni libenter adquievimus, et ita in omnibus concessimus ac per hoc preceptum nostrum confirma-|| 9 vimus. [Quapropter precipientes jubemus] (d) ut nemo fidelium nostrorum, vel quilibet ex juditiaria potestate, in ecclesias aut loca vel agros seu reliquas possessiones memorati monaste-|| 10 rii, quas moderno tempore tam in Frantia quam in Burgundia seu in Neustria, sive etiam in Aquitania, vel ubicumque in regnis Xpisto propitio nostris juste || 11 et rationabiliter possidet, vel que deinceps a catholicis viris eidem collate fuerint ęcclesię, ad causas [audiendas] (e), aut freda vel tributa (f) exigenda, aut man-|| 12 siones vel paratas fatiendas, nec fidejussores tollendos, aut homines ejusdem aecclesie, tam ingenuos quam servos, super terram ipsius conmanentes distringen-|| 13 dos, nec ullas redibitiones aut illicitas (g) occasiones requirendas, nostris et futuris temporibus ingredi audeat, vel ea que supra memorata sunt exigere presumat. || 14 Sed liceat jamdicto abbati suisque successoribus res (h) predicti monasterii sub emunitatis nostre defensione (i) quieto ordine possidere. Et homines de capite || 15 contra liberos in omne placito testimonium ferre concedimus, ut in alimonia pauperum et stipendia monachorum ibidem Deo famulantium profitiat || 16 perhennibus temporibus in augmentis, quatinus servos Dei qui ibidem Deo famulantur, pro nobis et conjuge ac prole nostra atque stabilitate totius imperii || 17 nostri a Deo nobis concessi atque conservandi jugiter [Dominum] (j) exorare delectet. Et hanc auctoritatem, ut firmior in Dei nomine habeatur et a fidelibus sancte Dei || 18 aecclesie et nostris diligentius conservetur, manu propria subterfirmavimus, et anuli nostri impressione signari jussimus (k).

Signum Karoli *(Monogramme)* **regis gloriosissimi.**
Ebroinus episcopus et archicapellanus relegit et recognovit.

(Sceau plaqué).

(a) *Au dos, et, à ce qu'il semble, de la même main que le texte de l'acte. — Les copies des cartulaires et l'édition de Besly présentent entre elles et avec le pseudo-original un certain nombre de divergences qu'il a paru utile de signaler en variantes.* — (b) et genitoris nostri om. *ABD.* — (c) prefati sancti loci om. *AD.* — (d) quapropter precipientes jubemus om. *AD.* — (e) audiendas om. *ABD.* — (f) tributa aut delonea *a.* — (g) illititas *A.* — (h) res et homines *a.* — (i) remota totius judiciariae potestatis inquietudine *a.* — (j) Dominum om. *ADa.* — (k) Et ut hanc

XXXIV

Attigny, 4 août 847.
(Acte faux) (1).

Charles le Chauve donne aux moines du monastère de Saint-Vincent, Sainte-Croix et Saint-Germain de Paris, dont Autarius est abbé, la villa de Naintré en Poitou.

B, fol. 30 v°. — D, fol. 7 v° et D', fol. 8 v°. — G, fol. 9 v°.

Privilegium Karoli (a).

In nomine sanctę et individue Trinitatis consistentis in unitate Deitatis. Karolus rex Francorum gloriosissimus. Universis fidei insignitis nota, tam ecclesiastici quam civilis juris, compertum esse volo pro remedio animę et peccaminum nostrorum absolutione, assentientibus cunctis fidelibus nostris, concessisse quamdam villam nomine Nantriacum fratribus sancti Vincentii et sancte Crucis necnon et preciosissimi Germani confessoris Parisiorum antistitis, servientibus Deo et sanctis ejus in basilica predictorum sanctorum, quę est constructa extra opidum ipsius civitatis nomine Parisius, in qua prelibata basilica requiescit precipuus confessor Xpisti Germanus, quibus preesse videtur abbas Autarius (b). Est autem hec villa scilicet Nantriacus in pago Pictavensi sita, quam concessimus perpetuo illis habendam, cum omnibus ejus appendi-

---

(1) L'acte offre tous les caractères d'un faux : les mots « consistentis in unitate Deitatis » constituent une addition insolite à la formule d'invocation ; l'adresse est conçue en termes singuliers, et l'abbé Autarius, qui est censé intervenir dans l'acte, est en réalité un personnage de l'époque mérovingienne. Enfin, il est anormal qu'il y ait, dans un acte de Charles le Chauve, fixation d'une clause pénale contre les contrevenants. D'autre part, par un diplôme du 18 avril 868, Charles le Chauve restitue à l'église de Paris la *villa* de Naintré, sise en Poitou, sur le Clain (Tardif, *Cartons des rois*, n° 201). Cependant, il n'y a pas mention de droits exercés plus tard par cette église sur ledit domaine (cf. Anger, *Hist. du prieuré de Saint-Vincent de Naintré*, Poitiers, 1904, in-8°, p. 13-15, qui d'ailleurs n'a pas reconnu la fausseté de l'acte de Saint-Germain), mais il est possible que l'acte apocryphe ait été fabriqué pour repousser une revendication éventuelle des chanoines de Notre-Dame de Paris, si des contestations se produisirent avant l'époque à laquelle la bulle de Calixte II, du 28 janvier 1122 (*ci-après*, n° LXXX), reconnaît aux moines la paisible possession de l'église Saint-Germain de Naintré.

ciis atque circum adjacentiis, cum omni integritate, hoc est una cum terris, domibus, edificiis, acolis, acolabus, libertis, mancipiis, vineis, silvis, pratis, pascuis, aquis, aquarum decursibus, greges cum pastoribus, prediis mobilibus et immobilibus, ecclesiis, omnia hęc inexquisita re, ad integrum quicquid presenti tempore in supradicta villa Nantriaco, quę nostra possessio esse videtur. Si quis vero, quod futurum minime credimus, adversus hoc nostrum regale preceptum nisus fuerit, quod nec Deus sinat, de heredibus aut qualibet extranea persona, in primis iram Dei omnipotentis incurrat, et cum Juda traditore ejus infernalibus participetur penis; deinde exilio relegetur, aut centum libras auri, argenti quoque quadringenta, urgente regali edicto coactus persolvat, et nec sic evindicare quod repetit queat ; presens quoque preceptum regali astipulatione corroboratum permaneat. Signum Karoli gloriosissimi regis. Eneas notarius ad vicem Ludovici recognovit. Datum pridie non. augusti, indictione .X., in anno .VIII. regni Karoli gloriosissimi regis Actum in Antiniaco palatio regio. In Dei nomine feliciter. Amen.

(a) *Une main du* XVIe *siècle a ajouté* Calvi *dans B*. Privilegium Karoli regis DD'. — (b) *une main du* XVIe *siècle a corrigé en interligne* Ebroynus *dans B*.

XXXV

Vaux, 5 septembre 867.

Charles le Chauve donne à l'abbaye de Saint-Germain la villa de Voulpaix en Laonnois, comprenant soixante-dix manses, avec toutes ses dépendances, y compris trois chapelles, mais à l'exception de douze femmes, qui demeureront serves du fisc royal.

B, fol. 21. — D', fol. 2 v°. — G, fol. 3 v°. — Z. Copie du XVIIIe siècle, K 181, n° 102.

ÉDIT. : (a) Bouillart, *Hist. de Saint-Germain-des-Prés*, pr., p. XVIII, n° XXI, d'après B. — (b) *Rec. des Histor. de France*, t. VIII, p. 603, n° CCII, d'après a.

INDIQ. : Bréquigny, *Table chronologique*, t. I, p. 277. — Böhmer, *Regesta Karolorum*, n° 1741.

KAROLI REGIS.

In nomine sanctę et individuę Trinitatis. Karolus gratia Dei rex. Quicquid locis divino cultui mancipatis largiendo conferimus,

profuturum nobis ad presentis vite curricula felicius transigenda
et ad future beatitudinis premia facilius obtinenda non dubitamus. Comperiat igitur omnium fidelium sanctę Dei ęcclesię nostrorumque presentium ac futurorum industria quia Dei et sancti
Germani egregii confessoris atque pontificis amore accensi, pro
nostrorum absolutione peccaminum, quasdam res fisci nostri, id est
villam Bospatium in pago Laudunensi sitam, habentem mansos
septuaginta, cum omnibus villulis sibi pertinentibus cunctisque
suis appendiciis, preter duodecim feminas quas in nostro retinemus
servitio, usibus ac stipendiis monachorum in cenobio ejusdem
sancti Germani Deo militantium ad sui refugium et supplementum perpetim habendas deputamus, largimur et confirmamus. Unde
hoc altitudinis nostrę preceptum fieri eidemque sancto loco dari
jussimus, per quod predictas fisci nostri res, cum capellis tribus
quas canonico jure volumus manere liberas, domibus, edificiis,
curtiferis, viridariis, vineis, terris, silvis, pratis, pascuis, aquis
aquarumque decursibus, farinariis, mancipiis utriusque sexus
desuper commanentibus, vel ad easdem res juste pertinentibus,
preter predictas duodecim feminas, omnique integritate eidem
sancto loco ad usus et stipendia monachorum in eodem monasterio degentium jure firmissimo habendas largimur largientesque
confirmamus ; ita ut nulli rectorum ejusdem monasterii liceat ex
eisdem rebus quicquam auferre aut minuere aut in alios preter
quos constituimus usus retorquere, sed ipsi monachi ad sui utilitatem et necessitatem eas juxta canonicam institutionem ordinent
et disponant, et pro nobis, conjuge ac prole totiusque regni statu
Dei misericordiam continuis precibus exorent. Ut autem hęc nostrę
largitionis auctoritas firmiorem obtineat vigorem, manu propria
subter eam firmavimus et anuli nostri impressione sigillari jussimus. Signum Karoli gloriosissimi regis. Data non. septembris,
indictione .XV., anno .XXVIII. regnante Karolo gloriosissimo
rege. Actum in villa sancti Vedasti que dicitur Vallis. In Dei
nomine felicier. Amen.

XXXVI

Saint-Denis, 22 avril 872.

*Charles le Chauve, à la requête de Josselin, abbé du monastère
de Saint-Vincent et de Saint-Germain, confirme l'attribution
faite par ledit abbé aux religieux de son monastère, pour leur*

entretien, de divers revenus et de divers domaines, en particulier, pour leur vêtement et autres besoins, d'Antony, d'Épinay et de Cachant en Parisis ; d'Esmans en Senonais ; de Marolles en Melunois, villa jadis donnée par Charlemagne ; de Nogent en Mulcien, de Villers en Pincerais et de « Villa supra Mare » ; pour leur nourriture, de Chalo en Etampois, avec les logis établis à Obterre, de Rouvres, au même pagus, de Thiais en Parisis, de Bagneaux en Senonais avec ses dépendances à Champigny, et de Couvin, dans le « pagus Lommensis »

  A. Original scellé, K 14, n° 10.
  B, fol. 31 v°. — *D*, fol. 9 v° et *D'*, fol. 9 v°. — *G*, fol. 10. — *M*, fol. 153. — *N2*, fol. 52 v°. — *N3*, fol. 51. — *N4*, fol. 81. — *N5*, fol. 78. — *N6*, fol. 88. — *N7*, p. 72. — *N8*, fol. 49 v°. — *V.* Copie de 1536, LL 1131, fol. 77. — *X.* Copie du xvi° siècle, LL 1087, fol. 3 v°. — *Y.* Copie du xviii° siècle, LL 1043, fol. 7. — *Z.* Copie du xviii° siècle, K 181, n° 103.

  EDIT. : (*a*) Aimoin, *Gesta Francorum*, l. V. c. 34 ; éd. de 1514, fol. 125 (mention) ; éd. de 1567, p. 688 ; éd. Du Breul, p. 333. — (*b*) Mabillon, *Acta sanctorum ord. S. Benedicti*, Saec. III, II, p. 119, d'après *A*. — (*c*) Du Bois, *Historia ecclesiae Parisiensis*, t. I, p. 470, d'après *b*. — (*d*) Bouillart, *Hist. de Saint-Germain-des-Prés*, pr. p. XIX, n° XXII, d'après *A*. — (*e*) *Recueil des Histor. de France*, t. VIII, p. 639, n° CCXLIV, d'après *b*. — (*f*) Tardif, *Cartons des rois*, p. 133, n° 208, d'après *A*. — (*g*) Lasteyrie, *Cartulaire de Paris*, p. 68, n° 50 (extrait).

  INDIQ. : Bréquigny, *Table chronologique*, t. I, p. 296. — Böhmer, *Regesta Karolorum*, n° 1779. — Wauters, *Table chronologique*, t. I, p. 279.

[PRECEPTUM KAROLI FILII LUDOVICI DE INSTITUTIONE VICTUUM FRATRUM] (*a*).

In nomine sanctae et individuae Trinitatis. Karolus gratia Dei rex. Si ea quae praedecessores nostri superna dignatione illuminati ac suorum fidelium devotis admonitionibus instigati pro statu et utilitate ecclesiarum sive servorum Dei statuere decreverunt nostris confirmamus edictis, ||² [hoc no]bis procul dubio ad aeternam beatitudinem regnique nostri tutelam profuturum esse credimus, atque exinde Dominum retributorem in posterum habere confidimus. Igitur notum sit omnibus fidelibus sanctę Dei ecclesiae ac nostris presentibus scilicet et futuris quia vir venerabilis Gozlinus, abba monasterii almi confessoris Christi Germani et sancti Vincentii ma[rtyris. ne]cnon monac[hi ejusdem congregationis] devoti[ssimi] oratores nostri suggesserunt serenitati nostrae ut || 3 pro Dei amore et futuro ejusdem congregationis suffra]gio, ne aliqua successorum suorum neglegentia ordo [in ea mona]sticus futuris temporibus perturbaretur, ut saepe manifestum est contigisse, super quasdam villas necessitatibus eorum per propriae confirmationis praeceptum [genitoris nostri Hlu]dovvici serenissimi augusti eidem congregationi jam olim deputatas, super alias etiam [a memorato fideli] nostro Gozl[ino abbate pro eorum stipendiis], || 4 quae annua[tim in cibo et potu] accipere debebant, nostro consen[su et aucto]ritate illis collatas, firmitatis nostrę preceptum fieri juberemus, per quod tam ea quae prae manibus habere videbantur, quam etiam ea quae a nostra largitate in praesenti illis confirmabantur, firmius ac securius per succedentia tempora tenerent ac possiderent. Nos vero, necessariis illorum petitionibus clementiae nostrae aurem accomod[antes, vel]uti || 5 [postulaverunt] fieri adjudicavimus, confirmantes eis regali testamento has villas, quarum haec sunt vocabula : in pago Parisiaco Antoniacum et Spinogilum et villulam Caticantum ; in Senonico Acmantum ; in Milidunense Matriolas, quam inclitę memoriae avus noster Karolus ad ligna subministranda clementer contulerat coenobio (1) ; Novigentum etiam in Meldensi, et in Pinciacensi cellam quae dicitur Villaris || 6 et Villam nihilominus supra Mare, videlicet ad vestimenta et calciamenta eorum, et perplures necessitates in diversis monasterii officinas subplendas, dormitorii scilicet, cellarii, domus infirmorum, piscatoriam quoque, ac pernecessaria medicinae adjumenta, et ad viginti modia saponis, picemque emendam ad vasa vinaria componenda, et ad ceteras necessarias loci utilitates a decano procurandas, et insuper || 7 ad reconcinnandam vel recooperiendam domum infirmorum, cellariique et reliquarum officinarum habitacula, ex antiqua constitutione decano deputata, insuper ad refectiones in dominicis diebus et deputatis sollempnitatibus sanctorum fratribus administrandas. Pro stipendiis autem victualibus, quae eis a parte abbatis persolvi debebantur, sicut in praefato genitoris nostri praecepto continetur || 8 ac nostro, delegamus eis una cum consensu et voluntate memorati Gozlini abbatis omniumque fratrum ejusdem congregationis has villas infrascriptas : Calau in pago Stampinse, cum integritate et hospiciis suis quae sunt in Albaterra, villulam quoque Rubrum in eodem pago, Teodaxium nihilominus in pago Parisiaco cum omni integritate, et Baniolum in pago Senonico, cum hospiciis quae sunt in villa quae vocatur Campaniacus, || 9 Cubinium etiam in pago Laumense.

(1) Cf. *supra*, n° xx.

Acceperunt autem fratres has villas pro modiis frumenti mille sexcentis viginti, et pro centum octoginta leguminum modiis, et pro casei pensis centum sexaginta, et pro modiis viginti adipis et pro viginti sestariis butiri et pro quattuor sestariis mellis et duabus cere libris omni mense, pro modiis etiam salis centum et pro braciis viginti per duodecim modia, et pro orto ||·¹⁰ qui tam hieme quam aestate necessarius eis habetur; quoniam haec omnia ab abbate minus plene illis persolvi poterunt. Statuimus quoque ut ex istis stipendiariis villis per succedentia tempora dormitorium fratrum et cella novitiorum recooperiatur; reliqua vero coenobii aedificia de abbatia reficienda et recooperienda sunt, exceptis supradictis a parte fratrum reemendandis. || ¹¹ Vinum autem in potum cotidianum refectionis ex Teodaxio et Villa Nova tam de vineis dominicis quam pascionibus fratribus dari censuimus. Sin autem ex eisdem vineis ad numerum duum milium modiorum non pervenerit, tunc idem numerus ex reliquis abbatiae villis in fratrum et hospitum usus in refectorio edentium juxta veterem consuetudinem ab abbate percompleatur. Duobus || ¹² etiam fratribus in eadem Villa Nova laborantibus, quae dari ibidem consuetudo fuit dentur, et torcularia juxta solitum reemendentur, et vasa vinaria preparentur, vinumque ex more ad monasterium deferatur. Vineas quoque in saepefata villa defiximus ab eisdem excoli et vindemiari, a quibus olim cultae fuerunt et vindemiatae, sive sint indominicati sive in beneficium quibuslibet dati. ||¹³ De melle quinetiam carrada una ex modiis octo cum solita cera sicut de villa Lucarias persolvitur, usibus fratrum ab abbate tribuatur. Prędia denique, bonorum hominum largitione sibi donata, una cum clauso secus monasterium sito, eisdem fratribus stabili jure concessimus. Refectiones denique missa beati Germani, quinto kalendas junii, et dedicatione ecclesiae vel anniversario Childeberti regis || ¹⁴ et festivitate sancti Vincentii, cenaque Domini seu vigilia sancte Paschae, et de volatilibus cum pulpastis in Natale Domini tribus diebus et Pascha similiter tribus, inrefragabiliter eis ab abbate ministrari sufficienter decrevimus. Karitates etiam in eisdem festivitatibus ex antiquo more bis ipsis a parte abbatis dentur. De supradictis vero villis statuimus illis, in reliquis Nativitatis Domini et Paschae || ¹⁵ diebus, volatilia cum pulpastis a decano subministrari, excepto quod thesaurario et aliis ministerialibus facere constitutum est. Item ordinavimus ipsis alias refectiones a decano pręberi, videlicet de Calau in festivitate translationis sancti Germani, et de Teodaxio in sollempnitate sancti Dyonisii. Preterea decrevimus ut de villa quae vocatur Bospatium in pago Laudonensi, quam eisdem fratribus ¶ ¹⁶, per regię auctoritatis preceptum, ad locum refugii, pietatis nostrae clementia misericorditer contulerat (1), in idibus junii quando Deus nos nasci in mundo voluit, et octavo idus junii, quando rex regum nos ungi in regem sua dignatione disposuit, refectio eis a decano specialiter exhibeatur : quae commemoratio post obitum nostrum in depositionis diem, cum me Dominus viam universae carnis ingredi jusserit, ||[17] convertatur. Omnes igitur has villas in hoc nostro praecepto superius nominatas, cum ecclesiis et appendiciis suis, cum redditibus ac mancipiis, cum precariis seu beneficiis exinde datis, cumque omnibus ad se pertinentibus, ipsius congregationis fratribus ad multiplices eorum necessitates supplendas regali auctoritate per nostrae confirmationis praeceptum stabili ||[18] ac perpetuo jure concedimus et confirmamus, praecipientes regia potestate et per sanctam inviolabilem Trinitatem atque examen tremendi judicii angelorumque ac sanctorum omnium reverentiam conjurantes, ut nemo abbatum per successiones quod nostro roboratum est edicto subtrahere vel minuere audeat, aut ad usus suos retorqueat, vel alicui quiddam in beneficium inde tribuat ; sed neque servitia ||[19] ex eis exactet, vel paraveredos aut expensas ad sua vel ad hospitum susceptiones recipiat, sive mansionaticos inde exigat, sicut nec consuetudinis umquam fuit. Suprascripta autem ad centum viginti monachorum sunt ordinata, ex quo nil umquam cuiquam abbatum licebit subtrahere ; augere vero si forte voluerit, multiplicatis ad usum eorum opibus, accumulentur divini servitii cultores. Qui vero ||[20] nostro tempore aliter facere praesumpserit, et post discessum nostrum, sive quandiu advixerimus, hanc nostram confirmationem violare voluerit, a Deo cujus exstitit contemptor, paenis aeternalibus se dampnandum cognoscat. Ad corroborandum etiam nostrae celsitudinis praeceptum, super eodem privilegium episcopale per semet a cunctis ecclesiae filiis aeternaliter observandum ||[21], fieri ac firmari decrevimus. Et ut haec auctoritas, quam ob Dei amorem et remedium animae nostrae statuimus atque roboravimus, firmiorem obtineat vigorem, et deinceps inconvulsa perdurare queat, manu nostrae conscriptione eam subterfirmavimus, et de anulo nostro sigillari jussimus.

||[22] **Signum** *(Monogramme)* **Karoli gloriosissimi regis.**

||[23] **Gammo notarius ad vicem Gozleni recognovit et [subscripsit].** *(Notes tironiennes :* Goslenus abbas ambasciavit.) *(Sceau plaqué.)*

||[24] Data .XII. kalendas maias, indictione .V., anno .XXXII. regnante Karolo gloriosissimo rege et in successione Hlotharii regis

---

(1) Cf. *supra*, n° xxxv.

anno .III. Actum monasterio sancti·Dyonisii. In Dei nomine feliciter. AMEN. AMEN.

(a) Au dos, d'une main du XII⁕ siècle.

XXXVII

1ᵉʳ avril [872-875 (?)] (1).

Brunard donne à Saint-Germain de Paris deux manses à Souzy en Etampois, pour l'entretien du luminaire devant le tombeau du saint.

Z. Copie du X⁕ siècle, Bibl. nat., ms. lat. 12832, fol. 59 r⁕ (2).

EDIT. : (a) Mabillon, *Annales Benedictini*, t. II, p. 775. — (b) Bouillart, *Hist. de Saint-Germain-des-Prés*, pr. p. XVII, n° XIX. — (c) Guérard, *Polyptyque d'Irminon*, t. III, p. 116. — (d) Longnon, *Polyptyque d'Irminon*, t. II, p. 153. — (e) Bonnin, *Droits de Saint-Germain-des-Prés en Seine-et-Oise*, p. 160, d'après b.

INDIQ. : Bréquigny, *Table chronologique*, t. I, p. 227, à 849.

(1) L'acte est daté de la dixième année du règne d'un roi Charles. Il a donc été attribué par tous les érudits qui l'ont publié, à la dixième année du roi Charles le Chauve, et à 849. Ce serait d'ailleurs 850 qu'il faudrait dire. Mais, comme l'a remarqué M. F. Lot (*De quelques personnages du IX⁕ siècle ayant porté le nom de Hilduin*, dans le *Moyen-Age*, 1903, p. 258, n. 1), il faudrait admettre en ce cas que Josselin avait été une première fois abbé de Saint-Germain-des-Prés au milieu du IX⁕ siècle, ce qui n'est justifié par aucun autre texte. En second lieu, il faudrait supposer que le comte Conrad, qui souscrit la charte très vraisemblablement en qualité de comte de Paris, est Conrad, frère de Judith. Il est très douteux que ce personnage ait rempli les fonctions de comte de Paris. La chose est sûre, au contraire, pour son neveu et homonyme, Conrad, fils de Rodolfe (cf. R. Poupardin, *Le royaume de Bourgogne*, p. 351, 356). Donc, l'acte ne doit pas, selon toute vraisemblance, être rapporté à l'année 849-850, mais à une époque postérieure à 872, date à laquelle les *Annales Sancti Germani* mentionnent pour la première fois l'abbé Josselin. Celui-ci, d'après les mêmes Annales, était dès 881 remplacé à Saint-Germain par son neveu Ebles (cf. Favre, *Eudes, comte de Paris et roi de France*, p. 33). Le roi Charles dont le nom figure dans la date ne peut donc être Charles le Gros, comme le suppose M. F. Lot, *loc. cit.* Il y a probablement une erreur du scribe, et tout ce que nous pouvons dire, c'est que l'acte est postérieur à 872. Il est très probable-

(2) L'acte a été transcrit après coup dans le manuscrit contenant le texte du Polyptyque d'Irminon.

ment antérieur au 25 décembre 875, date à laquelle Charles le Chauve reçut le titre d'empereur.

Donatio Brunardi

Donatio quam fecit Brunardus de alodo proprie ereditatis suae in villa Celsiaco. — In nomine sancte et individue Trinitatis. Ego Brunardus ingenuus de ingenuis parentibus natus, tam pro remedio anime meae quam pro remedio genitoris mei seu genetricis necnon parentum meorum, trado et transfundo duos mansos proprie ereditatis meae beatissimo presuli Germano Parisiacae urbis, sitos in villa ipsius sancti pontificis, nomine Celsiaco, in pago Stampinse. Totum eidem concedimus sancto cum integritate et cum omnibus eorum appenditiis, terris cultis et incultis, pratis et cum una molendini area ; eo quidem tenore ut de redituro censu quod exinde exierit, queat lumen habere ante sanctum ejus sepulcrum, quatinus ejus piis meritis et intercessionibus valeamus adipisci perfectionem mentis a Domino, et contemplari eum in sede magestatis suae. Si quis vero, quod minime credimus, fuerit successorum nostrorum qui contra hanc traditionem assurgere temtaverit, coactus auri libras .x. componat, et insuper quod repetit minime adquirat, et veniant super eum omnes maledictiones que sunt scripte in libris.

Actum Parisius anno regni .X. Karoli, kalendas apriles, abbate Gozlino.

Ego Brunardus qui hanc traditionem fieri rogavi, mea manu firmavi. Conradus comes *SS.* (*a*). Gozlinus abbas *SS.* Fulco et Wibertus et Jeronimus filii Brunardi *SS.*

(*a*) *Je représente par SS. le signe tironien qui signifie* subscripsi.

XXXVIII

S. d. [octobre-novembre 886].
(Acte perdu) (1).

Charles le Gros confirme les privilèges de l'abbaye de Saint-Germain, en particulier ses droits relativement aux moulins établis sur la Seine.

INDIQ. : Diplôme de Charles le Simple du 25 avril 903, ci-après n° XXXIX.

(1) Le dernier éditeur du diplôme qui fait connaître cet acte perdu, M. de Lasteyrie, *Cartul. de Paris*, p. 77, n. 4, remarque que la rédaction du diplôme de Charles le Simple n'est pas très claire, et se demande s'il convient d'attribuer à Charles le Chauve ou à Charles le

XXXIX

Compiègne, 25 avril 903.

Charles le Simple, à la requête du comte Robert et des moines de Saint-Germain de Paris, confirme les privilèges concédés à ladite abbaye par Charles le Chauve, Louis le Pieux et Charles le Gros, en particulier les droits du monastère sur les moulins de la Seine, donnés par Charles le Chauve (1) *et Charles le Gros, et sur les pêcheries données par le roi Childebert* (2).

A, Original, K 16, n° 3.
B, fol. 31. — D, fol. 8 r° et D', fol. 9. — G, fol. 8. v°. — N1, fol. 16. — N2, fol. 57 v°. — N3, fol. 58. — N4, fol. 89 v°. — N5, fol. 89 v°. — N6, fol. 97 v°. — N7, fol. 80. — N8, fol. 55. — Z. Copie du P. Cotton, d'après l'original, LL 1131, p. 89 (fragment).

EDIT. : (a) Labbe, *Alliance chronologique*, t. II, p. 96. — (b) Bouillart, *Hist. de Saint-Germain-des-Prés*, pr., p. xx, n° XXIII, d'après A. — (c) *Gallia Christiana*, t. VII, instr. col. 15, n° XVI, d'après B ou D. — (d) *Recueil des Histor. de France*, t. IX, p. 495, n° XXIX, d'après b. — (e) Lasteyrie, *Cartulaire de Paris*, p. 77, n° 56, d'après A.

INDIQ. : Bréquigny, *Table chronologique*, t. I, p. 363. — Böhmer, *Regesta Karolorum*, n° 1920. — Tardif, *Cartons des rois*, p. 140, n° 221.

Gros le précepte perdu. Mais comme il le fait observer, les mots « qui Parisius, rabie paganorum seviente, devenit », ne peuvent guère s'appliquer qu'à Charles le Gros. D'autre part le « praeceptum divae memoriae avi nostri Karoli imperatoris » est de Charles le Chauve, aïeul de Charles le Simple, distingué de son bisaïeul Louis le Pieux. Le diplôme « Karoli nepotis avi nostri » est de Charles le Gros, qui est bien le neveu de Charles le Chauve. Autrement il faudrait donner à *avus* le sens vague d' « ancêtre », et considérer le premier des préceptes dont il est question dans l'acte de 903, comme émanant de Charlemagne. Le dernier serait de Charles le Chauve, petit-fils (*nepos*) de Charlemagne. L'attribution à Charles le Gros me paraît plus vraisemblable. Si les mots « qui Parisius, rabie paganorum seviente, devenit » font allusion à une partie du texte du diplôme perdu, celui-ci serait vraisemblablement de l'époque à laquelle Charles le Gros parut devant Paris assiégé par les Normands.

(1) Il ne semble pas qu'il soit question des moulins de la Seine dans les divers diplômes de Charles le Chauve pour Saint-Germain-des-Prés qui nous sont parvenus.

(2) Cf. *supra*, n° II.

[PRECEPTUM RECONFIRMATIONIS POST RABIEM PAGANORUM] (*a*).

(*Chrismon*). In nomine sanctae et individuae Trinitatis. Karolus divina propitiante clemencia rex. Quicquid voto aut gratiarum actione Deo omnipotenti of-||² [ferimus, cui non solum ea que habemus] (*b*) quaeque de manu illius accepimus, sed etiam nosmetipsos debemus, qui nos et predecessores nostros, imperatores et reges, nullo nostro merito, sed sua benignissima gratia, regium in stemma hevehere dignatus est, ||³ hoc [nobis ad presentem vitam felicius] transigendam et ad futuram uberius capessendam consequentius fore nullo modo dubitamus. Noverit igitur omnium sanctae Dei ecclesiae nostrorumque fidelium, presentium scilicet futurorumque universitas, quoniam quidam comes nobis ||⁴ admodum dilectus, nomine Rotbertus, necnon et grex sanctus monachorum sancti Germani Parisiacensis, ad nostram accedentes mansuetudinem, obtulerunt preceptum nobis divae memoriae avi nostri Karoli imperatoris atque abbavi Luduvici, necnon et Karoli nepotis ||⁵ avi nostri, qui Parisius rabie paganorum seviente devenit ; deprecati sunt ut nostram munificentiam denuo auctoritative eis reconcessissemus. Nos vero pro Dei amore et sancti Germani reliquorumque sanctorum veneratione, in quorum honore idem locus ||⁶ constructus habetur, id fieri consensimus. Unde hoc nostrae altitudinis edictum fieri et memorato loco dari jussimus, per quod precipimus atque jubemus ut sicut in memorato edicto avi nostri et abbavi, necnon et memorati Caroli junioris, continetur, ita per ||⁷ succedentia tempora conservatum a nobis et a successoribus nostris inviolabiliter habeatur. Reconfirmamus ergo jamdicto sancto loco ac fratribus ibidem Deo servientibus villas quae in jam sepedictis continentur edictis, et omnia ||⁸ quae usibus eorum delegata atque contradita existunt ; molendinos etiam super fluvium Sequanam, quos jamdicto loco ac fratribus avus noster Karolus concessisse dinoscitur, qui etiam in precepto memorati nepotis ||⁹ et equivoci avi nostri Karoli memorari atque contineri videntur, auctoritate regia nihilominus eis concessisse confirmando sciamur, necnon et piscatoria super eundem fluvium sita, cum omni continentia ||¹⁰ utriusque ripae, quae a rege olim Childeberto eis contradita dinoscimus, omnino nostra auctoritate reconfirmamus. Haec autem omnia sicut in preceptis priscorum regum continentur, ita auctoritate ||¹¹ regia confirmamus. Et ut hec nostre reconfirmationis auctoritas in Dei nomine conservetur, manu propria subter firmantes, anulo nostro jussimus sigillari.

||¹² **Signum Karoli** *(Monogramme)* **gloriosissimi.**

‖ 13 **Ernustus notarius ad vicem Askerici episcopi subnotavit et** (*Ruche. Notes tironiennes*) **subscripsit** (*Traces de sceau*) (*c*).

Datum .VII. kalendas maii, indictione .VI., anno undecimo regnantis gloriosissimi regis Karoli, redintegrationis ejus .VII. Actum Compendio palacio. In Dei nomine feliciter. Amen.

(*a*) *Au dos, d'une écriture du* X*ᵉ siècle.* — (*b*) *Le début de la seconde et de la troisième ligne est effacé jusqu'à* habemus *sur l'original.* — (*c*) *Le sceau a aujourd'hui disparu. La copie du P. Cotton paraît le mentionner encore comme existant.*

XL

Paris, 25 février 914.

Abbon, « gardien » (1) du monastère de Saint-Germain de Paris, concède à Idilbertus et à sa femme Vuinelendis un moulin dudit monastère moyennant un cens de trois deniers par mois durant le temps où il sera possible de moudre audit moulin.

A, Original, K 16, n° 7².
J, fol. 266. — *Z*. Copie du XVIᵉ siècle, LL 1093, fol. 1.

EDIT. : (*a*) Tardif, *Cartons des rois*, p. 141, n° 226, d'après *A*. — (*b*) Lasteyrie, *Cartulaire de Paris*, p. 82, n° 60, d'après *A*.

In nomine regis aeterni. Ego Abbo hxenodochii custos monasterii sancti GERMANI, Parisiorum ‖² patroni, omnibus nostris successoribus intimari volumus nos, cum generali fratrum assensu, ‖³ concessisse [arca]m [molen]dini pertinentem ad obedientiam hospitalitatis, respicientem ‖⁴ [in penu]ltimo loco litus prati ejusdem sancti confessoris, quibusdam personis, Idilberto ‖⁵ cum uxore Vuinelendi et infantibus [eorum], sub censu [tr]ium nummorum per sin-‖⁶ gulos menses quibus in eodem loco potuerunt molere. Quod censum si reddere ‖⁷ neglexerint aut tardaverint, lege emendent. Et ut hę litterę firmę ‖⁸ et stabiles permaneant omni tempore, manibus propriis subterfirmavimus ‖⁹ generaliter. Actum

(1) Je traduis par ce mot le titre de *custos* que l'acte donne à Abbon, en considérant celui-ci comme une sorte d'administrateur ecclésiastique sous l'abbatiat d'un laïque. Abbon est peut-être le même que celui qui est mentionné avec le titre de doyen, au temps de l'abbé Robert, par les catalogues abbatiaux, mais je ne puis lui donner ici ce titre qu'il ne reçoit pas dans l'acte.

Parisii. V. kl. mar., anno regni Karoli. XX°.II°. ‖ ¹⁰............
abbate Rotberto.

‖ ¹¹ Abbo [presbiter] subscripsit. Remigius decanus subscripsit. Gualt.... thesaurarius *SS*. (*a*) ‖ ¹² Vualdo sacerdos *SS*. Dagobertus sacerdos *SS*. Ar.... *SS*. Isaac *SS*. Adalg... *SS*. ‖ ¹³ Giroldus sacerdos *SS*. Letoldus sacerdos *SS*. S. .d... *SS*. Evrardus *SS*. Fredeg... *SS*. ‖ ¹⁴ G... tsoldus *SS*.......... nordus *SS*. Sigebertus *SS*. Ricoldus *SS*. Badilo *SS*. Vulfus *SS*. ‖ ¹⁵ Erkenraus *SS*. Rainoardus *SS*. Vualterius *SS*. Randingus *SS*. ADALULFUS *SS*. Milo *SS*. ‖ ¹⁶ Amalvinus *SS*. Giroldus *SS*. Raginoldus *SS*. Vualterus *SS*. Nardoardus *SS*. ‖ ¹⁷ Airicus *SS*. Teutbodus *SS*.

‖ ¹⁸ Abbo sacerdos et cancellarius relegit et subscripsit.

(*a*) *Je représente par SS. le signe tironien de* subscripsi *qui suit chaque souscription.*

XLI

Compiègne, 14 mars 918.

Charles le Simple, à la requête du marquis Robert, abbé du monastère de Saint-Vincent et Saint-Germain de Paris, du comte Herbert et de l'évêque Abbon, donne audit monastère l'abbaye de la Croix-Saint-Ouen, en Mérezais, sur la rivière d'Eure, avec toutes ses dépendances, à l'exception de ce qui a été précédemment concédé par le roi aux Normands de la Seine, à Rollon et à ses compagnons, pour la défense du royaume, ladite donation étant faite à charge, pour les moines, de célébrer chaque année, le 10 février, l'anniversaire de la reine Frérone, et le 28 janvier, celui du couronnement du roi avec la solennité de la Sainte-Agnès, cet anniversaire devant, après le décès du roi, être remplacé par celui de sa mort.

A. Original scellé, K 16, n° 9.
B, fol. 34. — D, fol. 14. — G, fol. 11 v°. — M, fol. 162. — N1, p. 17. — N2, fol. 58 v°. — N3, fol. 58 v°. — N4, fol. 90. — N5, fol. 90. — N6, fol. 98 v°. — N7, fol. 81. — N8, fol. 56. — X. Copie du XIIIᵉ s., Bibl. nat., ms. lat. 13089, fol. 128 v° (incomplet). — Y. Copie du XVIIᵉ siècle, LL 131, fol. 8. — Z. Copie du XVIIIᵉ siècle, K 181, n° 106.

EDIT. : (*a*) Mabillon, *Annales Benedictini*, t. III, p. 697, d'après A. — (*b*) *Gallia christiana vetus*, t. IV, p. 320. — (*c*) Bouillart, *Hist. de Saint-Germain-des-Prés*, pr., p. XXI, n° XXIII, d'après A. — (*d*) Brussel, *Usage des fiefs*, t. I,

p. 128, n., d'après *c.* — (*e*) *Rec. des Histor. de France*, t. IX, p. 536, n° LXIX, d'après *A.* — (*f*) Tardif, *Cartons des rois*, p. 143, n° 229, d'après *A.*

INDIQ. : Bréquigny, *Table chronologique*, t. I, p. 378. — Böhmer, *Regesta Karolorum*, n° 1957.

(*Chrismon*). In nomine sanctae et individuae Trinitatis. Karolus divina propitiante clementia rex Francorum. Quoniam Deus omnipotens, qui est rex regum, nostram sui muneris celsitudinem dignanter praetulit suo || ² et regno et populo, idcirco oportet nos non modo praeesse, verum potius sanctis prodesse ecclesiis, ac praesertim derutis, quibus feritate paganorum pulsa existunt corpora sanctorum hactenus debita veneratione carentium. Qua-|| ³ propter comperiat omnium sanctae Dei ecclesiae fidelium nostrorumque etiam praesentium ac futurorum sollertia quia Rotbertus venerabilis marchio, nostri quidem regni et consilium et juvamen nobiscum, simulque abbas monasterii sancti Vincentii || ⁴ martyris, egregii quoque pontificis Parisiorum Germani, adiens nostram sublimitatem una cum comite Heriberto eximioque episcopo Abbone, suggessit tam pro veneratione sanctorum cinerum Audoeni scilicet archiepiscopi, necnon beatorum confessorum || ⁵ Leutfredi fratrisque ejus Agofredi, quam etiam pro nostra totiusque salute regni, concedere abbatiam quae nuncupatur Crux sancti Audoeni monachis praelibati confessoris Germani, quatinus abhinc et deinceps praedictorum membra sanctorum || ⁶, diu officio divino carentium, ab eisdem coenobitis reverenter susciperentur, cultuque divino, secus beatos artus Germani collocata, honorarentur. Quorum scilicet nostrorum fidelium congruis petitionibus annuentes, donavimus et subjecimus || ⁷ illam abbatiam, cujus caput est in Madriacensi pago, super flumen Auturę, sancto Germano ejusque monachis ad eorum jugiter mensam, praeter partem ipsius abbatię quam annuimus Normannis Sequanensibus, videlicet Rolloni suisque comitibus, || ⁸ pro tutela regni. Idcirco autem res praedictae abbatiae, cum omnibus villis, terris cultis et incultis, vineis, pratis, silvis, aquis aquarumque decursibus, farinariis, cum mancipiis et colonis, et cum omnibus aliis appendiciis ibidem, excepta portione || ⁹ Nortmannorum, tradere et subdere et confirmare decrevimus, ad victum, vestimenta, seu etiam ceteros usus congregationis sancti Germani, quatinus singulis annis, .III. idus februarii. anniversarium nostrae dilectissimę conjugis Friderunę || ¹⁰ cum vigiliis missarumque oblationibus frequentent, diem quoque nostrae unctionis, .v. kalendas februarii, solemnitatem sanctae Agnetis cum summa refectione celebrent, post obitum vero nostrum mutentur et orationum et refectionum praesidia in diem || [11] nostrae migrationis. Et super hanc cessionis auctoritatem hoc nostrum regale preceptum fieri jussimus, per quod decernimus atque jubemus ut nullus quilibet fidelium sanctae Dei ecclesiae praesentium et futurorum de praenotatis || [12] rebus inquietudinem aut refragationem vel praejudicium seu violentiam nec ipse abbas ejus coenobii facere temptet, sed potius sine ulla subtractione vel diminoratione atque divisione liceat eas res eidem congregationi cum omni || [13] integritate inviolabiliter absque ulla calumnia et contradictione securiter ac perpetualiter possidere et frui. Ergo haec nostrae auctoritatis praeceptio, ut firmiter continuationis vigorem obtineat, || [14] ac veraciter per curricula annorum succedentia credatur, manu propria subterfirmantes, anulo nostro eam jussimus insigniri.

|| [15] **Signum Karoli** (*Monogramme*) **regis gloriosissimi**.

|| [16] **Gozlinus notarius, ad vicem Hervei archiepiscopi summique cancellarii recognovit** (*Ruche*). (*Sceau*).

Datum .II. idus martii, indictione .VI., anno .XXVI. regnante Karolo rege glorioso, redintegrante .XXI., largiore vero hereditate indepta .VI. Actum Compendio palatio. In Dei nomine feliciter. Amen.

XLII

Compiègne, 14 mai 918.

Charles le Simple, à la requête de Robert, abbé de Saint-Vincent et de Saint-Germain, concède audit monastère divers domaines : Suresnes en Parisis, Bouafle en Pincerais, cinq manses à Meulan, deux à Crépières, deux à « Marvilio », et en Vexin la villa de Sérifontaine et la chapelle de Longuesse, ainsi que la villa de Tiverny en Beauvaisis, à la charge de célébrer tous les ans l'anniversaire de la reine Frérone, le 10 février, celui du roi à sa date, et la solennité de la Sainte-Agnès.

B, fol. 28. — D, fol. 6 et D' fol. 7. — G, fol. 8. — N3, fol. 59. — N4, fol. 90 v°. — N5, fol. 91. — W. Copie du XVII° siècle, LL 1041, fol. 1. — X. Copie du XVII° siècle, LL 1042, fol. 165. — Y. Copie du XVII° s., S 2913, n° 26, fol. 1. — Z. Copie du XVIII° s., K 181, n° 107 (1).

(1) Une note du ms. français 16,866 de la Bibliothèque nationale (fol. 70 v°) semble indiquer que l'original subsista jusqu'au début du XVII° siècle : « nous avons perdu l'original de ce beau pri-

Edit. : (*a*) Labbe, *Alliance chronologique*, t. II, p. 514, « ex archivo sancti Germani ». — (*b*) Mabillon, *Annales Benedictini*, t. III, p. 698, d'après *B*. — (*c*) Bouillart, *Hist. de Saint-Germain-des-Prés*, pr. p. xxii, n° xxv, d'après *B* ou *D*. (*d*) *Rec. des Histor. de France*, t. IX, p. 537, n° lxx, d'après *b*.

Indiq. : Bréquigny, *Table chronologique*, t. I, p. 378. — Böhmer, *Regesta Karolorum*, n° 1958.

Privilegium Karoli regis (*a*).

In nomine sanctę et individuę Trinitatis. Karolus divina propiciante clementia rex Francorum. Quoniam Deus omnipotens, qui est rex regum, nostram sui muneris (*b*) celsitudinem dignanter pretulit suo et regno et populo, iccirco oportet nos non modo preesse verum potius sanctis prodesse ecclesiis ac presertim derutis (*c*), quibus feritate paganorum pulsa existunt corpora sanctorum hactenus debita veneratione carentium. Quapropter comperiat omnium sanctę Dei ęcclesię fidelium nostrorumque etiam presentium ac futurorum sollertia quia venerabilis Robertus abbas monasterii sancti Vincentii martyris, egregii quoque pontificis Parisiorum Germani, adiens nostram sublimitatem, suggessit ut pro nostra totiusque regni salute monachis prelibati confessoris Xpisti Germani quedam quę usui eorum necessaria esse videbantur et nostra erant concederemus. Cujus scilicet fidelis nostri congruis petitionibus annuentes, donavimus et subjecimus dicioni ejus et fratrum sibi commissorum villam in pago Parisiacensi, Surisnas nuncupatam, cum sua integritate, et in pago Pinciacense Boalfam villam cum sua integritate, et in Mellent mansos quinque, et in Crisparias mansos duos (*d*) et in Marvillio mansos duos (*e*), et in pago Vulcasino villam quę vocatur Siriafontana cum capella de Longuessio, villa, terris, pratis, et decimis eidem villę et capellę adjacentibus. Confirmamus etiam atque concedimus memoratis fratribus supradicti loci villam quę vocatur Tiverniacus in pago Belvacensi. Iccirco autem res prelibatas eis jamdictis videlicet fratribus tradere et subdere et confirmare decrevimus, quatinus singulis annis .iiii^{to}. idus februarii anniversarium nostrę dilectissimę conjugis Friderunę, et nostrum cum contigerit, sollempnita-

vilège depuis quelques années en 1 procès ». Cf. aussi une note de Du Breul, ms. lat. 12838, p. 90, reproduite par dom Anger, *Les dépendances de l'abbaye de Saint-Germain-des-Prés. II. Seine-et-Oise*, p. 205, qui accuse le procureur Berruyer d'avoir indument conservé l'original du document à lui confié par les moines pour la défense de leurs intérêts au cours d'un procès.

tem etiam sancte Agnetis cum vigiliis missarumque oblationibus et frequentent et cum summa refectione celebrent. Ergo hec nostre auctoritatis preceptio, ut firmiter continuationis vigorem obtineat ac veraciter per curricula annorum succedentium credatur, manu propria subterfirmantes, anulo etiam nostro eam jussimus insigniri. Datum .II. idus maii (*f*), indictione .VI., anno .XXVI. regnante Karolo rege gloriosissimo, redintegrante .XXI., largiore vero hereditate indepta .VI. Actum Compendio palatio.

(*a*) Privilegium Karoli regis de dono Surisnarum, Boafle, Longeesse et Tiverni *DD'*. — (*b*) numeris *D*. — (*c*) clericis *D*. — (*d*) et in Crisparias mansos duos *om. D*, Chrisportas *Y*. — (e) et in Marvilio mansos duos *om. D'*. — (*f*) datum idus maii *Y*.

XLIII

Paris, 6 janvier 943.

Henri, doyen, et les moines de Saint-Germain de Paris concèdent à cens à Hugues un domaine sis à « Vuatvillare » en Pincerais, et dépendant de l'abbaye de la Celle.

Z. Copie du xviiie s., LL 1042, fol. 1.

In summi regis nomine. Ego Henricus decanus archisterii almi presulis Germani Parisiorum clippei, cunctis superstibus nostris molimur cessisse..m..us. cum communi assensu fratrum cuidam viro vocabulo Hugoni et ejus uxori ac infantibus suis quoddam masnile, Vuatvillare nuncupatum, cum omnibus appendiciis suis, totum cum integritate eisdem annuimus personis, sub eo quidem tenore quo annuatim persolvant fratribus absque mora kalendis octobris solidos quatuor. Extat autem eadem tellus sita in pago Pinciacensi et videtur pertinere nostram ad abbatiam que Cella vocitatur. Si vero suprataxatum jam neglexerint censum, legaliter studeant emendare. Quod si aliter quid egerint, ovanter adimpleant illud juridicum......... neglegit censum pro dato......... quatinus haec...... inconvulsa permaneat propriis eam manibus generaliter roboravimus. Datum Parisius anno regni 7° Ludovici, 8° idus januarii, abbate Hugone.

XLIV

S. d. [979-989] (1).

Hugues, archevêque de Rouen, à la requête de Galon, abbé du monastère de Saint-Vincent et Saint-Germain de Paris, donne audit monastère l'église de Saint-Godard de Longuesse en Vexin.

B, fol. 60. — D, fol. 95.

EDIT. : (a) Bouillart, *Hist. de Saint-Germain-des-Prés*, pr., p. XXII, n° XXVI, d'après B. — (b) Bonnin, *Droits de Saint-Germain-des-Prés en Seine-et-Oise*, p. 185 (incomplet), d'après a.

INDIQ. : Bréquigny, *Table chronologique*, t. I, p. 432, à 960.

HUGONIS ROTOMAGENSIS ARCHIEPISCOPI (a).

Inter cetera apostolorum predicamenta, quibus auctore Deo sancta mater ecclesia inter fluctus hujus vitę mortalis periculosaque naufragia instar (b) solis radiorum perseverat prefulgida, vera karitas et fraterna compassio maxime per ecclesiasticum ordinem ut voce et opere predicetur oportet. Unde et apostolus necessarios alimonię sumptus a fratribus suscipiens, istius compassionis fonte animatus ait : *Vos bene fecistis communicantes nessitatibus meis* (2). Et in alio loco : *Si compatimur, et conregnabimus* (3). Et iterum : *Alter alterius honera portate et sic adimplebitis legem Xpisti* (4). His atque aliis sanctorum patrum eruditionibus fretus, in nomine sanctę et individuę Trinitatis, Hugo non meis exigentibus meritis, sed gratia preveniente redemptoris Rotomagensis archiepiscopus, notum fieri volo omnibus coepiscopis nostris, presbiteris, diaconibus seu cunctis utriusque ordinis clericorum scilicet ac monachorum, tam presentibus scilicet quam futuris per ventura tempora succedentibus, qualiter Walo, sancti Vincentii levitę et martiris necnon et egregii presulis Germani Parisiorum tutoris cenobii (c) abbas, ceterorumque monachorum ipsius loci senatus nostram serenitatem adierunt, humiliter deprecantes ut, ob amore Dei omnipotentis et sanctę Marię ejus genitricis,

(1) Les dates extrêmes sont celles de l'abbatiat de Galon.
(2) Cf. *Rom.*, XII, 13.
(3) *II. Tim.*, II, 12.
(4) *Galat.*, VI, 2.

simulque prenominatorum Vincentii et Germani, et ut memoria nostra ac successorum nostrorum in eorum loco perpetualiter habeatur, quoddam altare in honore beati Geldardi dedicatum, in pago Vilcasino et in potestate Longa Axia, eis in perpetuum possidendum concederemus : quod ita et fecimus, archidiacono nostro Onorato, ex cujus ministerio est, assensum prebente, eo videlicet ordine ut nunquam amplius nobis seu posterioribus nostris aliquid debitum seu servitium persolvant, nisi tantum synodum et circadam, sed absque ulla inquietudine alicujus metropolitani seu archidiaconi, ab hodierna die et deinceps, monachi Deo inibi famulantes prefatum altare cum ecclesia et quicquid ad eum pertinere videtur secure teneant atque possideant. Et ut hec descriptio majorem per tempora obtineat vigorem, coram sancta synodo manu propria eam subterfirmavimus, manibusque archidiaconorum nostrorum ceterorumque clericorum illic residentium corroborandam tradidimus. Si quis autem, quod futurum non credo, post mortem nostram aut metropolitanus nostro loco succedens, seu archidiaconus vel aliqua persona contra hoc scriptum surgens infringere conaverit, sciat se ex auctoritate patris et filii et spiritus sancti et sanctorum patrum necnon et ex ministerio nostro excommunicatum, sitque ei anathema maranatha, nisi resipuerit et ad emendationem seu satisfactionem ante corpus sancti Germani, cujus dominio tradita est, penitendo (*d*) confugerit. Eo quidem rationis tenore ne unquam in beneficio cuilibet tribuatur persone, sed tantum victui vel vestitui fratrum inibi Deo militantium perpetualiter deputetur. Hugo archiepiscopus firmavit ac manu propria corroboravit. *S.* Robertus archiepiscopus. *S.* Honoratus archidiaconus. *S.* Hugonis levite. *S.* Acardi sacerdotis. *S.* Geraldi sacerdotis. *S.* Frotmundi sacerdotis. *S.* Durandi sacerdotis. *S.* Waremberti sacerdotis. *S.* Benedicti sacerdotis. *S.* Heriberti sacerdotis. *S.* Roderici sacerdotis. *S.* Ebbonis levite. *S.* Godeverti levite. *S.* Walberti. *S.* Ivonis. Item *S.* Ivonis. *S.* Henrici. *S.* Werifredi. *S.* Milonis. *S.* Epponis. *S.* Widonis. *S.* Heldigeri. *S.* Walonis. S. Radulfi. *S.* Odonis.

(*a*) Quod Hugo archiepiscopus Rothomagensis concessit nobis altare dedicatum in honore beati Gildardi cum ecclesia apud Longuesse *D.* — (*b*) ut stat *BD*. — (*c*) cenobio *BD*. — (*d*) penitudo *B*.

XLV

S. d. [979-989].

(Acte perdu).

Galon, abbé du monastère de Saint-Germain de Paris, restitue audit monastère un pré qui y est contigu, et lui avait été enlevé au temps du gouvernement des abbés laïques (1).

INDIQ. : *Contin. d'Aimoin*, l. V, c. 45, éd. Du Breul, p. 356.

XLVI

Saint-Germain, 994-995.

Aubri, abbé de Saint-Germain de Paris, concède à un des hommes de l'abbaye, nommé Avedonus, moyennant un cens annuel de 10 sous, une partie du marché de Marolles.

A. Original, K 18, n° 1 bis.

INDIQ. : Tardif, *Cartons des rois*, p. 150, n° 239.

(*Chrismon*). In Dei nomine. Ego Albericus, gratia Dei abba coenobii ||² sancti Germani Parisiace urbis. Notum esse ||³ volo omnibus hominibus tam presentibus quam et ||⁴ futuris qualiter venit ad nos quidam noster homo ||⁵, nomine Avedonus, deprecans......... ||⁶ firmitatem faceremus......... ||⁷ ......eredi de foro nostro, quod est in potestate nostra que ||⁸ vocatur Matriolis; quod et fecimus u...... [com-]||⁹ muni assensu fratrum nostrorum simul et nobilium la[icorum], ||¹⁰ ea quidem ratione ut annuatim persolvant censum, ||¹¹ videlicet .x. solidos in festivitate sancti

---

(1) « Qui [Gualo], inter caetera quae eidem ecclesie contulit bona, pratum sub ipso monasterio situm a dominatione sancti Germani alienatum cupiditate praedictorum ducum et abbatum, praedictae ecclesiae restituit. » Du Breul et d'autres après lui ont identifié ce pré avec celui qui fut plus tard appelé le Pré-aux-Clercs, ce qui n'est peut-être pas absolument sûr. On trouvera dans la *Topographie du vieux Paris. Région du Faubourg Saint-Germain*, p. 7-8, l'indication et la discussion des opinions émises au sujet des origines des droits respectifs de Saint-Germain-des-Prés et de l'Université sur le Pré-aux-Clercs, droits à l'occasion desquels on a parfois fait entrer en ligne de compte la charte perdue de Galon. — Les dates extrêmes de cette dernière ne peuvent être naturellement que celles de l'abbatiat de Galon.

Germani quae || ¹² est .v. kl. junii. Quod si censum neglexerint aut || ¹³ tardaverint, legaliter emendent et quod tenent || ¹⁴ minime perdant.

|| ¹⁵ Actum Parisius monasterio sancti Germani presulis || ¹⁶ publice regnante rege Hugone anno .VIII°.

|| ¹⁷ S. abbatis Alberici. S. Herib[erti]. S. Godefridi.
|| ¹⁸ S. Ingelardi. S. Airardi. S. Haimonis.
|| ¹⁹ S. Pla...lfi. S. Alberici. S. Gisleberti.
|| ²⁰ S. Guntionis. S. Morardi. S. Campionis.
|| ²¹ S. Girmundi. S. Balduini. S. Ebroini.
|| ²² S. Warnerii. S. Hilgodi. S. Walandi.
|| ²³ S. Bosonis. S. Ulrici. S. Hervei. S. Guntranni.
|| ²⁴ S. Walterii. S. Huberti. S. Hervardi.
|| ²⁵ S. Gozsonis. S. Malberti. S. Hildrici.
|| ²⁶ S. Rotberti. S. Stephani. S. Lamberti.
|| ²⁷ WARNERIUS CANCELLARIUS relegit et subscripsit.

XLVII

S. d. [954-995] (1).

Eve, [comtesse de Vexin], donne à l'abbaye de Saint-Germain des terres sises en Chatrais, dans la « villa Ludolmis », pour l'entretien du luminaire devant le sépulcre du saint.

Z. Copie du x° siècle, Bibl. nat., ms. lat. 12832, fol. 63 v° (2).

EDIT. : (*a*) Bouillart, *Hist. de Saint-Germain-des-Prés*, pr. p. XVIII, n° XX, à 849. — (*b*) Guérard, *Polyptyque d'Irminon*, t. III, p. 129. — (*c*) Longnon, *Polyptyque d'Irminon*, t. II, p. 173.

INDIQ. : Bréquigny, *Table chronologique*, t. I, p. 230.

DONATIO AEVAE COMITISSAE.

In nomine sanctae et individue Trinitatis. Ego Aeva, ingenua de ingenuis parentibus nata vel procreata, tam pro remedio anime

---

(1) Gautier, comte de Vexin, mari de la comtesse Eve, est mentionné de 965 à 987 (Longnon, *Polyptyque d'Irminon*, t. II, p. 173, n. ; *Art de vérifier les dates*, t. II, p. 682). Mais son prédécesseur est mentionné pour la dernière fois en 954, et son successeur ne paraît qu'en 995. Ce sont donc ces deux années 954 et 995 qu'il fallait adopter comme dates extrêmes.

(2) Même remarque que pour le n° XXXVII.

meae quam pro remedio anime senioris mei Walterii, necnon parentum meorum, trado et trasfundo alodum quod vocatur Fulloni Campum et Mansum Rotberti in villa Ludolmis, in pago Castrinse, totum concedimus sancto Germano com integritate et com omnibus eorum appenditiis, terris cultis et incultis, pratis, eo quidem tenore, ut de reditu et censu quod exinde exierit, quead lumen habere ante sanctum ejus sepulcrum, quatinus ejus piis meritis et intercessionibus valeamus adipisci perfectionem mentis a Domino et contemplari eum in sede magestatis sue. Si quis vero, quod minime credimus, fuerit successorum nostrorum qui contra hanc traditionem assurgere temptaverit, coactus auri libras .x. componat, et insuper quod repetit minime adquirat, et veniant super eum omnes maledictiones que sunt scripte in libris sanctorum. Amen. Fiat. Anathema Maranatha.

(*Monogramme en marge*).

XLVIII.

S. d. (xe siècle).

Vente faite [à l'abbaye de Saint-Germain?] de terres à Meudon.

A. Original très mutilé, K 18, n° 2°.

INDIQ. : Tardif, *Cartons des rois*, p. 152, n° 244.

|| ².............................irmenon..... || ³............... ....dedimus............... || ⁴....... tertiam partem aripennis sita... in Meldon villa || ⁵.....lateribus terra sancti Germani...... .... || ⁶............que accepimus ab illis pratum jux[ta]...... || ⁷............id est in argenta solidos .xv., ut quiete...... || ⁸ tenere atque......ribus excolere possint...... || ⁹... || ¹⁰... || ¹¹............................ Si quis vero, quod futurum || ¹² minime [cr]edi[mus], si nos ipsi aut ulla emissa persona || ¹³ vel ullus ex heredibus nostris qui contra ha[nc] vendi-|| ¹⁴ tionem venire aut eam infringere conatus fuerit, || ¹⁵ illud quod repetit non vindicet et insuper contra || ¹⁶ cui litem intulerit... cogente fisco solidos .xxx. || ¹⁷ componat sed presens memorata venditio || ¹⁸ omni tempore firma inconvulsaque permaneat || ¹⁹ stipulatione subnixa.

XLIX

S. d. [1025-31 décembre 1030] (1).

Robert le Pieux, à la suite du jugement rendu contre Pipinel, voyer de Guérin, et de la renonciation faite en présence du roi et de la reine Constance par Hersent, femme dudit Guérin, confirme les droits des moines de Saint-Germain et de l'abbé Guillaume à Antony et dans les dépendances dudit lieu, où ledit Pipinel avait usurpé diverses coutumes sous prétexte de voirie.

B, fol. 37. — D, fol. 14. — G, fol. 13. — Z. Copie du XVIIIe s., K 181, n° 108.

EDIT. : (a) A. Duchesne, *Hist. de la maison de Montmorency*, pr. p. 17, d'après B (?). — (b) Dubois, *Hist. ecclesiae Parisiensis*, t. I, p. 628, d'après a. — (c) Bouillart, *Hist. de Saint-Germain des Prés*, pr. p. XXIII, n° XXVII, d'après B ou D. — (d) *Recueil des Histor. de France*, t. X, p. 612, n° XL, d'après c.

INDIQ. : Bréquigny, *Table chronologique*, t. I, p. 557 (a. 1027). — Pfister, *Robert le Pieux*, Cat. d'actes, n° 77.

ROBERTI REGIS

In nomine sanctę et individuę Trinitatis. Robertus gratia Dei Francorum rex. Regalis potestas largita ecclesiis bona debet servando defendere et defendendo servare, quoniam nec expers credenda est remuneratio devote custodientis a fructibus liberalis largitoris. Unde noverit universitas fidelium nostrorum tam presentium quam futurorum quod Guillelmus, abbas sancti Germani Parisiensis, adiens presentiam nostram, conquestus est quod pravę consuetudines in locis suis cotidie pullularent. Nam in quadam villa ejusdem abbatię, scilicet Antoniaco cum appendiciis suis Roricurte, Villa Osii, Villa Haimonis, villa Gres, villa Mulnels, villa Vedrarias, villa Culet, Villa Bosonis, infra quarum sepium et arpennorum clausuram nullus umquam vicarius ante tempora nostra exactionem vel redibitionem fecisset, nec etiam in his que ad incrementum villarum per dimensiones arpennorum et clausuras sepium addi potuissent, Pipinellus Garini vicarius multa ad opus illius usurpaverat et magnam obpressionem earumdem villa-

---

(1) Les dates extrêmes sont celles de l'abbatiat de Guillaume à Saint-Germain-des-Prés.

rum fecerat. Quod nos per suggestionem ejusdem domni Guillelmi
abbatis accipientes, moleste tulimus et ad discussionem hujus
causę Garinum provocavimus. Ille vero ad judicium veniens nullo
modo resistere valuit, propter rationabilem contradictionem servorum sancti Vincentii et sancti Germani, qui legali conflictu duelli
erant resistere parati. Et ideo voluntati nostrę et abbatis ac monachorum de hac proclamatione ad presens satisfecisset, nisi interim morte preventus fuisset. Sed quia non contigit eum pleniter
terminasse hoc negotium, nos idcirco in nostra potestate instinctu
jamdicti domni Guillelmi abbatis vicariam accepimus, quoniam
servos ęcclesię vidimus ad predictam consuetudinem confutandam
preparatos et ad eis resistendum nullos. Ad ultimum vero nos et
uxor nostra regina Constancia uxorem Garini, Hersendam nomine,
ad cujus hereditatis beneficium tantummodo camporum vicarię
respiciebant, ante nostram presentiam convocavimus, et illis presentibus et sub presentia multorum hujus proclamationis diffinitionem fecit ad votum abbatis et monachorum, partim coacta justicia et partim territa pro peccatis viri sui, quę commiserat per hujus
consuetudinis invasionem. Quod ut ratum futuris temporibus permaneret, rogatus ipsius Hersendis presentem cartulam inde (*a*)
conscribi fecimus et sigilli nostri impressione corroborari, in presentia testium quorum apposita sunt nomina : Garinus episcopus,
Odolricus episcopus, Buchardus (*b*) miles, Fulco miles Silvanectensis, Wido miles cognomento Burgundiolus, Albertus miles, Ivo
miles, Otricus miles, Willelmus miles, Odo miles, Aszo vicarius,
Drogo miles, Ainardus miles, Ungerius miles, Henricus miles.
Ego Balduinus cancellarius relegi et subscripsi.

(*a*) in *D*. — (*b*) Burcardus *D*.

L

S. d. [début de 1031] (1).

*Robert le Pieux, à la requête d'Adraud, abbé de Saint-Vincent
et Saint-Germain, et à la sollicitation de la reine Constance,
restitue audit monastère la voirie d'Antony, telle que les*

(1) Sur cette date, cf. Pfister, *Robert le Pieux*, p. LVI, n. 1. — L'acte
est certainement en rapports avec les n°s XLIX et L. Le premier fait
allusion à un jugement rendu contre l'un des agents par l'intermédiaire
desquels Guérin exerçait les droits de voirie qu'il tenait de sa femme
Hersent. Il est possible, d'après l'acte n° XLIX que des jugements analogues aient été rendus contre d'autres personnages que contre Pipinel.

voyers de Guérin, d'Antony l'avaient jadis usurpée, et telle
qu'Hersent en avait depuis reconnu la possession au roi.

B, fol. 38. — D, fol. 14 v°. — G, fol. 13.

Edit. : Pfister, *Robert le Pieux*, p. LVI, n° X, d'après B.

[Privilegium Roberti regis] (a).

In nomine sanctę et individuę Trinitatis. Robertus gratia Dei Francorum rex. Si ea quę pro statu et utilitate ecclesiarum sive servorum Dei fiunt nostris confirmamus edictis, hoc nobis ad futuram beatitudinem profuturum esse credimus. Igitur notum sit omnibus fidelibus nostris tam presentibus quam futuris quod venerabilis vir Arraudus abbas sancti Vincentii et sancti Germani, per assensum et deprecationem conjugis nostrę Constancię, adiit nostram presentiam rogans et obnixe postulans ut quandam vicariam, quam per nostrę justicię censuram a vicariis Garini de Antoniaco scilicet et ejus appenditiis extorseramus, nostra liberalite et munificentia predicto loco restituendo redderemus. Neque hoc ideo postulabat ut nos inde aliquam obpressionem faceremus, sed futurę utilitati providebat, timens scilicet ne post decessum nostrum a successoribus nostris alicui daretur per quam successores sui aliquam molestiam paterentur. Nos autem, solliciti de futura utilitate vel incommoditate sancti Vincentii et sancti Germani, peticioni prefati abbatis Arraudi condescendentes, concessimus ei et monasterio suo ex integro totam vicariam illam, sicut in nostra manu tenebamus post legitimam diffinitionem quam Hersendis in presentia nostra inde fecerat. Et ut hec concessio nostrę auctoritatis per succedentia tempora inviolabiliter teneretur, presentis scripti patrocinio firmavimus et sigillo nostro sigillari jussimus.

(a) Ce titre manque dans B.

LI

Etampes, 1ᵉʳ janvier-1ᵉʳ mars 1031 (1).

Jugement de Robert le Pieux, rendu à la requête d'Adraud, abbé du monastère de Saint-Vincent et Saint-Germain au faubourg

Un autre jugement retira toute espèce de droits en cette matière à Guérin lui-même. Enfin, le n° L est une concession de ces droits à l'abbaye.

(1) Sur la date, cf. Pfister, *Robert le Pieux*, p. XL-XLI. L'acte est cer-

de Paris, et condamnant le chevalier Guérin à restituer audit monastère la voirie d'Antony, qu'il avait usurpée à la faveur des autres coutumes qu'il tenait en bénéfice du roi.

A. Original scellé, K 18, n° 6.
B, fol. 36 v°. — D, fol. 13 v°. — G, fol. 12 v°. — Y. Copie authentique du 22 mai 1522, K 18, n° 6 bis. — Z. Copie du xviii° s., K 101, n° 109.

EDIT. : (a) Bouillart, *Hist. de Saint-Germain-des-Prés*, pr. p. xxv, n° xxx, d'après A. — (b) *Rec. des Histor. de France*, t. X, p. 623, n° LI, d'après A. — (c) Tardif, *Cartons des rois*, p. 164, n° 261, d'après A. — (d) Langlois, *Textes relatifs à l'histoire du Parlement*, p. 2, n° II, d'après Ac.

INDIQ. : LL 1047, fol. 139. — LL 1048, fol. 2. — Bréquigny, *Table chronologique*, t. I, p. 565. — Pfister, *Robert le Pieux*, Cat. d'actes, n° 91.

[PRECEPTUM ROTBERTI REGIS DE VICARIA ANTONIACI VILLE] (a).

(*Chrismon*). **In nomine sanctae et individuae [Trinitatis. Ego] Rotbertus gratia Dei Francorum rex.** ||² Cum in exhibitione rerum temporalium, quas humana religio divino cultu famulando locis sanctorum et congregationibus fidelium ex devotione animi largitur, tam presentis quam perpetuę vitę solatium, ut jam pridem multis expertum est indiciis, adquiratur, saluberrimus valde et omnibus imitabilis est hic fructus primitivę virtutis, scilicet karitatis, per quem et mundi adquiritur tranquillitas, et felici remuneratione ęterna succedit felicitas. Innotescimus ergo industrię presentium et sollertię futurorum sanctae matris ęcclesiae fidelium et nostrorum quod accesserit ad serenitatem nostri animi Adraldus, abbas monasterii sancti Vincentii et sancti Germani, in suburbio Parisiacę urbis siti, suppliciter rogans et obnixe postulans quatinus de vicaria quadam in Antoniaco villa, et in omnibus villulis ad eam pertinentibus, rapaciter et injuriose a quodam milite nostro Vuarino nomine usurpata, super antiquas consuetudines, quas de nobis in beneficio habebat, sibi pacem facerem, quoniam multas molestias inde locus ipse patiebatur. Cujus petitionibus benigne condescendendo annuens, suę proclamationis causam judicio nostrorum deputavimus esse deliberandam et discutiendam, per consensum et consilium dilectissimę con-

tainement postérieur au 1ᵉʳ janvier 1031, date de la mort de saint Guillaume, puisqu'ici c'est Adraud qui intervient. Le *terminus ad quem*, qui est la date proposée par M. Pfister comme point de départ habituel des années de l'incarnation dans les diplômes de Robert le Pieux, est beaucoup plus douteux.

jugis nostrę Constantię. Dijudicato igitur legaliter vicariam injuste fuisse invasam, precepimus cessare supradictum Warinnum ab ęcclesię injuria, et deinde, secundum curię nostrę sententiam et totius conventus censuram, concessimus predicto loco sancti Vincentii et sancti Germani prenominatarum villarum vicariam, quicquid continetur intra sepium clausuram, vel in domibus sive in viis sive perviis, vel quicquid, arpennorum vocabulis ad presens denominatum vel in futurum arpennorum lege dimensum tenebitur, relicta tantummodo eidem militi nostro agrorum vicaria, quam solummodo de nobis, ante invasionem in beneficio habebat. Constituimus ergo nostra auctoritate ut ipsa villa Antoniacus, cum suis appenditiis, ab hujusmodi injuria in perpetuum quieta et tranquilla permaneat, salvo jure ęcclesiastico, ut liberius ipsi servi Dei, ad quorum victus supplementum ista pertinent, pro salute nostra et prolis et totius regni stabilitate invigilent, et nobis, pro impensa illis tranquillitate, merces apud Deum maneat. Ut vero hujus cessionis firmitas per succedentia tempora maneat inviolabilis et inconvulsa, precepti nostri auctoritate firmavimus et sigilli nostri impressione signari precipimus.

Actum Stampis palatio publice, anno incarnati verbi millesimo .XXX^{mo}. et regni Rotberti gloriosissimi regis. XXX^{mo}. VIIII^{mo}.

Balduinus cancellarius scripsit et subscripsit.

Signum
Rotberti (*Monogramme*) gloriosissimi.
regis.

(*Sceau plaqué*).

(a) *Au dos, d'une main qui semble contemporaine.*

LII

Poissy, 1er janvier-1er mars 1031 (1).

Robert le Pieux fait savoir qu'à la requête d'Adraud, abbé du monastère de Saint-Vincent et Saint-Germain, il a forcé le comte Dreu, avec ses frères Foulques et Raoul, sa femme et ses enfants, à renoncer en présence du roi, de la reine Constance et du prince Henri, aux coutumes que ledit comte pré-

(1) Sur cette date cf. le n° précédent.

tendait percevoir sur la terre de Dammartin et ses dépendances, sous prétexte des droits d'avouerie qu'il possédait dans les terres par lui tenues en bénéfice de ladite abbaye à Neauphlette et autres lieux, terres qu'il continuera néanmoins à tenir en fief dans les mêmes conditions.

A. Original scellé, K 18 n° 5.
B, fol. 35 v°. — D, fol. 13. — G, fol. 12. — Y. Copie authentique du 22 mai 1622, K 18 n° 5². — Z. Copie du XVIII° s. K 181, n° 110.

EDIT. : (a) Dubois, *Hist. ecclesiae Parisiensis*, t. I, p. 654, d'après A. — (b) Bouillart, *Hist. de Saint-Germain-des-Prés*, pr. p. XXIV, n° XXIX, d'après A. — (c) *Rec. des Histor. de France*, t. X, p. 622, n° L, d'après b. — (d) Tardif, *Cartons des rois*, p. 163, n° 260, d'après A.

INDIQ. : Bréquigny, *Table chronologique*, t. I, p. 564. — Pfister, *Robert le Pieux*, Cat. d'actes, n° 90.

[PRECEPTUM ROTBERTI REGIS DE CONSUETUDINIBUS DOMNI MARTINI QUAS EMIMUS A DROGONE COMITE] (a).

(*Chrismon*). **In nomine sanctae et individuae Trinitatis. Ego Rotbertus rex.** ||ᵃ Regie dignitatis et amplitudinis statum decet ut quicquid in rebus ecclesiastici juris perspexerit aliqua difficultate implicatum seu cuilibet occupatione obnoxium, sua auctoritate reddat liberum et absolutum. Regalis siquidem potestas largita ęcclesiis bona debet servando defendere et defendendo servare, quoniam nec expers credenda est remuneratio devote custodientis a fructibus liberalis largitoris. Unde noverit tam presentium quam futurorum fidelium nostrorum universitas quod quidam noster comes, Drogo nomine, sub advocationis jure quasdam terras de abbatia sancti Vincentii et sancti Germani tenebat in beneficio, scilicet Neelphytam, Fermerii Curtem, Lovaniolas, Domerii Montem, ad quas pater et antecessores sui addiderant multas et injustas consuetudines in villa quæ dicitur Domni Martini, cum omnibus sibi adjacentibus terris et masnilibus, scilicet in Liricurte, in Lentivilla, in Suumcurte, in Genestvilla, in Badamrete, in Spicarias, in Valle, in Aumasa, in Loputeo, in Mirebello, in Glatiniaco, in Cantamerlo, in Lauvuanias, in Trullo, in Bekerello : quarum terrarum injuriosas exactiones nostri beneficii tuebatur auctoritate et occasione. Quarum injuriarum molestiis supercrescentibus ultra quam tolerabile est ferre humanos animos, nostram adiit presentiam Adraldus abbas, qui tunc regiminis prefati monasterii gerebat curam, cum monachis secum Deo servientibus, lacrymosas deponens querimonias et clamores acerrimos super tantarum molestiarum injuriis, petens ut censura nostri judicii, qui auctor injuste accusabar ipsarum molestiarum monasterio cui preerat illatarum, cessare facerem quidquid injuste in prenominatis terris sancti Vincentii et domni Germani agebatur, et a prenominato comite nostro contra legem usurpabatur. Quapropter nostrę sublimitatis placuit serenitati ut patrocinium, quo injuria, quae inlata tandiu monachis predicti loci in Parisiacensi suburbio siti muniebatur et defendebatur, pro honore et reverentia loci dissolveremus. Cujus rei causa, adhibitis predicto Drogone, cum duobus fratribus, Fulcone videlicet et Rodulfo, necnon uxore, cum filiis supramemorati Drogonis, omnibus ascitis ad quos ejusdem beneficii pertinebat successio, predictas omnes consuetudines, quas injuste omnes exigebat, nobis et conjugi nostrę dilectissimę Constantię, necnon et filio nostro Henrico jam regi constituto reddidit et redditionem sacramentorum obligatione firmavit, cum suis exceptis quattuor villis, scilicet Neelphytam, Firmerii Curtem, Lovanniolas, Domerii Montem, quas ei concedimus jure beneficii, ea tamen conditione ut nunquam amplius aliquam consuetudinem accipiat, vel exigat in villa Domni Martini, nec in aliquibus ad eam pertinentibus terris. Has conventiones consuetudinum nobis redditas predicto coenobio tradidimus perpetualiter habendas, et precepti nostri auctoritate jubemus esse ratas, necnon sigilli nostri impressione signatas.

Actum publice Pisciacensi palatio anno incarnati verbi millesimo. XXX^{mo}. regnante rege Rotberto .XXX°.VIIII°., Balduinus cancellarius scripsit et subscripsit.

Signum
Rotberti (*Monogramme*) gloriosissimi
regis.

(*Sceau plaqué*).

(*a*) *Au dos, d'une main qui semble contemporaine.*

LIII

S. d. [1012-1031] (1).

Renard, comte de Sens, renonce aux diverses redevances qu'il percevait injustement sur les terres de Saint-Germain de Pa-

(1) L'acte est sans date, et il y eut à Sens deux comtes du nom de Renard, le premier de 951 à 996 environ, le second de 1012 à 1055.

ris à « Villaris Rest » et concède en outre audit monastère un manse sis à Gron, sur l'Yonne.

B, fol. 54. — D, fol. 203 et D', fol. 54.

PRIVILEGIUM RAINARDI COMITIS.

In nomine sancte et individuę Trinitatis. Rainardus gratia Dei Senonum comes. Si rationabilibus religiosorum virorum petitionibus benigno voto annuimus, jus divinum laudabileque exercere videmur. Unde noverit omnium fidelium sanctę Dei ecclesię ac nostrorum presentium scilicet et futurorum industria pervenisse ad aures nostras clamorem monachorum sancti Germani Parisiensis cœnobii, ut quasdam consuetudines, quas vi extorquebamus ab hominibus commanentibus in villa eorum qui Villaris Rest vocatur, illis donaremus et ab inquietudine pauperum cessaremus. Quorum petitionibus annuentes, predictam villam ab omni judiciali potestate ab hac die et deinceps liberam esse decernimus, ita ut nullus judex publicus vel venator seu ministerialis noster ad freda et tributa exigenda, vel homines in ea commanentes distringendos, aut mansiones vel paratas faciendas, vel teloneos tollendos aut rotaticum vel pedaticum seu stratum vel pastum venatorum et canum accipiendum, aut bannum vel raptum vel incendium seu aliquam retributionem, nostris vel futuris temporibus in eam ingredi audeat ; sed ab omni mundana, ut diximus, consuetudine libera debitum sancto Germano monachisque ejus vel cui illi eam concesserint servitium reddere valeat. Si vero, quod nec fieri credimus, aut ego aut aliquis successorum vel heredum meorum contra hoc nostrum decretum venire temptaverit, et quod pietatis studio

Malgré l'absence de toute mention de nature à fournir un point de repère certain, je crois qu'il faut attribuer l'acte au second de ces deux personnages. Les formules sont assez analogues à celles d'autres actes du XIe siècle. Il est dit que la charte a été présentée à la confirmation du roi, qui sans doute y apposa sa souscription, en même temps que sa femme et ses fils. Cet usage est surtout fréquent à l'époque des premiers Capétiens (A. Giry, *Manuel de Diplomatique*, p. 741). Renard Ier fut bien le contemporain de Hugues Capet, mais ce dernier n'eut qu'un fils, Robert le Pieux, tandis que la charte fut présentée *regi... et filiis*. Donc elle serait de Renard II, contemporain de Robert et de Henri Ier. Mais le fils aîné de celui-ci, Philippe Ier, naquit en 1053 ; le second, Hugues de Vermandois, en 1057, après la mort de Renard. Par conséquent, c'est Robert qui a dû confirmer la charte, probablement au cours d'une des expéditions que ce roi fit en Bourgogne. Les dates extrêmes à attribuer à l'acte sont donc celles du début du gouvernement de Renard à Sens et de la fin du règne de Robert le Pieux.

actum est evertere voluerit, in primis iram Dei et sanctorum ejus incurrat, et quod injuste repetere voluerit non evindicet, et demum (a) majestati regię. x. libras auri probati persolvat. Simili etiam ratione reddimus sancto Germano et monachis ejus mansum terrę qui conjacet in villa que nuncupatur Grum, quę sita est super Icauna fluvium. Ut vero hęc auctoritas pleniorem in Dei nomine vigorem obtineat, manu propria eam firmavimus et domino nostro regi ejusque conjugi et filiis nostrisque fidelibus firmandam tradidimus.

(a) domum DD'

LIV

S. d. [1016-15 novembre 1037] (1).

Eudes, « comte de divers pays de Gaule et de France », du consentement de son fils Thibaut, abandonne aux moines de Saint-Germain de Paris les droits qu'il percevait à son château de Montereau sur le passage des bateaux et sur la traversée du pont.

B, fol. 51. — D, fol 302 et D', fol. 34.

ODONIS COMITIS (a).

Si quis de rebus propriis locis sanctorum aliquid voluerit conferre, procul dubio ei remunerabitur in eterna retributione. Morta-

(1) L'acte n'est pas daté, et en l'absence de toute indication pourrait être attribué soit à Eudes I*, comte de Blois, Chartres, Tours Meaux et Provins (v. 978-995), soit à son petit-fils Eudes II, comte de Blois, etc., puis comte de Champagne, qui tous deux eurent des fils du nom de Thibaut. La seconde identification est celle que propose D. Anger, *Dépendances de Saint-Germain-des-Prés*, t. I, p. 266, sans fournir d'argument à l'appui. Mais on sait par Clarius (*Chronicon S. Petri Vivi*, dans Duru, *Bibl. historique de l'Yonne*, t. II, p. 500; cf. Lex, *Eudes II, comte de Blois*, p. 36), que le château de Montereau fut construit en 1016 par Eudes II, qui le tint ensuite en fief de Renard, comte de Sens. Cette charte est donc postérieure à 1016, et d'autre part le *terminus ad quem* est le jour de la mort d'Eudes II, tué comme l'on sait dans une bataille livrée en Barrois (Longnon, *Introduction aux Obituaires de la Province de Sens*, t. I, p. xxII). La suscription « Odo, comes quarundam provinciarum Gallie scilicet et Francie » est d'ailleurs anormale; Eudes prend généralement dans ses actes le titre de « comes », ou « comes palatinus », sans désignation de fief et sans épithète (Lex, *op. cit.*, p. 85).

lis enim quisque (b) si quid boni hoc egerit in seculo paululum, sibi recompensabitur in futuro. Idcirco ego Odo, comes quarumdam provintiarum Gallię scilicet et Francię, multorum licet inretitus laqueis peccaminum, notum esse volo omnibus sanctę Dei ęcclesię fidelibus tam presentibus quam futuris quod una cum assensu filii mei nomine Theuboldi (c), per deprecationem quorumdam meorum militum, Gozfredi (d) atque Salonis, concedo monachis servientibus sancto Germano, Parisiacę urbis episcopo, quasdam consuetudines in quodam castro nostro quod vocatur Musteriolum hactenus habitas in transfretatione navium in eundo superius sive redeundo inferius, seu in plaustris quęque fuerint utensilia per pontem ferentibus ; ea quidem ratione predictorum satellitum bone voluntati libenter adquiescens, ut prefati monachi tam pro Dei amore quam pro remedio animę meę eas consuetudines in jam dicto castro desuper et deorsum habeant, et absque aliqua refragatione perpetualiter possideant. Si quis vero heredum nostrorum, quod absit, vel quelibet persona contra has a nobis donatas consuetudines aliquid refragare vel calumpniam generare presumpserit, illud quod repetit non vindicet, insuper et totius maledictionis sit anathema perennis. Quod autem hujus firmę conventionis descriptio inviolabilis et inconvulsa permaneat, corroborari jussimus manuumque inpressione subter firmavimus.

(a) Hugonis comitis, *corrigé d'une main postérieure en* Odonis comitis *BD*. — (b) quisquis *D'*. — (c) Theoubouldi *D*, Theoboldi *D'*. — (d) Gosfredi *D*.

LV

Dijon, 22 septembre 1040.

Robert, duc de Bourgogne, renonce en faveur de l'abbé Adraud et des moines de Saint-Germain de Paris, aux diverses coutumes qu'il percevait sur les terres dudit monastère à Gilly, en particulier au droit de gîte pour lui et ses chiens, à la nourriture de ses chevaux et de leurs conducteurs, au droit de prise sur le vin. — (Paris, 22 septembre 1040-20 mai 1043.) (1). Cet

(1) Sur cette date, comprise entre celle de la charte du duc Robert et celle à laquelle est mentionnée pour la première fois le chancelier Frolland, successeur de Gui, cf. Soehnée, *Catalogue des actes d'Henri I*, p. 56.

acte est confirmé par l'apposition de la souscription du roi Henri Ier.

B, fol. 48 v°. — D, fol. 223 v°. — G, fol. 67. — Z. Copie du XVIIIe s., K 181, n° 114.

EDIT. : (a) Duchesne, *Hist. des rois de Bourgogne*, pr. p. 7, d'après B. — (b) Duchesne, *Hist. de la maison de Montmorency*, pr. p. 18, d'après B. — (c) Bouillart, *Hist. de Saint-Germain-des-Prés*, pr. p. xxv, n° xxxi, d'après B. — (d) *Gallia Christiana*, t. IV, instr. col. 143, n° xviii, d'après a. — (e) *Rec. des Histor. de France*, t. XI, p. 608, n° II, d'après c. — (f) Petit, *Hist. des Ducs de Bourgogne*, t. I, p. 370, n° 28, d'après les éditions antérieures.

INDIQ. : Bréquigny, *Table chronologique*, t. II, p. 22. — Soehnée, *Catalogue des actes d'Henri Ier*, p. 53, n° 56.

ROBERTI DUCIS BURGUNDIE (a).

In nomine sanctę et individuę Trinitatis, patris videlicet et filii et spiritus sancti. Ego Robertus Burgundię dux. Notum esse volo tam presentibus quam futuris qualiter primum suscipiens ducaminis gubernacula Burgundię, ceperim perquirere consuetudines ejusdem regni, quas ante me strenue regnantes exegerunt (b) mei precessores, sed dum per meos quos fideliores mihi et veriores esse credebam cognovissem quas et in quibus terris accepturus eram, inter cetera in villa quę dicitur Gilliacus sancti Germani Parisiacensis plures accepi consuetudines, sicut ab eis didiceram, lege consuetudinaria. Post vero, reclamantibus abbate et monachis sancti Germani quod inconsuetę atque injustissimę, si dici fas esset contra me, hoc facerem, amore Dei et sancti Germani necnon abbatis Aderoldi omniumque sibi commissorum monachorum, has omnes consuetudines guerpivi, scilicet mei hospitalem susceptionem, et canum meorum hospitalitatem, et pabulum necnon caballorum meorum custodumque eorum receptum, atque vini captionem, insuper omnes quas sibi dominatio potentum adquirit consuetudines. Ex hac siquidem perdonatione hanc fieri cartulam jussi. Quam meo jussu factam ut firma et inconvulsa permaneat, signavi, horumque subscriptorum manibus signandam tradidi.

Acta est hec cartula publice apud castrum Divionem, die festivitati[s] sancti Mauricii sociorumque ejus, regnante et strenue in sceptris agente Henrico Francorum rege anno .X.°, Hugone autem Lingonensium presule episcopali cathedra presidente anno .V°

S. Roberti Burgundie ducis. S. Elię (c) conjugis ejus. S. Ermuini Eduorum episcopi. S. Hugonis de Bellomonte. S. abbatis Azelini et Johannis fratris ejus. *S.* Teobaldi. *S.* Cadelonis. *S.* Sedaldi. *S.* Theoderici (*d*). *S.* Humberti fratris ejus. *S.* Widonis. *S.* Lamberti clerici. *S.* Hugonis Lingonensium presulis.

Postea ego Robertus hanc cartam Henrico regi firmandam reddidi et Parisius guerpivi. *S.* Henrici regis Francorum. Hujus rei testes sunt hii : Imbertus Parisiorum episcopus, Wido Silvanectensis episcopus, Buchardus, Maingoldus.

(*a*) Item Roberti Burgundie ducis *D.* — (*b*) exsegerunt *BD.* — (*c*) Helie *D.* — (*d*) Teoderici *D.*

LVI

1042-1043 (1).

Imbert, évêque de Paris, à la requête de l'abbé Adraud et des moines du monastère de Saint-Vincent et Saint-Germain de Paris concède audit monastère l'autel de Saint-Saturnin, en Parisis, au territoire d'Antony, du consentement de l'archidiacre Elisiernus, de la circonscription duquel il dépendait, les moines ne devant payer audit évêque et à ses successeurs que les droits de synode et de tournée. — 1042/3-4 août 1060. *Cet acte est plus tard confirmé par l'apposition de la souscription du roi de France Henri I*er.

A. Original, K 19, n° 2⁴.

EDIT. : Bouillart, *Hist. de Saint-Germain-des-Prés*, pr. p. XXVI, n° XXXII, d'après *A*.

INDIQ. : Bréquigny, *Table chronologique*, t. II, p. 27. — Tardif, *Cartons des rois*, p. 167, n° 267. — Soehnée, *Catalogue des actes d'Henri I*er, p. 63, n° 64.

[PRECEPTUM DE ALTARE ANTONIACO] (*a*).

(*Chrismon*). INTER CETERA APOSTOLORUM PREDICAMENTA ||² quibus auctore Deo sancta mater ecclesia inter fluctus hujus vite mortalis periculosaque naufragia instar solis

(1) Rigoureusement, la date de la charte d'Imbert serait comprise entre le 20 juillet 1042 et le 19 juillet 1043. Mais il y a tant d'incertitude sur l'emploi des divers modes de compter les années du règne de Henri I", qu'on ne peut donner comme sûre une indication de ce genre (cf. Soehnée, *Catalogue des actes d'Henri I*er, p. 63). Quant à la souscription royale, elle a été certainement apposée plus ou moins longtemps après la rédaction de l'acte, mais avant la mort d'Henri.

radiorum ‖ 3 PERSEVERAT PREFULGIDA, VERA KARITAS ET FRATERNA COMPASSIO MAXIME PER AECCLESIASTICUM ORDINEM UT VOCE ET OPERE ‖ 4 PREDICETUR OPORTET. Unde et apostolus, necessarios alimoniae sumptus a fratribus suscipiens, istius compassionis fonte animatus ait : *Vos bene fecistis communicantes necessitatibus meis* (1). Et in alio loco : *Si compatimur et conregnabimus* (2). Et iterum : *Alter alterius honera portate et sic adimplebitis legem Xpisti* (3). His atque aliis sanctorum patrum eruditionibus fretus, in nomine sanctae et individuę Trinitatis, IMBERTUS, non meis exigentibus meritis sed gratia preveniente redemptoris Parisiorum episcopus, notum fieri volo omnibus coepiscopis nostris, presbiteris, diaconibus seu cunctis utriusque ordinis clericorum scilicet ac monachorum, tam praesentibus quam futuris per ventura tempora succedentibus, qualiter Adraldus, sancti VINCENTII laevite et martyris necnon et egregii presulis GERMANI Parisiorum tutoris coenobii abbas, caeterorumque monachorum ipsius loci senatus nostram serenitatem adierunt, humiliter deprecantes ut ob amore Dei omnipotentis et sanctae MARIAE ejus genitricis simulque prenominatorum VINCENTII et GERMANI, et ut memoria nostra ac successorum nostrorum in eorum loco perpetualiter habeatur, quoddam altare in honorem beati SATURNINI dedicatum, in pago Parisiaco et in potestate quę vocatur Antoniacus, eis in perpetuum possidendum concederemus. Quod ita et fecimus, archidiacono nostro ELISIERNO ex cujus ministerio est assensum praebente, eo videlicet ordine ut numquam amplius nobis seu posteris nostris aliquod debitum seu servitium persolvant, nisi tantum sinodum et circadam, sed absque ulla inquietudine alicujus episcopi seu archidiaconi ab hodierna die et deinceps monachi Deo inibi famulantes praefatum altare et quicquid ad illud pertinere videtur secure teneant atque possideant. Et ut haec descriptio majorem per tempora obtineat vigorem, coram sancta sinodo manu propria eam subterfirmavimus manibusque archidiaconorum nostrorum ceterorumque clericorum illic residentium corroborandam tradidimus. Si quis autem, quod futurum non credo, post mortem nostram aut episcopus nostro loco succedens seu archidiaconus vel aliqua persona contra hoc scriptum surgens infringere conaverit, sciat se esse dampnandum, nisi resipuerit et ad emendationem seu satisfactionem ante corpus sancti GERMANI, cujus dominio traditum est, penitendo confugerit.

(1) *Rom.*, XII, 13.
(2) *II. Tim.*, II, 12.
(3) *Galat.*, VI, 2.

Actum publice Parisius coram sancta sinodo regnante Heinrico rege anno .XIIcimo.

Signum Imberti Parisiorum episcopi † (b). Signum Elisierni archidiaconi †. Signum Olrici archidiaconi †. Signum Alberti archidiaconi †. Signum Huberti sacerdotis †. S. Duranni sacerdotis. S. Droconis sacerdotis †. S. Landrici sacerdotis. S. Evrardi sacerdotis †. S. Gisleberti sacerdotis †. S. item Evrardi sacerdotis. S. Witberti sacerdotis †. S. Willelmi sacerdotis †. S. Rainaldi sacerdotis †. S. Landrici levite †. S. Landonis levite †. S. Huberti levite †. S. Odonis levite †. S. item Odonis levite. S. Rainaldi levite †. S. Rotberti levite †. S. Mainardi levite †. S. Humberti levite †. S. Ivonis subdiaconi †. S. item Ivonis subdiaconi †. S. Ursonis subdiaconi. S. Hugonis subdiaconi †. S. Giraldi subdiaconi †. S. Manasse subdiaconi †. S. Drogonis subdiaconi. Item S. Drogonis subdiaconi †. S. Ansoldi subdiaconi †. S. Petri subdiaconi †. S. Girberti subdiaconi. S. Adraldi subdiaconi †. S. Jozelmi subdiaconi †. S. Warini accoliti †. S. Jozelmi accoliti †. S. Alberici accoliti †. S. Hugonis accoliti †. S. Josfredi accoliti †. S. Aiulfi accoliti †. S. Ingelardi accoliti †. S. Droconis accoliti †. S. Manasse accoliti †. S. Fulcoii accoliti †. S. Rainaldi archipresbiteri. S. Josfredi archipresbiteri †. S. Evrardi archipresbiteri †. S. Alberici archipresbiteri †. S. Gunterii archipresbiteri. Durannus subscripsit cancellarius sancte Marie. (*Monogramme*). Ego Imbertus Parisiorum episcopus hanc nostre confirmationis kartam domini invictissimi Francorum regis Heinrici auctoritati perpetuo jure tradidimus corroborandam, cum idoneis testibus utriusque ordinis, quorum infra notata sunt nomina.

(a) *Au dos, d'une main du* XI*ᵉ ou du* XII*ᵉ siècle.* — (b) *Croix qui semble autographe.*

LVII

1043-1044.

*Robert I*ᵉʳ, *duc de Bourgogne, du consentement de sa femme Hélia, et de ses fils Hugues et Henri, donne aux moines de Saint-Vincent et Saint-Germain de Paris la terre de Villebichot en Beaunois, et fait confirmer cette donation par le roi de France Henri I*ᵉʳ.

B, fol. 49 v°. — *D*, fol. 224. — *G*, fol. 67 v°. — *Y*. Copie du XIII° siècle, Archives départementales de la Côte-d'Or, dans le *Second cartulaire de Citeaux*, coté 167, fol. *a*) 103 v°. — *Z*. Copie du XVIII° s., K 181, n° 112.

EDIT. : (*a*) Duchesne, *Hist. des rois et ducs de Bourgogne*, pr., p. 8, d'après *B*. — (*b*) Duchesne, *Hist. de la maison de Vergy*, pr. p. 70, d'après *B* (fragm.). — (*c*) Bouillart, *Hist. de Saint-Germain-des-Prés*, pr. p. XXVII, n° XXXIII, d'après *B*. — (*d*) *Rec. des Histor. de France*, t. XI, p. 609, n° III, d'après *c*. — (*e*) Petit, *Hist. des Ducs de Bourgogne*, t. I, p. 371, n° 29.

INDIQ. : Bréquigny, *Table chronologique*, t. II, p. 30. — Soehnée, *Catalogue des actes d'Henri Ier*, p. 68, n° 68.

ROBERTI DUCIS (*a*).

Muneris (*b*) esse divini fidelium nullus quis ambigit quod sancta mater ecclesia et priscis Deo favente temporibus et bonorum principum instar radiorum solis clara emicuit amplificata donationibus, et nunc similiter Deo cooperante servatur prefulgida recentis (*c*) temporibus. Etenim cum in omnibus diffinitionibus idonea sint adhibenda testimonia, necesse est tamen ut unaqueque juste et rationabiliter diffinita ratio ita roboretur scripturarum testamentis, ne deinceps calumpniari possit ullius falsitatis figmentis. Quapropter ego Robertus dux Burgundiorum (*d*), cum uxore mea Helia (*e*) nomine, omnibus cognitum esse volumus Dei et sanctę ecclesię presentibus scilicet ac futuris fidelibus, precipue autem successoribus nostris ante quorum conspectum hujus nostri decreti contigerit devenire statutum, quoniam nos, reminiscentes mole nostrorum sarcina peccaminum et trementes equissimi examinatoris juditium, Xpisto inspirante pertingere gliscimus ad futurę remunerationis bravium per elemosinę largitatis auxilium. Etenim monachi monasterii sancti Vincentii almique Germani Parisiorum presulis ad nos venientes competierunt (*f*) nobis quandam nostram terram quę vocatur Villare Bichet, et est in pago Belnensi sita, ad eorum victus cotidianos augendos sibi concedi. Quod et fecimus ęquo animo, cum (*g*) consensu et voluntate filiorum nostrorum Hugonis et Henrici, pro redemptione animę nostrę nostrique genitoris Roberti regis, scilicet ipsam terram supranominatam cum terris cultis et incultis. pratis et silvis vineisque, cum omnibus quę ad eam pertinere videntur ; eo autem pacto et ratione ut prefati monasterii monachi sint semper nostri memores (*h*) in orationibus suis et terram ipsam sine ulla consuetudine et servitio cum nostra et nostrorum fidelium voluntate omni tempore absque molestia secure teneant et possideant. Ut autem hoc preceptum inviolabile per longa tempora majorem semper vigorem obtineat, cum propria manu subter firmavimus et heredibus nostris et fidelibus firmandum tradidimus, precipue vero domni fratris nostri Henrici, Francorum regis, ut firmior habeatur cum regali auctoritate nomine et subscriptione corroboravimus. Precamur ergo Dominum ut si qua persona prepotens, aut ex nostra hereditate aut ex adverso veniens contra hoc scriptum surgens infringere temptaverit, quod nos fecimus pro elemosina, illi vertatur in pena, et Vulcano traditus luat semper perpetua pena dampnatus. Actum publice regnante Henrico rege anno .XIII. et Roberto duce Burgundiorum. Signum domni Roberti ducis. *S.* domnę Helię suę uxoris. *S.* Hugonis filii ejus. *S.* Henrici fratris ejus (*j*). *S.* Willelmi comitis Nivernensis. *S.* Humberti Verziacensis (*k*). *S.* Bosonis militis. *S.* Theobaldi vicecomitis. *S.* Hairardi (*l*) militis Castellone. *S.* Balduini militis. *S.* Rainaldi militis. *S.* Ingelerii militis. *S.* Rainerii prepositi Belnensis. *S.* Widonis (*m*) vicecomitis Divionis (*n*).

(*a*)Item Roberti Burgundie ducis *D*. — (*b*) meritis *Y*. — (*c*) *sic BD*, recentibus *Y*. — (*d*) dux Burgundie *Y*. — (*e*) Helya *D*. — (*f*) expetierunt *Y*. — (*g*) com *BD*. — (*h*) memores nostri *D*. — (*i*) donni *B*. — (*j*) fratris ejus Henrici *D*. — (*k*) Vergiacensis *Y*. — (*l*) Harnardi *Y*. — (*m*) Guidonis *Y*. — (*n*) Divionensis *Y*.

LVIII

Paris, octobre 1045.

Imbert, évêque de Paris, dans l'assemblée synodale tenue dans cette ville, à la requête d'Adraud, abbé du monastère de Saint-Vincent et Saint-Germain, donne à ladite abbaye l'église de Saint-Georges de Villeneuve, du consentement des archidiacres Aubert, Elisiernus et Ourry.

A. Original, K 19, n° 2°.
D, fol. 148 v° (addition du XVI° siècle).

ÉDIT. : (*a*) Dubois, *Hist. ecclesiae Parisiensis*, t. I, p. 655, d'après *D*. — ¦ (*b*) Bouillart, *Hist. de Saint-Germain-des-Prés*, pr. p. XXVII, n° XXXIV, d'après *D*. — (*c*) Lasteyrie, *Cartulaire de Paris*, p. 117, n° 91, d'après A (fragment). — (*d*) Bonnin, *Droits de Saint-Germain des Prés en Seine-et-Oise*, p. 207 (incomplet), d'après *a*.

INDIQ. : Bréquigny, *Table chronologique*, t. II, p. 34. — Tardif, *Cartons des rois*, p. 168, n° 269.

[CARTA DE ALTARE VILLE NOVAE] (a).

(Chrismon). Cum sit condecens et oportunum cunctis xpistianis populis privilegium pacis, maxime tamen hoc congruit viris ecclesiasticis, videlicet clericis et monachis qui activę vitę ad hoc bene invigilant ut contemplativae aliquando Deo propitiante inheręant. Huic vero intendere operi divini est cultus obsequii, nec privabitur a mercede qui Dei ecclesias curaverit a mundi inquietudine eripere, neque auctoritati derogatur aliquomodo ecclesiasticae, si quid in servis Dei agitur pro pacis quiete. Unde ego Imbertus, gratia Dei, non meis meritis, Parisiorum episcopus, notum esse cunctis Dei fidelibus tam futuris quam presentibus volo quia cum senodalem conventum celebraremus in sancta Parisiorum ecclesia, adiit presentiam nostram abbas monasterii martyris et levitae Vincentii necnon etiam almi presulis GERMANI, nomine Adraldus, cum ejusdem loci fratribus, humiliter obsecrans ut ei altare quod est constructum in honore sancti GEORGII martyris, in villa nostri episcopatus quae dicitur Villa Nova, perpetualiter possidendum concederemus, ad supplementum victus monachorum in eodem monasterio Xpisto servientium. Quod pietatis opus negare non bonum duximus, presertim cum id ea maxime causa expetierint, ne a successoribus nostris frequenti coemptione gravarentur vel oppressione inquietarentur. Concessimus autem praenominatae villae altare Deo et ejus martyri et levitae VINCENTIO, beato quoque presuli Germano, ad supplementum victus servorum suorum, videlicet monachorum, perpetualiter possidendum et quicquid ad ipsum aspicit praeter synodum et circadam, annuente Alberto archydiacono et Elisierno archydiacono, necnon Olrico ejusdem gradus prestantissimo viro, nostris quoque clericis et cuncta synodo, ut amodo et in perpetuum illud teneant et possideant. Ut autem hujus nostrae donationis privilegium firmum et in perpetuum stabile permaneat, manu nostra subterfirmavimus et clericis nostri firmandum tradidimus. Si quis autem, quod futurum non credo, post mortem nostram aut episcopus nostro loco succedens seu archydiaconus vel aliqua persona contra hoc scriptum surgens infringere conaverit, sciat se esse dampnandum nisi resipuerit, et ad emendationem seu satisfactionem ante corpus sancti Germani cujus dominio traditum est penitus confugerit. ACTUM PUBLICE PARISIUS CORAM SANCTA SYNODO, REGNANTE HEINRICO REGE ANNO .XV.

[Col 1] S. Imberti presulis. S. Lisierni decani et archydiaconi. S. Ulrici archydiaconi. S. Alberti archydiaconi. S. Willelmi presbiteri. S. Landrici sacerdotis. S. Huberti sacerdotis. S. Gisliberti sacerdotis. S. Rainaldi sacerdotis. S. Ewrardi sacerdotis. S. Alberti sacerdotis. [Col. 2] S. Landrici laevitę. S. Mainardi lęvitę. S. Rainaldi lęvitę. S. Odonis lęvitę. S. Huberti lęvitę. S. Landonis levitę. S. Adelelmi lęvitę. S. Drogonis lęvitę. S. Umberti lęvitę. S. Gerardi lęvitę. S. Goscelini lęvitę. [Col. 3] S. Waleranni comitis. S. Ivonis comitis. S. Willelmi comitis. S. Rodulfi comitis. S. Milonis militis. S. Heinrici militis. S. Burchardi militis. S. Hugonis Rufi. S. Beggonis militis. S. Balduini militis. S. Widonis militis. [Col. 4] S. Ursonis subdiaconi. S. Geroldi subdiaconi. S. Ivonis subdiaconi. S. Warini subdiaconi. S. Goscelini subdiaconi. S. Ivonis subdiaconi. S. Hugonis subdiaconi. S. Petri subdiaconi. S. Walterii subdiaconi. S. Fulcoii subdiaconi. S. Alberici subdiaconi. S. Warini acoliti. [Col. 5] S. Drogonis acoliti. S. Milonis acoliti. S. Walterii acoliti. S. Warini acoliti. S. Vulgrini acoliti. S. Manasse acoliti. S. Milonis militis. S. Ansoldi militis. S. Warnerii militis. S. Maingodi militis. S. Warini clerici. S. Heinrici fratris ejus. S. Drogonis militis. S. Rainardi militis. S. Avesgaudi clerici. S. Ade militis. S. Johannis militis. S. Hilduini militis. S. Fulconis militis. S. Sulpicii militis. S. Haymonis militis. S. alterius Haymonis militis.

HARDRADUS SUBSCRIPSIT CANCELLARIUS OCTOBRI MENSE.

(a) *Au dos, d'une main du* XI*ᵉ siècle.*

·LIX

Dijon, 2 février 1053.

Robert Iᵉʳ, duc de Bourgogne, avec le concours de ses fils Hugues et Henri, et à la requête de l'abbé Adraud et de divers moines de l'abbaye de Saint-Vincent et Saint-Germain, renonce aux coutumes qu'il percevait sur les domaines dudit monastère à Gilly, en particulier à ses droits de prise et d'achat de vin, à ses droits sur les forêts et les haies, exigés sous prétexte de chasse aux animaux sauvages.

B, fol. 47 v°. — D, fol. 223. — G, fol. 67.

EDIT. : (a) Duchesne, *Hist. des rois et ducs de Bourgogne*, pr. p. 9, d'après B. — (b) Duchesne, *Hist. de la maison de Vergy* pr. p. 73, d'après B. — (c) Petit, *Hist. des ducs de Bourgogne*, t. I, p. 378, n° 35, d'après ab.

INDIQ. : Bréquigny, *Table chronologique,* II, p. 68.

Privilegium Roberti ducis (a).

Omnes sanctę ęcclesię filii qui verbum Christi audiendo retinent sedulo corroborantur voce sacrata dicentis : *Estote ergo misericordes sicut et pater vester misericors est* (1). Et alibi salvator discipulis loquens ait : *Beati misericordes quoniam ipsi misericordiam consequentur* (2). Cujus adipisci pietatis portionem quisquis desiderat, operibus et ipse-pietatis quantum valet insistit. Quod licet secundum Apostolum quibuscumque impertiri conveniat, maxime tamen domesticis fidei exibendum constat. Unde ego Robertus, superni arbitri cuncta regente ac disponente potentia, post obitum patris mei Roberti regis Francorum Burgundię regnum ejus destinatione ducis auctoritate adeptus, jam supradictis Christi verbis fulgidis animatus, a domno Adroldo beati Vincentii preciosissimi levitę et martiris, et piissimi confessoris Xpisti atque pontificis Germani Parisiorum inexpugnabilis clippei abbate, necnon et a quibusdam ipsius loci monachis obnixe rogatus sum ut malas consuetudines et immissiones pessimas, que meo in tempore sunt impositę potestati predictorum sanctorum, id est in Gilliaco et appendiciis suis, propter amorem Dei et salutem animę meę finem imponerem. Ut ergo in sorte et funiculo hereditatis eorum partem habere valeamus, ego Robertus dux et duo filii mei Hugo et Henricus adquievimus eorum precibus, et pro remissione nostrorum peccaminum, remittimus eis omnes malas consuetudines, quas in supradicta potestate injuste et malo ordine videbamur accipere, videlicet captionem et emptionem vini necnon insuper et calumpniam silvarum et sepium quas vulgo dicunt hayas, quam nobis ministri nostri inferre eis umquam suggesserant ob captionem agrestium animalium, eo conditionis pacto ut ita ab hodierna die et deinceps libere liceat eis frui, scilicet usque ad viam Salinariciam, et omnibus supradictis sicut in tempore ducis Burgundię Henrici avunculi mei fecerunt. Cunctis itaque et presentibus et futuris notum sit quod, ob amorem Dei (b) piissimi conditoris, omnes malas et pessimas consuetudines et injustas calumpnias fine tenus remittimus eis, atque hujus remissionis noticiam apicum (c) memorię mandamus et manu nostra firmamus, et procerum nostrorum laude corroborari decrevimus. Quicumque has supradictas calumpnias seu injustas consuetudines a nobis remissas repetere presumpserit, apponentur plagę et maledicta

(1) Luc, VI, 36.
(2) Matth., V, 7.

ęternis cruciatibus semper fumiganda. Acta est hec cartula publice apud castrum Divionem die purificationis sanctę Marię, regnante et strenue agente in sceptris Henrico Francorum rege anno .XX°.III°., Harduino autem Lingonensium praesule anno .III. Signum Roberti Burgundię ducis. S. Hugonis filii ejus. S. Johannis de Varziaco (d) mil[itis]. S. Henrici filii ejus. S. Fulconis Bellimontis comitis. S. Widonis comitis Salcinimontis. S. Widonis divitis. S. Walterii filii ejus vicecomitis. S. Widonis, fratris ejus. S. Arnulfi militis. S. Rainaldi venatoris. S. Ulrici militis de Bellomonte. S. Sivini militis de Verzeio. S. Ottonis militis de Bessiaco. S. Hugonis filii Walonis comitis. S. Humberti militis filii Hildebranni. S. Balduini prepositi. S. Rodulfi prepositi de Arzilliaco. S. Odonis prepositi. S. Ingelerii pincernę. S. Anselmi venatoris. S. Warini ministri ejus. Ego Walo cancellarius jussu Roberti ducis hanc cartam scripsi et subscripsi.

(a) Privilegium Roberti ducis Burgundie D. — (b) Dei *exponctué* B. — (c) apiciunculis D. — (d) Narziaco D.

LX

S. d. [1028-1058].

(Acte perdu) (1).

Imbert, évêque de Paris, donne à l'abbaye de Saint-Vincent et Saint-Germain l'autel de Combs.

INDIQ. : Diplôme de Henri Ier de 1058, ci-après n° LXI.

(1) D'après le diplôme de Henri Ier, l'évêque Imbert aurait donné à l'abbaye les trois églises d'Antony, Villeneuve-Saint-Georges et Combs-la-Ville. Nous possédons les actes de concession des deux premières de ces églises, faits en assemblée synodale, comme le rappelle le précepte royal. Mais il n'y est pas question de Combs. Il y a donc lieu de supposer qu'il a existé pour cette dernière église un acte analogue. Il est très difficile de dire dans quelles conditions il a pu se produire, car le diplôme de Philippe Ier (ci-après, n° LXIV), relatif à Combs, ne fait allusion à aucune circonstance dans laquelle aurait pu intervenir l'évêque de Paris. Les dates extrêmes sont celles de l'avènement d'Imbert au siège de Paris et du diplôme d'Henri Ier qui fait connaître la charte perdue.

LXI

Paris, 20 juillet-15 août 1058 (1).

Henri Ier, à la requête d'Adraud, abbé du monastère de Saint-Vincent et Saint-Germain au faubourg de Paris, confirme la donation faite en assemblée synodale audit monastère par Imbert, évêque de Paris, des églises de Villeneuve (2), Combs (3) et Antony (4).

A. Original prétendu (copie du XIe siècle), K 19, n° 4.
B, fol. 38. — D, fol. 15 v°. — G, fol. 13 v°. — Y. Copie du XVIe s., LL. 1087, fol. 6. — Z. Copie du XVIIIe s., K 181, n° 113.

EDIT. : (a) Duchesne, *Hist. de la maison de Vergy*, pr. p. 76, d'après B. — (b) Dubois, *Hist. ecclesiae Parisiensis*, t. I, p. 656. — (c) Bouillart, *Hist. de Saint-Germain-des-Prés*, pr. p. XXVIII, n° XXXV, d'après B. — (d) *Rec. des Histor. de France*, t. XI, p. 597, n° XXIX, d'après c. — (e) Tardif, *Cartons des rois*, p. 170, n° 273, d'après A.

INDIQ. : Bréquigny, *Table chronologique*, t. II, p. 67. — Soehnée, *Catalogue des actes d'Henri Ier*, p. 114, n° 113.

[PRIVILEGIUM HENRICI REGIS DE ALTARIBUS TRIUM VILLARUM, SCILICET VILLE NOVE ET CUMBIS ET ANTONIACI] (a).

(*Chrismon*). **In nomine sanctae et individuae Trinitatis. Ego Heinricus gratia Dei Francorum rex.** ǁ ² Cum in exhibitione rerum temporalium, quas humana religio divino cultui famulando locis sanctorum et congregationibus fidelium ex devotione animi largitur, tam presentis quam perpetuę vitę solatium, ut jam pridem multis expertum est inditiis, adquiratur, saluberrimus valde et omnibus imitabilis est hic fructus primitivę virtutis, scilicet karitatis, per quem et mundi adiquiritur tranquillitas, et felici remuneratione ęterna succedit felicitas. Innotescimus ergo industrię

---

(1) Si l'indication de l'an XXVIII du règne est exacte, le diplôme est postérieur au 20 juillet 1058. Mais il est donné à la requête de l'abbé Adraud ; or, le successeur de celui-ci, Hubert, est mentionné dans un diplôme de cette même année 1058. Comme nous savons par l'Obituaire de Saint-Germain qu'Adraud mourut un 15 août (Molinier, *Obituaires de la Province de Sens*, t. I, p. 269) il faut placer cette mort au 15 août 1058 et considérer cette date comme le *terminus ad quem* pour fixer celle du présent diplôme.

(2) Cf. *supra*, n° LVIII.
(3) Cf. *supra*, n° LX.
(4) Cf. *supra*, n° LVI.

presentium et sollertię futurorum sanctę matris ęcclesiae fidelium et nostrorum, quod accesserit ad serenitatem nostri animi Adraldus, abbas monasterii sancti Vincentii et sancti Germani, in sururbio Parisiacę urbis siti, suppliciter rogans et obnixe postulans quatinus altaria trium villarum, scilicet Villę Novę et Cumbis et Antoniaci, quę sibi Imbertus Parisiacensis episcopus perpetualiter concesserat, nostra auctoritate firmaremus. Nam licet ei clericorum suorum et insuper synodali astipulatione quantum poterat corroboraverit, parva tamen sibi videbatur episcopalis et synodalis auctoritas, nisi nostra regali auctoritate et munificentia esset favendo subnixa. Jubendo ergo precipimus et precipiendo jubemus ut quod ęcclesiae synodali donatione est impensum, nostra liberalitate et precepto fiat inconvulsum. Nostri enim patris ac precessorum nostrorum auctoritas erga predictum locum tanta condescensione, in quibuscumque necesse fuit, annuit, ut nihil pene foret quod a nostra magnificentia et munificentia impetrare non posset. Nam monasticus ordo in eo loco constitutus divino cultui in tantum est mancipatus, ut potius debeat bonorum incrementis augeri quam aliquo detrimento mutilari. Et ut hujus conventionis scriptum nostrę voluntatis et precepti habeat evidens inditium, manu propria firmavimus et sigilli nostri impressione signare precipimus; et si quis hinc astipulationi occurrendo obviare presumpserit, auri libras centum fisco nostro componat, insuper et sua calumpnia irrita in perpetuum maneat. Actum Parisius civitate publice, anno incarnati Verbi millesimo quinquagesimo octavo, regni vero Henrici gloriosissimi regis .XX^{mo}.VIII^{vo}.

Balduinus cancellarius scripsit et subcripsit

(*Monogramme*)

(a) *Au dos, d'une main du* XIIe *siècle.*

LXII

Au siège de Thimert, 1058 avant le 15 août (1).

Henri Ier, à la requête d'Adraud, abbé de Saint-Vincent et Saint-Germain, concède audit monastère l'église de Saint-Martin dans le château de Dreux, avec tous les droits et revenus dépendant du domaine royal, et à laquelle il ajoute le pré dit le Pré de l'Archevêque, cette donation étant faite d'accord avec Albert, fils de Ribaud, Esnaud « de Maurivillare » et Morin

(1) Sur cette date, cf. le n° LXI.

« *de Trembleia* », *qui avaient reçu ces domaines du roi, ledit Morin devant recevoir en outre des religieux cinq sous chaque année, et ayant le droit, pour lui et ses héritiers, de prendre l'habit monastique dans l'abbaye de Saint-Germain moyennant le prix susdit.*

  B, fol. 45. — C, fol. 90. — Z. Copie du XVIIIe siècle, K 181, n° 114.

  EDIT. : (*a*) A. Duchesne, *Hist. de la maison de Vergy*, pr., p. 74, d'après B. — (*b*) Dubois, *Hist. eccles. Parisiensis*, t. I, p. 656. — (*c*) Bouillart, *Hist. de Saint-Germain-des-Prés*, pr., p. XXIX, n° XXXVI, d'après B. — (*d*) *Rec. des Hist. de France*, t. XI, p. 598, n° XXX, d'après *c*.

  INDIQ. : Bréquigny, *Table chronologique*, t. II, p. 67. — Soehnée, *Catal. des actes d'Henri Ier*, p. 115, n° 114.

PRIVILEGIUM HENRICI REGIS DE ECCLESIA BEATI MARTINI DROCENSIS CUM APPENDICIIS SUIS (*a*).

Cum in omnibus diffinitionibus, ydonea adhibenda sint testimonia, necesse est tamen ut unaqueque justa et rationabiliter diffinita ratio ita roboretur scripturarum testamentis, ne deinceps calumpniari possit ullius falsitatis figmentis. Unde ego HENRICUS, Dei gratia regia dignate sublimatus, omnibus cognitum esse volo Dei et sanctę ęcclesię fidelibus, presentibus scilicet ac futuris, precipue autem (*b*) successoribus meis, ante cujus conspectum hujus nostri decreti contigerit devenire statutum, quoniam, cum in obsidione cujusdam castri Timerias nuncupati moraremur, adierunt presentiam nostri conspectus duo fratres ex monasterio sancti Vincentii necnon sancti Germani, missu abbatis Alraldi (*c*) et omnium fratrum sub ejus regimine degentium, humiliter obsecrantes quatinus quamdam ęcclesiam perpetualiter possidendam concederemus ad supplementum victus monachorum in eodem monasterio Xpisto serventium. Est namque prefata ęcclesia in castro Drocas nuncupato, sacrata in honore sancti Martini. Quod pietatis opus negare non bonum duximus. Concessimus autem ęcclesiam predicti castri, cum omnibus consuetudinibus et justiciis illius terre, quę sub nostro dominio habebantur, Deo et sancto martiri Vincentio, beato quoque presuli Germano, ad supplementum victus servorum suorum videlicet monachorum perpetualiter possidendam, et jussimus tale scriptum regie auctoritatis fieri quatinus monachi sancti Vincentii et sancti Germani predictam ecclesiam cum omnibus consuetudinibus et justiciis illius terre quę sub nostro dominio habebantur, teneant et possideant, ammodo et in perpetuum, annuente Alberto filio Ribaldi atque Isnaldo de

Maurivillare, necnon etiam Morino de Trembleia, in quorum dominio supradicte res nostra datione hactenus manserunt, gratia sotietatis et beneficii cenobii supradictorum sanctorum, quod acceperunt ab abbate Alraldo et monachis ejusdem loci. Eo autem tempore concessit jamdictus Morinus quatinus omni anno exinde persolvant sibi .v. solidos. Quod si eidem Morino divina propitiante clementia, contemptis secularibus curis, habitum monachilem sumere libuerit aut alicui suo heredi, indulto precio suprascripto in cenobio supradictorum sanctorum sociabitur Deo servientibus. Concedimus etiam quoddam pratum quod vulgari appellatione Pratum Archiepiscopi vocitatur. Ut autem hujus nostre donationis privilegium firmum sit et in perpetuum stabile permaneat, manu nostra subter firmavimus et amicis nostris firmandum tradidimus. Si quis autem contra hec surgens infringere conatus fuerit, cum Juda traditore eterna dampnetur ultione. Actum publice in obsidione castri quod vocatur Timerias, regnante Henrico anno .XX°.VIIII°. regni ejus. S. Henrici regis. S. Imberti presulis. S. Ade...... presulis. S. Mainardi presulis. S. Fulconis presulis. S. Teobaudi comitis. S. Radulfi comitis. S. Rotroldi comitis. S. Willelmi comitis. S. Galerani comitis. S. Ingenulfi pincerne. S. Alberti filii Ribaldi. S. Gasthonis militis. S. Isnardi militis. S. Fulconis prepositi. S. Roberti Rufi. S. Symonis de Monteforti. S. Hugonis Bardulfi. S. Willelmi militis de Gometis. S. Goffredi militis de Neella. S. Raimberti militis. Nomina monachorum : Radulfus, Norbertus, Ansculfus. Testes eorum : Fromundus Parisiacensis, Drogo Cornutus, Henricus de Monte, Genselinus, Constantinus servientes. Ego Balduinus cancellarius manu propria subscripsi, agente anno dominice incarnationis .M°.L°.VIII°.

(a) *Une main du* XVI*e siècle a ajouté dans le P initial de ce titre, dans B, la note suivante* : caremus originali. — (b) autem *en interligne B*. — (c) Albaldi *D*. — (e) Theobaudi *D*.

LXIII

Paris, 1058 après le 15 août (1).

*Henri I*er*, à la requête d'Hubert, abbé du monastère de Saint-Vincent et Saint-Germain au faubourg de Paris, confirme le privilège accordé par Charlemagne* (2) *aux hommes dudit*

(1) Sur cette date, cf. *supra*, n° LXI.
(2) Cf *supra*, n° XVII.

monastère de pouvoir porter témoignage en justice contre les hommes libres.

A. Original scellé, K 19 n° 5.

EDIT. : (*a*) Tardif, *Cartons des rois*, p. 170. n° 274, d'après *A*.
— (*b*) Lasteyrie, *Cartulaire de Paris*, p. 121, n° 95, d'après *A*.

INDIQ. : *Musée des archives nationales*, p. 66, n° 100. — Soehnée, *Catalogue des actes d'Henri I*, p. 114, n° 112.

FAC-SIM. : Mabillon, *De re diplomatica*, p. 423 (partiel).

[PRIVILEGIUM HENRICI REGIS DE LIBERTATE HOMINUM DE CAPITE TERRE ECCLESIE SANCTI GERMANI QUOD NON POSSUNT REPROBARI IN PLACITO (*a*).]

(*Chrismon.*) In nomine Dei summi. Ego Henricus divina dignatione Francorum rex. Quoniam par conditio et eadem professio ||² cultus indissimilis aequales facit homines, nec in mundi prima dispositione alter alteri preponitur et non homo homini sed animantibus et bestiis terre preesse preponitur, unde et auctore Deo et primordio inspecto et natura considerata nullus degener extat, attendentes etiam quod ad aecclesiam Dei tuendam et malignorum nequitiam propulsandam et jura conservanda majorem inter homines locum tenemus et regis nomine censemur, perspicientes insuper quod hii qui sunt homines aecclesiarum de capite suo et monasteriorum, si in fide nobiscum participantur, non sunt ancille filii sed libere, qua libertate Xpistus nos liberavit, unde et ipsius aecclesie et fidei intuitu tenemur eis et honorem deferre et manum nostri levaminis in his in quibus adgravantur porrigere, notum facimus cunctis presentibus pariter et futuris quod, ad petitionem venerabilis viri Huberti, abbatis monasterii Sancti Vincentii et sancti presulis Germani, in suburbio Parisiacense, inspecto privilegio Karoli magni, quod subjuncta continere videbatur, inspitientes quo modo prefatum monasterium ad nostrum spectat et pertinet imperium, homines jam dicte ecclesie, auctoritate regia, in omnibus honestamus, quatinus, in quibuslibet causis, placitis et querelis contra liberos, ut testes legitimi testimonium exaltati a modo et in sempiternum proferant, nullumque dampnum patiantur aut repulsum, sed probationes eorum aut liberi suscipiant, aut contradicendo falsificent. Si quis autem huic nostre astipulationi occurrendo obviare presumpserit, primo causam de qua agit imperpetuum amittat, deinde auri libras centum fisco nostro componat. Ut hoc autem scriptum nostre voluntatis et precepti habeat evidens inditium, manu propria firmavimus, et sigilli nostri impressione et nominis nostri karactere firmare et signare precepimus, attestantibus hiis quorum subjuncta sunt nomina et signa.

S. Imberti Par[isiensis] episcopi. S. Guidonis Silvanectensis episcopi. S. Radulfi comitis. S. Rotroldi comitis. S. Galeranni comitis. S. Ingenulfi pincerne.

Balduinus cancellarius (*Monogramme*) scripsit et subscripsit.
(*Sceau plaqué*).

Actum Parisius, anno incarnati verbi .M°.C°.VIIII^{vo}., regni vero Henrici gloriosissimi regis .XX°.VIII°.

(*a*) *Au dos, d'une main du* XIIe *siècle.*

LXIV

1061, avant le 4 août.

Philippe Ier donne au monastère de Saint-Vincent et Saint-Germain au faubourg de Paris la villa de Bagneux en échange de celle de Combs en Brie, jadis donnée audit monastère par le roi Dagobert, puis soustraite par le duc Hugues le Grand et donnée par lui en bénéfice à Hilduin, comte de Montdidier, conservée par les rois Hugues et Robert, restituée par ce dernier, reprise par le roi Henri et donnée par Philippe en bénéfice au comte Eudes, sous la réserve qu'à la mort dudit comte la villa de Combs fera retour au monastère, et celle de Bagneux au domaine royal.

A. Original scellé, K 20, n° 2.
B, fol. 40. — C, fol. 11 v° et 16 v°. — G, fol. 14 v°. — *N1*, fol. 25 v°. — *N2*, fol. 66. — *N3*, fol. 66 v°. — *N4*, fol. 97 v°. — *N5*, fol. 104 v°. — *N6*, fol. 110. — *N7*, fol. 93. — *N8*, fol. 66. — Z. Copie du XVIIIe siècle, K 181, n° 115.

Edit. : (*a*) Galland, *Du franc-aleu*, p. 286, d'après l'un des cartulaires. — (*b*) E. Girard, *Troisiesme livre des offices de France*, p. 1795, d'après *a*. — (*c*) Labbe, *Alliance chronologique*, t. II (*Eloges historiques des rois de France*), p. 579, moins le préambule. — (*d*) Dubois, *Hist. ecclesiae Parisiensis*, p. 717. — (*e*) Bouillart, *Histoire de Saint-Germain*, pr., p. XXIX, n° XXXVII, d'après l'un des cartulaires. — (*f*) Sauval, *Antiquités de Paris*, t. III, pr., p. 2. — (*g*) *Gallia christiana*, t. VII, instr., col. 33, n° XXXIX. — (*h*) Duvivier,

Recherches sur le Hainaut ancien, p. 398, n° XLIX *bis*, d'après *e*. — (*i*) Tardif, *Cartons des rois*, p. 175, n° 284, d'après *A*. — (*k*) Prou, *Recueil des actes de Philippe I*, p. 38, n° XIII, d'après *A*.

INDIQ. : Bréquigny, *Table chronologique*, t. II, p. 82. — Wauters, *Table chronologique des chartes relatives à l'histoire de Belgique*, t. I, p. 674.

[PRECEPTUM FIRMATUM A DONNO PHYLIPPO REGE, DE VILLA BANNIOLIS QUAM DEDIT SANCTO VINCENTIO ET SANCTO GERMANO CUM OMNIBUS APPENDITIIS ET CONSUETUDINIBUS QUAS PATER EJUS HENRICUS REX ET IPSE IN EADEM VILLA HABUERANT, PRO COMMUTATIONE VILLE CUMBIS QUAM REDDIDERAT ODONI COMITI DE DONNO MARTINO TEMPORE DON[N]I ROBERTI ABBATIS] (*a*).

(*Chrismon*). **In nomine sancte et individue Trinitatis. Ego Philyppus, gratia [Dei]** (*b*) **Francorum rex. [Cum in] exhibitione tem[poralium rerum]**, ||² quas humana religio divino cultui famulando locis [sanctorum] et congregationibus f[idelium ex devot]ione animi largitur, tam presentis quam perpetuę [vite solatium adquiratur], saluberrimus valde et omnibus imitabilis es[t] hic fructus primitivę virtutis, scilicet caritatis, per quem et mundi prosperatur tranquillitas et felici remuneratione [e]ter[na succedit] felicitas. Innotescat ergo sollertię omnium sanctę matris ęcclesię fidelium et nostrorum quod Dagobertus, olim rex Francorum, inter alia pietatis opera q[uę gessit, maxi]me ecc[lesiarum] Xpisti cultor devotissimus extitit, nam quasdam a fundamentis ędificavit, ut [ęc]clesiam sancti martyris Dyonisii, basilicam quoque sancti Martini Turonensis regali munificen[tia] amplificavit aliasque quamplures, inter quas ęcclesiam sancti VINCENTII et sancti GERMANI in suburbio Parisiacę urbis sitam, suis temporibus ditare cupiens, ut dignum erat regali majestati, plurima predia ipsi loco tribuit : inter quę omnia etiam quandam villam sui juris, nuncupatam Cumbis, affluentissimis reditibus copiosam, in Briacensi territorio sitam, ibi delegavit. Quę, ut diximus, ita copiosis exuberabat reditibus ut olim, Danorum scilicet temporibus, asilum foret monachis pręfatę ęcclesię; ibi namque, ingruente persecutione prefatę gentis, monachi cum corpore almi GERMANI non semel sed bis et ter confugerunt. Hanc igitur villam dum per succedentium temporum curricula jam dicta ęcclesia absque aliqua inquietudine retineret, accidit tempore Hugonis ducis, qui Magnus cognominabatur, ut ipse dux, sicut alias ęcclesias attenuaverat multis prediis, ita quoque hanc ecclesiam mutilaret ablatione multarum possessionum. Unde inter alia prefatam villam, Cumbis coenobio sancti VINCENTII et sancti GERMANI detraxit eamque dedit in beneficio cuidam Hilduino nomine, comiti de Monte qui vocatur Desiderius. Qui cum diuturno tempore vivens vita decessisset, iterum Hugo dux, qui eam ecclesię sanctorum injuste abstulerat in proprios usus illam sibi vendicavit, et post ejus obitum Hugo rex, filius ejus, dum advixit, similiter eam tenuit. Domnus quoque Rotbertus rex, filius ejus, post illius mortem, jam dictam villam aliquanto tempore in suo dominio habuit. Cujus temporibus, domni scilicet Rotberti regis, et matris ejus, Adelaidis, accidit ut ipse domnus rex daret in matrimonio sororem suam Rainerio comiti Montensium. Causa igitur sororis dedit ipsi comiti quasdam villas sancti VINCENTII et sancti GERMANI super Mosam positas, videlicet Cuvinum, Fraxinum, Nimam, Evam, Bens, pro quarum commutatione reddidit monasterio predictorum sanctorum villam sępius nominatam Cumbis, quam, sicut prelibavimus, a Dagoberto rege ipsa ęcclesia acceperat et longo tempore tenuerat. Igitur ea tempestate qua Robertus rex a seculo migravit, dum ei successisset in regno pie memorie domnus Henricus rex, filius ejus, et multis bellorum turbinibus regnum ejus ab Odone comite et aliis quampluribus inquietaretur, ratus Manasses nepos supradicti Hilduini comitis invenisse se tempus et occasionem recuperandi villam quam suus avunculus Hilduinus tenuerat, adiit domnum regem Henricum, inquietans eum sępius pro ejusdem ville repetitione. Qui veritus ne ab ejus fidelitate una cum aliis discederet, coactus ei reddidit predium Cumbis, quam avunculus patris ejus, Hilduinus scilicet, temerario ausu, sicut jam diximus, usurpaverat. Sed cum idem Manasses post triennium fere vita discessisset, iterum clementissimus rex, domnus videlicet Henricus, eandem villam Cumbis loco sanctorum restituit, quam hactenus absque aliqua inquietudine ipse locus tenuit. Domno vero Henrico rege obeunte, dum ego Philippus, filius ejus, admodum parvulus, regnum una cum matre suscepissem, plurimi ex proceribus nostris, in quorum tutela et nos et regnum nostrum esse decebat, coeperunt insistere plura a nobis exigentes, incertum est quę juste vel quę injuste : illis autem visum est omnia juste ; pater meus tamen hęc omnia tenuerat pacifice ; inter quos Odo comes, filius prefati Manassetis, villam totiens dictam Cumbis exigebat, dicens eam sibi deberi hereditario jure, eo quod avunculus patris ejus, Hilduinus scilicet, temerario ausu, sicut jam diximus, ipsam villam usurpaverat. At nos, nolentes homines nostro palatio contiguos et lateri quodammodo adherentes perturbare, coacti ei reddidimus villam Cumbis quam repetebat. Sed ne verteretur nobis in infortunium istud delictum, scilicet quod a loco sanctorum auferebamus hoc predium quamvis coacti, pro salute piissimi genitoris et nostra, matris etiam nostrę, pro commutatione hujus villę Cumbis videlicet, donavimus coenobio sancti VINCENTII et sancti GERMANI quandam villam nostri juris nuncupatam Banniolis, sitam prope moenia Parisiacę urbis cum omnibus reditibus et consuetudinibus, sicut pater meus jure quieto tenuerat, necnon cum omnibus appenditiis suis, ea tamen conditione interposita ut dum predictus Odo comes vita decesserit vel si interim qualibet justa occasione ipsam villam Cumbis amiserit, ad dominium sanctorum redeat unde ad presens aufertur, et nostra possessio absque ulla calumpnia ad nostrum jus redeat. Hujus scripti et conventionis astipulationem et corroborationem nostra auctoritate et sigilli nostri impressione firmamus et corroboramus, quatinus ea quę premissa sunt et ea quę posterius inferenda sunt stabiliantur et in posterum inconvulsa habeantur (a).

ACTUM A PHYLIPPO REGE ANNO INCARNATI VERBI MILLESIMO SEXAGESIMO PRIMO, REGNI VERO EJUS PRIMO.

(*Monogramme*).

(*Sceau plaqué*) (1).

Ego Balduinus cancellarius scripto subscripsi.

(*a*) *Au dos, d'une main du* XIIe *siècle*. — (*b*) *Les mots entre crochets ont été restitués à l'aide des copies.*

LXV

Paris, 1070, avant le 23 mai (2).

Geoffroi, évêque de Paris, cède à l'abbaye de Saint-Vincent et Saint-Germain, et à l'abbé Robert, du consentement de l'archidiacre Josseaume et du clergé de l'église de Paris, deux autels sis à Suresnes et à Avrainville, en échange de la moitié du domaine de Garches et d'un moulin sur la Sèvre, ladite cession étant confirmée par la souscription du roi Philippe Ier.

A. Original, S 2913, n° 25.
V. Copie du XVIe siècle, S 2913, n° 23, d'après A. — W. Copie de 1648, ibid., n° 24, d'après V. — X, copie de 1654, ibid.,

(1) Le sceau est du type décrit par Prou, *Actes de Philippe Ier*, p. CXXVII (n° 1) et p. 41.
(2) Sur la date, cf. Prou, *Actes de Philippe Ier*, p. 130, n. 1.

n° 26 bis. — *Y*. Copie du xviii° s.; LL 1041, fol. 1 v°. — *Z*. Copie du xviii° s., LL 1044, fol. 1, tous deux d'après *V*.

ÉDIT. : (*a*) Bouillart, *Hist. de Saint-Germain des Prés*, pr. XXXI, n° XXXVIII, d'après une copie. — (*b*) Bonnin, *Droits de Saint-Germain des Prés en Seine-et-Oise*, p. 209 (incomplet), d'après *a*. — (*c*) Prou, *Recueil des actes de Philippe I*", p. 130, n° XLVIII, d'après *A* et *V*.

INDIQ. : Bréquigny, *Table chronologique*, t. 11, p. 119.

Cunctis sanctae ae[cclesiae rectori]bus (*a*) [non solum satagendum et maxime est procurandum] ||² ne detrimentum patiantur commissarum sibi animarum, verum etiam ne ecclesiasticarum rerum incurrant aliquo modo dispendium. [Iccirco] in nomine sanctae et [individuae] Trinitatis, ego Gosfridus, gratia Dei Parisio[rum] presul, notifico cunctis Xpisti fidelibus quod affectuosis precibus, postulante domno religiosissimo [Rotberto, cenobii] sancti levite et martyris Vincentii necnon almi confessoris Xpisti Germani abbate, annuente hoc idem etiam Joscelmo, nostro videlicet archydiacono, quin etiam assensum [dante] clero nostro et reliquo coetu [nostrorum fidelium], contulimus ecclesiae sanctorum predictorum videlicet pretiosi VINCENTII martyris necnon confessoris Xpisti GERMANI, Parisiorum tutoris, ac fratribus ibidem Deo famulantibus duo altaria in perpetuum possidenda et habenda, utque [ab hac die] nulli aut episcopo vel archydiacono aliqua occasione sint dedita, aut ullius consuetudinis redibitione sint obnoxia, exceptis circadis et [synodis] et hiis que ad curam animarum pertinent, precepti assertione manu propria firmavimus fidelibusque [nostris astipulantibus] corroborare decrevimus. Est autem alterum eorum situm in quadam possessione que Surisnis dicitur, alterum vero in quodam item predio quod Evrinivilla nuncupatur. Prefatus vero abbas cum consensu omnium fratrum, annuente etiam hoc idem domino nostro PHYLIPPO rege, mutua vicissitudine contulit nobis sancteque Parisiacensi ecclesie hec ex rebus coenobii predictorum sanctorum, medietatem videlicet cujusdam possessiuncule que dicitur Garziacus necnon quoddam molendinum in fluviolo quod nuncupatur Savara situm. Verum [ut per] cuncta succedentia tempora hec commutatio fieret rata utrique adinvicem scripto firmavimus et in presentia donni regis Phylippi ac nobilium virorum tam clericorum quam laicorum omnimodis corroboravimus. **Actum Parisius, anno Verbi incarnati .M.LXX., regnante Phylippo rege anno [.XI.]**

S. Manasse Remensis [archipresulis. *S*. Gualterii Meldensis presulis. *S*. Rogerii Catalaunensium presulis].

S. Odonis decani. *S*. Drog[onis archydiaconi.] *S*. Ivonis [archy-

diaconi. S. Landonis. S. Ursonis.] S. Petri. S. Odonis. S. Fulcoii. S. Orrici. [S. Arnulfi.] S. Rodulfi. S. Guarnerii. S. Gualterii. S. Drogonis. [S. Erminterii. S. Guarini]. S. Anscherii. S. [Roberti]. S. Gisleberti. [S. Girardi.]
S. DOMNI ✝ PHYLIPPI REGIS. Testes [nostri : ...]bertus (*b*), Henricus, Elisiernus, Odo ma... (*c*) Testes monachorum : Guinerandus, Joscera[nnus], Hildebertus, Hugo, [Gislebertus, Robertus].

Ivo comes. Albericus, frater ejus. Guarinus cognomine Ridellus. Tetbaldus de Monte Maurentio. Guarnerius. Petrus, filius ejus. Hugo de Pusatio. Hugo dapifer episcopi. Balduinus, dapifer regis. Hugo, frater archipresulis Remensium.
Ego Milo cancellarius relegi et subscripsi.

CYROGRAPHVM (*d*).

(*a*) *L'original est détérioré et presque illisible ; les passages entre crochets ont été restitués d'après V et la charte suivante.* — (*b*) *vir beatus* V. — (*c*) Odo mariml V. — (*d*) *Partie supérieure des lettres du mot ; la partie inférieure se trouve en haut de la charte suivante, n*° LXVI, *détachée de celle-ci.*

LXVI

Paris, 1070, avant le 23 mai (1).

*Robert, abbé du monastère de Saint-Vincent et Saint-Germain, cède à l'église de Paris et à l'abbé Geoffroi, la moitié du domaine de Garches et un moulin sur la Sèvre, en échange de deux autels sis l'un à Suresnes et l'autre à Avrainville, ladite cession étant confirmée par la souscription du roi Philippe I*ᵉʳ.

A. Original, K. 20, n° 5².
Y. Copie du XII° siècle dans le *Livre noir* de l'église de Paris, LL. 78, p. 140. — Z. Copie du XIII° siècle, dans le *Petit pastoral* de la même église, LL 77, p. 224 (partielle).

EDIT. : (*a*) Guérard, *Cartulaire de Notre-Dame de Paris*, t. I, p. 56, n° L, d'après Y. — (*b*) Prou, *Recueil des actes de Philippe I*ᵉʳ, p. 132, n° XLIX, d'après A.

CYROGRAPHVM (*a*).

Cunctis (*b*) sanctae aecclesiae rectoribus non solum satagen-

(1) La date est la même que celle du numéro précédent.

dum et maxime est procurandum ‖² ne detrimentum patiantur commissarum sibi animarum, verum etiam ne ęcclesiasticarum rerum incurrant aliquo modo dispendium. Iccirco in nomine sanctę et individuę Trinitatis, ego Rotbertus, abbas coęnobii sancti levitę et martyris VINCENTII necnon almi confessoris Xpisti GERMANI, Parisiorum tutoris, notifico cuncto coetui Xpisti fidelium quod pro coemptione vel potius commutatione duorum altarium damus venerabili Parisiorum pontifici, domno videlicet Gosfrido, hęc ex rebus nostrę ęcclesię, medietatem scilicet cujusdam nostrę possessiunculę quę Garziacus dicitur necnon quoddam molendinum in fluviolo Savara nuncupato situm, sibi ac sanctae Parisiacensi ęcclesię in perpetuum concedimus habere et possidere. Isdem vero domnus episcopus, pro hoc supradicto commertio, dat ęcclesię sancti martyris VINCENTII almique GERMANI, Xpisti confessoris, ut jam dictum est, duo altaria perpetim possidenda et habenda, annuente hoc idem Joscelmo archydiacono et cuncto senatu clericorum, ita videlicet ut ab hac die et deinceps nulli aut episcopo vel archydiacono aliqua occasione sint dedita aut ullius consuetudinis redibitione sint obnoxia, exceptis circadis et synodis, necnon et his quę ad animarum curam pertinent. Quorum alterum situm est in quadam nostra possessione quę Surisnis dicitur, alterum quoque in quodam nostro [item] predio quod Evrinivilla nuncupatur. Verum ut per cuncta succedentium temporum curricula hęc commutatio fieret rata, annuente domino nostro PHYLIPPO rege ac manu propria hanc conscriptionis cartulam firmante in conventu nobilium tam clericorum quam laicorum, a fratribus nostris unaque a nobis demum est stabilitum ac corroboratum.

Actum Parisius, anno Verbi incarnati .M.LXX., regnante Phylippo rege anno .XI.

S. Manasse Remensis archipresulis. S. Gualterii Meldensis episcopi. S. Rogerii, Catalaunensis presulis.

S. Alberici monachi (d). S. Gualterii monachi. S. Girardi monachi. S. Ebroini monachi. S. Baldrici monachi. S. Gualterii monachi. S. Rotberti monachi. S. Ademari monachi. S. Ivonis monachi.

S. Rodulfi monachi. S. Guillelmi monachi. S. Amalberti monachi. S. Durandi monachi. S. Odonis monachi. S. Hugonis monachi. S. Leutfredi monachi. S. alterius Odonis monachi. S. Godefredi monachi.

S. DOMNI PHY † LIPRI (d) REGIS. S. Alfredi monachi. S. Vulfranni monachi. S. Hermandi monachi. S. Nivilonis monachi.

S. Adroldi monachi. S. Osberni monachi. S. Gualterii monachi. S. Odonis monachi. S. Johannis monachi. S. Otgerii monachi. S. Ivonis archydiaconi. S. Fulcoii clerici. S. Rodulfi clerici. S. Orrici clerici. S. Henrici clerici. S. Isembardi clerici. S. Gualterii clerici. Laici : S. Eustachii. S. Hermeri. S. Henrici. S. Odonis. S. Amalfridi. S. Lanberti. S. Gosfridi. S. Anselli. S. Girelmi. Nostri laici : Josceranni. S. Tetbaldi. S. Guineranni. S. Heldeberti. S. Arnulfi.

Ivo comes. Albericus, frater ejus. Guarinus cognomine Ridellus. Tetbaldus de Monte Maurentio. Guarnerius, Petrus filius ejus. Hugo de Pusatio. Hugo, dapifer episcopi. Balduinus, dapifer regis. Hugo, frater archipresulis Remensium.

Ego Gislemarus cancellarius scripsi et subscripsi.

(a) *Partie inférieure du mot.* — (b) *L'écriture de cette charte est de la même main que la précédente, n° LXV.* — (c) *Les mots* monachi *et* clerici *sont écrits en caractères plus petits au-dessus des noms propres dont ils sont les qualificatifs.* — (d) *Corr.* Phylippi.

LXVII

Etampes, 1073.

Philippe Ier, à la requête de Pierre, abbé du monastère de Saint-Vincent et Saint-Germain au faubourg de Paris, renonce aux droits de voirie et autres coutumes qu'il percevait sur la terre de ladite abbaye sise près d'Etampes.

B, fol. 39 et 44 v° (B'). — D, fol. 15 v°. — G, fol. 14. — Y. Copie du XVIII° s., LL 1044, fol. 2. — Z. Copie du XVIII° s., K 181, n° 116.

EDIT. : (a) Bouillart, *Hist. de Saint-Germain-des-Prés*, pr., p. XXXI, n° XXXIX, d'après D. — (b) Bonnin, *Droits de Saint-Germain des Prés en Seine-et-Oise*, p. 211, d'après a. — (c) Prou, *Recueil des actes de Philippe Ier*, p. 169, n° LXIV, d'après BDG.

INDIQ. : Bréquigny, *Table chronologique*, t. II, p. 133.

PRIVILEGIUM PHILIPPI REGIS FRANCORUM (a).

In nomine sanctę et individuę Trinitatis. Philippus gratia Dei (b) rex Francorum (c). Quamvis diversis hujus seculi importunisque curis assiduę occupemur, tamen gratia ęternę vitę religiosorum virorum accommodare (d) justis precibus aurem debemus. Unde innotescat sollertię cunctorum Xpisti nostrorumque fidelium quod venerabilis Petrus, abbas cenobii sancti Vincentii sanctique Germani, quod adjacet in suburbio Parisiace urbis, cunctique fratres sub eo degentes nostram adierunt mansuetudinem, obnixe flagitantes quatinus Dei sanctorumque predictorum amore quandam sibi remitteremus vicariam quam habebamus in quadam que olim fuerat villula ipsorum, nunc vero occasione vicarie et nostrorum inquietudine ministrorum absque habitatoribus vacua erat terra. Est autem ipsa terra juxta castrum quod vocatur Stampis sita. Nos igitur eorum peticionibus assensum prebentes, eis tam ipsam vicariam quam alias injustas vel quaslibet quas ibi nostrates accipiebant ab hac die in perpetuum remittimus consuetudines. Et ne deinceps a quolibet nostrorum hęc nostra repetatur relaxatio, hoc scripto interdicimus quod manu nostra subterfirmavimus et fidelibus nostris firmandam tradidimus. Quod si quis violaverit, in primis iram Dei incurrat et reum se majestati (e) nostrę esse sciat. Insuper etiam .x. auri libras fisco nostro persolvat. Actum Stampis castro publice. regnante Philippo rege anno .xiiii. (f), indictione. xi. S. Philippi regis. S. Ivonis cubicularii. S. Gualonis (g) ejus nepotis (h). S. Adam de Moreto. S. Odonis filii Odonis de Petraficta. S. Haganonis decani (i). S. Hugonis filii Adam (j). S. Gisleberti de Firmitate (k). S. Ingelranni. S. Herdeberti (l).

(a) Francorum om. D. — (b) Dei gratia B'. — (c) Francorum rex D. — (d) accummodare D. — (e) majestatis B'. — (f) Galonis B'. — (g) ejus nepotis om. B'. — (h) L'ordre des deux souscriptions est interverti dans B'; Ade B'. — (i) Les mots decani, filii Adam, de Firmitate, sont en interligne dans B. — (j) Gilleberti D. — (k) Hildeberti B'.

LXVIII

1077.

Accord conclu entre Hugues, abbé de Saint-Germain des Prés et Hubert, abbé de Coulombs, relativement à la dîme du lieu dit Paradis, qui faisait l'objet de contestations entre les prieurés de Saint-Martin de Dreux et de Saint-Remi sur Avre, et dont les deux parties devront à l'avenir percevoir chacune la moitié.

C, fol. 37 v°. — D, fol. 90 v°.

SUPER DECIMA SANCTI MARTINI DROCENSIS ISTA LITTERA FIT (a).

Constat ecclesiarum conventiones ideo litteris annotari ne vel in posterum a memoria deleantur vel a modernis per oblivionem aut per aliquam calumpniam amittantur. Eapropter presenti scripto presentibus et futuris notificamus quod ego Hugo, Dei gratia sancti Germani Parisiensis abbas, et ego Hubertus, itidem Columbensis abbas, pacem fecimus super controversia decime territorii cujusdam quod Paradysus nuncupatur. Que scilicet controversia inter monachos nostros, sancti videlicet Martini Drocensis et sancti Remigii super Arvam priores, sepe et multum agitata fuerat nec tamen huc usque terminata. Fecimus autem eam conditione tali quod prior sancti Martini Drocensis unam predicte decime medietatem habebit, prior vero sancti Remigii alteram ejusdem decime medietatem possidebit. Hec pacis compositio ut rata perseveret, anno verbi incarnati. M°.LXX°.VII°. priore sancti Martini Drocensis Eremberto mediante a nobis concessa, facta, presenti cyrographo confirmata est et nostris sigillis munita.

(a) Ista littera fit *om. D.*

LXIX

Poissy, 6 janvier 1082.

Philippe Ier, à la requête d'Isembard, abbé de Saint-Germain, confirme l'abandon fait à la suite d'un jugement de la cour du roi par le chevalier Hugues Estevel et sa femme des droits d'avouerie qu'ils prétendaient exercer sur la terre dudit monastère de Saint-Germain à Dammartin.

 A. Original scellé, K 20, n° 6.
 B, fol. 39 v°. — D, fol. 15 v°. — G, fol. 14. — Y. Copie de 1522, K 20, n° 6 bis. — Z. Copie du XVIIIe s., K 181, n° 117.

 EDIT. : (a) Bouillart, *Hist. de Saint-Germain-des-Prés*, pr. p. XXXII, n° XL, d'après un cartulaire. — (b) Dubois, *Hist. eccles. Parisiensis*, t. I, p. 719, d'après B ou D (fragment). — (c) Tardif, *Cartons des rois*, p. 187, n° 298, d'après A. — (d) Bonnin, *Droits de Saint-Germain-des-Prés en Seine-et-Oise*, p. 213, d'après a. — (e) Prou, *Actes de Philippe Ier*, p. 270, n° CVI, d'après A.

 INDIQ. : Bréquigny, *Table chronologique*, t. II, p. 201, à 1083. — *Musée des Archives nationales*, p. 72, n° 112, avec fac-similé partiel des souscriptions.

In nomine regis aeterni [Phylippus dei gratia Francorum rex] || ² Regali excellentie procurandum est ac satagendum ut jura ecclesiastica que male ab iniquis [implicita] sunt vel usurpata, sua auctoritate restituat absoluta et libera; regia siquidem potestas ecclesię bona debet tuendo servare et servando tueri, quoniam non est expers remuneratio devote tuentis a fructibus superni largitoris. Unde significamus noticię tam presentium quam futurorum, videlicet fidelium nostrorum quod, cum die epyphaniorum resideremus Pissiacensis castri palatio, una cum proceribus nostris, advenit abbas coenobii sancti Germani, Isembardus nomine, una cum quibusdam fratrum predicti loci, conquerens de quodam nostro milite, Hugone nomine, agnomento Stavello, ejusque conjuge qui quandam advocationem proclamabant in quadam possessione sancti Germani, quę nuncupatur Domnus Martinus, et in villulis ad ipsam possessionem pertinentibus; quam etiam advocationem dederant cuidam militi, nomine Henrico, et hac causa eadem possessio pene ad nihilum redacta fuerat. Qui videlicet Hugo ante nostram cum sua conjuge evocatus presentiam jusque suum quod putabat in ipsa advocatione habere ex parte scilicet sue uxoris prosequens, juditio nostro ac procerum nostrorum sibi refragante, quod injuste usurpaverat, annuens juditio nostrę curię, dimisit, et quod deinceps nec ipse, vel uxor sua, vel quilibet heredum suorum, in predicta possessione Domni videlicet Martini vel in villulis ad ipsam possessionem pertinentibus reclamarent quicquam promisit. Quam ejus vel uxoris seu suorum ex hac advocatione dimissionem, orante predicto abbate, una cum monachis, privilegio nostrę auctoritatis seu nostrę majestatis sigillo firmavimus, coram nostris infrascriptis proceribus. Si quis vero, quod minime credimus, hoc violare vel contradicere presumpserit, eliminatus a consortio omnium Christi fidelium, cum Dathan et Abiron ac Juda traditore igni perpetuo tradatur, insuperque fisco nostro trecentas auri libras persolvere cogatur, et quod repetit minime assequatur.

[Col. 1] Signum Phylippi regis Francorum † (b). Signum Richerii Senonensium archipresulis †. Signum Gausfredi Parisiorum presulis †. Signum Ursonis Silvanectensium episcopi. Signum Gualterii Meldensium episcopi. Signum Hugonis Crispeii comitis (*Monogramme*). Signum Rotberti Mellensium comitis. Signum Odonis Campanię comitis. Signum Guarini Ridelli (c) militis. Signum Symonis de Neelfio (d) militis. Signum Amalrici de Ponte Isare militis. Signum Rotberti de Castello militis. [Col. 2] Signum Herberti militis. Signum Gualterii Postelli. Signum Azonis cubicularii. Signum Hugonis filii Giraldi (e) militis. Signum

Rogerii fratris ejus (*f*) militis. Signum Gausfredi Ridelli (*g*) militis. Signum Gosmari cubicularii.

(*Sceau plaqué*) (1).

Actum Pissiaco castro, anno verbi incarnati millesimo L. XXX^{mo} **.II., regnante Phylippo rege anno .XXIII.**

Gislebertus clericus nutu Gausfredi Parisiorum episcopi necnon etiam cancellarii subscripsit.

Data mense januario, die sexto, indictione quinta.

(*a*) *Les deux premières lignes sont en partie déchirées ou endommagées par l'humidité.* — (*b*) *Les croix semblent autographes.* — (*c*) Ridelli *en interligne.* — (*d*) de Neelfio *en interligne.* — (*e*) filii Giraldi *en interligne.* — (*f*) fratris ejus *en interligne.* — (*g*) Ridelli *en interligne.*

LXX

1096.

Hugues, évêque de Soissons, à la requête du roi Philippe, d'Isembard, abbé de Saint-Germain de Paris, du comte Etienne et de sa femme Adèle, et avec le consentement de son chapitre, concède audit monastère de Saint-Germain l'église de Nogent sur la Marne, sous condition d'un cens de cinq sous à payer chaque année à l'église de Soissons à la fête de saint Mathieu (2).

A. Original scellé, K 20, n° 6¹⁰.
B, fol. 64. — D, fol. 240. — Z. Copie de 1488, L 781, n° 5.

EDIT. : (*a*) Bouillart, *Hist. de Saint-Germain-des-Prés*, pr., p. XXXII, n° XLI, d'après *B*. — (*b*) *Gallia Christiana*, t. X, instr. col. 104, n° XIII, d'après *A*.

INDIQ. : Bréquigny, *Table chronologique*, t. II, p. 288. — Tardif, *Cartons des rois*, p. 192, n° 313.

[PRO ECCLESIA DE NOGENTO] (*a*).

In nomine patris et filii et spiritus sancti. Sapientum hoc consi-||² lio in consuetudinem venisse dinoscitur ut quecumque decer-

(1) Le sceau est décrit par Prou, *Actes de Philippe I*^{er}, p. 257.
(2) C'est-à-dire le 21 septembre.

nendo firmam vellent obtinere stabilitatem, ea litterarum et sigilli corroborata officio posterorum noticię relinquerent. Hoc eodem igitur ductus consilio ego Hugo, Dei gratia Suessorum episcopus, hujus decreti nostri rationem hoc modo volumus in futurorum cognitionem pervenire. Rogatus enim aliquando, immo multis precibus obsecratus a domino nostro rege Philippo atque a donno Isembardo, sancti Germani Parisiensis venerabili abbate, precibus quoque Stephani comitis et uxoris ejus Adelę inductus, eorum postulationibus, quia dignum erat, adquiescere statui. Quod ergo postulantibus firmiter et totius capituli consilio concessimus, annuente unanimiter clero nostro, hoc est videlicet ut ecclesia sancti Germani Parisiensis altare de villa Novigento, quę sita est super Maternam fluvium, perpetualiter cum omnibus appendiciis possideat libere et absque personę interventione, salvo episcopi et archidiaconi jure ; eo etiam tenore ut pro eodem altari sanctę Suessionensi ecclesię in festivitate sancti Mathei apostoli annis singulis .v. solidi persolvantur aut post eam diem infra dies octo lege facta reddantur, et minime perdatur. Hoc itaque a nobis constitutum, ne quis in posterum violare audeat sub anathemate interdicimus, atque etiam signi nostri ceterorumque necessariorum astipulatione firmamus. Signum Hugonis Suessionensis episcopi (b). S. Fulconis archidiaconi. S. Lisiardi prepositi. S. Hugonis decani. S. Ingelramni archidiaconi. S. Petri archidiaconi. S. Ebali archidiaconi. S. Hugonis sacerdotis. Item Hugonis. Warneri. Odonis. S. Roberti diaconi et cantoris. S. Erchenaldi diaconi, Petri, Rainardi, Bernardi, Girardi. S. Tetbaldi subdiaconi, Ivonis, Anselli, Rainoldi, Guarneri, Giroldi. S. acolitorum Petri, Ansoldi, Ivonis, Hugonis, Walteri, Ingelramni. S. domni Isembardi abbatis. Monachorum : Andree, Rainaldi, Gisleberti, Radulfi, Letberti. S. laicorum : Hugonis albi, Ascelini, Johannis Coci, Hugonis, Odonis, Widonis, Warini, Ernaldi.

Actum in urbe Suessonica. anno dominice incarnationis M°.XC°.VI°., regnante rege Philippo.

Ego Hugo sancte Suessionensis ecclesie cancellarius subscripsi.

(*Sceau sur double queue*).

(*a*) *Au dos, d'une main du* XIII° *siècle.* — (*b*) *Les souscriptions sont placées les unes à la suite des autres de chaque côté de la partie inférieure du parchemin. Un espace blanc irrégulier est ménagé au milieu, comme si l'on avait voulu réserver la place d'un sceau plaqué.*

LXXI

1096.

(Acte perdu).

Gautier, évêque de Meaux, concède au monastère de Saint-Germain de Paris et à l'abbé Isembard le droit de patronage de l'église de Couilly.

INDIQ. : Inventaire des titres de Couilly (XVIe siècle), L 806, n° 69, fol. 1, n° 1.

LXXII

1077-18 juillet 1103 (1).

Isembard, abbé du monastère de Saint-Vincent et Saint-Germain, concède au chevalier Flohier une terre de Saint-Germain sise au faubourg de Paris, au delà du Grand Pont, moyennant un cens de sept deniers à payer chaque année à la fête de saint André (2).

Z. Copie du XIIe siècle, dans le *Liber testamentorum* de Saint-Martin des Champs, Bibl. nat., ms. lat. 10977, fol 31 v°, n° LXVII.

EDIT.: (*a*) Lasteyrie, *Cartulaire de Paris*, p. 149, n° 124, d'après Z. — (*b*) *Liber testamentorum sancti Martini de Campis* ([éd. Depoin], dans les *Publications de la conférence des Sociétés histor. du département de Seine-et-Oise*), Paris, 1904, in-8°, p. 82, n° LXVII, d'après Z.

In Dei nomine. Ego Isembardus abbas coenobii sancti Vincentii sanctique Germani, significo cunctis Christi fidelibus tam presentibus quam futuris quod cuidam militi, Floherio nomine, concessimus in suburbio Parisii, videlicet ultra Magnum Pontem, de terra sancti Germani pertinentem ad capitium, duas perticas et dimidiam in longitudine et tres perticas et dimidiam in latitudine,

---

(1) Les dates extrêmes sont celles de l'abbé Isembard. Flohier est mentionné avec le titre de *maliscalchus* dans deux diplômes de Philippe Ier pour Saint-Benoît-sur-Loire de 1080 (M. Prou, *Diplômes de Philippe Ier*, n^{os} C et CI).

(2) C'est-à-dire le 30 novembre.

sub censu septem denariorum in festo sancti Andreę annuatim persolvendo; superfluum vero terrae ultra predictas mensuras sibi concessimus quietum. Si autem census ultra octo dies predicte festivitatis tardaverit, lege persolvat et minime perdat. Hoc donum sibi sub cirographo ad faciendum quicquid voluerit, salvo tamen censu, manu nostra subterfirmavimus et annuentibus fratribus nostris eisdem firmandum tradidimus.

Actum monasterio sancti Germani publice. S. domni Isembardi abbatis. S. Rainoldi. S. Walterii. S. Ademari. S. Petri. S. Rotberti. S. Vitalis. S. Gotberti. S. Algerii. S. Odonis. S. Osberni. S. Fulconis. S. Waldrici. S. Walcherii. S. Andreę. S. Walterii. S. Joscelini. S. Simonis. S. Lisiardi. S. Fromundi. S. Gozlini. S. Rorici. S. Anselli. S. Rotberti. S. Fulconis.

Testes nostri de hac re : Winerannus, Giroldus matricularius, Giroldus Bornus, Gislebertus Normannus, Odo mariscalcus, Heiricus. Testes sui : Stephanus cognatus ejus, Herluinus et Rotbertus nepotes ejus, Deusguart, Morardus de Mosteriolo. Gislemarus cancellarius scripsit.

LXXIII

Le Latran (?), 1er avril 1107 (1).

Pascal II confirme en faveur de l'abbé Renaud les privilèges et les biens du monastère de Saint-Germain de Paris.

B, fol. 2 v°. — E, fol. 32 v°. — N1, fol. 38 v° (d'après l'original). N3, fol. 68 v°. — N4, fol. 99. — N5, fol. 107 v°. — N6, fol. 112 v°. — N7, p. 96. — N8, fol. 69.

EDIT. : (a) Dubois, *Hist. ecclesiae Parisiensis*, t. II, p. 60, d'après B. — (b) Bouillart, *Hist. de Saint-Germain-des-Prés*, pr., p. XXXIII, n° XLII, d'après B. — (c) Launoi, *Opera*, t. III, (1), p. 214, d'après une copie de 1618. — (d) Migne, *Patrol. lat.*, t. CLXIII, col. 207, n° CCVIII, d'après b.

(1) Le texte porte bien *Laterani*, mais Jaffé remarque que cette indication est inconciliable avec celle du 1er avril 1107, car le 24 mars de cette année (Jaffé, n° 6127) le pape était à Bourg Deols, et le 2 avril à Marmoutier (*ibid.*, n° 6129). Cependant il est impossible de considérer la mention de Latran comme une erreur du copiste du cartulaire +++, puisque la copie de Du Breul, faite d'après l'original aujourd'hui perdu, porte la même date de lieu de même que la copie, faite d'après l'original, utilisée par Launoi.

INDIQ. : Bréquigny, *Table chronologique*, t. II, p. 478. — Jaffé, *Regesta*, n° 6128.

PRIVILEGIUM PASCHALIS APOSTOLICI.

Paschalis episcopus, servus servorum Dei, dilecto filio Rainaldo, abbati monasterii sancti Germani Parisiacę urbis episcopi, ejusque successoribus regulariter substituendis, in perpetuum. Religiosis desideriis dignum est facilem prebere consensum, ut fidelis devotio celerem sortiatur effectum. Quia igitur dilectio tua ad Sedis Apostolicę portum confugiens tuitionem ejus devotione debita requisivit, nos supplicationi tuę clementer annuimus et beati Germani monasterium, cui auctore Deo presides, cum omnibus ad ipsum pertinentibus sub beati Petri tutelam protectionemque suscipimus Per presentis itaque privilegii paginam tibi tuisque successoribus in perpetuum confirmamus ut quecunque libertas, quecunque dignitas privilegio beati Germani, scriptis Childeberti, Clotharii, atque aliorum regum Francorum vestro monasterio collata est, quecunque bona (*b*), quecunque possessiones concessione pontificum, liberalitate principum vel oblatione fidelium ad idem cenobium pertinere noscuntur, quecunque etiam in futurum juste atque canonice poterint (*c*) adquiri vel adipisci firma tibi tuisque successoribus et illibata permaneant. Decernimus ergo ut nulli omnino hominum liceat vestram ecclesiam temere perturbare, aut ejus possessiones auferre, vel ablatas retinere, minuere vel temerariis vexationibus infestare ; sed omnia integra conserventur eorum, pro quorum sustentatione et gubernatione concessa sunt, usibus omni modis profutura. Omnis vero abbas post te, qui a congregatione ejusdem cenobii secundum regulam beati Benedicti electus fuerit, a Romano pontifice vel a quo maluerint catholico episcopo consecretur. Precipimus quoque auctoritate apostolica ne quis episcoporum oleum, crisma, benedictiones, consecrationes, ordines (*d*) vel quecumque (*e*) ex pontificali ministerio sunt necessaria eis vel successoribus eorum deneget. Missas itaque, ordinationes, stationes ab omni episcopo vel clero Parisiensis ęcclesię in eodem monasterio preter voluntatem abbatis vel (*f*) congregationis fieri prohibemus ; nec habeant ibi aliquam potestatem imperandi, sed nec ipsis interdicere, nec excommunicare, nec ad synodum vocare abbatem aut monachos, presbiteros aut clericos ecclesiarum ipsius loci facultatem damus. Si qua igitur in futurum ecclesiastica secularisve persona hanc nostre constitutionis paginam sciens, contra eam temere venire temptaverit, secundo tertiove commonita, si non satisfactione congrua emendaverit, potestatis honorisque sui dignitate careat, reamque se divino judicio existere de perpetrata iniquitate cognoscat, et a sanctissimo corpore ac sanguine Dei et Domini redemptoris nostri Jesu Xpisti aliena fiat, atque in extremo examine districtę ultioni subjaceat. Cunctis autem eidem loco justa servantibus sit pax Domini nostri Jesu Xpisti, quatenus et hic fructum bonę actionis percipiant et apud districtum judicem premia eternę pacis inveniant. Amen. Amen. Amen.

(*Rota*) (*g*) Ego Paschalis catholice ecclesie episcopus. BENE VALETE. Data Laterani (*h*) per manum Joannis sanctę Romanę ęcclesię diaconi cardinalis ac bibliotecarii, kal. aprilis, indictione .XV., incarnationis dominicę anno M°.C°.VII°., pontificatus autem domni Paschalis secundi pape anno .VII.

(*a*) Clotarii *B*. — (*b*) quecumque bona *om*. N¹. — (*c*) potuerit *B*. — (*d*) ordines *om*. *B*. — (*e*) queque *B*. — (*f*) et *B*. — (*g*) *Dans la Rota* : Sanctus Petrus. Sanctus Paulus. Paschalis papa II. ✝ Verbo Domini caeli firmati sunt. — (*h*) Lateranis *N*.

LXXIV

Eglise Saint-Etienne [à Sens], septembre 1109.

Daimbert, archevêque de Sens, à la requête de l'abbé de Saint-Germain-des-Prés de Paris, lui concède à cens l'autel d' « Absedo villa » (1), en Senonais, dédié à Saint-Vincent et à Saint-Germain, que ledit abbé tenait auparavant à titre de vicaire, et pour lequel il devra désormais payer chaque année à l'archevêque la somme de vingt sous, à la fête de saint Rémi, le 1ᵉʳ octobre.

B. Original, L 754, n° 5.

(1) Dom Bouillart (*Hist. de Saint-Germain*, p. 81) suivi par Dom Anger (*Les dépendances de Saint-Germain des Prés*, t. I, p. 252) identifiait *Absedo-villa* avec Aussonville, ou Obsonville, au cant. de Château-Landon. Quesvers et Stein, *Pouillé de l'ancien diocèse de Sens*, t. I, p. 73-74 ont montré qu'il s'agissait plutôt de la localité désignée ailleurs sous le nom d'*Alsiacus*, aujourd'hui Saint-Germain-Laval. *Absedo* serait donc une erreur pour *Alsedo*, qui serait une variante du nom d'*Alseio*, qu'on trouve dans la *Translatio sancti Georgii et Aurelii* (*AA. SS. Ben.*, Saec. IV², p. 53 ; cf. Longnon, *Polyptyque d'Irminon*, t. II, p. 269, n. 2).

EDIT. : A. Giry, *Recueil de fac-similé à l'usage de l'Ecole des chartes. Notice des documents*, p. 10, n° 42.

FAC-SIM. : *Recueil de fac-similé à l'usage de l'Ecole des chartes*, série héliogr., n° 42.

In nomine Domini. Daimbertus archiepiscopus. || ² Notum esse volumus omnibus Xpisti fidelibus quia, cum in gremio sanctę matris aecclesię sacrum cęlebraremus conventum, venit in presentiam nostram abbas sancti Germani de Prato, Parisiensis ęcclesię, deprecans ut ei altare de Absedo villa, quod est in pago Senonensi, in honore sancti Germani et sancti Vincentii, quod ad personam vicarii esse solebat, in censum mittere dignaremur. Nos itaque petitioni ejus assensum dantes, concedimus ei, eo tenore ut singulis annis in festivitate sancti Remigii, kl. octob., de censu. xx. soldi nobis solvantur, salva debita obędientia et circadis atque synodis, necnon et debitis justiciis nostris. Quod si neglexerit, legem inde faciat et non perdat. Et ut hoc firmum permaneat, manu nostra subterfirmavimus synodoque firmandum tradidimus. Actum feliciter in ecclesia sancti Stephani publicę.

DAIMBERTUS Dei miseratione archiepiscopus.

Ansellus archidiaconus. Stephanus archidiaconus. Girardus archidiaconus. Tetbaudus archidiaconus. Hilduinus archidiaconus.

Hugo archipresbiter. Harduinus archipresbiter. Bauduinus archipresbiter. Gislehardus archipresbiter. Isembardus archipresbiter.

Rotbertus archipresbiter. Goffridus archipresbiter. Johannes archipresbiter. Goffridus archipresbiter. Tetbaudus archipresbiter. Leonius archipresbiter. Rodulfus archipresbiter.

Data mense septembri. Regnante LUDOVICO rege anno .II.

Girardus cancellarius scripsit.

LXXV

S. d. [1103-1108] ou [1110-1116]. (1)

Les moines de Saint-Germain de Paris et l'abbé Renaud donnent aux religieux du « Nouveau monastère » (Citeaux) quatre journaux de terres à Gilly, près des huit autres journaux que lesdits religieux de Citeaux avaient acquis d'Aimon et de sa famille, une redevance annuelle d'un muids de vin devant

(1) Les dates extrêmes sont celles du double abbatiat de Renaud.

être servie à l'abbaye de Saint-Germain, à titre de dîme pour l'ensemble de ces douze journaux de terre.

 Z. Copie du XIIIᵉ siècle, Archives de la Côte-d'Or, *I*ᵉʳ *Cartulaire de Citeaux*, coté 166, fol. 90 v°.

 EDIT. : Bouillart, *Hist. de Saint-Germain-des-Prés*, pr. p. XXXIV, n° XLIV, d'après les archives de Citeaux.

 INDIQ. : *III*ᵉ *Cartulaire de Citeaux*, coté 168, fol. 83 (d'après un vidimus de Renaud, archevêque de Lyon).

DONUM PARISIENSIUM MONACHORUM ET ALIORUM PLURIMORUM DE TERRITORIO BRITIGNIACI ET DE QUIBUSDAM VINEIS DE VOOGET.

Notum cupimus fore et presentibus et subsequentibus sancte matris nostre ecclesie filiis, Aimonem et conjugem ejus, Waronem quoque et Widonem filios ejusdem conjugis, ac Dodonem et uxorem ejus natosque illorum monachis sancte Marie Novi Monasterii octo jornales terre inculte apud Gilliacum fundum concessisse pro remedio animarum suarum cunctorumque predecessorum suorum parentum, tam libere ut ex toto nil sibi inde retinerent. Istis autem predicti monachi viginti solidos, filiis vero conjugis suprascripti Aimonis, quia hujus terre heredes sperabantur, duas tunicas de fustania sponte sua ob recordationem facti tribuebant. Et hi sunt testes : Henricus et Walo presbiteri, Oldierius, Wido de Sais, Petrus de Granunt, Girardus Leo, Girardus major, Baldricus clericus, Hugo, Walo major. Helisabeth quoque, domina castri Virziacensis, et filii ejus, Arnulfus etiam cognomento Cornutus, qui decem solidos inde suscepit, et conjunx ejus, filiusque illorum Rainaldus et filia, hoc donum laudantes et confirmantes, quicquid juris in predicta terra hactenus possederant predictis servis Dei reliquerunt. Monachi vero sancti Germani de Parisiaco quatuor jornales terre similiter inculte, insuper etiam nemorose que contigua extat supramemoratis octo jornalibus habentes, antedictis monachis pauperibus Novi Monasterii causa Dei magneque sue misericordie communi consilio capituli sui contulerunt. Et ut esset perpetua memoria hujus doni, monachi sancte MARIE decem solidos ob recordationem facti Parisiacensibus obtulerunt. Dehinc predicti monachi de Parisiaco, igne caritatis ac misericordie super inopia antescriptorum pauperum monachorum succensi, annuerunt eis ut pro decimatione duodecim jornalium terre, quam ipsi ac prescripti homines illis ad vineam plantandam donaverant, modium tantum vini annuatim solverent. Quod si fructus hujus vinee aliquo anno perierit, monachique modium reddere nequiverint, ex eo parvo quod in vinea remanserit usuatam eo anno decimam reddant, denuoque cum Dominus fructus vinee servaverit ad modium reddendum revertantur. Hec sunt statuta tempore domni RAINALDI venerabilis sancti GERMANI abbatis, illo scilicet ista postulante, ordinante et ad effectum perducente, cui sibique gregi commisso Deus dives in omnibus et potens misericordiam et pietatem in futuro retribuere dignetur. AMEN.

LXXVI

S. d. [1107-1108]-[1110-1116]. (1)

Lettre de Roger, abbé de la Trinité de Fécamp, à Renaud, abbé de Saint-Germain, établissant une association de prières entre les deux monastères.

O, fol. 3. — P, fol. 178.

EDIT. : Bouillart, *Hist. de Saint-Germain-des-Prés*, pr., p. xxxv, n° XLV, d'après P.

Rainaudo Dei gratia sancti Germani abbati sibique a Deo commisse congregationi, frater Rogerius per eamdem gratiam sancte Trinitatis Fiscanni abbas omnisque loci ejusdem conventus, salutem. In promissis fideles esse debemus neque ea promittere que non exequantur (a). Unde oportet ut talem inter nos que teneri possit constituamus societatem. Et quia nostra congregatio major vestra esse dignoscitur, nolumus vos gravare. Ideoque decrevimus ut pro fratribus nostris semel per annum tricesimale faciatis, dando pro eis per .xxx. dies panem et vinum et quicquid illud est. Verum tamen cum breve[m] nostrum de fratre defuncto videritis, fratrem defunctum absolvite. Nos vero antiquum inter nos observabimus pactum, videlicet ut quotiens brevem de defuncto vestro viderimus, quod vos semel in anno pro omnibus fratribus nostris facitis, nos tociens pro singulis vestris faciemus. Amen.

(a) exequamur P.

(1) Les dates extrêmes sont celles de l'abbatiat de Roger d'Argences à Fécamp et de la fin de celui de Renaud à Saint-Germain-des-Prés.

LXXVII

S. d. [vers 1110-1116] (1).

Les moines de Saint-Germain de Paris et l'abbé Renaud donnent aux religieux du « Nouveau Monastère » (Citeaux) et à leur abbé Etienne les terres qu'Hilgot avait occupées à Quemigny, ainsi que la portion inculte dudit domaine; ils leur concèdent en outre le droit de pâture pour leurs porcs et autres animaux dans le domaine de Gilly, avec quatre arpents de terre à Bretigny, à charge pour lesdits moines de Citeaux de payer pour le tout chaque année une redevance de dix setiers, moitié en froment, moitié en avoine, à l'obédiencier de Gilly, ou, s'ils plantent des vignes, un muid de vin par dix journaux de vignes.

Z. Copie du XIII° siècle, Archives de la Côte-d'Or, *1er Cartulaire de Citeaux*, coté 166, fol. 76 v° et 80 v°.

EDIT. : Bouillart, *Hist. de Saint-Germain-des-Prés*, pr., p. XXXIV, n° XLIII, « tirée des archives de Citeaux ».

INDIQ. : Bréquigny, *Table chronologique*, t. II, p. 452.

DONUM PARISIENSIUM MONACHORUM DE TERRITORIO BRITIGNIACI

Notum sit cunctis sancte matris ecclesie filiis quod domnus Rainaldus, sancti Germani Parisiacensis abbas, et fratres ejus concesserunt domno Stephano abbati Novi Monasterii et fratribus ejusdem ecclesie quidquid juris se habere crediderant in terris, silvis, pratis, que Helgodus in fundo Giminiaco huc usque tenuerat. Concesserunt etiam idem abbas et monachi sancti Germani predictis fratribus Novi Monasterii quidquid spinis vel silvis occupatum invenissent in illa parte terrarum, silvarum, pratorum, que in eodem fundo Giminiaco ipsi possidere videntur. Predictus etiam abbas cum monachis suis in omni territorio Gilliacensis potestatis dedit usuaria ad pastum porcorum et aliorum animalium et ad omnia sibi necessaria in terris, pratis, silvis, aquis, supradictis monachis Novi Monasterii, insuper et quatuor jugera terre, que apud Britigniacum possederant. Monachi vero Novi Monasterii spoponderunt se singulis annis tam pro his omnibus quam

---

(1) Les dates extrêmes sont celles du second abbatiat de Renaud, dont le début coïncide avec les premières mentions connues du gouvernement d'Etienne à Citeaux.

decimis persoluturos sex sextarios annone, medietatem videlicet frumenti, et medietatem avene obedientiario Gilliacensi, et si vineas in terra in qua ipsi decimas accipiunt plantarent, cum ipse vinee fructum redderent, unum tantum modium vini pro decem jornalibus predicto obedientiario salverent. Et hi sunt testes : Henricus presbiter de Gilliacŏ, Walo, itemque Walo nepotes ejusdem Henrici, et Willelmus et Simon et Deodatus decanus, Sennatus et Archadus decimarii.

LXXVIII

Fin février-3 août 1117 (1).

Le doyen Bernier et le chapitre de l'église de Paris échangent avec les moines de Saint-Germain-des-Prés deux serfs de la cathédrale, Herbert, fils d'Eudes, et Renier, fils d'Eudes le Cirier, contre deux serfs du monastère, Galon le Cordonnier et Hénard Cosse.

B, fol. 70 r°.

EDIT. : Lasteyrie, *Cartulaire de Paris*, p. 197, n° 174, d'après B.

BERNERII DECANI

Ego Bernerus decanus et sanctę Parisiensis ecclesię conventus notum facimus tam futuris quam presentibus quod, capituli nostri communi assensu et consilio, Herbertum Odonis filium et Rainerium Odonis Cerarii filium, ecclesię nostrę servos monachis ecclesię beati Germani de Prato perpetuo jure possidendos concedimus. Ipsi vero, recompensatione mutua, Galonem sutorem et Henardum Cosse, suę ecclesię servos, integre ac libere in perpetuum possidendos nobis concesserunt, ita videlicet ut eorum nostri et nostri quoque eorum deinceps servi permaneant. Hoc autem ut firmum permaneat. cartam presentem fieri precipimus. Actum publice in capitulo beatę Marię, rege Ludovico .IX. anno, Girberto episcopo anno .II.

Signum decani Berneri. Signum precentoris Ade. Signum Stephani archidiaconi. Signum Henrici archidiaconi. Signum Rainaldi archidiaconi. Signum Durandi sacerdotis. Signum Herberti

(1) Les dates extrêmes sont celles du début de la seconde année du pontificat de Girbert, évêque de Paris, et de la fin de la neuvième année du règne de Louis le Gros.

sacerdotis. Signum Theoderici levite. Signum Johannis levite. Signum Hugonis subdiaconi. Signum Alberti subdiaconi. Signum Willelmi pueri. Signum Petri pueri.

Testes sancti Germani : Signum Rainaldi abbatis. Signum Lisiardi prioris. Signum Galdrici monachi. Signum Aimerici monachi. Signum Roberti monachi. Sgnum Galterii monachi. Signum Frogerii monachi. Signum Hugonis laici, Landrici laici, Herberti laici, Fromundi laici, Garini laici, Giroldi laici, Pagani laici, Hugonis laici, Giroldi laici, Theobaldus cancellarius scripsit.

LXXIX

Fin février-3 août 1117 (1).

L'abbé Renaud et les moines de Saint-Germain-des-Prés échangent avec le chapitre de l'église de Paris deux serfs du monastère, Galon le Cordonnier et Hénard Cosse, contre deux serfs de la cathédrale, Herbert, fils d'Eudes, et Renier, fils d'Eudes le Cirier.

Z. Copie du XIIIe s., *Petit pastoral* de l'église de Paris, l. IX, c. 6, LL 77, p. 362.

INDIQ. : Guérard, *Cartulaire de Notre-Dame de Paris*, t. I, p. 449, d'après Z.

DE COMMUTATIONE GILONIS SUTORIS ET ALIORUM.

In Dei nomine. Ego Rainaldus abbas et conventus monachorum sancti Germani de Prato, notum facimus tam futuris quam presentibus quod capituli nostri communi assensu et consilio Galonem sutorem et Henardum Cosse, ecclesie nostre servos, canonicis beate Marie Parisiensis perpetuo jure possidendos concedimus. Ipsi vero, recompensatione mutua, Herbertum Odonis filium et Rainerium Odonis Cerarii filium, sue ecclesie servos, integre ac libere imperpetuum possidendos nobis concesserunt, ita videlicet ut eorum nostri et nostri quoque eorum deinceps servi permaneant. Hoc autem ut firmum permaneat, cartam presentem fieri precepimus. Actum publice in capitulo sancti Germani, annuente domino nostro rege Ludovico, anno IX°.

(a) *le ms. porte* edem, *qui n'a aucun sens.*

(1) Les dates extrêmes sont les mêmes que celles de l'acte précédent, dont celui-ci forme la contre-partie.

LXXX

Bitonto, 28 janvier 1122.

Le pape Calixte II confirme en faveur de l'abbé Hugues les biens et les privilèges du monastère de Saint-Germain des Prés.

A. Original jadis bullé, L 224, n° 1.
G, fol. 30. — Z. Copie du xv° s., LL 1034, fol. 28 v°

EDIT. : (a) Bouillart, *Hist. de Saint-Germain-des-Prés*, pr. p. xxxv, n° XLVI, d'après A (incompl.). — (b) Migne, *Patr. lat.*, t. CLXIII, col. 1230, n° CLXVII, d'après a. — (c) Robert, *Bullaire du pape Calixte II*, t. I, p. 395, n° 275, d'après A.

INDIQ. : Bréquigny, *Table chronologique*, t. II, p. 508. — Robert, *Étude sur les actes du pape Calixte II*, n° 204. — Jaffé, *Regesta*, n° 6947.

CALIXTUS EPISCOPUS, SERVUS SERVORUM DEI, DILECTO FILIO HUGONI, ABBATI MONASTERII SANCTI GERMANI DE PRATIS, QUOD SECUS ||² PARISIENSEM CIVITATEM SITUM EST, EJUSQUE SUCCESSORIBUS REGULARITER SUBSTITUENDIS, IN PERPETUUM. Pię postulatio voluntatis effectu debet prosequente compleri, quatenus et devotionis sinceritas laudabiliter enitescat et utilitas postulata vires indubitanter assumat. Quia igitur dilectio tua ad Sedis Apostolicę portum confugiens, tuitionem ejus devotione debita requisivit, nos supplicationi tuę clementer annuimus et beati Germani monasterium, cui auctore Deo presides, cum omnibus ad ipsum pertinentibus sub beati Petri tutelam protectionemque suscipimus. Per presentis itaque privilegii paginam tibi tuisque successoribus in perpetuum confirmamus omnem honorem, omnem dignitatem, et omnem etiam libertatem quę per autentica Sedis Apostolicę privilegia vel regum scripta vestro monasterio collata est. Statuimus etiam ut quęcumque bona, quęcumque possessiones concessione pontificum, liberalitate regum, oblatione fidelium vel aliis justis modis ad vestram ecclesiam pertinent, et quęcumque in futurum largiente Deo juste atque canonice poteritis adipisci, firma vobis vestrisque successoribus et illibata permaneant. In quibus hęc propriis duximus nominibus annotanda, videlicet in pago Pictaviensi ecclesiam sancti Germani de Nentriaco, in pago Bituricensi ecclesiam de Catherigiaco, cum aliis ecclesiis quas vestrum monasterium possidet. Decernimus ergo ut nulli omnino hominum liceat vestram ecclesiam temere perturbare aut ejus possessiones auferre vel ablatas retinere, minuere vel temerariis vexationibus infestare, sed omnia integra conserventur eorum, pro quorum sustentatione et gubernatione concessa sunt, usibus omnimodis profutura. Ad hęc mansuro in perpetuum decreto sancimus ut in gravaminibus vestris liceat vobis libere Sedem Apostolicam appellare. Si qua igitur in futurum ecclesiastica secularisve persona hanc nostrę constitutionis paginam sciens, contra eam temere venire temptaverit, secundo tertiove commonita, si non satisfactione congrua emendaverit, potestatis honorisque sui dignitate careat, reamque se divino judicio existere de perpetrata iniquitate cognoscat, et a sacratissimo corpore ac sanguine Dei et Domini redemptoris nostri Jesu Xpisti aliena fiat, atque in extremo examine districtę ultioni subjaceat. Cunctis autem eidem loco justa servantibus sit pax Domini nostri Jesu Xpisti, quatenus et hic fructum bonę actionis percipiant et apud districtum judicem premia ęternę pacis inveniant. AMEN. AMEN. AMEN.

(*Rota*) (*a*). Ego Calixtus catholicę ecclesię episcopus *SS*. BENE VALETE. Datum Botenti per manum GRISOGONI sancte Romanę ecclesię diaconi cardinalis atque bibliothecarii, v. kalend. februarii, indictione .XVª., incarnationis dominicę anno, Mº.Cº.XXIIº., pontificatus autem domini CALIXTI secundi pape anno .IIIº.

(*Traces de bulle.*)

(*a*) *Dans la rota* : Sanctus Petrus. Sanctus Paulus. Calixtus papa II.
† Firmamentum est dominus timentibus eum.

LXXXI

S. d. [13 janvier 1120-17 juin 1123] (1).

Conon, évêque de Préneste et légat du Saint-Siège, reconnaît que la nomination par Bouchard, évêque de Meaux, d'un curé dans une église dépendant de Saint-Germain de Paris ne saurait porter atteinte aux droits reconnus en cette matière aux abbayes par le pape Urbain.

B, fol. 60.

(1) Les dates extrêmes sont celles du *terminus a quo* de l'épiscopat de Bouchard à Meaux (cf. *Gall. Christ.*, t. VIII, col. 1611) et de la mort du cardinal Conon.

CONONIS EPISCOPI PRENESTINI, APOSTOLICE SEDIS LEGATI.

Cono, Dei gratia Prenestinus episcopus, Apostolicę Sedis legatus, omnibus sanctę ęcclesię catholicę fidelibus tam presentibus quam futuris, salutem in perpetuum. Scire volumus dilectionem vestram sanctę memorię papam Urbanum hoc decretum fecisse et confirmasse ne quis episcopus vel quelibet alia persona in ecclesiam alicujus abbatis vel quorumlibet monachorum presbiterum intronizet, sine licentia et assensu eorum ; ab ipsis autem abbatibus et monachis presbiterum debere eligi et electum episcopo ab ipsis presentori. Unde contigit, cum essemus Parisius apud sanctum Germanum, ubi conventum episcoporum et abbatum convocaveramus et eidem conventui presideremus, quidam presbiter hujus decreti nescius, qui a venerabili fratre nostro Burchardo Meldensi episcopo, in quadam ecclesia sancti Germani sine assensu et licentia abbatis vel monachorum intronizatus fuĕrat, et quem abbas hac de causa refutaverat, in presentia nostri ecclesiam sibi commissam abbati reddidit. Nos vero rogatu ipsius episcopi Meldensis cum abbate eum concordavimus, et salvo jure ęcclesię sancti Germani predictam ecclesiam sibi reddi fecimus. Ipse vero abbas ad episcopum eum duxit et curam animarum commendavit. Hec autem ideo significamus vobis ne ab aliquo successore ejusdem episcopi decreta Romane ęcclesię temerarie violentur.

LXXXII

Sens, mars 1125 ou 1126 (1).

Henri, archevêque de Sens, à la requête de Hugues, abbé du monastère de Saint-Vincent et Saint-Germain de Paris, décide que les abbés dudit monastère tiendront désormais à cens des archevêques de Sens les autels d'Esmans et de Saint-Germain [-Laval] qu'ils tenaient auparavant à titre de vicaires, le cens annuel à payer pour chacun desdits autels étant fixé à quinze sous, payables le jour de la Toussaint.

(1) Les éléments chronologiques de la date ne concordent pas. L'indiction IIII est celle de 1126 ; la dix-septième année du règne de Louis le Gros va du 3 août 1124 au 2 août 1125. L'acte n'étant plus connu que par la copie du Cartulaire ✠✠✠, on peut supposer une erreur du scribe de ce dernier sur l'un comme sur l'autre des deux chiffres de la date.

B, fol. 56 v°. — *Z*. Copie du xv° s., LL 1064, fol. 34 v°.

EDIT. : Bouillart, *Hist. de Saint-Germain-des-Prés*, pr., p. XXXVI, n° XLVII, d'après *B*.

INDIQ. : Bréquigny, *Table chronologique*, t. II, p. 541.

HENRICI ARCHIEPISCOPI.

In nomine Domini. Henricus divina miseratione Senonensis archiepiscopus. Notum fieri volumus presentibus pariter et futuris quia veniens venerabilis frater Hugo, abbas cenobii beati Vincentii martiris et sancti Germani Parisiensis, multis precibus supplicavit nobis ut altare de villa quę dicitur Ethmannus et altare de villa quę dicitur Sanctus Germanus, quę duo altaria predecessores ejus abbates sub titulo et respectu vicariorum a nostris predecessoribus tenuerant, remotis et condonatis vicariorum personis, predictę ęcclesię beati Germani sub censuali tenore possidenda in perpetuum concederemus. Nos autem predicti venerabilis fratris preces attendentes, et supradictę ęcclesię beati Germani Parisiensis ac fratrum ibidem Deo servientium quieti in reliquum providentes, consilio et assensu fratrum et archidiaconorum nostrorum, misericordię et karitatis intuitu, tam devotis ac dignis precibus clementer annuimus, et predicta duo altaria remotis et condonatis in perpetuum vicariorum personis, sub censuali tenore predictę ęcclesię beati Vincentii et beati Germani perpetualiter concessimus, salvis siquidem et retentis omnibus aliis consuetudinibus nostris. Eo videlicet tenore ut singulis annis, in festivitate omnium sanctorum, solvant nobis et successoribus nostris censum pro altari villę Ethmanni solidos .xv. et pro altari sancti Germani similiter solidos .xv. Quod si die denominata denominatum censum non reddiderint, pro ęcclesia quę censum non reddidit quinque solidorum legem emendent et non perdant. Ut autem hęc donatio sive concessio nostra perpetue firmitatis radicibus innitatur, sigillo nostro et karactere nominis nostri scriptum hoc subter firmavimus et archidiaconorum nostrorum nominibus roborari decrevimus.

Actum pontificali domo Senonensis ęcclesię.

Henricus archiepiscopus S. Theobaldus archidiaconus S. Petrus archidiaconus. Item Petrus archidiaconus S. Guillelmus archidiaconus S. Symon archidiaconus S. Data mense martio, indictione .IIII., regnante rege Ludovico anno .XVII. Petrus levita et cancellarius scripsit.

LXXXIII.

1126.

Accord, sous le sceau de Henri, archevêque de Sens, entre Hugues, abbé de Saint-Germain des Prés et Rénard, abbé de Saint-Jean de Sens, au sujet des droits des deux monastères sur l'église Saint-Georges de Marolles, ladite église devant appartenir aux chanoines de Saint-Jean, mais à la condition que les legs qui lui seront faits seront partagés entre lesdits chanoines et les moines de Saint-Germain.

A. Original jadis scellé, L. 780, n° 62.
B, fol. 57 v°. — C, fol. 38. — D, fol. 208.

[HENRICI SENONENSIS ARCHIEPISCOPI] (*a*).

Noverint omnes quod inter abbatem sancti Germani de Pratis et inter abbatem canonicorum sancti Johannis Senonensis, pro ecclesia sancti Georgii in Castello Matreolis sita, quedam extiterit controversi[a, diu] (*b*) quidem ventilata sed tandem [con]cordia mediante Parisius termina[ata. Concordia vero facta est] hoc modo. Abbas sancti Germani assen[su capi]tuli sui [ecclesiam illam de] qua age[ba]tur, ęcclesię sancti Johannis libere et quiete ex integro sicut habuerat ha[be]ndam concessit, ea conditione tamen interposita quod beneficia parrochianorum in [in]firmitate facta et ęcclesię sancti Georgii collata, ubicumque sepulti fuerint, beneficia, inquam, quę vulgari nomine lessa nuncupantur, monachis sancti Germani et ęcclesię sancti Johannis ex equo dividerentur. Determinatum est quoque [quod] lessa servorum sancti Germani de patrimonio facta nunquam nisi assensu monachorum a canonicis recipiantur. Si autem ab eis de adquisito vel de mobili lessa ęcclesię beati Georgii stant, recipiantur et [ex] equo dividantur. Ut autem hęc concordia stabilis et inconvulsa permaneat, cyrographo et sigillo domni Henrici venerabilis Senonensium archiepiscopi firmata et roborata est, subscriptis nominibus tam monachorum quam canonicorum utriusque capituli. Nomina monachorum : Wlgrinus prior. Odo sacerdos (*c*), Galdricus sacerdos, Roricus sacerdos, Aimericus sacerdos, Galterius sacerdos, Ernaldus sacerdos, Frogerius sacerdos, Robertus sacerdos, Herbertus sacerdos, Gilo sacerdos, Galo sacerdos, Landricus sacerdos, Radulfus levita, Rainaldus levita, Lanfredus levita, Samson levita, Simon levita, Fulcherius levita, Odo. Symon. Aimericus. [Josbertus]. Nomina canonicorum : Philippus prior, Grimaldus, Galterius, Bernardus, Odo, Wlgrinus, Gundaldus, Guillelmus; abbas sancti Germani Hugo ; abbas sancti Johannis Rainardus. Anno ab incarnatione Domini .M°.C°X[VI°]. Qui hanc concordiam non tenuerit, anathema sit.

(*Traces de sceau*).

(*a*) *Titre donné par B. L'original porte au dos, d'une main du* XV° *siècle* : Compositio inter nos et priorem sancti Georgii de Matriolis super lessis hominum terre. — (*b*) *L'original est en mauvais état. Les syllabes ou mots entre crochets sont restitués d'après B.* — (*c*) *Les mots sacerdos et levita sont représentés par les syllabes* sa. *et* le. *placées au-dessus des noms*.

LXXXIV

S. d. [1116-1127].

(Acte perdu).

Hugues, abbé de Saint-Germain de Paris, associe Louis VI et Amauri de Montfort à la seigneurie de la terre de Montchauvet.

INDIQ. : Diplôme de Louis VII de 1167, ci-après, n° LXXXVIII. — Bouillart, *Hist. de Saint-Germain-des-Prés*, p. 86. — Luchaire, *Annales du règne de Louis VI*, n° 403.

LXXXV

Cluny, 3 novembre 1130.

Le pape Innocent II confirme, en faveur de l'abbé Hugues, les privilèges de Saint-Germain de Paris.

A. Original jadis bullé, L 226, n° 1.
B, fol. 3. — E, fol. 33.

EDIT. : (*a*) Bouillart, *Hist. de Saint-Germain-des-Prés*, pr., p. XXXVI, n° XLVIII, d'après A. — (*b*) Migne, *Patr. lat.*, t. CLXXIX, col. 65, n° XVI, d'après *a*.

INDIQ. : Bréquigny, *Table chronologique*, t. II, p. 570. — Jaffé, *Regesta*, n° 7427. — Lasteyrie, *Cartulaire de Paris*, p. 236, n° 226.

INNOCENTIUS EPISCOPUS, SERVUS SERVORUM DEI, DILECTO FILIO HUGONI, ABBATI MONASTERII SANCTI GERMANI PARISIACE URBIS EPISCOPI, EJUSQUE ||[a] SUCCESSORIBUS REGULARITER SUBSTITUENDIS IN PERPETUUM. Quotiens illud a nobis petitur quod rationi cognoscitur convenire, animos nos decet libenti concedere et petentium desideriis congruum impertiri suffragium, Hoc nimirum caritatis intuitu, dilecte in Domino fili HUGO abbas, monasterium beati Germani, cui auctore Deo presides, cum omnibus ad ipsum pertinentibus, sub beati Petri tutelam protectionemque suscipimus et apostolicæ sedis patrocinio communimus. Per presentis itaque privilegii paginam tibi tuisque successoribus in perpetuum confirmamus ut quecumque libertas, quæcumque dignitas privilegio beati Germani, scriptis Childeberti, Clotharii atque aliorum regum Francorum vestro monasterio collata est, quecumque bona..

(*Le texte est identique* (1) *à celui de la bulle de Pascal II de 1107 publiée plus haut, n° LXXIII, jusqu'à la fin.*)

...premia eterne pacis inveniant. Amen. Amen. Amen. BENE VALETE.

(*Rota*) (*b*) Ego Innocentius catholicę ecclesię episcopus SS.

† Ego Welmus Prenestinus episcopus SS.

† Ego Matheus Albanensis episcopus SS.

† Ego Johannes Ostiensis episcopus SS.

† Ego Gregorius diaconus cardinalis sanctorum Sergii et Bachi SS.

† Ego Guido diaconus cardinalis sanctę Marię in Via Lata SS.

† Ego Joannes tituli sancti Grisogoni presbiter cardinalis SS.

† Ego Petrus presbiter cardinalis tituli Equicii SS.

† Ego Ubertus presbiter cardinalis tituli sancti Clementis SS.

† Ego Petrus presbiter cardinalis tituli sanctę Anastasię SS.

† Ego Joselmus presbiter cardinalis tituli sancte Cecilię SS.

Data Cluniaci per manum IMERICI sancte Romane ecclesie diaconi cardinalis et cancellarii .III. nonas novembris, indictione VIII., incarnationis dominicę anno M°.C°.XXX°., pontificatus domni INNOCENTII pape secundi anno .I.

(*Traces de bulle.*)

(*a*) *A l'exception des mots* prefatum monasterium qui, *dans la phrase* « Decernimus ergo... licebit prefatum monasterium temere... », *remplacent* « liceat vestram ecclesiam temere... » *de la bulle de Pascal II.* —
(*b*) *Dans la Rota* : Sanctus Petrus. Sanctus Paulus. Innocentius Papa II. † Adjuva nos Deus salutaris noster.

LXXXVI

S. d. [1125-25 décembre 1134] (1).

Geoffroi, évêque de Chartres, avec l'assentiment de Mathieu, évêque d'Albano et légat du Saint-Siège, autorise Hugues, abbé de Saint-Germain de Paris, à bâtir une église à Montchauvet, pour y établir des moines, à charge de payer à l'évêque de Chartres les droits de synode et de tournée, et fixe les droits respectifs de ces moines et du curé du lieu pour la perception des revenus de ladite église.

A. Original jadis scellé, L 781, n° 2.
B, fol. 62. — C, fol. 63. — D, fol. 87. — N3, fol. 71. — N5, fol. 111. — Z. Copie du XVIe siècle, L 781, n° 2 bis.

EDIT. : (*a*) Bouillart, *Hist. de Saint-Germain-des-Prés*, pr., p. XXXVII, n° L, d'après *B* ou *D*. — (*b*) Bonnin, *Droits de Saint-Germain-des-Prés en Seine-et-Oise*, p. 218, d'après *a*.

[CARTA ECCLESIE DE MONTE CALVULO] (*a*).

Cum in omnibus diffinitionibus ideona sunt adhibenda testimonia, necesse est ut una queque diffinitio sic roboretur scriptis et testimoniis, ne ulterius ‖² **possit corrumpi ullius falsitatis figmentis.** Quocirca ego Gaufridus, Dei gratia sancte Carnotensis ecclesię episcopus, notifico Xpisti fidelibus, presentibus scilicet ac futuris, quod domnus Hugo, abbas sancti Germani Parisiensis, adiit presentiam nostram petens a nobis concedi sibi ędificare ecclesiam parrechialem extra castrum quod vocatur Mons Calvulus, ad capud scilicet Calceię, in qua videlicet ęcclesia constitueret monachos suos ad habitandum, qui ibi habitationes sibi congruas ędificarent. Cujus petitioni gratissime assensum dedimus, presente venerabili viro domno videlicet Matheo, Albanensi episcopo sancteque Romane Ecclesię legato. Eo scilicet tenore ut singulis annis sancte matri ecclesię Carnotensi sinodum et circadam

---

(1) Les dates extrêmes sont celles de Mathieu évêque d'Albano. Celles de Geoffroi de Chartres (1116-1149) ne permettent pas de reserrer davantage. Mathieu, qui avant de devenir évêque d'Albano, avait été prieur de Saint-Martin-des-Champs, figure, avec deux de ses compagnons, Pierre, moine de Cluny et Aubert, moine de Saint-Martin-des-Champs, parmi les personnages auxquels l'abbé Hugues accorda le bénéfice de l'association spirituelle avec les moines de son abbaye (Molinier, *Obituaires de la province de Sens*, p. 257).

solvat. Et quia non congruit monachis ferre tedium nec inquietudinem secularium, concessimus etiam eis ędificare capellam unam in predicto castro ubi parrechiani prefate matris ęcclesię conveniant audire servitium Dei. Et ne scandalum inter monachos et presbiterum aliquando oriretur, decrevimus invicem laude et consilio prefati venerabilis viri domni Mathei, sancte Romane ęcclesię legati, ut de omni jure parrechiali vel de omnibus beneficiis, quecumque delata fuerint ad altare vel ad manum presbiteri, habeant monachi duas partes et presbiter terciam, excepto baptisterio quod erit presbitero totum in proprio. De dimissis, id est lessis, habebunt monachi medietatem unam et presbiter alteram. Si dimissa, id est lessa, fuerint de terris vel edificiis, habebunt monachi totum in proprio. Et ut hęc concessio firma et inconvulsa permaneat, hoc scriptum fieri decrevimus. Quod sigilli nostri inpressione corroboravimus, cum auctoritate predicti venerandi viri domni Mathei, sanctę Romane ęcclesię legati, coram subnotatis testibus. Presbiter prefati loci .x. et .vIII. sextaria annonę habebit, medietatem tritici et medietatem alterius annonę. Matheus sepedictus legatus testis. Stephanus abbas testis. Ymarus.

(*Traces de sceau sur double queue.*)

(a) *Au dos, d'une main du* XIIIe *siècle.*

LXXXVII

S. d. [1133-1134] (1).

Accord conclu par l'entremise de Mathieu, évêque d'Albano, de Bouchard, évêque de Meaux, d'Etienne, évêque de Paris, de Suger, abbé de Saint-Denis, entre Thibaut, abbé des Fossés, et son successeurs Ascelin, d'une part, et Hugues, abbé de Saint-Germain de Paris, de l'autre, au sujet du droit pour les moines des Fossés d'élever une chapelle à Montry, dans la paroisse de Saint-Germain de Couilly.

(1) Ascelin paraît comme abbé des Fossés dans un acte de 1134 dont la date est comprise entre le 3 août et le 25 octobre (Lasteyrie, *Cartulaire de Paris*, n° 253) et il semble qu'à cette date il ait remplacé Thibaut depuis peu de temps (cf. *Gallia christ.*, t. VII, col. 293). D'autre part, aucun des évêques dont l'intervention est indiquée dans l'acte n'est mentionné comme mort. Or Bouchard, évêque de Meaux, mourut le 4 janvier 1134. La transaction est donc antérieure à cette date, et la rédaction de la notice qui la constate est sans doute de peu postérieure.

B, fol. 68 v°. — *C*, fol. 79. — *D*, fol. 239 v°. — *N3*, fol. 70 v°. — *N5*, fol. 110 v°. — *N7*, p. 100. — *N8*, fol. 71 v°. — *Z*. Copie de 1488, L 781, n° 55, fol. 4 v°.

EDIT. : (*a*) Bouillart, *Hist. de Saint-Germain-des-Prés*, pr., p. XXXVII, n° XLIX, d'après un cartulaire. — (*b*) *Gallia Christiana*, t. VII, instr. col. 55, n° LXVIII, d'après *a*. — (*c*) T. Duplessis, *Hist. de l'Église de Meaux*, t. II, p. 26 « e tabulario S. Germani » (fragment).

INDIQ. : Bréquigny, *Table chronologique*, t. II, p. 608.

HESCELINI ABBATIS FOSSATENSIS (*a*).

Noverint ad quos litterarum istarum tenor pervenerit venerabilem Teobaldum (*b*), Fossatensis monasterii abbatem, a reverendo beati Germani Parisiensis abbate Hugone ejusdemque monasterii fratribus, mediantibus religiosis viris Matheo Albanensi episcopo, Sedis Apostolice legato, Burcardo (*c*) episcopo Meldensi, Stephano Parisiensi, abbate beati Dyonisii Aryopagite Sugerio, postulasse quatinus in parrochia sancti Germani, que Colliacus dicitur, in villa que Muntericus appellatur, edificandi capellam licentiam tribuerent. Unde idem venerabilis Hugo abbas, communicato cum fratribus consilio, quia justa et rationabilis peticio ei visa est, quod petebatur concessit, eo videlicet pacto ut solum ipsum in quo capella edificaretur, cum ipsa capella, area ad domum presbiteri edificandam, cum ipsa domo que edificabitur, in jus et dominium beati Germani perpetuo traderetur, et presbitero ad habitandum per succedentia tempora manciparetur. Abbas vero Fossatensis de suo proprio vel de rebus rusticorum suorum, salvis rebus beati Germani, videlicet decimis aliisque justiciis, presbitero tres vini modios et tres annone modios dabit. Et ut hec conventio firma stabilisque permaneat, a successore ejusdem Teobaldi (*d*) Ascelino abbate venerabili his litteris sigilloque coram infrascriptis testibus firmata est. Signum donni Ascelini abbatis. *S.* Richardi prioris. *S.* Nivardi. *S.* Roberti. *S.* Bertranni (*e*). *S.* Girardi. *S.* Laurentii. *S.* Serlonis. *S.* Odonis. Testes nostri : magister Philippus (*f*), Fredericus, Herbertus major Munterici (*g*). Testes eorum : Robertus monacus (*h*), Stephanus monacus, Gofredus capellanus, Guinerannus laicus (*i*). Ego Ingelbertus cantor sancti Petri Fossatensis scripsi et subscripsi.

(*a*) Pro ecclesia de Monteriaco *D*. — (*b*) Theobaldum *CD*. — (*c*) Burchardus *C*. — (*d*) Theobaldi *D*. — (*e*) Bertramni *C*. — (*f*) Philipus *C*. — (*g*) Monterici *D*. — (*h*) *ici et ailleurs* monachus *CD*. — (*i*) Vinerandus laycus *C*.

LXXXVIII

S. d. [15 décembre 1116-1ᵉʳ août 1137] (1).

Accord conclu en présence du roi Louis VI entre Hugues, abbé de Saint-Germain des Prés, et Eudes Briart, de Corbeil, chevalier, ledit Eudes renonçant, du consentement de sa femme Rembour et de son beau-père Nantier, aux redevances qu'il prétendait percevoir sur les domaines du monastère à Villeneuve et à Valenton; l'abbaye s'engageant en échange à lui payer chaque année quinze muids de vin à l'époque des vendanges et trente-cinq sous la veille de la Saint-Denis (2).

A. Original, K 22, n° 9°.
B, fol. 83. — C, fol. 236 v°. — D, fol. 161 v°. — Z. Copie du xviiiᵉ s., LL 1043, fol. 5.

Indiq. : Tardif, *Cartons des rois*, p. 235, n° 426. — Luchaire, *Annales de Louis VI*, p. 274, n° 605.

[Concordia inter Hugonem abbatem sancti [Germani] et Hodonem Briart de Corboilo] (a).

In Xpisti nomine. Ego Hugo, abbas monasterii beati Germani Parisiacensis, notifico Xpisti fidelibus tam presentibus quam futuris quandam concordiam factam inter nos et quendam militem de Corboilo, nomine Odonem, cognomento Briarht. Isdem siquidem Odo in possessione nostra Ville Novę et Valentonis quasdam consuetudines vini, pastuum, nummorum habebat, quibus intolerabiles exactiones hominibus prefatę possessionis inferebat. Ego itaque tantas hominum nostrorum molestias graviter ferens, ipsum Odonem conveni rogans quatinus consuetudines quascumque in prefata possessione nostra habebat sub censu certo ecclesie nostrę imperpetuum condonaret. Qui, assentiente uxore sua Remburge cum liberis suis, et Nantero socero suo, peticioni nostrę assensum prebuit, tali videlicet ratione ut ecclesia nostra singulis annis .xv. modios vini et .xxxv. solidos ei vel successoribus ejus persolvat. Census autem hic tali modo reddetur : tempore vindemię major Ville Novę ipsis vel servientibus eorum ut pro vino mittant nunciabit; qui venientes ad pressorium nostrum Valentonis, excep-

---

(1) Les dates extrêmes sont celles de la mort de l'abbé Renaud, prédécesseur de Hugues, et de la mort de Louis VI.
(2) C'est-à-dire le 8 octobre.

tis doliis clausi nostri vel cujuslibet militis racemos continentibus, tria ad libitum eligent, et ab uno eorum si suffecerit, sin autem a duobus vel tribus, vel de pluribus si illa non suffecerint, .xv. modios vini ad custodiam suam (c) accipient. In vigilia vero sancti Dionisii major noster .xxxv. solidos servienti eorum Villę Novę persolvet. Si autem census hic statuto termino non solvatur, major Villę Novę lege .x. solidorum in Villa Valentonis emendet, et statuta conventio teneatur. Quod si major non emendaverit, illi tantum de terra beati Germani capiant quod censum cum lege prefata habeant. Ne vero super hac concordia aliqua controversia in posterum moveri valeat, in presentia domini regis Ludovici eam fecimus, quam huic carthę inscriptam, fratribus nostris assencientibus, in capitulo nostro coram subscriptis testibus sigilli nostri auctoritate firmavimus. *S*. Hugonis abbatis. *S*. Stephani prioris. *S*. Gaudrici. *S*. Gauterii. *S*. Roberti. *S*. Rannulfi. Testes nostri : Ansoldus de Calliaco, Hugo filius Garnerii (d), Subtanus major de Maciaco, Buchardus de Antoniaco, Gauterius major Ville Nove, Fulcherius decanus, Ingelranus de Antoniaco, Hugo major de Theodasio. Testes illius : Gaudricus de Ulmeto, Balduinus de Corboilo. Hugo Pastez. Robertus de Dravello. Guilelmus de Cauda, Robertus Hayrun.

Ego Odo cantor scripsi et subscripsi.

(CYROGRAPHUM) (e).

(a) *Au dos, d'une main du* xii*ᵉ siècle.* — (b) factam *répété A.* — (c) suum *corr. en* suam *A*. — (d) *Les diverses désignations* (filius Garnerii, de Maciaco, *etc.*) *qui accompagnent les noms sont en interligne.* — (e) *Par inférieure du mot.*

LXXXIX

Saint-Germain des Prés, 1138.

Accord conclu entre Hugues, abbé de Saint-Vincent et Saint-Germain de Paris, d'une part, et Etienne de Garlande comme tenant en avouerie le château de Gournay, pour le compte du fils de sa nièce, Amauri, comte d'Evreux, seigneur dudit Gournay, d'autre part, et portant que lesdits Etienne et Amauri renonceront, moyennant un cens annuel de cent sous parisis et 60 muids de vin, aux droits de voirie et autres coutumes qu'ils prétendaient percevoir sur les habitants de Villeneuve et de Valenton.

A. Original, K 23, n° 3³ (exemplaire conservé dans les archives de Saint-Germain-des-Prés). — *A'*. Original, K 23, n° 3² (exemplaire remis à Etienne de Garlande).
B, fol. 235 v°. — *D*, fol. 160 v°. — *Y*. Copie du XVI° siècle, LL 1087, fol. 6 v°. — *Z*. Copie du XVIII° siècle, LL 1043, fol. 5 v°.

EDIT. : Tardif, *Cartons des rois*, p. 240, n° 437.

INDIQ. : Censier de Villeneuve-Saint-Georges, LL. 1090, fol. 5.

[CARTA DE VIATURA DE GOURNAIO] (*a*).

CYROGRAPHUM (*b*).

In nomine sancte et individue Trinitatis, Patris et fili et Spiritus sancti fiat. Amen. Diffinitiones ęcclesiasticarum rerum sic decet a tractantibus rationabiliter diffiniri et scripto et testimoniis sic diffinita ||² corroborari ne in posterum oriatur astu malignitatis aliquid figmentum falsitatis. Eapropter ego Hugo, non meis meritis sed gratia Dei abbas monasterii beati Vincentii martyris et sancti Germani Parisiensis episcopi, notifico Xpisti fidelibus tam presentibus quam posteris quod servientes Stephani de Garlanda, qui eo tempore castrum Gurnaicum cum appenditiis suis in advocatione tenebat pro Amalrico, Ebrocensi comite, neptis suę filio, cui idem castrum hereditario jure successerat, quasdam villas possessionis nostrę in vicaria prefati castri sitas, scilicet Villam Novam et Valentonem et earum habitatores, mercatores etiam qui ad forum Villę Novę conveniebant, consuetudinibus et multis exactionibus vicarię (*c*) affligebant. Ego itaque hoc graviter ferens, prenominatos viros Stephanum et Amalricum, consilio fratrum nostrorum conveni et ab eis instanter petii quatinus, pro remedio animarum suarum et predecessorum suorum, vicariam quam solam in prefatis villis habebant, exactiones, consuetudines, scilicet bien, dimidium pedaticum sive rotaticum Valentonis, furti et sanguinis effusi forifactum, credentiam et capturam quam in foro Villę Novę ter per annum vicarius capere consueverat, et quicquid ad ipsam vicariam, tam in villis quam pratis, terris, vineis, aquis et in omnibus ad easdem villas adjacentibus, pertinere videbatur, ęcclesię nostre sub censu in perpetuum dimitterent. Qui petitioni nostrę assentientes, in capitulum nostrum convenerunt et assentientibus Hilduino de Thilz et uxore ejus Odelina, cum liberis suis Johanne, Maria, Manisaendę (*d*), qui dimidian vicariam in prefatis possessionibus ab ipsis tenuerant, omnem vicariam, exactiones consuetudines et quicquid ad ipsam vicariam pertinebat, sicut prescriptum est, nichil sibi retinentes, excepto feodo Johannis, videlicet vicaria terrę quam sub censu isdem Johannes a nobis in suo solum dominio tenebat, monasterio nostro absque ulla reclamatione deinceps hac ratione condonaverant ut singulis annis prenominatę villę centum solidos Parisiensis monetę et .LX. modios vini, mensuratos mensura quę in eisdem villis erat anno ab incarnatione Domini millesimo .C. tricesimo VIII (*e*), per succedentia tempora domino castri Gurnaici persolvant. Census vero iste annuatim ita persolvetur : tempore vendemię major Villę Novę preposito Gurnaici ut pro vino mittatur congrue nunciabit ; servientes vero a preposito missi ad pressoria beati Germani veniant et ibi racemis ex omni potestate collectis, vinum ad custodiam suam infra quinque dies post adventum suum a rusticis recipiant ; centum autem solidos, tertia die post festum sancti Remigii, major Villę Novę preposito Gurnaici ad ęcclesiam Valentonis singulis annis persolvat. Quod si census statutis terminis non reddatur, infra .VIII. dies post terminum rustici quod residuum est Gurnaicum deferant ; sin autem tantum dominus Gurnaici de substancia rusticorum capiat, ut censum suum habeat et sic prescripta conventio in perpetuum maneat. Quę ut firmiorem (*f*) statum habeat, communi videlicet nostra et Stephani de Garlanda et Amalrici Ebrocensis comitis deliberatione, dupplici cartę commendata, cyrographo interposito, firmita est; kartę vero per medium cyrographum divisę, partem nostro et beati Germani sigillo firmatam sibi reservaverat, partem Stephani et Amalrici sigillis corroboratam nobis retinuimus. Actum publice, coram subscriptis testibus, monasterio beati Germani Parisiensis, anno ab incarnatione Domini .M°.C°.XXX°.VIII°., regnante Ludovico rege, cui ducatus Aquitanorum successit, anno primo regni ejus.

S. Hugonis abbatis. S. Stephani prioris. S. Symonis. S. Gualterii. S. Frogerii. S. Gilonis. S. Lanfredi. S. Galonis. S. Josberti (*g*). S. Guiberti. S. Philippi. S. Rainaldi. S. Remberti. S. Guarini. S. Girardi. S. Ludovici. S. Thomę. S. Ogisi (*h*). S. Jofredi. S. Guilelmi pueri (*i*). Item S. Stephani de Garlanda (*i*). S. Amalrici comitis Ebrocensis (*i*). S. Amalrici de Mistenon (*i*). S. Hilduini de Thilz (*i*). S. Odeline uxoris Hilduini (*i*) et liberorum ejus.

Testes ex parte Beati Germani : Burcahardus de Valle Grinnosa (*i*), Jofredus filius ejus (*i*), Amalricus de Molduno, Stephanus filius ejus, Hugo filius Guarnerii, Anscherius de Isciaco (*i*), Fredericus frater ejus (*i*), Hugo filius Thebaldi (*i*), Gillebertus consanguineus abbatis, Thebaldus Osculans Diabolum (*i*), Radulphus frater ejus (*i*), Hugo Agaso (*i*), Levoinus, Hilduinus major sancti Germani, Bernardus Vitrarius, Gualterius major Villę

Novę (*i*), Adalardus thelonearius (*i*), Fulcherius decanus (*i*), Adalardus filius Bernardi (*i*), Bernoldus pontonarius (*i*), Petrus de Theodasio (*i*), Hugo major (*i*), Guarinus de Chosiaco (*i*). Testes Stephani de Garlanda et Amalrici comitis Ebrocensis : Milo de Malo Repastu (*i*), Hugo de Manla (*i*), Robertus de Combel (*j*), Stephanus frater ejus, Johannes de Campis (*i*), Ambezas, Henricus major (*i*), Guarinus de Clachi (*k*).

Ego Robertus cantor ecclesię beati Germani scripsi et subscripsi.

(Traces de deux sceaux sur double queue.)

(*a*) *Au dos, d'une main du* XIII* s. — A' *donne au dos le titre suivant, d'une main du* XIV* s. : CARTA QUOMODO ABBAS SANCTI GERMANI ACCEPIT AD CENSUM A JOHANNE DE GALLENDA DOMINO CASTRI GORNAICI QUASDAM CONSUETUDINES ET ACTIONES QUAS HABEBAT IN VILLA VALENTONIS ET VILLA NOVA. — (*b*) *Au haut de l'acte* A', *la partie inférieure des lettres de ce mot, dont la partie supérieure se trouve sur l'exemplaire* A'. — (*c*) Vicarie *ajouté en interligne, et à ce qu'il semble, d'une autre main dans* A'. — (*d*) Manisende A'. — (*e*) M°.C.XXX.VIII. A'. — (*f*) firmiorem *ajouté en interligne* A'. — (*g*) Joberti A'. — (*h*) Gogisi *avec le* G *initial barré* A. — (*i*) *Les désignations* pueri, de Garlanda, comitis Ebrocensis, de Mistenon, de Thilz, uxoris Hilduini, de Valle Grinnosa, filius ejus, de Isciaco, frater ejus, filius Thebaldi, consanguineus abbatis, Osculans Diabolum, frater ejus, Agaso, vitrarius, major Ville Nove, thelonearius, decanus, filius Bernardi, pontonarius, de Theodasio, major, de Chosiaco, de Malo Repastu, de Manla, de Combel, frater ejus, de Campis, major, de Claschi, *sont en interligne dans* A *et* A'. — (*j*) de Combel *effacé dans* A. — de Claschi A'.

XC

Provins, 1140.

Thibaut, comte palatin, à la requête de Hugues, abbé de Saint-Germain, et d'Hilduin de Marolles, limite à trente-six muids la redevance en vin que ledit Hilduin pouvait exiger à Saint-Germain-Laval sur les domaines du monastère, et règle le détail de la perception de cette redevance.

A. Original jadis scellé, K. 23, n° 6*.
B, fol. 51 v°. — C, fol. 118 v°. — D, fol. 238.

EDIT. : Tardif, *Cartons des rois*, p. 245, n° 446.

[CARTA COMITIS TEOBALDI DE MODIATIONE VINI QUAM
HILDUINUS DE MATRIOLIS IN TERRA SANCTI GERMANI
ET IN APPENDITIIS SUIS HABET] (a).

IN DEI NOMINE. CUM TESTE APOSTOLO OMNIS POTESTAS A DOMINO DEO SIT (1), NECESSE EST EIS QUI POTESTATEM HABENT, CUJUSCUMQUE HONORIS VEL DIGNITATIS SINT, NE COLLATI SIBI BENEFICII EXISTANT INGRATI, SET UTI SIBI A DEO || ² prebentur temporalia commoda, ita ipsi efficaciter studeant quatinus ex transitoriis rebus sibi Deo largiente affluentibus premia eterne beatitudinis adquirant. Quod sine dubio fit si justicie et pietati animum suum applicuerint, sanctamque Ecclesiam tuentes et servorum Dei precibus aurem accommodantes eis assensum non denegaverint. Nichil quippe offertur Deo ditius bona volunte. Ego itaque Tebaldus, Dei gratia comes palatinus, notifico tam fidelium presentie quam posteritati quod Hilduinus de Matriolis in terra sancti Germani que Sanctus Germanus et Vallis appellatur et in adjacenti potestate centum modios vini se debere habere de feodo meo testabatur. Sed quoniam ipsa terra tam guerris quam ipsius Hilduini et predecessorum ejus diversis oppressionibus pene destructa fuerat et paucis incolis habitabatur, nec ibi vinee culte erant, cum ipsam vini quantitatem habere non valeret, a paucis habitatoribus eam exigebat nec eis parcere volebat. Qua de re terre ipsius incole commoti, possessiones suas deserentes fugam parabant. Abbas vero Hugo et monachi beati Germani possessionis sue devastationem graviter ferentes, Hilduinum convenerunt rogantes ut a tanta et insolita exactione cessaret, nec ab hominibus terre sue majorem vini quantitatem quam ipse vel pater suus habuerant violenter exigeret, sicque incolis redeuntibus et terram et vineas libentius colentibus ipsis et Hilduino majus inde commodum proveniret. Hilduinus siquidem jam sibi damnum incurisse fugatis incolis prospiciens, petentium precibus celerius assensum prebuit. Quia vero advocatoriam prefate terre idem de feodo meo tenebat, utrique monachi videlicet et Hilduinus, Calestre presentiam meam adierunt, obnixe deprecantes ut huic remissioni misericorditer assentirem. Ego autem illius evangelici non surdus auditor : *Estote misericordes sicut et pater vester misericors est* (2), et illius : *Beati misericordes quoniam ipsi misericordiam consequentur* (3), petentium preces gratanter obaudivi. Statutum itaque est in presentia mea, me discernente et Hilduino assentiente, ne ab incolis eo tempore pres-

(1) *Rom.*, XIII, 1.
(2) Luc., VI, 36.
(3) Math., V, 7.

criptam terram habitantibus vel eorum successoribus major vini quantitas quam ipse vel pater ejus habuerat deinceps exigatur. Quantitas vero .xxxvi. modiorum erat. Si etiam vinum gelu vel grandine vel alia tempestate defecerit, non major vini quantitas quam in vineis erit ab ipsis extorquatur. Quod si ipsi incolę vel alii supervenientes in terris incultis, que vinum reddere solitę fuerant, vineas edificare voluerint, arpennus qui antiquitus modium vini reddere solebat, dimidium modium deinceps solvat, et dimidius arpennus quartam partem modii. Ne vero super hoc statuto aliqua controversia moveri in posterum valeat, placuit discretioni meę ut omnes terrę illius incolę cum debita vini quantitate subscribantur. Et ne quandoque hęc institutio a nostris vel ipsius Hilduini successoribus quassari valeat, hanc cartam fieri precepi, quam sigilli mei auctoritate corroboravi (b) : Rotlandus vini modium et quartam partem reddere debet ; Landricus .i. modium Petrus dimidium modium ; idem, inter se et Emelinam sororem suam, quartam partem modii ; Robertus quartam partem modii ; Johannes et Guedo gener ejus dimidium modium et quartum ; Susanna dimidium modium et quartum ; Terricus quartam partem modii et .ii. sextarios et dimidiam ; Rogerius .viii^{am}. partem modii ; Petrus dimidium modium ; Reinoardus quartam partem modii ; Britio tantumdem ; Simon tantumdem ; Isembardus dimidium modium ; Girardus quartam partem. et .ii. sextarios et dimidium ; Ernaldus .viii. partem modii ; Osanna quartam partem modii ; Reimbaldus dimidium modium ; Britiardus dimidium modium et quartam partem inter se et Emelinam sororem suam ; de terra Hilderii quartam partem ; Rainaldus et Milesendis .ii. sextarios et dimidium ; Girardus tantumdem ; Robertus dimidium modium ; Azcselina quartam partem ; Letaldus tantumdem ; Hermengardis et Guibertus quartam partem modii et quartam partem sextarii ; Clemens sacerdos quartam partem modii ; Herbertus dimidium modium ; Rainaldus tantumdem ; Eralmus dimidium modium ; idem et Leugardis ipsius avunculi uxor dimidium modium ; de astis .vii. quas Godardus tenuit dimidium modium quousque vinea crescat ; Drogo .iii. partes modii ; Vitalis quartam partem ; Ernaldus tantumdem ; Meinardus quartam partem ; Eimelina tantumdem ; Johannes quartam partem ; Eimelina tantumdem ; Milo et ipsa Eimelina quartam partem ; Gisbertus et Johannes filius ejus dimidium modium ; Robertus .iii. partes modii ; Guibertus quartam partem ; Durandus quartam partem et .ii. sextarios ; Gunterius quartam partem modii ; Letrannus tantumdem ; Tebaldus et fratres ejus .viii. sextarios et dimidium ; Odo quartam partem modii. Petrus et Odo frater ejus quartam et .ii. sextarios et dimidium ;

idem Odo .ɪɪ. sextarios; Hunoldus quartam partem modii; Josbertus tantumdem; Guilielmus .ɪɪɪ. partes modii; Guarinus .ɪɪ. sextarios et dimidium; Constantinus dimidium modium et .ɪɪɪ. sextarios et quartum; Odo quartam partem modii; Gualterius et nepos ejus dimidium modium; Ermensendis quartam partem; vinea Odonis quartam partem; Durandus dimidium modium; Robertus quartam partem et .ɪɪ. sextarios et dimidium; Odo et Amanbertus dimidium modium et .ᴠɪ. sextarios et quartam partem sextarii; Meinardus quartam partem modii; Girardus et Frollandus frater ejus .ɪ. modium et .ɪɪɪ. partes sextarii; Josbertus dimidium modium; item ipse et ejus heredes quartam partem; Frollandus quartam partem et .ɪɪ. sextarios et dimidium; Ricardus .ɪɪ. sextarios et dimidium; Rainerius quartam partem modii; Herbertus tantumdem; Tacentes dimidium modium; Terricus quartam partem; Andreas dimidium modium; Avunda et sorores ejus sextarium et dimidium; Arnulfus quartam partem modii; Henricus .ɪɪɪ. partes modii et .ɪɪɪ. partes sextarii; Arnulfus dimidium modium; Reimbaldus quartam partem ; terra Guinbaldi modium ; Robertus dimidium modium; Eremburgis dimidium modium et tres partes sextarii; Johannes dimidium modium et .ɪɪ. sextarios et dimidium; Odo quartam partem modii; Gualterius et Tebaldus dimidium modium; Benedictus quartam partem; Richerius dimidium modium; Durandus et Gillebertus frater ejus quartam partem modii et .ɪɪɪ. partes sextarii; Guibertus .ɪɪ. sextarios et quartum; Milesendis .ɪɪ. sextarios; Bertrannus dimidium modium. De curia comitis sunt testes : Stephanus de Garlandia, Goscelinus de Armello, Hildeinus de Vendopere, Petrus de Castello, Petrus Bursaldus, Albertus de Monte-Omeri, Guido de Garlandia, Marcus de Plaiotra, Herbertus Grandis de Pruvino. Ex parte vero monachorum : Teobaldus monachus, Lambertus monachus presbiter, Clemens, Galterus presbiter de Donna Maria, Rollandus major sancti Germani, Hugo custos nemorum. Ex parte vero Hilduini de Matriolis : Erardus miles et major Amanthi, Herbertus Taffeth, Fulco Gainnardus, Salomon cellararius ipsius Hilduini, Martinus Furlo, Bernardus Mignuns, Teobaldus Challou. Actum est hoc apud Pruvinum ᴀɴɴᴏ ᴀʙ ɪɴᴄᴀʀɴᴀᴛɪᴏɴᴇ Dᴏᴍɪɴɪ M°.C°.XL°, regnante Ludovico Ludovici filio, in tercio anno regni sui, Henrico archiepiscopo Senonensium cathedra residente. Willelmus clericus meus hanc cartam sigillavit.

(Traces de sceau sur double queue.)

(a) *Au dos, d'une main du* xɪɪɪ*ᵉ siècle.* — (b) *Ici s'arrêtent les copies C et D; la fin de l'acte a été rajoutée avec renvoi au fol.* 204 *v° dans D.*

XCI

Coulommiers, 1140.

Thibaut, comte de Blois, règle le différend survenu entre Hugues, abbé de Saint-Germain de Paris, et Hilduin de Marolles, au sujet des droits de gîte que ledit Hilduin prétendait exercer à son gré, par lui-même ou par ses officiers, sur la terre du monastère à Saint-Germain-Laval ; ce droit de gîte ne devra plus être exercé qu'une fois dans l'année, ou remplacé par le paiement d'une redevance de vingt-trois sous.

A. Original jadis scellé, K. 23, n°6.
B, fol. 53. — C, fol. 118 v°. — D, fol. 195 et D', fol. 28.

EDIT. : Tardif, *Cartons des rois*, p. 246, n° 447.

[CARTA DE PROCURATIONE SERVIENTIUM DOMINI MATRIOLARUM] (*a*).

EGO TEOBALDUS, Blesensis comes, existentium presentie et futurorum posteritati notum fieri volo quandam discordiam ortam fuisse inter Hugonem, abbatem Sancti Germani Parisiensis, et Hilduinum de Matriolis, de hoc scilicet quod Hilduinus et servientes ejus ex consuetudine exigere volebant hospitari pro libitu suo et procurari quocienscumque et cum quot hominibus vellent in terra sancti Germani, que monasterium sancti Germani et Vallis appellatur et in omni adjacenti potestate ; quam consuetudinem abbas econtra negabat. Hec itaque dissensio ante presentiam meam tali ordine terminata est, videlicet quod si Hilduinus in prefatam terram vel servientes ejus venerint (*b*), et hospitari seu procurari semel in anno voluerint, erit in voluntate monachi vel majoris qui tunc terre ille preerit an procurentur, an viginti et tres solidi octo diebus transactis postquam procurationem quesierint eis solummodo singulis annis tribuantur, et nullam aliam hospitalitatem seu procurationem ipse vel milites ejus in prescriptam terram exigent. Ne autem Hilduino vel heredibus suis huic pactioni contraire liceat, hanc cartam coram subscriptis testibus sigilli mei auctoritate confirmari precepi. De curia mea : Hilduino de Vendopere (*c*), Gaufridus nepos ejus, Gauterius de Bernon, Petrus Bursaudus, Albertus de Montomer. Ex parte abbatis : Gillebertus miles, Teobaldus miles, Bulcardus de Antoniaco, Petrus de Colliaco, et Hugo et Radulfus fratres ejus, Rollandus major de Sancto Germano,

Isembardus de Nogento. Testes Hilduini : Hubertus Ferlo, Milo de Cortenou, Petrus Rufus, Stephanus de Villa Nova, Gauterius filius ejus, Odo frater Hilduini, Fulco Gannardus, Ansellus de Trisi, Gillebertus filius Erardi.

Actum est hoc apud Colombarium, ANNO AB INCARNATIONE DOMINI M°.C°XL., regnante (*d*) LUDOVICO filio LUDOVICI regna Francorum. Guillelmus clericus meus scripsit.

(*Traces de sceau sur double queue.*)

(*a*) *Au dos, d'une main du* XIII*ᵉ siècle*. — (*b*) Sienerint *corr. en* venerint A. — (*c*) de Vendopere, nepos ejus, Bursaudus, etc., *et autres désignations jointes aux noms sont en interligne*. — (*d*) *Sic* A *; il faut sans doute corriger en* regente.

XCII

Saint-Germain-des-Prés, 1140.

Hugues, abbé du monastère de Saint-Germain de Paris, affranchit Lethois, serve dudit monastère, pour lui permettre d'épouser Anseau, maire de l'abbaye de Saint-Martin de Tours à Donnemarie en Montois, sous la réserve que les enfants issus du premier mariage de ladite Lethois avec Guillaume de Thenisi demeureront serfs de Saint-Germain.

B, fol. 69 v°. — D, fol. 55. — G, fol. 40 v°.

HUGONIS ABBATIS SANCTI GERMANI.

In Xpisti nomine. Ego Hugo, abbas (*a*) monasterii beati Germani Parisiensis, notifico Xpisti fidelibus tam presentibus quam futuris quod quidam homo, Ansellus nomine, major sancti Martini Turonensis de villa que Donna Maria in Montosis vocatur, adiit presentiam nostram petens a nobis quatinus quamdam mulierem, Lethois appellatam, de familia beati Germani procreatam, quam in uxorem ducere volebat, a servili conditione solveremus : sibi enim eam nisi liberam matrimonio jungere non licebat. Nos itaque petitionem ejus clementer exaudientes, communi fratrum nostrorum assensu predictam feminam ab omni servili reclamatione deinceps liberam esse concessimus, tali videlicet ratione ut liberi quos de alio marito, Guillelmo de Thanesi nuncupato, habuerat, in servitio beati Germani perpetuo maneant. Ne autem super hac libertatis concessione ab aliquo successorum nostrorum in posterum inquietari valeant, hanc cartam fieri jussimus, quam manu nostra [et] fratrum nostrorum coram subscriptis testibus firmatam sigilli nostri auctoritate corroboravimus. *S*. domni Hugonis abbatis. *S*. Stephani prioris. *S*. Galterii, Aimerici, Frogerii, Roberti, Odonis, Gilonis, Lanfredi, Galonis, Guiberti. Testes hujus rei ex parte nostra : Hugo, Levoinus, Robertus, Petrus matricularius, Stephanus. Testes Anselli : comes Teobaldus (*b*) cujus precibus hec libertas facta est, Henricus frater regis, thesaurarius sancti Martini, cujus precibus hoc actum (*c*) est, Urbanus clericus ejus, Frogerius de Montibus, Odo villanus, Stephanus forestarius. Actum monasterio sancti Germani Parisius, anno ab incarnatione Domini M°.C°.XL°., regnante rege Ludovico filio regis Ludovici magni, regni ejus anno .III°.

(*a*) Dei gratia abbas *D*. — (*b*) Theobaldus *D*. — (*c*) autum *BD*.

XCIII

S. d. [1137-1142] (1).

Laurent, prieur de Saint-Denis de la Chartre, avec l'assentiment de Thibaut, prieur de Saint-Martin des Champs, donne à cens à l'abbaye de Saint-Germain-des-Prés deux arpents de vigne sis à Issy.

C, fol. 36 v°. — *G*, fol. 61.

HEC LITTERA EST DE DUOBUS ARPENTIS VINEE APUD ISSIACUM.

Notum sit omnibus tam futuris quam presentibus quod Laurentius, prior sancti Dyonisii de Carcere, assensu domini Theobaldi, prioris ecclesie Cluniaciensis necnon et sancti Martini de Campis, et assensu tocius ecclesie ejusdem capituli, duo arpenta vinearum que ecclesia sancti Dyonisii de Carcere habebat apud villam que dicitur Exitus, ecclesie sancti Germani de Prato pro duodecim libris in perpetuum concessit. Quod ne valeat oblivione deleri, scripto commendavimus et sigilli nostri impressione firmavimus.

(1) Les dates extrêmes sont celles de la dernière mention de Henri, prédécesseur de Laurent comme prieur de Saint-Denis de la Chartre, et de l'avènement de Thibaut, prieur de Saint-Martin-des-Champs, au siège épiscopal de Paris.

XCIV

S. d. [23 février 1130-24 septembre 1143] (1).

Hugues, évêque d'Auxerre, informe le pape Innocent II que les chanoines de Sainte-Geneviève, pour le jugement du procès soutenu par eux contre l'abbé Hugues et les moines de Saint-Germain-des-Prés au sujet de la chapelle d'Esbly, ont refusé de comparaître devant ledit évêque, juge délégué par le pape, et assisté d'Aton, évêque de Troyes, Guillaume, abbé de Saint-Martin de Troyes, Josselin, doyen d'Auxerre, Manassé, archidiacre de Troyes.

B, fol. 71.

Innocentio summo et universali pontifici. Hu., Autisiodorensis ecclesię indignus minister, debitam obedientiam. Placuit paternitati vestrę controversiam quę erat inter venerabilem fratrem nostrum Hugonem, abbatem sancti Germani de Pratis, et canonicos sanctę Genovefę de capella Esbeliaci parvitati nostre committere terminandam. Precepto igitur vestro utraque parte vocata et utrorumque causa diligenter audita, utriusque partis consensu in partem secessimus cum venerabilibus viris Atone Trecensi episcopo. Guillelmo abbate sancti Martini Trecensis, Jocelino decano Autisiodorensi, Manasse archidiacono Trecensi, pluribusque aliis honestis viris ; pertractato autem judicio utrosque vocavimus ; nobis vero judicium proferre paratis, canonici sanctę Genovefę illud audire noluerunt.

XCV

Le Latran, 28 mars 1144.

Le pape Lucius II confirme en faveur de l'abbé Hugues les privilèges et les possessions du monastère de Saint-Germain-des-Prés.

(1) Les dates extrêmes sont celles du pontificat d'Innocent II. Les noms des autres personnages mentionnés dans l'acte, Hugues III, abbé de Saint-Germain-des-Prés (1116-1145), Atton, évêque de Troyes (1122-1145), Guillaume, abbé de Saint-Martin de Troyes (1121-1159 ou 1160), Josselin, doyen d'Auxerre (mentionné en 1136 et 1143, mais dont le prédécesseur ne paraît plus après 1128) ne permettent pas de délimitations chronologiques plus précises.

A. Original jadis bullé, L 227 II, n° 1.

B, fol. 4 v°. — *Y*. Copie authentique de 1664, L. 227 II, n° 1 bis. — *Z*. Copie du xvii° siècle, ibid., n° 1 ter.

INDIQ. : Lasteyrie, *Cartulaire de Paris*, p. 290, n° 308. — Jaffé, *Regesta*, n° 8549.

LUCIUS EPISCOPUS, SERVUS SERVORUM DEI, DILECTO FILIO HUGONI, ABBATI MONASTERII SANCTI GERMANI IN SUBURBIO PARISIACE CIVITATIS SITI, EJUSQUE SUCCESSORIBUS REGULARITER SUBSTITUENDIS IN PERPETUUM || ². Religiosis desideriis dignum est facilem prebere consensum, ut fidelis devotio celerem sortiatur effectum. Quia igitur dilectio tua ad Sedis Apostolice portum confugiens, tuitionem ejus devotione debita requisivit, nos supplicationi tue clementer annuimus, et ad exemplar predecessorum nostrorum felicis memorię PASCALIS et INNOCENTII, Romanorum pontificum, beati Germani monasterium, cui Deo auctore presides, cum omnibus ad ipsum pertinentibus sub beati Petri tutelam protectionemque suscipimus. Per presentis itaque privilegii paginam tibi..........................

(*Le texte est identique à celui de la bulle de Pascal II de 1107 publiée plus haut, n° LXXIII*) (*a*).

......premia eterne pacis inveniant. AMEN. AMEN. AMEN.

(*Rota*) (*b*) Ego Lucius catholicę ecclesię episcopus SS. BENE VALETE.

† Ego Conradus Sabinensis episcopus SS.

† Ego Theodewinus sanctę Rufinę episcopus SS.

† Ego Albericus Ostiensis episcopus SS.

† Ego Stephanus Prenestinus episcopus SS.

† Ego Imarus Tusculanus episcopus SS.

† Ego Petrus Albanensis episcopus SS.

† Ego Gregorius presbiter cardinalis tituli Calixti SS.

† Ego Guido presbiter cardinalis sancti Grisogni SS.

† Ego Rainerius presbiter cardinalis tituli sancte Priscę SS.

† Ego Petrus presbiter cardinalis de titulo Pastoris SS.

† Ego Hubaldus presbiter cardinalis tituli sancte Praxedis SS.

† Ego Gilibertus presbiter cardinalis tituli sancti Marci SS.

† Ego Manfredus presbiter cardinalis tituli sanctę Savinę SS.

† Ego Gregorius diaconus cardinalis sanctorum Sergii et Bachi SS.

† Ego Otto diaconus cardinalis sancti Georgii ad Velum aureum SS.

† Ego Guido diaconus cardinalis sanctorum Cosmę et Damiani SS.

† Ego Gerardus diaconus cardinalis sancte Marię in Dominica SS.

† Ego Guido in Romana ecclesia altaris minister indignus SS.

† Ego Johannes diaconus cardinalis sancti Adriani SS.

† Ego Gregorius diaconus cardinalis sancti Angeli SS.

† Ego Hugo Romane ęcclesię diaconus in sancta Lucia in Horphea SS.

† Ego Johannes diaconus cardinalis sanctę Marie Nove SS.

Datum Laterani per manum BARONIS capellani et scriptoris .V. kl. april., indictione .VII., incarnationis dominice anno M°. C°.XL°.IIII°., pontificatus vero domni Lucii .II. pape anno primo.

(Traces de bulle.)

(a) *Cependant il faut signaler l'omission de* adquiri vel *dans la phrase* quecumque etiam in futurum, *et l'adjonction des mots* salva in omnibus apostolice sedis auctoritate *après les mots...* ipsius loci facultatem damus. — (b) *Dans la Rota* : Sanctus Petrus. Sanctus Paulus. Lucius papa II. † Ostende nobis domine misericordiam tuam.

XCVI

Le Latran, 28 mars [1144].

Le pape Lucius II mande à Hu[gues], archevêque de Sens, et à G[eoffroy], évêque de Chartres, de défendre contre les usurpations les biens de l'église de Saint-Germain-des-Prés situés dans leurs diocèses, le premier en faisant exécuter la sentence promulguée par lui contre Guérin « Triagni », au sujet de l'église d'Esmans, le second en faisant procéder au partage des revenus de l'église de Montchauvet entre les moines et le curé dudit lieu.

B, fol. 4. — E, fol. 33 v°.

INDIQ. : Jaffé, *Regesta*, n° 8548.

PRIVILEGIUM LUCII PAPE

Lucius episcopus, servus servorum Dei, venerabilibus fratribus Hu., Senonensi archiepiscopo, et G., Carnotensi episcopo, salutem et apostolicam benedictionem. Ad nostrum spectat officium venerabilia loca et bona eorum diligere et fovere et a pravorum incursibus defensare. Quia igitur beati Germani de Pratis monasterium ad Sedem Apostolicam specialiter pertinet, et cum omnibus ad ipsum pertinentibus sub ipsius protectione consistit, per presentia vobis scripta mandamus quatinus ejusdem monasterii bona vel possessiones, que in vestris episcopatibus sita sunt, ab iniquorum incursione defendatis, et de parrochianis vestris, quibus fratres ipsius loci vobis conquesti fuerint, frustratoria dilatione remota debitam eis justiciam faciatis. Tu vero, frater Hu. archiepiscope, sententiam quam in Garinum Triagni, uxorem quoque et terram suam pro violatione ęcclesię beatę Marię, de Augmanto et aliis injuriis ejusdem fratribus illatis canonice promulgasti, donec satisfaciat observes et facias observari. Tu quoque, frater G., Carnotensis episcope, beneficium ęcclesię Montis Calvuli, sicut tuę discretionis privilegio continetur (1), inter monachos ipsius ecclesię et presbiterum dividi facias. Datum Laterani, .V. kal. aprilis.

XCVII

Le Latran, 10 décembre [1144].

Lettre du pape Lucius II à l'abbé Hu[gues] et aux moines de Saint-Germain-des-Prés pour les exhorter au service du Seigneur.

B, fol. 5 v°.

INDIQ. : Jaffé, *Regesta*, n° 8678

LUCII PAPE.

Lucius episcopus, servus servorum Dei, dilectis filiis, Hu. abbati et monachis sancti Germani Parisiensis, salutem et apostolicam benedictionem. Quanto beati Germani monasterium specialius ad Sedem Apostolicam pertinere dinoscitur, tanto ipsum cum omnibus pertinentiis suis propensius diligere volumus et fovere, et a pravorum incursibus defensare. Vos itaque, in Domino dilecti filii, qui abjectis pompis secularibus et mundanis illecebris in spiritu humilitatis et contrictionis Domino servire devovistis, ita professionem vestram observare et de die in diem in religionem proficere studeatis, ut Deus exinde honoretur et mater vestra sancta Romana ecclesia de vestris bonis actionibus gratuletur. Datum Laterani, .IIII. idus decembris.

(1) Cf. *supra*, n° LXXXVI.

XCVIII

Le Latran, 10 décembre [1144].

Le pape Lucius II recommande à tous les archevêques et évêques du royaume de France le monastère de Saint-Germain de Paris, et leur enjoint de protéger ses biens contre les usurpations.

B, fol. 5 v°. — E, fol. 34 v° et 101 v°.

INDIQ. ; Jaffé, *Regesta*, n° 8677.

LUCII PAPE.

Lucius episcopus, servus servorum Dei, dilectis fratribus archiepiscopis et episcopis per regnum Francię constitutis, salutem et apostolicam benedictionem. Monasterium beati Germani Parisiensis, sicut vos ignorare non credimus, beati Petri juris existit, et ad ejus proprietatem et defensionem specialiter pertinet. Unde per apostolica vobis scripta mandamus quatinus ipsum monasterium et fratres Domino ibidem servientes pro beati Petri et nostri reverentia diligatis et honoretis, et ecclesias et cetera quę in episcopatibus vestris possident, eos in pace habere permittatis et nullam eis exinde injuriam vel molestiam inferatis nec ab aliis inferri permittatis. De parrochianis vero vestris, de quibus vobis conquesti fuerint, frustratoria dilatione remota canonicam eis justiciam faciatis. Datus Laterani, .IIII. idus decembris.

XCIX

Saint-Germain des Prés, 1145 (?) (1).

Hugues, abbé du monastère de Saint-Vincent et Saint-Germain de Paris, concède en fief à son cousin Gilbert, chevalier, le moulin construit par ledit Gilbert sur le vivier du monastère, entre Cachant et l'Hay, ainsi que sa maison à Saint-Germain et le grenier qui en dépend.

B, fol. 67 v°. — D', fol. 11. — G, fol. 66.

(1) Il y a discordance entre les deux éléments chronologiques de la date car la septième année du règne de Louis VII, comptée à partir de la mort de Louis le Gros, va du 1ᵉʳ août 1143 au 31 juillet 1144.

Hugonis abbatis sancti Germani.

In nomine sanctę et individuę Trinitatis. Ego Hugo, Dei gratia abbas monasterii sancti Vincentii sanctique Germani Parisiensis, notifico sollertię omnium Xpisti fidelium tam presentium quam futurorum quod quidam miles, nomine Gislebertus, noster scilicet consanguineus, petivit a nobis quatinus molendinum quemdam, quem inter Caticantum et Lai in bevero (*a*) nostro ex suo proprio nostro assensu edificaverat, sibi in feodum concederemus. Quoniam autem isdem Gislebertus nobis diu servierat et multos labores pro ecclesia nostra nobiscum sustinuerat, ego et voluntarius fratrum nostrarum conventus nobis (*b*) unanimiter assentiens, ejus peticioni libenter annuimus et predictum molendinum, quem ex suo edificaverat, et cursum aquę liberum per terram nostram tam super molendinum quam infra, remoto omni impedimento, et esantiam quecumque in terra nostra ipsi molendino necessaria fuerit, simul etiam domum ipsius, que est apud sanctum Germanum, et horreum cum omni ejusdem domus ambitu, tam ipsi quam heredibus suis, in feodum ab ecclesia et ejusdem ecclesie abbate perpetualiter tenendum concessimus. Proinde isdem Gislebertus coram omni capitulo multis assistentibus ligium hominium nobis publice fecit, et quicumque feodum istum per successiones possidebunt, ligii homines ęcclesię hujus erunt. Ne autem super hac tam nostra quam fratrum nostrorum concessione voluntaria ab aliquo successorum nostrorum ipsi vel heredibus suis in posterum calumpnia inferri valeat, cyrographum inde fieri decrevimus. Quod manu nostra et sigilli nostri auctoritate cum subscriptis testibus corroborari voluimus, fratribusque nostris firmandum tradidimus. Actum Parisius capitulo beati Germani publice, anno incarnati verbi .M.C.XLV., regnante rege gloriosissimo Francorum Ludovico juniore, cui successit ducatus Aquitanorum, anno regni ipsius .VII. S. Hugonis abbatis. S. Stephani prioris. S. Symonis. S. Frogerii. S. Gilonis. S. Roberti. S. Lanfredi. S. Galonis. S. Rannulfi. S. Andree. S. Odonis. S. Aimerici. S. Guiberti. S. Osmundi. S. Edmundi. S. Ludovici. S. Ogisi. S. Danielis. S. Roberti. S. Milonis. S. Bernardi. S. Bartholomei. Testes Gisleberti : Guillelmus de Wiloflen, Petrus Veltra (*c*), **Tebaudus de Ivreio**, Tebertus de Parvo Ponte, Petrus de Castiniaco, Odo de Ruolio, Petrus Girbodus, Fredericus de Issiaco (*d*), Tebaudus de Mesnil, Guido de Fontanis (*e*), Fulbertus de Clamart, Odo Sutor. Testes tam nostri quam ipsius : Gislebertus major, Hilduinus decanus, Stultus coccus, Hugo mariscalus, Bernardus filius ejus (*f*), Radulfus filius Stulti (*h*), Teodericus, Levoinus,

Petrus pistor, Stephanus matricularius, Petrus, Robertus Capalu, Hugo nepos ejus, Nivilo, Fredericus filius Rainaudi de Teodasio, Stephanus filius Teoderici, Guinerannus, Petrus sanctimonialis, Girocdus, Stephanus frater ejus.

(*a*) bivero *D*. — (*b*) nobiscum *D*. — (*c*) Veiltra *D*. — (*d*) Yssiaco *D*. — (*e*) Fontaines *D*. — (*f*) filius ejus *en interligne B*. — (*g*) Radulphus *D*. — (*h*) filius Stulti *en interligne B*.

C

S. d. [1116-1145] (1).

Hugues, abbé de Saint-Germain de Paris, concède à son cousin, le chevalier Gilbert, les biens de feu Allard de Villeneuve, que ledit Gilbert avait rachetés de Bernard le Louche et de Guillaume, marchands de Paris, entre les mains desquels ledit Allard les avait mis en gage pour répondre d'un emprunt de dix livres, contracté par lui, et sur lesquels sa veuve Hersent avait encore emprunté huit livres.

B, fol. 66 v°. — D', fol. 15.

HUGONIS ABBATIS SANCTI GERMANI (*a*).

In nomine sanctę et individuę Trinitatis. Ego Hugo, Dei gratia beati Germani Parisiensis abbas, notifico Xpisti fidelibus tam posteris quam presentibus quod quidam homo noster de Villanova, cui nomen Adalardus (*b*), necessitate coactus, me assenciente et uxore ejus Hersende, a duobus mercatoribus Parisiensibus, quorum unus Bernardus Strabo dicitur, et alter Willelmus, .x. libras super omnem possessionem suam, videlicet domum, horreum, terras, vineas et prata mutuavit. Defuncto vero Adalardo, et adhuc vivente quodam parvulo, quem de prefata uxore sua genuerat, eadem mulier multis obpressa debitis, nostro assensu et parentum mariti sui, a prefatis mercatoribus .VIII. libras super predictam possessionem, nichil sibi nec etiam dotem retinens, accepit. Par-

(1) Les dates extrêmes sont celles de l'abbatiat de Hugues III. Il est certain qu'il s'agit de cet abbé et non d'un de ses homonymes, car le chevalier Gilbert, cousin de l'abbé Hugues (III) est mentionné dans une charte de 1144 ou 1145 (n° XCIX). D'autre part, l'acte est probablement postérieur à 1126, date à laquelle est mentionné comme prieur un nommé Bougrin (*Vulgrinus*), auquel succéda, avant 1137, Etienne, dont la souscription figure parmi celles de la présente charte.

vulo autem qui remanserat viam universę carnis ingresso, possessionis ejusdem hereditas per excidii consuetudinem ad nostrum dominium redacta est. Fratrem itaque et parentes prenominati Adalardi diligenter commonui ut ipsam possessionem ab universo debito liberarent, et excidium nostrum a nobis relevarent *(c)*. Illis vero redimere sive relevare nolentibus, Gillebertus miles, consanguineus noster, precepto nostro prescriptis mercatoribus .x. et .viii. libras de suo proprio reddens, eandem possessionem de universo debito liberavit, et super eam propter excidium nostrum .xxx.ii. libras nobis accommodavit. Ego itaque, communi fratrum nostrorum assensu, omnem possessionem quam Adalardus tenuerat et etiam dotem uxoris suę Hersendis, ipsa assentiente, scilicet domum, horreum, terras, vineas, prata, in perpetuum possidendam ipsi Gilleberto concessi, donec a parentibus Adalardi .L. librę Parisiensium, et quecumque in emendatione domus sive horrei vel vinearum posuerit, ei plenarie reddantur. Concessimus insuper ut terram que terraticum reddere solebat deinceps censualem habeat, et pro unoquoque arpenno in festo sancti Remigii .vi. nummos reddat, et ita omnem possessionem libere possideat, quod nullam consuetudinem, excepto censu et pressoratico et decima, nobis reddat. Si vero parentes .L. libras et emendationis sumptus ei quandoque reddere voluerint, terram quam censualem dedimus, videlicet .xxviii. arpennos, ipse vel heredes ejus in perpetuum teneant. illi autem omnem aliam possessionem habeant. Et ne super hoc in posterum a quoquam successorum nostrorum vel parentum ipsius Adalardi inquietari valeat, hoc cyrographum fieri jussimus, quod manu nostra et sigilli nostri auctoritate firmavimus. fratribusque nostris firmandum tradidimus. S. Hugonis abbatis. S. Stephani prioris. S. Simonis. S. Gauterii. S. Frogerii. S. Roberti. S. Gilonis. S. Galonis. S. Ranulfi. S. Lanfredi. S. Aimerici. S. Nicolai. S. Radulfi. S. Johannis. S. Rainaudi. S. Girardi. S. Joscelini *(d)*. S. Danielis. S. Bartholomei. S. Philippi. S. Guillelmi. S. Landrici. S. Hilderii. S. Milonis. S. Roberti. S. Henrici. S. Bernardi. S. Ludovici. S. Ogisi. S. Thome. Testes nostri : Gillebertus major, Hilduinus decanus *(e)*, Stultus et Rainaudus frater ejus *(f)*, Stephanus, Fulcherius de Villa Nova. Testes ipsius : Stephanus miles, Paganus nepos abbatis *(g)*, Teobaudus de Mesnil miles *(h)*, Eustachius de Vals, Levoinus *(i)* serviens, Teodericus *(j)*, Robertus Anglus, Petrus de Novigento, Garinus Boteri, Hivilo, Benedictus, Euvrardus frater Stulti, Radulfus filius ejusdem Stulti, Garinus filius Annes, Gauterius carpentarius et Guillelmus frater ejus, Anstes, Hugo Chapalu, Engelbertus. Fulco, Radulfus Huree. Ego Odo cantor scripsi et SUBSCRIPSI.

(a) de Pratis *ajoute* D. — (b) Adlardus D. — (c) relevaret D. — (d) Jocelini D. — (e) decanus *en interligne* B. — (f) frater ejus *en interligne* B. — (g) nepos abbatis *en interligne* B. — (h) Theobaudus miles de Mesnil D. — (i) Levonius D. — (j) Theodericus D.

CI

S. d. [1116-1145] (1).

Hugues, abbé du monastère de Saint-Vincent et Saint-Germain de Paris, confirme l'échange de vignes sises à Paray d'un côté, à Perruches et à Grignon de l'autre, conclu entre Pierre, maire de Notre-Dame d'Orly d'une part, et Hugues Romain, chanoine de Saint-Victor, et son frère Herbert, chanoine de Notre-Dame, de l'autre.

C, fol. 192. — D, fol. 135. — G, fol. 143, v°.

DE QUADAM PERMUTATIONE TERRARUM APUD PYRODIUM.

In Xpisti nomine. Ego Hugo, Dei gratia abbas monasterii sancti Vincentii sanctique Germani Parisiensis, notifico omnibus Xpisti fidelibus tam futuris quam presentibus quod Petrus, major sancte Marie de Orliaco, apud Pireadum villam nostram quandam terram, videlicet octo aripennos et dimidium, sub censu tenebat, quam propter quorumdam calumpniam sicut vellet in pace habere non poterat. Adierunt (a) itaque nostram et capituli presenciam Hugo Romanus, canonicus sancti Victoris, et Herbertus canonicus beate Marie, frater ejusdem Petri, rogantes quatinus aliam terram loco illius ad eumdem censum ubi melius nobis videretur in loco competenti ipsi commutaremus. Nos autem eorum petitioni condescendentes, predictam terram in manu nostra accepimus, et communi fratrum nostrorum assensu octo alios aripennos terre et dimidium, quinque videlicet et dimidium loco qui dicitur Perrusein (b), tres vero sub villa que dicitur Greignon predicto majori et heredibus suis, salva tamen decima nostra in perpetuum habendos, in commutationem supradicte terre concessimus; ea videlicet conditione ut salva, sicut prediximus, decima nostra, singulis annis in festo sancti Remigii (c) apud Theodasium tres solidos num-

(1) Les dates extrêmes sont celles de l'abbatiat de Hugues III auquel je crois qu'il faut attribuer l'acte, car parmi les souscriptions figure celle d'un *Robertus cantor*, également mentionné dans un acte de 1138 (*supra*, n° LXXXIX).

morum Parisiensium tam ipse quam heredes sui nobis pro censu persolvant. Ne autem concessio ista ab aliquo successorum nostrorum in posterum refragrari queat, litteras inde fieri precipimus. quas sub cirografo (*d*) distingui et nostri sigilli auctoritate corroborari testibus infrascriptis voluimus. S. Hugonis abbatis. S. Theobaudi (*e*) prioris. S. Ancherii. S. Frogerii. S. Roberti cantoris. S. Rannulphi. S. Galonis. S. Landrici. S. Anerici (*f*). S. Guiberti. S. Rainaudi. S. Danielis. S. Ogisi. S. Willelmi. S. Milonis. S. Thome. S. Bernardi. S. Henrici. S. Roberti. Testes Hugo Romanus, Herbertus de Orliaco, Nivelo sancti Marcelli, Henricus canonicus sancte Genovefe.

(*a*) Audierunt *CD*. — Perrusel *D*. — (*c*) Regimigii *C*. — (*d*) cyrographo *D*. — (*e*) Theaubaudi *C*. — (*f*) Annerici *D*.

CII

S. d. [1116-1145] (1).

Hugues, abbé du monastère de Saint-Vincent et Saint-Germain, reconnaît la donation faite audit monastère par Louis de Melun, chevalier, de la moitié des coutumes que celui-ci possédait sur les domaines de l'abbaye à Pringy, sur les bords de l'Ecole, et sur la terre de Jarville, ledit abbé lui concédant en retour la moitié de ces domaines, et le chevalier Louis devant dorénavant tenir en fief de Saint-Germain tout ce qu'il possède audit lieu.

B, fol. 79. — D, fol. 243 v°. — Z. Copie de 1488, L 781, n° 55, fol. 9 v°.

[DE QUIBUSDAM CONSUETUDINIBUS APUD PRINGI] (*a*).

Hugo, Dei gratia abbas cenobii sancti Vincentii et sancti Germani. Notifico presentibus et futuris quod quidam Milidunensis miles, nomine Ludovicus, habebat quasdam consuetudines in pos-

(1) J'attribue l'acte à l'abbatiat de Hugues III, parce que le chevalier Louis de Melun semble être le même personnage que celui qui figure dans un acte avec Aubert d'Avon (ci-après, n° CV) mort vers 1148 ou 1149. D'autre part le vocable de Saint-Vincent ne figure plus que très rarement dans la désignation du monastère, dans les actes postérieurs à l'abbatiat de Hugues III. Enfin, le *Rainaldus decanus Senonensis* est sans doute identique au *Rainardus* mentionné de 1123 à 1132 (*Gall. Christ.*, t. VII, col. 109).

sessione nostra que dicitur Pringeium et super ripam fluminis quod Scola nuncupatur, has videlicet : viaturam, justiciam, salvamentum, scilicet sextarium avene de unoquoque aripenno, corveias, et in terra de Gahervilla medietatem terre et (*b*) septem solidos de censu, quos ante nos sibi proprios accipiebat, et si quid residuum fuerat, nobiscum parciebatur. Ex his itaque omnibus supradictus miles nobis medietatem concessit. Nos autem predicte possessionis nostre medietatem sibi et heredibus ejus simili modo tam in silvis quam in hospitibus et in terra arabili et in pratis et in molendinis et in censu concessimus, excepto aripenno uno ad domum monachi construendam, ea tamen conditione ut neque de medietate sua alicui ecclesie nisi nostre donum faciat, neque ullus nostrum sine altero justiciam vel exactionem aliquam ibi facere presumat, neque de redditu aliquo serviens noster serviente suo inscio neque suus nostro inscio valente obolo retineat. Ipse vero Ludovicus quicquid ibi possidet, tam ex sua parte quam ex nostra, a nobis in feodo accepit, et presente Evrardo fratre suo atque laudante inde nobis in capitulo coram fratribus hominium fecit. Quod hominium nobis et successoribus nostris heredes quoque post obitum illius facient. Quod ut hec actio firma permaneat, cyrographum inde fieri jussimus et manu nostra firmavimus, fratribusque nostris firmandam tradidimus. S. Hugonis abbatis. S. Roberti prioris. S. Gualterii. S. Pontii. S. Odonis pueri. S. Hugonis. Testes sui : Daimbertus nepos Dainberti, Simon (*c*) de Livri, Petrus Aretromanum, Rainaldus decanus Senonensis (*d*), Joscelinus, Radulfus. Testes nostri : Petrus de Theodasio, Rainaldus, Aseo de Ferte, Hugo major, Stephanus de Erra, Galterius major, Bernardus Vitrarius, Godefridus, Robertus.

(*a*) *B ne donne pas de titre.* — (*b*) de Gahervilla medietatem terre et om. *C.* — (*c*) Symon *C.* — (*d*) Suessionensis *C.*

CIII

S. d. [1116-1145] (1).

Hugues, abbé de Saint-Vincent et Saint-Germain, concède à Guinerand le Sot le four du bourg, que ledit abbé a acquis de la femme et du fils d'Eudes le Palefrenier, la concession étant

(1) Les dates extrêmes sont celles de l'abbatiat de Hugues III, auquel il convient d'attribuer l'acte, tant en raison de la mention de son prédécesseur l'abbé Renaud qu'en raison de la note qui figure dans le nécro-

faite moyennant un cens de douze sous, et à la charge pour ledit Guinerand de servir une pitance aux religieux le jour anniversaire de la mort du père de l'abbé Hugues, puis, après le décès de celui-ci, au jour anniversaire de ce décès.

O, fol. 91.

EDIT. : Lasteyrie, *Cartulaire de Paris*, p. 478, n° 584.

In Dei nomine. Ego Hugo, abbas cenobii sancti Vincentii sanctique Germani Parisiensis, notifico Xpisti fidelibus presentibus scilicet et futuris, cum communi assensu fratrum nostrorum, quod medietatem furni hujus ville, quam precio comparavi de uxore Odonis Agasonis et filio ejus Hugone, concedimus cuidam nostro servienti nomine Guinerando, qui cognominatus est Stultus, habendum tam ipsi quam suis heredibus. Alteram vero partem ipse habebat dono et consensu predecessoris mei Rainaldi abbatis, quam et sibi concedimus. Ita ergo concedimus sibi et suis heredibus furnum hujus (*a*) habendum sub censu .XII. denariorum solvendo (*b*) in festivitate sancti Remigii, ea scilicet conditione ut in singulis annis in die anniversaria obitus patris mei, quamdiu vixero, faciat in refectorio fratribus communiter pitanciam unam bonam et congruam de piscibus, de luciis scilicet vel perticis, vel de piscibus frixis in adipe, et unicuique fratri dabit guastellum unum et unam mensuram de clarato. Cum autem obitus mei tempus advenerit, eandem quam pro patre meo fratribus refectionem faciebat, annis singulis in die anniversaria obitus mei faciet. Statuimus autem et firmavimus ut nullus presumat furnum construere in hac villa super predictum furnum, et ut nemo hospitum hujus ville presumat coquere ad alium furnum, nisi ad istum. Quod si quis presumpserit, abbati loci hujus lege emendet. Et ne ab aliquo successorum nostrorum calumpnia oriatur, constitucionem communi fratrum consilio roboratam, ne aliquis convellere audeat, sub anathemate interdiximus indeque hoc cyrographum fieri decrevimus, quod manu nostra subterfirmavimus fratribusque nostris firmandum tradidimus. Actum monasterio sancti Germani publice. *S.* domni Hugonis abbatis. *S.* Galdrici. *S.* Aymerici. *S.* Rotberti. *S.* Wlgrini. *S.* Galterii. *S.* Ernaudi. *S.* Gilonis. *S.* Galonis. *S.* Rorici. *S.* Landrici. *S.* Sansonis. *S.* Symonis. *S.* Andree. *S.* Arnulfi. *S.* Odonis. *S.* Symonis. *S.* Aymerici. *S.* Jos-

loge en marge de l'obit de Hugues III, le IX des calendes d'avril (24 mars) : « Hic fit anniversarius domni Hugonis abbatis de redditu furni istius ville » (ms. lat. 13882, fol. 73 ; cf. Lasteyrie, *Cartulaire de Paris*, p. 478, n. 1).

berti. S. Rainaldi pueri. Testes nostri : Giroldus, Petrus filius ejus, Rotbertus, Theodericus, Leobinus, Drogo. Testes illorum : Stephanus, Galterius, Aalardus, Aboinus, Landricus, Thebaudus frater ejus. Odo cancellarius scripsit et subscripsit.

(a) *sic* : *corr.* hujus [ville] *ou* hujus [modi]. — (b) solvendum O.

CIV

Le Latran, 8 janvier 1146.

Le pape Eugène III confirme en faveur de l'abbé Hugues les privilèges et les possessions du monastère de Saint-Germain de Paris.

A. Original jadis bullé, L 228, n° 1.
B, fol. 6. — G, fol. 35. — Z. Copie de 1521, L 753, n° 6.

INDIQ. : Lasteyrie, *Cartulaire de Paris*, p. 298, n° 322. — Jaffé, *Regesta*, n° 8839.

EUGENIUS EPISCOPUS, SERVUS SERVORUM DEI, DILECTO FILIO HUGONI, ABBATI MONASTERII SANCTI GERMANI PARISIACE URBIS EPISCOPI, EJUSQUE SUCCESSORIBUS REGULARITER SUBSTITUENDIS, IN PERPETUUM ‖ [2]. Quotiens illud a nobis petitur quod rationi convenire cognoscitur, animo nos decet libento concedere et petentium desideriis congruum impertiri suffragium. Hoc nimirum caritatis intuitu, dilecte in Domino fili Hugo abbas, tuis justis postulationibus clementer annuimus et predecessorum nostrorum felicis memorie PASCHALIS (1), INNOCENTI (2), LUCII (3) vestigiis inherentes. beati GERMANI monasterium cui Dei auctore presides cum omnibus ad ipsum pertinentibus sub beati Petri tutelam protectionemque suscipimus et apostolice sedis patrocinio communimus. Per presentis itaque privilegii paginam........................
 (*Le texte est conforme à celui de la bulle de Lucius II, ci-dessus, n° XCV.*)
........premia eterne pacis inveniant. AMEN. AMEN. AMEN.

(1) *Supra*, n° LXXIII.
(2) *Supra*, n° LXXXV.
(3) *Supra*, n° XCV.

(*Rota*) (*a*) Ego Eugenius catholicę ęcclesię episcopus *SS*. BENE VALETE.

Ego Conradus Sabinensis episcopus *SS*.
Ego Albericus Hostiensis episcopus *SS*.
Ego Ymarus Tusculanus episcopus *SS*.
Ego Gregorius presbiter cardinalis tituli Calixti *SS*.
Ego Guido presbiter cardinalis tituli sancti Grisogoni *SS*.
Ego Rainerius presbiter cardinalis tituli sancte Priscę *SS*.
Ego Humbaldus presbiter cardinalis tituli sanctorum Johannis et Pauli *SS*.
Ego Gislebertus indignus sacerdos sancte Romane ecclesie *SS*.
Ego Guido presbiter cardinalis tituli sanctorum Laurentii et Damasi *SS*.
Ego Nicolaus presbiter cardinalis tituli sancti Cyriaci *SS*.
Ego Manfredus presbiter cardinalis tituli sancte Savine *SS*.
Ego Villanus presbiter cardinalis tituli sancti Stephani in Cęlio monte *SS*.
Ego Bernardus presbiter cardinalis tituli sancti Clementis *SS*.
Ego Jordanus presbiter cardinalis tituli sanctę Susanne *SS*.
Ego Oddo diaconus cardinalis sancti Georgii ad Velum aureum *SS*.
Ego Guido cardinalis sanctorum Cosme et Damiani *SS*.
Ego Octavianus diaconus cardinalis sancti Nicolai in carcere Tulliano *SS*.
Ego Johannes diaconus cardinalis sancti Adriani *SS*.
Ego Gregorius diaconus cardinalis sancti Angeli *SS*.
Ego Guido diaconus cardinalis sanctę Marię in Porticu *SS*.
Ego Astaldus diaconus cardinalis sancti Eustachii juxta Templum Agrippę *SS*.
Ego Jacintus diaconus cardinalis sancte Marie in Cosmidyn *SS*.
Ego Petrus diaconus cardinalis sancte Marie in Via lata *SS*.

Datum Laterani per manum Roberti sancte Romane ecclesie presbiteri cardinalis et cancellarii, .VI. idus januarii, indictione VIII., incarnationis dominice anno .M°.C°.XL°.V°., pontificatus vero domni EUGENII .III. pape anno primo.

(*Traces de bulle*).

(*a*) *Dans la rota* : Sanctus Petrus. Sanctus Paulus. ✝ Fac mecum, Domine, signum in bonum.

CV

S. d. [1126-1145 ou 1146-1149] (1).

Hugues, abbé de Saint-Germain de Paris, confirme l'accord par lequel Aubert d'Avon, du consentement de son frère Adam et de son fils Hugues, a cédé aux chanoines de Saint-Victor de Paris des vignes qu'il tenait à cens dudit monastère de Saint-Germain et de Louis de Melun, sises à Orgenois et à Boissettes, en échange d'autres vignes également sises à Boissettes.

B, fol. 71 v°. — C, fol. 164 v°.

[De permutatione quarumdam vinearum] (a).

In nomine sancte et individue Trinitatis. Amen. Ego Hugo, Dei gratia cenobii sancti Germani Parisiensis dictus abbas, et totus noster conventus. Notum fieri volumus tam posteris quam presentibus quod Albertus de Avon quasdam vineas juxta Orgeniacum habebat, que in nostro censu et Ludovici Meledunensis (b) site sunt. Has vineas predictus Albertus assensu nostro et Ludovici, assensu etiam fratris sui Adam et filii sui Hugonis, canonicis sancti Victoris pro quibusdam vineis, quas predicti canonici apud Buxetam habebant, cambivit et in perpetuum concessit. Vineę autem istę nec pressoraticum nec aliquam omnino consuetudinem solvunt, nisi solummodo censum. Census vero hic est .xxi. denarii. Hoc tamen determinare volumus quod si predictarum vinearum census statuto termino nobis non solveretur, propter hoc ecclesia sancti Victoris justiciam nobis exequeretur (c). Quod ne valeat oblivione deleri, scripto commendavimus, et ne possit a posteris infirmari, sigilli nostri impressione et nominum fratrum nostrorum subscriptione firmavimus. Stephanus prior. Ranulfus (d)

---

(1) Aubert d'Avon est sans doute le familier de Louis VII, qui paraît dans divers actes de ce prince depuis 1139 (Luchaire, *Actes de Louis VII*, n° 50), jusqu'en 1147 (*ibid.*, n°˚ 212 et 214; cf. aussi Lasteyrie, *Cartulaire de Paris*, n° 265) et est mentionné comme mort dans un acte qui semble antérieur au mois de juillet 1149 (Luchaire, *op. cit.*, n° 233). L'acte peut donc être rapporté à l'abbatiat de Hugues III (1116-1145) et à celui de Hugues IV (1146-1152). Dans le premier cas, on peut restreindre un peu les limites chronologiques entre lesquelles il convient de le placer, en remarquant qu'il est souscrit par le prieur Etienne. Celui-ci figure dans deux actes de 1138 et de 1145, mais la dernière mention de son prédécesseur Bougrin est de 1126.

subprior. Odo cantor. De ordine sacerdotum : Symon sacerdos, Gauterus sacerdos, Frogerius sacerdos. De ordine diaconorum : Ermundus diaconus, Richardus diaconus (e), Robertus diaconus. De ordine subdiaconorum : Bartholomeus subdiaconus, Tomas (f) subdiaconus, Odo subdiaconus. De pueris : Robertus, Milo, Henricus, Willelmus (g), Bernardus (h).

(a) Ce titre manque dans B. — (b) Melundensis B. — (c) exemeretur C. — (d) Ranulphus C. — (e) Richardus diaconus om C. — (f) Thomas C. — (g) Willermus C. — (h) Bernardus om. C.

CVI

S. d. [24 janvier 1149-16 avril 1150] (1).

Josselin, évêque de Chartres, confirme le règlement fait par son oncle l'évêque Geoffroi (2), au sujet du partage des revenus de l'église de Montchauvet entre le curé dudit lieu et les moines de Saint-Germain.

A. Original, L 781, n° 4.
B, fol. 62 v°. — C, fol. 54. — D, fol. 86 v°.

[CARTA DE ECCLESIA DE MONTE CALVULO] (a).

Quoniam res geste tanto firmius fidei et memorie mandantur quanto ipse plurium scriptis et testimoniis roborantur, ego Goslenus, Dei gratia Carnotensis episcopus, rogatu monachorum sancti Germani Parisiensis, concessionem factam a domino predecessore et avunculo nostro bone memorie Gaufrido super ecclesia de Montecalvulo et beneficiis ejusdem, domini et avunculi nostri concessione, et venerabilis viri donni Mathei sancte Romane ecclesie legati consilio et auctoritate eisdem monachis assignatis, ecclesie sancti Germani concessi et nostra auctoritate firmavi. Ne ergo inter monachos et presbiterum ejusdem ecclesie scandalum sive contencio oriretur, decrevi et firmavi ut sicut in nostri predecessoris privilegio continetur, de omni jure parrochiali, videlicet tricenariis, mortuorum sepulturis, de oblationibus omnium missarum, videlicet tam pro vivis quam pro defunctis, sive de omnibus

(1) Les dates extrêmes sont celles du *terminus a quo* de l'épiscopat de Josselin et de la bulle d'Eugène III qui confirme la présente charte (ci-après, n° CVII).
(2) Cf. *supra*, n° LXXXVI.

beneficiis quecunque delata fuerint ad altare vel ad manum presbiteri, habeant monachi duas partes et presbiter terciam, excepto baptisterio quod presbitero erit totum in proprio ; de dimissis, id est lessis, habebunt monachi medietatem unam et presbiter alteram ; si dimissa, id est lessia, fuerint de terris vel edificiis, habebunt monachi in proprio totum. Amplius autem sub eadem presentium litterarum assignatione contineri volui quod, terminata controversia que fuerat inter predictos monachos sancti Germani et Hugonem presbiterum supradicte ecclesie, super predictis beneficiis que ipsi habere debebant, et super mestiva que presbitero a monachis annuatim debetur, obtinuit isdem presbiter consilio et consideratione nostra, ipsis monachis pro bono pacis concedentibus, se et successores suos de mestiva unum modium de meliori annona que fuerit in horreo sancti Germani et dimidium modium de tramisio (b), cum Medantensi mensura, absque omni contentione ulterius habituros. Affuerunt huic rei in nostra presentia testes quorum nomina subscripsimus : Hamelinus cantor, Goslenus archidiaconus, Radulphus frater ejus capicerius, Milo prepositus, Willelmus de Bello Videre, Teobaudus prior ecclesie sancti Germani, Gatho prior de Montecalvulo, Radulphus, Thomas, Ogisus, Gaufridus, Andreas.

(Traces de sceau sur double queue.)

(a) *Au dos, d'une main du* XIIIe *siècle.* — (b) *les mots* dimidium modium de tramisio *sont récrits sur un grattage.*

CVII

Le Latran, 16 avril [1150].

Le pape Eugène III confirme en faveur de l'abbé Hugues la concession faite au monastère de Saint-Germain par Geoffroi, évêque de Chartres (1), *et son successeur Josselin* (2), *de l'église de la Madeleine de Montchauvet.*

A. Original jadis bullé, L 228, n° 15.
B, fol. 8. — C, fol. 36. — D, fol. 88.

INDIQ. : Jaffé, *Regesta*, n° 9381.

(1) *Supra*, n° LXXXVI.
(2) *Supra*, n° CVI.

[CONFIRMATIO ECCLESIE DE MONTE CALVULO] (a).

EUGENIUS episcopus, servus servorum Dei, dilecto filio Hugoni, abbati monasterii sancti Germani, salutem et apostolicam benedictionem. Que a fratribus nostris episcopis maxime pro religiosorum solacio rationabili et pia intentione fiunt, in sua volumus stabilitate persistere et, ut futuris temporibus inviolabiliter observentur, auctoritatis nostre munimine roborare. Proinde, dilecte in domino fili Hu. abbas, concessionem ecclesie sanctę Marię Magdalene de Monte Calvulo, quam bonę memorię Gaufredus, Carnotensis episcopus, Hugoni predecessori tuo et Goslenus, ejusdem Gaufridi successor, tibi fecisse et scriptorum suorum munimine roborasse noscuntur, sicut ab eis rationabiliter facta est, tibi et per te monasterio cui Deo auctore preesse dinosceris confirmamus et futuris temporibus ratam manere censemus. Si quis igitur contra hanc nostre confirmationis paginam venire temptaverit, clericus ecclesiastico beneficio, laicus vero xpistiana communione privetur. Datum Laterani, .XVI. kl. maii.

(Traces de bulle.)

(a) *Au dos, d'une main du* XIII* *siècle.*

CVIII

1150.

Thibaut, évêque de Paris, fait connaître la donation faite par Amauri de « Decima » à l'église de Notre-Dame de Haute-Bruyère, où ses deux filles prennent l'habit religieux, d'une rente annuelle d'un demi-muid de froment sur la dîme de Meudon (1).

N3, fol. 71 v°, d'après l'original. — N5, fol. 112 v°. — D, fol. 71 v°, analyse du XV° siècle (2).

Ego Theobaldus, Dei gratia Parisiensis episcopus, omnibus

(1) Notre-Dame de Haute-Bruyère est un prieuré dépendant de Fontevrault, au diocèse de Chartres. Mais, en 1236, Simon, abbé de Saint-Germain-des-Prés, racheta toutes les dîmes de Meudon, et son abbaye se trouva tenue des paiements vis-à-vis des religieuses de Haute-Bruyère (Bibl. nat., ms. lat. 12840, fol. 86). C'est ce qui explique la présence de cet acte dans les archives de Saint-Germain-des-Prés.

(2) Cette analyse très étendue est ainsi conçue : « Item littera quod « Almaricus de Decima reddidit Deo et beate Marie de Alta Brueria « duas filias suas ad serviendum Deo ibi sub habitu monachali, pro

in perpetuum. Noverint tam futuri quam presentes quod Almaricus de Decima reddidit Deo et Beate Marie de Alta Brueria duas filias suas ad serviendum Deo cunctis diebus vite sue ibi sub habitu monachali. Pro quibus dedit et concessit sanctimonialibus ejusdem loci unum modium frumenti de decima de Meldon ; et inde reddi eis constituit singulis annis in perpetuum. Si vero inde non possent habere, concessit quod de proprio horreo suo de Meldon illum perficeret. Hoc autem donum similiter fecit et concessit filius ipsius Almarici Stephanus in presentia nostra et magistri Bernardi archidiaconi, ita scilicet quod ipse et heres ejus, sive quicumque terram suam de Meldon post eum habuerit, singulis annis in perpetuum et in assumptione beate Marie predictis sanctimonialibus unum modium frumenti integre persolvat. Testes sunt magister Guillelmus monachus, et frater Odoes de Alta Brueria, et Renoaldus de Morel sancti Gervasii, et Ranulphus gener magistri Roberti de Sartio. Hoc factum fuit anno incarnati verbi MCL, episcopatus autem nostri VIII°.

CIX

S. d. [1143-1150] (1).

Eudes, prieur de Saint-Martin-des-Champs, concède au monastère de Saint-Germain-des-Prés un cens annuel de cinq sous à percevoir sur la maison de Lambert « Bufetanus », pour remplacer le cens équivalent que ledit monastère de Saint-Germain percevait sur la terre donnée par Simon Terneau à l'église Saint-Jacques, dépendance de Saint-Martin-des-Champs.

« quibus dedit et concessit sanctimonialibus ejusdem loci unum modium
« frumenti de decima de Meudon et inde reddi eis constituit singulis
« annis in perpetuum. Si vero inde non possent habere, concessit quod
« de proprio horreo suo de Meudon illam perficeret, ita scilicet quod ipse
« et heres ejus sive quicumque terram suam de Meudon, post eum
« habuerit, singulis annis in perpetuum in assomptione beate Marie pre-
« dictis sanctimonialibus unum modium frumenti integre persolvat. Actum
« sub sigillo curie Parisiensis anno millesimo centesimo quinquagesimo. »

(1) Les dates extrêmes sont celles du gouvernement du prieur Eudes II à Saint-Martin-des-Champs. Il y eut un autre prieur du même nom vers 1127-1128, mais comme le remarque M. de Lasteyrie (*Cartulaire de Paris*, p. 297, n. 1) Simon Terneau est mentionné dans un acte de 1138 (*ibid.*, n° 275) ce qui donne quelque probabilité à l'attribution de l'acte à Eudes II.

A. Original jadis scellé, L 782, n° 101.
B, fol. 70 v°. — C, fol. 35. — D, fol. 34 v°. — G, fol. 29.

Édit. : Lasteyrie, *Cartulaire de Paris*, p. 297, n° 320, d'après A.

CYROGRAPHUM (a).

Notum sit (b) omnibus fidelibus tam presentibus quam futuris quod Symon (c) Ternellus dedit quamdam terram ecclesie sancti Jacobi que est de (d) jure beati Martini de Campis, ad construendam unam partem capitis ipsius ecclesie. Set, quoniam predicta terra singulis annis reddebat monasterio beati Germani de Pratis .v. denarios de censu, ego Odo, beati Martini Dei gratia prior, nolens aliquam controversiam esse inter nostram et beati Germani ecclesiam, assensu fratrum nostrorum constitui ut ecclesia sancti Germani .v. denarios illos Parisius accipiat, de domo quadam que fuit Lamberti (e) Bufetani, et modo est nostra, que antea .IIII. tantum denarios sancto Germano debebat, set amodo et deinceps .VIII. Hec autem concessio ut firmius roboraretur, cartam fieri jussimus manibusque nostris firmavimus, fratribusque firmandam tradidimus.

(*Traces de sceau sur double queue.*)

(a) *Le mot est écrit de haut en bas dans la marge de droite ; l'exemplaire comporte donc la partie inférieure des lettres du mot* CYROGRAPHUM. — (b) sit *ajouté en interligne.* — (c) ymon *ajouté en interligne.* — (d) de *ajouté en interligne.* — (e) berti *ajouté en interligne.*

CX

S. d. [vers 1150] (1).

Simon, seigneur de Néauphle, confirme la donation faite à l'église de Saint-Germain par Ansoud de Jouy et ses frères, du moulin de Vauboyen qu'ils tenaient en fief dudit Simon.

(1) Il y eut un Simon, seigneur de Néauphle-le-Chatel, qui mourut en 1244 (*Obituaires du diocèse de Chartres*, p. 304), auquel on pourrait être tenté d'attribuer l'acte, en l'absence de toute indication chronologique. Mais le moulin de Vauboyen figure dans l'état des possessions de Saint-Germain-des-Prés dressé vers 1176 (Longnon, *Polyptyque d'Irminon*, t. I, p. 224; ci-après, n° CCXXII), ce qui permet d'attribuer plutôt la pièce au Simon de Néauphle du XII° siècle, connu comme bienfaiteur des Vaux-de-Cernai, et mentionné comme tel en 1142 (Luchaire, *Actes de Louis VII*, n° 93). La pièce peut donc être rapportée approximativement au milieu du XII° siècle.

C, fol. 97 (rédaction abrégée). — *D*, fol. 59.

Ego Symon, dominus Nielfe, notum facio omnibus presentes litteras inspecturis quod Ansoudus de Joi tenebat a me in feodo medietatem molendini de Valboien. Hugo etiam et Joffredus, fratres jamdicti Ansoudi, tenebant ab eo in feodo medietatem predicte medietatis, videlicet quartam partem molendini, quam assensu fratrum meorum et mei, de cujus feodo totum erat, ipsi .H. et .J. dederunt in elemosinam ecclesie beati Germani, accipientes pro illa elemosina karitative quadraginta quinque libras de eadem ecclesia. Reliquam vero quartam partem et sepedictus .A. predicte donavit ecclesie. Ego autem, volens ut ecclesia beati Germani illam perpetue possideat elemosinam, presens inde scriptum fieri et sigillo meo precepi consignari.

CXI

S. d. [1146-1152] (1).

Devant Hugues, abbé de Saint-Germain de Paris, Hugues Pasté renonce à ses prétentions sur les héritiers de Mile, qu'il avait jadis affranchi.

B, fol. 74 v°.

DE LIBERTATE MILONIS ET HEREDUM SUORUM.

Quoniam multa que fiunt sepius concita oblivione sopiuntur, nisi litterarum noticia rursum ad memoriam reducantur, hoc precipue Xpisti fidelibus tam presentibus quam futuris presenti carta notificare curavimus quod Hugo Pastez, volens heredes Milonis quem libertati donaverat servituti sue subjugare, cum eisdem in presentia Hugonis abbatis beati Germani Parisiensis placitum iniit. Quoniam vero Bertam uxorem Milonis, matrem videlicet eorum, suo dominio mancipatam fuisse nullo modo potuit comprobare, in sua inpeticione omnino defecit, et omnem querelam quam adversus predictos heredes habebat sine aliqua in posterum recla-

(1) L'acte est sans date. Il faut sans doute identifier le vicomte Gilbert qui y est mentionné avec le vicomte de Corbeil de ce nom, mentionné en 1148 (Lebeuf, *Hist. de Paris*, éd. Augier-Bournon, t. II, p. 302), et en 1158 (Luchaire, *Actes de Louis VII*, n° 415) mort avant 1163 (*ibid.*, n° 488). L'acte doit donc être attribué à l'abbatiat de Hugues IV.

matione dimisit. Si quid etiam juris propter antiquam Milonis servitutem in ipsis habuerit, presente et assentiente Gisleberto vice comite, de cujus beneficio ipsum Milonem tenuerat, annuentibus etiam uxore Helisabeth sua et filiis Henrico et Burcardo et filia Sezilia, penitus condonavit. Hujus rei testes ex parte Hugonis : Burcardus Chevrals, Guillelmus de Cauda, Guido de Limol, Hugo de Quarraria, Robertus Herous. Testes ex parte heredum : Goffredus filius Oliveri, Herbertus de Braeia, Galterius major Ville Nove, Albuinus filius Fulcherii, Matheus Pontenarius, Bernoldus frater ejus, Balduinus, Guido, Martinus filius Constancie, Girelmus, Hubertus filius Galterii, Milo filius Ansoldi, Ogerius filius Teoderici, Rainoldus filius Fulcherii, Richerius, Martinus frater ejus, Vitalis filius Tecen, Hernoldus frater ejus, Aszo de Orli, Lambertus de Grisi, Rainoldus Bonvis, Burcardus de Antoniaco, Godefredus de Antoniaco, Hilduinus de sancto Germano, Lebonus, Bovardus Lotharingus, Diez, Guido Mala Artes, Hubertus, Fulbertus, Stephanus. Heredes Milonis de quibus hec concordia facta fuit : Albuinus filius ejus, Heldeardis filia ejus cum progenie sua, Hersendis filia ejus cum progenie sua, Berta filia ejus cum progenie sua.

CXII

S. d. [1148-1152] (1).

Eudes, abbé de Sainte-Geneviève, autorise une serve de son monastère, Ermenjart, fille de Gui, maire de Fontenay, à épouser Evrard, fils de Pierre et d'Hersent, serf de Saint-Germain-des-Prés, en devenant elle-même serve de Saint-Germain-des-Prés, dont l'abbé, Hugues, autorise en échange Benoite, serve de son monastère, à devenir serve de Sainte-Geneviève, pour épouser un homme de cette abbaye, nommé Engelbert de Fontenay.

(1) Eudes fut abbé de Sainte-Geneviève de 1148 à 1163 ou 1164 (Giard, *Hist. de Sainte-Geneviève*, dans *Mém. de la Soc. de l'hist. de Paris*, t. XXX, p. 57-59) donc l'acte peut être rapporté, en ce qui concerne Saint-Germain-des-Prés, à l'abbatiat de Hugues IV, ce qui le mettrait entre les années 1148 et 1152, ou à celui de Hugues V, ce qui le placerait entre 1162 et 1164. Il semble qu'il vaille mieux adopter les dates extrêmes 1148-1152 parce que l'acte est souscrit par Aubri, chancelier de Sainte-Geneviève, qui figure dans les actes de 1135 et de 1141 (Lasteyrie, *Cartulaire de Paris*, n° 259 et 282).

A. Original jadis scellé, L 760, n° 4.
B, fol. 70 v°. — *N4*, fol. 122.

Edit. : (a) Sauval, *Antiquités de Paris*, t. III, pr., p. 1. — (b) Leroux de Lincy, *Jacques du Breul*, dans la *Bibliothèque de l'École des chartes*, t. XXIX, p. 493, d'après *N4*.

In nomine sanctę et individuę Trinitatis. Ego Odo, Dei gratia abbas sanctę Genovefę, et ceteri fratres [nostri communi consilio] (a) concessimus quod quedam ancilla sanctę Genovefe, nomine Ermengardis, filia Guidonis Majoris de [Fonti]neto, cuidam servo sancti Germani, nomine Everardo, filio Petri et Hersendis, uxor daretur; quam Ermengardem ab omni jugo servitutis qua nobis astringebatur absolvimus, et ut fieret ancilla sancti Germani de Pratis et in eam legem [servit]utis in qua maritus suus est transire concessimus. Sed Hugo, venerabilis abbas sancti Germani, et ejusdem monasterii venerabilis conventus, mutuam vicissitudinem reddentes, concesserunt cuidam servo nostro nomine Engelberto de Fontineto dari (b) uxorem quandam ancillam sancti Germani, nomine Benedictam, et absolventes eam a jugo [pri]s[ti]nę servitutis, concesserunt fieri ancillam ęcclesię nostrę et in eam legem servitutis transire in qua est maritus suus. Ut autem [hujus] alterne mutationis concessio in posterum permaneat, litteras inde fieri decrevimus, et ipsi nobis suas cum sui sigilli auctoritate et nos eis nostras cum nostri auctoritate sigilli tradidimus. S. Odonis abbatis. S. Hugonis pri[oris]. S. Henrici subprioris. S. Guilelmi. S. Henrici presbiterorum. S. Andree. S. Guillelmi diaconorum. S. Lodoici. S. Fulcardi subdiaconorum. Ego Albericus cancellarius subscripsi.

(*Traces de deux sceaux sur double queue.*)

(a) *Certains mots sont mutilés dans l'original. Je complète les lacunes entre crochets à l'aide du cartulaire.* — (b) dari in uxorem *avec* in *barré* A.

CXIII

S. d. [1148-1152] (1).

Hugues, abbé de Saint-Vincent et Saint-Germain de Paris, autorise une serve de son monastère, Benoite, fille de Giroud, à

(1) Les dates extrêmes sont les mêmes que celles du document précédent, dont celui-ci forme la contre-partie.

épouser Engelbert de Fontenay, serf de Sainte-Geneviève, en devenant elle-même serve de ce dernier monastère, dont l'abbé Eudes autorise en échange une de ses serves, Ermenjart, fille de Gui, maire de Fontenay, à devenir serve de Saint-Germain en épousant un homme de cette abbaye, Évrard, fils de Pierre et d'Hersent.

Z. Cartulaire de Sainte-Geneviève, Bibliothèque Sainte-Geneviève, ms. n° 356, p. 176.

EDIT. : *Gallia Christiana*, t. VII, col. 714 (fragm.).

INDIQ. : Bréquigny, *Table chronologique*, t. III, p. 204.

DE COMMUTATIONE DUARUM ANCILLARUM.

In nomine sancte et individue Trinitatis. Ego Hugo, Dei gratia abbas monasterii sancti Vincentii sanctique Germani Parisiensis, amore et gratia domni Odonis, venerabilis sancte Genovefe abbatis simulque canonicorum in eadem ecclesia sub ejus regimine Xpisto deservientium, communi fratrum nostrorum assensu, concessi quod quedam ancilla de familia nostre ecclesie progenita, nomine Benedicta, Giroldi filia, cuidam servo sancte Genovefe de Fontaneto, nomine Engelberto, lege matrimonii jungeretur, quam videlicet Benedictam ab omni jugo servitutis qua nobis astringebatur absolvimus, et ut fieret ancilla sancte Genovefe, et in eam legem servitutis in qua maritus suus tenetur transiret unanimiter concessimus. Memoratus vero abbas sancte Genovefe et ejusdem ecclesie venerabilis conventus mutua vicissitudine concesserunt quod quedam ancilla sancte Genovefe, nomine Ermenjardis, filia scilicet Guidonis majoris de Fontaneto, cuidam servo sancti Germani filio Petri et Hersendis, nomine Euvrardo, desponsaretur, quam scilicet Ermenjardem ab omni jugo servitutis qua ecclesie sancte Genovefe astringebatur absolverunt, et ut fieret ancilla sancti Germani, et in eandem legem servitutis in qua maritus suus tenetur transiret unanimiter concesserunt. Ut autem hujus alterne mutuationis concessio in posterum indissolubiliter permaneat, litteras inde alterutrum fieri decrevimus et ipsi nobis suas cum sui sigilli auctoritate, nos vero eis nostras cum nostri similiter auctoritate sigilli tradidimus. S. domni Hugonis abbatis. S. Theobaudi prioris. S. Ancherii. S. Gauterii. S. Frogerii. S. Landrici. S. Galonis.

CXIV

1149-1152.

Le vicomte Anseau, du consentement de sa femme Berthe, de son frère Raoul, et d'Aelis, sœur de sa femme, affranchit un serf nommé Aubouin et sa sœur Herdeart, ainsi que leur descendance.

B, fol. 74 v°.

ANSELLI VICECOMITIS ET BERTE UXORIS EJUS.

Notum sit omnibus tam futuris quam presentibus quatinus donnus Ansellus vicecomes et uxor Berta (a), necnon Radulfus frater ipsius vicecomitis et Aales soror uxoris vicecomitis hominem istum, Alboinum nomine, cum suis heredibus et sororem, Herdeart nomine, cum suis heredibus de servitute ad libertatem erigit. Sed quoniam humana mens sepe oblivioni traditur, et falsitas locum veritatis falso cupit arripere, cartulę hujus memorie commendamus. Et ut hec libertas firma et inconvulsa permaneat, supradictus Ansellus ipse primus signum crucis faciat. Signum domni Anselli vicecomitis + Secundum (b) uxoris ejus + S. donni Radulfi fratris ipsius vicecomitis. S. sororis eorum Aales. Testes hujus rei ex parte donni Anselli : Gislebertus de Servone, Thomas filius Philippi et Arnulfus. Ex parte domni Alboini : Albertus Marmerel, Garinus de Conbellis, Guido de Ambeelia, Rainoldus de Chronia, Martinus de Chronia, Balduinus Burda, Garinus Rogerius, Giroldus de Grisi, Xpistianus Beraudus, Milo filius Bernardi, Galterius filius Ligardis. Hoc factum est Ludovici regis et Elienors reginę tempore, postquam reversi sunt Jherosolimis.

(a) Breta B. — (b) *Suppléez* : signum crucis.

CXV

Le Latran, 31 janvier 1154.

Le pape Anastase IV confirme en faveur de l'abbé Geoffroi les privilèges du monastère de Saint-Germain-des-Prés, et y ajoute le droit pour les religieux, de présenter librement aux cures des églises qu'ils possèdent.

A. Original jadis bullé, L 229, n° 7.
B, fol. 7 v°. — E, fol. 35 v°.

EDIT. : (*a*) Bouillart, *Hist. de Saint-Germain-des-Prés*, pr. p. XXXVIII, n° LI, d'après A. — (*b*) Migne, *Patr. lat.*, t. CLXXXVIII, col. 1030, n° XL, d'après *a*.

INDIQ. : Bréquigny, *Table chronologique*, t. II, p. 212. — Lasteyrie, *Cartulaire de Paris*, p. 338, n° 383. — Jaffé, *Regesta*, n° 9825.

ANASTASIUS EPISCOPUS, SERVUS SERVORUM DEI, DILECTIS FILIIS JOSFREDO, ABBATI SANCTI GERMANI PARISIENSIS URBIS QUONDAM EPISCOPI, EJUSQUE FRATRIBUS TAM PRESENTIBUS QUAM FUTURIS REGULAREM VITAM PROFESSIS, IN PERPETUUM. ‖ [1]. Effectum justa postulantibus indulgere et vigor equitatis et ordo exigit rationis, presertim quando petentium voluntatem et pietas adjuvat et veritas non relinquit. Eapropter, dilecti in Domino filii, vestris justis postulationibus clementer annuimus, et monasterium beati Germani de Pratis, in quo divino mancipati estis obsequio, sub beati Petri et nostra protectione suscipimus, et presentis scripti privilegio communimus, statuentes ut quascunque possessiones, quecunque bona idem monasterium inpresentiarum juste et canonice possidet, aut in futurum concessione pontificum, largitione regum vel principum, oblatione fidelium seu aliis justis modis, Deo propitio poterit adipisci, firma vobis vestrisque successoribus et illibata permaneant. Preterea omnem libertatem seu dignitatem que a Childeberto, Clotario et aliis Francorum regibus monasterio vestro collata est, et eorum privilegiis confirmata, vobis et per vos ecclesię vestrę auctoritate apostolica confirmamus et ratam perpetuis temporibus permanere sancimus. Precipimus autem ut chrisma, oleum sanctum, consecrationes, ordinationes et quecunque vobis ex pontificali fuerint ministerio necessaria, a nullo catholico episcopo vobis vestrisque successoribus denegentur. Sane missas, ordinationes, stationes, ab omni episcopo vel clero Parisiensis ecclesię in eodem monasterio preter voluntatem abbatis vel congregationis fieri prohibemus. Nec habeant potestatem ibi aliquid imperandi, sed nec divina ipsis officia interdicere nec excommunicare nec ad sinodum vocare abbatem aut monachos, presbiteros aut clericos ecclesiarum ipsius loci facultatem damus. Adjicimus etiam ut in parrochialibus ecclesiis quas tenetis presbiteri per vos eligantur et episcopo presententur ; quibus si idonei fuerint episcopus animarum curam committet, ut de plebis quidem cura ei respondeant, vobis autem pro rebus temporalibus ad monasterium pertinentibus debitam subjectionem impendant. Omnis autem abbas, dilecte in Domino fili Josfrede, qui post te a congregatione commissi tibi cenobii secundum regulam beati Benedicti electus fuerit, a Romano pontifice vel a quo maluerit catholico episcopo gratiam et communionem Sedis Apostolice habente benedictionem accipiat. Decernimus ergo ut nulli omnino hominum liceat supradictum monasterium temere perturbare, aut ejus possessiones auferre, vel ablatas retinere, minuere seu aliquibus vexationibus fatigare, sed illibata omnia et integra conserventur eorum, pro quorum gubernatione et sustentatione concessa sunt, usibus omnimodis profutura, salva nimirum Apostolicæ Sedis auctoritate. Si qua igitur in futurum ecclesiastica secularisve persona, hanc nostrę constitutionis paginam sciens, contra eam venire temptaverit, secundo tertiove commonita, nisi presumptionem suam congrua satisfactione correxerit, potestatis honorisque sui dignitate careat, reamque se divino judicio existere de perpetrata iniquitate cognoscat, et a sacratissimo corpore ac sanguine Dei et domini redemptoris nostri Jesu Xpisti aliena fiat, atque in extremo examine districte ultioni subjaceat. Cunctis autem eidem loco sua jura servantibus sit pax domini nostri Jesu Xpisti, quatinus et hic fructum bone actionis percipiant, et apud districtum judicem premia eternę pacis inveniant. AMEN. AMEN. AMEN.

(*Rota*) (*a*) † Ego Anastasius catholicę ecclesię episcopus *SS*.

† Ego Imarus Tusculanus episcopus *SS*.

† Ego Hugo Ostiensis episcopus *SS*.

† Ego Gregorius presbiter cardinalis tituli Calixti *SS*.

† Ego Guido presbiter cardinalis tituli sancti Chrysogoni *SS*.

† Ego Hubaldus presbiter cardinalis tituli sancte Praxedis *SS*.

† Ego Aribertus presbiter cardinalis tituli sancte Anastasie *SS*.

† Ego Julius presbiter cardinalis tituli sancti Marcelli *SS*.

† Ego Guido presbiter cardinalis tituli Pastoris *SS*.

† Ego Octavianus presbiter cardinalis tituli sanctę Cecilię *SS*.

† Ego Otto diaconus cardinalis sancti Georgii ad Velum aureum *SS*.

† Ego Rodulfus diaconus cardinalis sanctae Luciae in Septa Solis *SS*.

† Ego Gregorius diaconus cardinalis sancti Angeli *SS*.

† Ego Guido cardinalis sancte Marie in Porticu *SS*.

† Ego Odo diaconus cardinalis sancti Nicolai in carcere Tulliano *SS*.

Datum Laterani per manum Rolandi sancte Romane ecclesie presbiteri cardinalis et cancellarii, .II. kal. febr., indictione .VI., incarnationis dominice M°.C°.L°.III°., pontificatus vero domni ANASTASII PAPE .IIII. anno primo.

(a) *Dans la Rota* : Sanctus Petrus. Sanctus Petrus. Anastasius papa IIII.
✝ Custodi me, domine, ut pupillam oculi.

CXVI

S. d. [1149-3 février 1155] (1).

Josselin, évêque de Chartres, fait connaître l'accord intervenu par l'entremise de Thibaut, prieur de Saint-Germain de Paris, pour le partage des revenus de l'église de Septeuil, entre Gilon, prieur dudit lieu, et Bérard, curé de la même ville.

B, fol. 63. — C, fol. 64. — D, fol. 94 v°.

GOSLENI CARNOTENSIS EPISCOPI (*a*).

CYROGRAPHUM (*b*) Ego Goslenus, Dei gratia Carnotensis episcopus, notum volo fieri (*c*) presentibus et futuris quod inter Gilonem, Septuliaci priorem, et Berardum, ejusdem castri presbiterum, per Teobaldum (*e*), priorem sancti Germani Parisiensis, et quosdam alios fratres ejusdem monasterii, in presentia nostra pax ista constituta est, videlicet quod omnium missarum, quas monachi ante oblationem missę ejusdem presbiteri cantaverint, beneficia communiter participentur. Post oblationem autem missę ipsius, quicquid ad missas eorum venerit, monachi totum habeant, exceptis quinque annuis (*f*) sollempnitatibus in quibus tota die communiter participentur (*g*). In festo autem beati Nicholai quecumque et in animalibus (*h*) et ornamentis et nummis, IIII^{or}. pro voto offeruntur, monachi totum habeant ; de omnibus candelis, quacumque hora (*i*) offerantur, monachi duas et presbiter terciam partem habeat. In missis autem ipsius presbiteri, monachi ut solent participabuntur. Mestiva autem a monachis presbitero annuatim persolvenda hec est, .XIIII^{cim}. scilicet sextarii et dimidia mina frumenti et octo sextarii et dimidia mina ordei et octo sextarii avenę ad mensuram ejusdem castri. Huic rei interfuerunt testes : Goslenus archidiaconus, Radulfus capicierius, Willelmus camerarius.

(*a*) Pro ecclesia de Septulia *CD*. — (*b*) Cyrographum *om. CD*. — (*c*) Notum fieri volo *CD*. — (*d*) Sebtuliaci *B*. — (*e*) Theobaldum *CD*. — (*f*) annis *D*. — (*g*) participantur *B*. — (*h*) animabus *CD*. — (*i*) ora *D*.

(1) Les dates extrêmes sont celles de l'épiscopat de Josselin.

CXVII

S. d. [1152-1155] (1).

Geoffroi, abbé de Saint-Germain de Paris, fait savoir que par jugement de la cour du roi et à la suite d'un duel judiciaire, Etienne de Massy et Eustache de Bièvres, son cousin, ont été contraints de renoncer aux droits de voirie qu'ils prétendaient exercer sur le bois d'Antony, où ils avaient irrégulièrement arrêté un homme de l'abbaye.

B, fol. 73. — D, fol. 108. — X. Copie du XII° siècle, Rome, Bibl. du Vatican, fonds de la reine Christine, n° 571, fol. 2. — Y. Copie du XII° siècle, Bibl. nat., ms. lat. 11.951, fol. 169 v° (incomplet du début). — Z. Copie du XII° siècle, Bibl. nat., ms. lat. 12.404, fol.1.

EDIT. : (a) Galland, *Du franc-aleu*, p. 265, d'après B. — (b) Guibert de Nogent, *Opera*, éd. d'Achery, p. 665. — (c) Bouillart, *Hist. de Saint-Germain-des-Prés*, pr., p. XXXIX, n° LII, d'après B. — (d) Lasteyrie, *Cartulaire de Paris*, p. 342, n° 388, d'après D. — (e) Bonnin, *Droits de Saint-Germain-des-Prés en Seine-et-Oise*, p. 222, d'après a.

INDIQ. : Bréquigny, *Table chronologique*, t. III, p. 228, a. 1154

GAUFRIDI ABBATIS SANCTI GERMANI (a).

In Xpisti nomine. Ego Gaufridus, Dei gratia abbas sancti Germani Parisiensis et ejus monasterii conventus (b), notum esse volumus universitati presentium pariter et futurorum quod Stephanus de Mathiaco cepit quendam hominem nostrum, Ingelrannum de Antoniaco, quoniam ipse juxta publicam (c) stratam fossetum (d) quoddam faciebat, ubi idem Stephanus et Eustachius de Bivera consanguineus ejus mediam partem vicarię se habere clamabant. Nos autem hanc injuriam super injusta captione hominis nostri nobis illatam domino regi ostendimus. Ipse vero per submonicionem in curiam regiam veniens, omnes terras preter arpennos extra villam Antoniaci et extra villas ad eam pertinentes de vicaria quam clamabat esse asserebat, et ideo predictum hominem nostrum absque suo assensu secus viam fodientem ceperat. Dicebat insuper quod pater suus et ipse post patrem vadia belli, si quandoque in villa Antoniaci evenissent, ad voluntatem suam ex

(1) Les dates extrêmes sont celles de l'abbatiat de Geoffroi.

consuetudine apud Mathiacum et apud Calliacum (*e*) duxerant. Ad quod probandum duos homines exibuit. Porro nos hec omnia pro ecclesia nostra negantes, per Landricum de Antoniaco unum de probatoribus ejus, scilicet Lambertum de Mathiaco, in approbatione facienda quam promiserat mendosum esse monstravimus. Igitur pluribus intercurrentibus intervallis, ad diem a domino rege (*f*) statutum venit idem Stephanus cum suo pugili in curia domini regis Parisius, ubi fratres nostri Rainardus et Philippus a nobis destinati loco nostri sicut ad duellum bene muniti adfuerunt. Proinde, pertractata causa in presentia Parisiensium prepositorum Guilelmi de Gornaio (*g*), Rainoldi (*h*) de Bello Monte, Balduini Flandrensis, locum domini regis tenentium, cum non posset inter nos et predictum Stephanum pax firmari, addictus est in medio uterque pugil et ad conflictationem statutus. Cumque ambo diu multumque conflictassent et se invicem gravissime afflixissent, tandem Deo auxiliante pugil noster adversarium suum viriliter et audacter (*i*) invadens, oculum ei eripuit, et tanto conamine eum gravavit quod, illo profitente se victum esse, victoria (*j*) sibi cessit (*k*). Preterea eadem die supradictus Stephanus adduxerat duos homines in medium, per quorum testimonium probare volebat quod ipse vel servientes sui sine assensu nostro et officialium nostrorum debebant de jure metretas de villa Pyrodio ad rectum parare. Ingelbertus autem de Antogniaco, uni illorum hominum Odoni nuncupato contradicens, testimonium ipsius super hoc falsum esse se probaturum publice asseruit; et sic vadiis belli inter eos commissis, ad duellum faciendum eadem dies prefixa fuit. Cumque victoria (*l*) primo pugili nostro, sicut predictum est cessisset, prefati fratres nostri Rainardus et Philippus alium (*m*) nostrum pugilem, scilicet Ingelbertum, cum obsidibus bonis in medium adducentes, obtulerunt judicibus eum ad probandum quod promiserat. At sepedictus Stephanus presens cum ibidem non fuit, nec pugilem suum sicut mos est cum obsidibus pretaxatis judicibus exibuit, unde iidem judices fratribus nostris Rainardo et Philippo cum pugilibus et obsidibus nostris dederunt licentiam recedendi a curia, et cum ipsi judices a curia exeuntes irent ad propria, predicto Stephano obviarunt, quem pro defectu utriusque duelli captum, cum suis pugilibus et obsidibus in Castello posuerunt.

(*a*) De captione hominis nostri de Antogniaco *D*. — (*b*) et ejus monasterii conventus *om. Z*. — (*c*) publicam *om. DZ*. — (*d*) fosseum *Z*. — (*e*) Colliacum *D*. — (*f*) rege *om. BD*. — (*g*) Gornaico *XYZ*. — (*h*) Reinoldi *XYZ*. — (*i*) audanter *Z*. — (*j*) tuctoria *YZ*. — (*k*) *XY et Z remplacent la fin de l'acte, à partir de* cessit, *par le résumé suivant.* Et sic tam prefatus advocatus noster quam obsides nostri cum optentu victorie a curialibus discesserunt. Porro Stephanus et pugil ejusdem victus obsidesque sui a predictis ministerialibus domini regis retempti fuerunt et positi in Castellulo. — (*l*) victoriam *BD*. — (*m*) alum *B*.

CXVIII

S. d. [1152-1155] (1).

Geoffroi, abbé du monastère de Saint-Vincent et Saint-Germain de Paris, fonde l'anniversaire du moine Renard sur les vingt sous de rente acquis au Breuil par ledit frère, en raison du fief qu'il avait acheté de la sœur du chevalier Geoffroi de Sceaux, avec huit arpents de terre que ce même chevalier tenait en gage du maire du Breuil.

A. Original jadis scellé, L 765, n° 41.
D, fol. 91 v°.

Quoniam juxta evangelicam sententiam *dignus est operarius mercede sua* (2), equum est ut qui in domo Dei studiose laborant, preter remunerationem quam a Deo in futura vita expectant, etiam in presenti gratiarum donativum a fratribus accipiant. Iccirco ego Joffredus, Dei gratia abbas monasterii sancti Vincentii sanctique Germani Parisiensis, noticie omnium tam presentium quam futurorum significatum esse volo quod quidam miles, nomine Gaufridus de Salicibus, quoddam feodum ab ecclesia nostra tenebat, videlicet .x. solidos qui ei apud Broilum villam nostram in festo sancti Andree de censu ad nos pertinente persolvebantur, vineas etiam ad iddem feodum pertinentes, que in festo sancti Remigii quotannis .IIII^{or}. solidos nummorum reddunt, et unum hospitem apud Spinogilum cum masura sua. Hoc feodum memoratus Gaufridus sorori sue concessit quando eam marito tradidit. Que videlicet, tum quia iddem feodum ab ipsa nimis erat remotum, tum etiam paupertate cogente depressa, rogavit fratrem suum ut ei supradictum feodum vendere permitteret. Venientes itaque ambo ad ecclesiam nostram, predecessori nostro domno Hugoni abbati qui tunc erat iddem feodum venale exposuerunt. Quod cum ipse emere nollet, quidam frater noster, nomine Rainardus, timens ne quod jus erat ecclesię in alienam manum transiret, memorato predecessore nostro et fratribus nostris rogantibus, .XI. libras nummorum Parisiensium

(1) Les dates extrêmes sont celles de l'abbatiat de Geoffroi.
(2) Luc., x, 2 ; *I Tim.*, v, 18.

pro eodem feodo illis donavit. Quas illi accipientes feodum illud ecclesie liberum et absolutum, liberis suis concedentibus, publice deposuerunt et absque heredum reclamatione in perpetuum habendum concesserunt. Septem etiam aripennos terre memoratus Gaufridus in vadio habebat a majore nostro de Brolio ; quod vadium et ipsius redemptionem cum feodo quod vendidit ecclesie nostre concessit. Hoc autem totum comparavit predictus frater Rainardus, eo videlicet tenore ut dum viveret redditum illius feodi et .VII. arpennorum in manu sua teneret. Fulcherius vero monachus noster, qui Brolium ad censam habebat, redditum feodi large appendens, pro eodem feodo se singulis annis .xx. solidos fratri Rainardo aut ecclesie redditurum promisit. Et certum est quod quicumque Brolium sive ad censam sive alio modo habebit, .xx. solidos de illo feodo omni anno reddere poterit. Predecessore igitur nostro viam universe carnis ingresso, divina providentia non pro meritis nostris sed secundum ineffabilem misericordiam suam ad regimen suę ecclesię nos quamvis indignos vocavit. Quo facto rogavit nos sepedictus frater noster Rainardus ut illos .xx. solidos, quos apud Brolium in supradicto feodo emerat, ad diem anniversariam sui obitus concederemus. Nos autem bona que fecit in nostra ecclesia pensantes, communi fratrum nostrorum assensu, ejus petitioni annuimus, et illos .xx. solidos ad plenariam fratrum refectionem in die anniversaria sui obitus concessimus. Decernimus itaque ut omni anno, in festo sancti Andree, .xx. illi solidi qui de redditu supradicti feodi debentur ab eo qui Brolium tenebit ex nunc et deinceps in perpetuum reddantur ; qui quamdiu frater Rainardus vixerit in cenis fratrum expendantur, ipsoque viam universe carnis ingresso, revoluta sui obitus die anniversaria, pitantia bona de bonis piscibus ex illis .xx. solidis ematur ipsiusque anniversarium sollempniter celebretur. Omnes itaque posteros nostros in domino Jesu Xpisto obtestamur ut hoc statutum nostrum inconvulsum inviolabiliter teneant et observent. Quisquis autem temere violaverit, auctoritate Dei omnipotentis et nostra omniumque fratrum nostrorum consacerdotum excommunicationis vinculo se in perpetuum subjacere noverit. Ut autem hoc commune decretum futuris temporibus autenticum permaneat, sigilli nostri auctoritate illud corroborari decrevimus.

SS. Joffredi abbatis. SS. Gauterii prioris. SS. Rannulfi. SS. Aimerici. SS. Edmundi qui cartam scripsit. SS. Ogisi notarii. SS. Garini. SS. Tigisi. SS. Thome. SS. Guidonis. † Hos sibi conservet qui secula cuncta gubernat.

(*Traces de sceau sur double queue.*)

CXIX

s. d. [1155] (1).

Le pape Adrien IV confirme l'élection de Thibaut comme abbé de Saint-Germain-des-Prés.

G, fol. 30 v°.

CONFIRMATIO THEOBALDI ABBATIS.

Adrianus episcopus, servus servorum Dei, dilecto filio Theobaldo, abbati monasterii sancti Germani Parisiensis de Pratis, salutem et apostolicam benedictionem. Sicut illicite prelatorum electiones et contra sacrorum statuta canonum celebrate nihil in se debent firmitatis habere, ita que concorditer et juxta ecclesiasticas sanctiones facte esse noscuntur, in sua debent stabilitate consistere et robur firmitatis perpetue obtinere. Ex inspectione autem litterarum fratrum tuorum nuper accepimus quod idem fratres in presentia venerabilis fratris nostri.. Noviomensis episcopi, et dilectorum filiorum nostrorum Virgiliacensis et Raniacensis abbatum, quibus causa de remotione abbatis predecessoris tui commissa fuerat, presente etiam Remensi archiepiscopo, te in abbatem unanimiter elegerunt, et tibi regimen ipsius monasterii singulis assensum prebentibus commiserunt. Quam scilicet electionem juste et canonice factam nos ratam habentes, ipsam abbatiam tibi auctoritate Sedis Apostolice confirmamus et presentis scripti patrocinio communimus, statuentes ut nulli liceat hanc paginam, etc. (*a*).

(*a*) *Avec cette note d'une autre main* : Circa finem privilegii invenitur aliud privilegium Adriani.

CXX

Paris, 15 avril 1156-30 mars 1157.

Louis VII échange avec Thibaut, abbé de Saint-Germain de Paris, pour raison de mariages à conclure, une serve royale, nommée Hildealdis, fille de Guillaume de Choisy, contre une serve du monastère, nommée Aveline, fille d'Aimard.

(1) La bulle n'est pas datée, mais doit être évidemment de l'époque à laquelle Thibaut devint abbé de Saint-Germain-des-Prés.

B, fol. 44. — D, fol. 17 v°. — G, fol. 15 v°.

EDIT. : A. Luchaire, *Histoire des institutions monarchiques de la Frane sous les premiers Capétiens*, t. II, p. 342, d'après B.

INDIQ. : Luchaire, *Actes de Louis VII*, n° 372.

LUDOVICI REGIS

In nomine sancte et individue Trinitatis. Amen. Ego Ludovicus, Dei gracia Francorum rex. Notum facimus universis persentibus et futuris quod, pro contractu conjugiorum, ecclesie sancti Germani Parisiensis quamdam feminam nostram, Guillelmi de Causiaco filiam, donavimus quiete habendam, et pro ea, que videlicet Hildealdis dicitur, aliam Avelinam nomine, Aimardi filiam, sancti Germani Parisiensis prius feminam, in ancillatu nostro habendam accepimus. Hoc excambium concessit abbas Theobaldus et ecclesie conventus; et ut res firma sit in perpetuum et omnis amoveatur deinceps calumpnia, sigillo nostro confirmari precepimus. Actum Parisius anno ab incarnatione Domini millesimo centesimo. LVI°., astantibus in palatio nostro quorum subscripta sunt nomina et signa (a). S. comitis Theobaldi dapiferi nostri. S. Guidonis buticularii. S. Mathei camerarii. S. Mathei constabularii. Data per manum Hugonis cancellarii.

(a) D. om. et signa.

CXXI.

Le Latran, 7 mars 1159.

Le pape Adrien IV confirme en faveur de l'abbé Thibaut les privilèges de l'abbaye de Saint-Germain de Paris.

A. Original jadis bullé, L 229, n° 20.
B, fol. 8 v°. — E, fol. 26. — Y. Copie de 1664, L 229, n° 20 bis. — Z. Copie du XVII° siècle, *ibid.*, n° 20 ter.

INDIQ. : Lasteyrie, *Cartulaire de Paris*, p. 355, n° 407. — Jaffé, *Regesta*, n° 10554.

ADRIANUS EPISCOPUS, SERVUS SERVORUM DEI, DILECTIS FILIIS THEOBALDO, ABBATI SANCTI GERMANI PARISIENSIS URBIS QUONDAM EPISCOPI, EJUSQUE FRATRIBUS TAM PRESENTIBUS QUAM FUTURIS REGULAREM VITAM PROFESSIS, IN PERPETUUM.|| ². Effectum justa postulantibus indulgere et vigor equitatis et ordo exigit rationis, presertim quando petentium voluntatem et pietas adjuvat et veritas non relinquit. Eapropter, dilecti in Domino filii, vestris justis postulationibus clementer annuimus et monasterium beati Germani de Pratis, in quo divino mancipati estis obsequio, ad instar bonę memorię Anastasii pape predessoris nostri, sub beati Petri et nostra protectione suscipimus, et presentis scripti privilegio communimus, statuentes ut quascumque possessiones, quecumque bona idem monasterium in presentiarum juste et canonice possidet, aut in futurum concessione pontificum, largitione regum vel principum, oblatione fidelium, seu aliis justis modis Deo propitio poterit adipisci, firma vobis vestrisque successoribus et illibata permaneant. Per presentis itaque privilegii paginam vobis vestrisque successoribus in perpetuum confirmamus ut quecumque libertas, quecumque dignitas privilegio beati Germani, scriptis Childeberti, Clotharii atque aliorum regum Francorum vestro monasterio collata est permaneat illibata. Precipimus autem ut crisma, oleum sanctum, consecrationes, ordinationes, et quecumque vobis ex pontificali sunt ministerio necessaria, a nullo catholico episcopo vobis vestrisque successoribus denegentur. Sane missas, ordinationes, stationes ab omni episcopo vel clero Parisiensis ecclesie in eodem monasterio preter voluntatem abbatis vel congregationis fieri prohibemus, nec habeant potestatem ibi aliquid imperandi, sed nec divina ipsis officia interdicere nec excommunicare, nec ad synodum vocare abbatem aut monachos, presbiteros aut clericos ecclesiarum ipsius loci facultatem damus. Adicimus etiam ut in parrochialibus ecclesiis quas extra burgum beati Germani tenetis, presbiteri per vos eligantur et episcopo presententur. Quibus, si idonei fuerint, episcopus animarum curam committet, ut ei de plebis quidem cura, pro rebus vero temporalibus ad monasterium pertinentibus vobis respondeant. Quod si facere forte noluerint, subtrahendi eis temporalia que a vobis tenent liberam habeatis auctoritate apostolica facultatem. Omnis autem abbas, dilecte in Domino fili Theobalde, qui post te a congregatione commissi tibi cenobii secundum regulam beati Benedicti electus fuerit, a Romano pontifice vel a quo maluerit catholico episcopo gratiam et communionem Apostolice Sedis habente benedictionem accipiat. Decernimus ergo..

(*Le texte est conforme à celui de la bulle d'Anastase IV publiée plus haut*, n° CXVI.)

......premia eternę pacis inveniant. AMEN. AMEN. AMEN.

(*Rota*) (*a*) † Ego Adrianus catholice ecclesie episcopus SS. BENE VALETE. .

† Ego Hymarus Tusculanus episcopus SS.

† Ego Gregorius Sabinensis episcopus SS.

† Ego Hubaldus Hostiensis episcopus *SS*.
† Ego Julius Prenestinus episcopus *SS*.
† Ego Hubaldus presbiter tituli sanctę Crucis in Ierusalem *SS*.
† Ego Ato presbiter tituli sanctę Cecilię cardinalis *SS*.
† Ego Johannes presbiter cardinalis tituli sanctorum Silvestri et Martini *SS*.
† Ego Johannes presbiter cardinalis tituli sancte Anastasie. *SS*.
† Ego Guillelmus presbiter cardinalis tituli sancti Petri ad Vincula *SS*.
† Ego Odo diaconus cardinalis sancti Georgii ad Velum aureum *SS*.
† Ego Jacintus diaconus cardinalis sanctę Marię in Cosmydyn *SS*.
† Ego Boso diaconus cardinalis sanctorum Cosme et Damiani *SS*.
† Ego Petrus diaconus cardinalis sancti Eustachii justa templum Agrippe *SS*.

Datum Laterani per manum Rolandi sancte Romane ecclesie presbiteri cardinalis et cancellarii, non. mart., indictione .vii., incarnationis dominicę anno .M°.C°.L°.VIII°., pontificatus vero domni ADRIANI pape .IIII. anno quinto.

(a) *La devise n'a pas été inscrite dans la Rota.*

CXXII

Montpellier, 7 juillet 1162.

Le pape Alexandre III confirme en faveur de l'abbé Thibaut les privilèges et immunités du monastère de Saint-Germain de Paris.

A. Original jadis bullé, L 230, n° 8.
Y. Copie authentique de 1664, *ibid.*, n° 8 bis. — Z. Copie du XVII° s., *ibid.*, n° 8 ter.

INDIQ. : *D*, fol. 6. — Lasteyrie, *Cartulaire de Paris*, p. 370, n° 427. — Jaffé, *Regesta*, n° 10738.

ALEXANDER EPISCOPUS, SERVUS SERVORUM DEI, DILECTIS FILIIS THEOBALDO, ABBATI SANCTI GERMANI PARISIENSIS, EJUSQUE FRATRIBUS TAM PRESENTIBUS QUAM FUTURIS REGULAREM VITAM PRO-

FESSIS, IN PERPETUUM ||². Effectum justa postulantibus indulgere et vigor equitatis et ordo exigit rationis, presertim quando petentium voluntatem et pietas adjuvat et veritas non relinquit. Eapropter, dilecti in Domino filii, vestris justis postulationibus clementer annuimus et monasterium beati Germani de Pratis, in quo divino mancipati estis obsequio, quod proprie beati Petri juris existit, ad exemplum predecessorum nostrorum beate memorie PASCHALIS (1), INNOCENTII (2), LUCII (3), EUGENII (4), ANASTASII (5) et ADRIANI (6), Romanorum pontificum, sub beati Petri et nostra protectione suscipimus, et presentis scripti privilegio communimus ; statuentes ut quascumque possessiones, quecumque bona idem monasterium in presentiarum juste et canonice possidet, aut in futurum concessione pontificum, largitione regum vel principum, oblatione fidelium, seu aliis justis modis Deo propitio poterit adipisci, firma vobis vestrisque successoribus et illibata permaneant. Per presentis itaque privilegii paginam......

(*Le texte est conforme à celui de la bulle d'Anastase IV, publiée plus haut, n° CXVI.*)

......premia eterne pacis inveniant. AMEN. AMEN. AMEN.

(*Rota*) (*a*). Ego Alexander catholice ecclesie episcopus SS. BENE VALETE.

† Ego Gregorius Sabinensis episcopus SS.

† Ego Hubertus Hostiensis episcopus SS.

† Ego Bernardus Portuensis et sancte Rufine episcopus SS.

† Ego Galterius Albanensis episcopus SS.

† Ego Hubaldus presbiter cardinalis tituli sancte Crucis in Jerusalem SS.

† Ego Henricus presbiter cardinalis tituli sanctorum Nerei et Achillei SS.

† Ego Johannes presbiter cardinalis tituli sancte Anastasie SS.

† Ego Albertus presbiter cardinalis tituli sancti Laurentii in Lucina SS.

† Ego Jacintus diaconus cardinalis sancte Marie in Cosmydin SS.

† Ego Ardicio diaconus cardinalis sancti Theodori SS.

† Ego Cinthyus diaconus cardinalis sancti Adriani SS.

(1) *Supra*, n° LXXIII.
(2) *Supra*, n° LXXXV.
(3) *Supra*, n° XCV.
(4) *Supra*, n° CIV.
(5) *Supra*, n° CXV.
(6) *Supra*, n° CXXI.

† Ego Raimundus diaconus cardinalis sancte Marie in Via Lata SS.

† Ego Johannes diaconus cardinalis sancte Marie in Porticu SS.

Datum apud Montem Pessulanum per manum Hermani, sancte Romane ecclesie subdiaconi et notarii, non. jul., indictione .X., incarnationis dominice anno .MCLXII°., pontificatus vero domni ALEXANDRI pape anno tertio.

(a) *Dans la Rota* : Sanctus Petrus. Sanctus Paulus. Alexander papa III.
† Vias tuas Domine demonstra mihi.

CXXIII

S. d. [1154-24 juillet 1162] (1).

Hugues, archevêque de Rouen, donne à l'abbaye de Saint-Germain de Paris et à l'abbé Thibaut l'église de Saint-Léger en Arthies.

B, fol. 61. — D, fol. 91.

ÉDIT. : (a) Bouillart, *Hist. de Saint-Germain-des-Prés*, pr. p. XL, n° LIII, d'après B. — (b) Bonnin, *Droits de Saint-Germain des Prés en Seine-et-Oise*, p. 225, d'après a.

INDIQ. : Bréquigny, *Table chronologique*, t. III, p. 291.

HUGONIS ROTHOMAGENSIS ARCHIEPISCOPI (a).

Hugo, Dei gratia Rothomagensis archiepiscopus, dilecto suo Teobaldo (b), venerabili abbati beati Germani Parisiensis, ejusque successoribus, in perpetuum. Habet ecclesiastice regula sanctionis et ipsius forma justitie venerabilium personarum peticionibus justis benignum favorem adhibere. Eapropter, dilecte in Domino Teobalde (c), abbas sancti Germani, tibi et ecclesie tue donamus et concedimus ecclesiam sancti Leodegarii de Arteia, et ut eam libere et quiete cum decimis et beneficiis ac possessionibus et aliis omnibus ad illam pertinentibus jure stabili futuris temporibus teneatis, et sine aliqua refragatione possideatis, presentis auctoritatis unanimine roboramus ; id presertim adicientes ut presentatio presbiteri et ipsius positio in ecclesia sancti Martini de Villers ad

(1) Les dates extrêmes sont celles de l'abbatiat de Thibaut.

abbatis sancti Germani voluntatem et arbitrium nostra donatione omnimodis pertinere cognoscatur. Nulli autem hominum liceat beneficia illius ęcclesię minuere vel auferre vel aliqua vexatione convellere. Quicquid etiam in posterum justis quibusque modis in eadem ecclesia monachi poterunt adipisci, ratum et illibatum permaneat et in usumfructum illorum cedat, salvo in omnibus jure pontificali. Si quis autem adversus hanc nostrę constitutionis attestationem venire attemptaverit, sciat se divinę ultionis anathemate percelli, nisi resipuerit. Cunctis vero hęc et quę juxta sunt conservantibus sit pax domini nostri Jesu Xpisti feliciter. Amen. Presentibus et attestantibus filiis nostris Egidio archidiacono, Laurentio archidiacono, Rainaldo canonico, Berardo canonico, et Helya, Autgario (*d*) monachis et capellanis domni archiepiscopi (*e*).

(*a*) De donatione ecclesie sancti Leodegarii de Arteia cum decimis *D*. — (*b*) Thebaldo *D*. — (*c*) Theobalde *D*. — (*d*) Ausgario, Victore monachis *D*. — (*e*) archidiaconi *D*.

CXXIV

Rouen, s. d. [1154-24 juillet 1162] (1).

Hugues, archevêque de Rouen, concède à l'abbé Thibaut et aux moines de Saint-Germain-des-Prés sur la nouvelle église de Longuesse les mêmes droits que sur l'ancienne, avec la faculté de conserver cette dernière.

B, fol. 61 v°. — D, fol. 95 v°.

EDIT. : Bouillart, *Hist. de Saint-Germain-des-Prés*, pr., p XL, n° LIV, d'après *B*.

INDIQ. : Bréquigny, *Table chronologique*, t. III, p. 291.

PRIVILEGIUM HUGONIS ROTHOMAGENSIS ARCHIEPISCOPI (*a*).

Hugo, Dei gratia Rothomagensis archiepiscopus, dilectis in Xpisto fratribus Teobaldo (*b*) abbati et conventui sancti Germani de Pratis salutem et gratiam in Domino. Quę a nobis digne postulatis vobis concedere congruum duximus, tum pro religione et honestate qua per Dei gratiam domus vestra pollet, tum pro karitate qua munificentius prefulget. Eapropter ecclesiam que

(1) Les dates extrêmes sont celles de l'abbatiat de Thibaut.

noviter constructa est apud Longoessa vobis concedimus, quatinus in ea habeatis id juris et beneficii quod prius habebatis in ecclesia ipsius ville antiquiori, salvo jure pontificali et parrochiali. Antiquiorem quoque ęcclesiam, si causa orationis et devotionis divine conservare volueritis, similiter concedimus ut retineatis. Hoc autem factum est coram archidiaconis et canonicis et clericis nostris Rothomagi.

(a) De ecclesia de Longuessa *D*. — (b) Theobaldo *D*.

CXXV

S. d. [1155-1162] (1).

Thibaut, abbé de Saint-Vincent et Saint-Germain, autorise Odeline, serve de son monastère, fille de Grimoud et d'Erembour de Clamart, à épouser Gilbert, homme de Saint-Denis, en devenant serve de ce dernier monastère, dont l'abbé Eudes autorise en échange une de ses serves, Hersent, fille de Lambert de Pierrelée et de Guntaldis, à passer dans le servage de Saint-Germain pour épouser un homme de cette abbaye, Jean, maire de Rue.

A. Original jadis scellé, L 760, n° 3.

In nomine sanctę et individuę Trinitatis. Ego Teobaudus, Dei gratia abbas sancti Vincentii sanctique Germani Parisiorum episcopi, communisque fratrum nostrorum assensus concessimus quod quędam ancilla sancti Germani, nomine Odelina, filia Grimoldi et Heremburgis de Clamard, cuidam homini preciosi martiris Dyonisii, nomine Gilberto, in uxorem daretur. Quam videlicet Odelinam ab omni jugo servitutis qua nobis astringebatur absolvimus, et ut fieret ancilla preciosi martiris Dyonisii, et in eam legem servitutis in qua maritus suus Gilbertus est transiret concessimus. Sed et Odo, venerabilis abbas monasterii ejusdem preciosissimi martiris Dyonisii, una cum sibi commisso ejusdem ęcclesię venerabili conventu, mutuam vicissitudinem reddentes, concesserunt cuidam homini sancti Germani, nomine Johanni, majori de Ruta, dari in uxorem quandam ancillam jam sepedicti martiris preciosi Dyonisii, nomine Hersendim, filiam Lamberti de Petralata et Guntaldis, et absol-

(1) Les dates extrêmes sont celles de l'abbatiat de Thibaut à Saint-Germain-des-Prés et d'Eudes à Saint-Denis.

ventes eam a jugo pristinę servitutis, concesserunt fieri ancillam ęcclesię beati Germani, et in eam legem servitutis transire in qua est maritus suus Johannes. Ut autem hujus alternę mutationis concessio firma permaneat, et ne a quoquam immutari valeat, litteras inde fieri decrevimus et ipsi nobis suas cum sui sigilli autoritate, et nos vicissim eis nostras cum nostri sigilli auctoritate contradidimus et subtersignavimus. S. Teobaudi abbatis. S. Rainnaudi prioris. S. Roberti cantoris. S. Ranulfi. S. Aymerici. S. Landrici. S. Radulfi. S. Bartholomei. S. Ansoldi. S. Odonis. S. Johannis. S. Hecelini puerorum. Testes sunt : Ansoldus prior, Jordannus infirmarius, Suggerius hospiciarius, Radulfus de Petrafrita, Aymericus de Diogilo, Adam faber, Gaufredus major de Arcolio, Johannes Engulevent, Thomas Brito.

(Traces de sceau sur double queue.)

CXXVI

S. d. [1155-1162] (1).

Eudes, abbé de Saint-Denis, autorise Hersent, fille de Lambert de Pierrelée et de Guntaldis, à épouser Jean, maire de Rue, homme de Saint-Germain, en devenant serve de ce dernier monastère, dont l'abbé Thibaut autorise en échange une de ses serves, Odeline (2), fille de Grimoud et d'Erembour de Clamart, à passer dans le servage de Saint-Denis, pour épouser un homme de cette abbaye, nommé Gilbert.

B, fol. 69. — D, fol. 55. — G, fol. 40 v°.

ODONIS ABBATIS SANCTI DYONISII.

In nomine sancte et individue Trinitatis. Ego Odo, Dei gratia ecclesie beati Dyonisii abbas, communisque fratrum nostrorum assensu concessimus quod quedam ancilla beati Dyonisii, nomine Hersendis, filia Lamberti de Petralata et Guntaldis, cuidam homini sancti Germani, nomine Johanni, majori de Ruta, in uxorem daretur. Quam videlicet Hersendem ab omni jugo servitutis

---

(1) Les dates extrêmes sont les mêmes que celles du document précédent, dont celui-ci constitue la contre-partie.

(2) Appelée Adelina dans le corps de l'acte, mais je préfère la forme donnée à ce nom dans la charte émanée de Thibaut, puisque celle-ci s'est conservée en original.

qua nobis astringebatur absolvimus, ut fieret ancilla beati Germani et in eam legem servitutis in qua maritus suus est Johannes transiret concessimus. Sed et Theobaldus venerabilis abbas monasterii sancti Germani Parisiensis episcopi, una cum sibi commisso ejusdem ecclesie conventu, mutuam vicissitudinem reddentes, concesserunt cuidam homini beati Dyonisii, nomine Gilberto, dari in uxorem quamdam ancillam sancti Germani, nomine Adelinam, filiam Grimoldi et Eremburgis de Clamart, et absolventes eam a jugo pristine servitutis concesserunt fieri ancillam ecclesie sancti Dionysii, et in eam legem servitutis transire, in qua est maritus suus Gilbertus. Ut autem hujus alterne mutationis concessio firma permaneat, et ne a quoquam immutari valeat, litteras inde fieri decrevimus, et ipsi nobis suas cum sui sigilli auctoritate, et nos vicissim eis nostras cum nostris sigilli auctoritate contradidimus et subtersignavimus SS. Odonis abbatis. SS. Ansoldi prioris. SS. Odonis subprioris. SS. Roberti thesaurarii. SS. Jordani infirmarii. SS. Ilberti cantoris. SS. Pauli sacerdotis. SS. Girardi pueri. SS. Roberti pueri. SS. Willelmi cancellarii. Testes vero sunt : Garinus de Valenton, Ernaudus Anglicus, Gillebertus miles, Hilduinus decanus, Gillebertus major, Hugo granatarius, Halinardus Disse, Engelbertus decanus de Antoniaco.

CXXVII

Paris, 1er août 1162-20 février 1163.

Jugement rendu par la cour de Louis VII en faveur de Hugues, abbé de Saint-Germain-des-Prés, contre Simon d'Anet, qui prétendait percevoir diverses redevances sur les domaines du monastère sis à Dammartin, et autres lieux en dépendant, contrairement au privilège concédé à ladite abbaye par le roi Robert (1), et affirmait à tort qu'au temps de l'abbé Geoffroi, un précédent jugement de la même cour avait reconnu ses droits à ce sujet.

A. Original jadis scellé, K 24, n° 6.
B, fol. 42. — D, fol. 80 et 83 (extrait).

EDIT. : (a) Duchesne, *Hist. de la maison de Châtillon-sur-Marne*, pr., p. 26, d'après B. — (b) Tardif, *Cartons des rois*, p. 296,

(1) Cf. *supra*, n° LII.

n° 575, d'après *A*. — (c) Langlois, *Textes pour servir à l'histoire du Parlement*, p. 22, n° XIII, d'après *A* et *b* (incomplet).

INDIQ. : Bréquigny, *Table chronologique*, t. III, p. 315. — Luchaire, *Actes de Louis VII*, n° 457.

[CARTA CONTRA SYMONEM DE POTESTATE DOMNI MARTINI] (a).

IN NOMINE SANCTE ET INDIVIDUE TRINITATIS. AMEN. EGO LUDOVICUS, DEI GRATIA FRANCORUM REX. ||² Quoniam maxima pars hominum prompta est ad malum, et illi qui versuti sunt ad premendum pauperes et ad lacerandum impune bona ęcclesiarum sapientes nominantur, decet regiam amministrationem in habundantiori severitate crescentis malitę prohibere impetum, et illis qui minus possunt resistere vigilantis protectionis superextendere brachium. Sciant itaque universi tam presentes quam futuri quod venerandus abbas sancti GERMANI Parisiensis, Hugo nomine, nobis proclamavit super Simone de Aneto quod in terra ęcclesię, videlicet in potestate Domni Martini, et villa Laoniarum, in Liricurte, in Lentivilla, in Suvercurte, in Genestvilla, in Badamrete, in Spicarias, in Valle, in Aumasa, in Loputeo, in Mirebello, in Glatiniaco, in Cantamerlo, in Trullo, in Becherello, et in hominibus et in terris ad potestatem pertinentibus, illicitas exactiones habere volebat, contra antecessoris nostri regis Roberti institutionem et privilegium, quod in audientia nostra fecimus legi. Itaque propter querimoniam jamdicti abbatis submonuimus Simonem ante nos, et ad diem venerunt abbas et Simon. Exposuit abbas querimoniam suam, et enuntiavit injustas exactiones quę fiebant ęcclesię contra preceptum regis Roberti et veritatem privilegii cujus meminimus. Simon respondit se de eisdem querelis in curia regia litigasse alio in tempore cum antecessore ejus abbatę Gofrido, et per judicium curię id ipsum obtinuisse, quod ad diem paratus esset probare. Econtra abbas Hugo, tam pro se et ęcclesia sua quam pro suo antecessore Gofrido, negavit quod nunquam illas consuetudines disrationasset. Decurso postmodum respectu, veniens Simon in curiam, defecit in approbatione facienda quam promiserat, et propter defectum suum decidit a causa, et tunc per assensum utriusque partis tradita res est judicibus, ubi baronum nostrorum affuit magna frequentia : Stephanus de Sancero, Herveus de Gienno, Guido de Castellione, Guillelmus de Melloto, Drogo de Melloto, Guillelmus de Garlanda, Guido de Garlanda et alii quamplures, in quorum presentia relatum est judicium ad hunc modum quod, cum Simon de Aneto in potestate Domni Martini et Laoniis et in aliis villis prenominatis et in hominibus atque terris ad potestatem pertinentibus vellet habere consuetudines, reclamante ecclesia et monachis sancti Germani, quas consuetudines se dicebat disrationasse in curia regis, et hoc se promisit ostensurum, et defecit in ostensione, abbas sancti Germani juste liberam et absolutam obtinet querelam suam, et res ecclesie, sicut prenominate sunt, in pace erunt, sicut ex continentia precepti regis Roberti manifeste liquet. Ne super hoc postmodum posset oriri questio, actionem conscribi et nostro sigillo precepimus communiri, adjecto karactere nostri nominis. Actum publice Parisius, anno incarnati verbi .M°.C°.LX°.II°., regni nostri .XX^{mo}.VI°., astantibus in palatio nostro quorum apposita sunt nomina et signa. S. Blesensis Theobaldi dapiferi nostri. S. Guidonis buticularii. S. Mathei camerarii. Constabulario nullo.

Data per manum (*Monogramme*) HUGONIS cancellarii.

(*Traces de sceau sur lacs de soie verte et rouge*).

(a) *Au dos, d'une main du* XIIIe *siècle.*

CXXVIII

Paris, 20 février 1163.

Le pape Alexandre III confirme la sentence rendue par la cour de Louis VII en faveur de Saint-Germain-des-Prés contre Simon d'Anet, au sujet de la terre de Dammartin et de ses dépendances.

A. Original jadis bullé, L 230, n° 9.

INDIQ. : Jaffé, *Regesta*, n° 10822.

ALEXANDER episcopus, servus servorum Dei, dilectis filiis Hugoni abbati et fratribus monasterii sancti Germani Parisiensis, salutem et apostolicam benedictionem. Justis petentium ||² desideriis facilem nos convenit impertiri consensum, et vota que a rationis tramite non discordant effectu sunt prosequente complenda. Eapropter, dilecti in Domino filii, vestris justis postulationibus grato concurrentes assensu, sententiam quam karissimus in Christo filius noster LUDOVICUS, illustris Francorum rex, super controversia que inter vos et Symonem de Aneto de quibusdam villis et possessionibus rationabiliter protulisse dinoscitur, auctoritate apostolica duximus roborandam. Que videlicet sententia ab ipso rege est taliter promulgata et scripto suo firmata, sicut in subsequentibus invenitur expressum : « Quoniam maxima pars hominum......

(*La bulle reproduit ici l'acte publié au n° précédent.*)

......adjecto karactere nostri nominis. »

Ut autem hec sententia futuris temporibus inviolabiliter perseveret, nos eam auctoritate apostolica confirmamus et presentis scripti patrocinio communimus ; statuentes ut nulli omnino hominum fas sit hanc paginam nostrę confirmationis infringere vel ei aliquatenus contraire. Si qua igitur in futurum ecclesiastica secularisve persona hanc nostrę confirmationis paginam sciens, contra eam temere venire temptaverit, secundo tertiove commonita, nisi presumptionem suam congrua satisfactione correxerit, potestatis honorisque sui dignitate careat, reamque se divino juditio existere de perpetrata iniquitate cognoscat. Conservantes hec omnipotentis Dei et beatorum Petri et Pauli apostolorum ejus benedictionem et gratiam consequantur. AMEN. AMEN. AMEN.

(*Rota*) (*a*) † Ego Alexander catholice ecclesie episcopus subscripsi. BENE VALETE.

[*Col.* 1] † Ego Hubaldus presbyter cardinalis tituli sancte Crucis in Jerusalem SS.

† Ego [Henri]cus presbiter cardinalis tituli sanctorum Nerei et Achillei SS.

† Ego Johannes presbiter cardinalis tituli sancte Anastasie SS.

† Ego Albertus presbiter cardinalis tituli sancti Laurentii in Lucina SS.

† Guillelmus presbiter cardinalis tituli sancti Petri ad Vincula SS.

[*Col.* 2] † Ego Hubaldus Hostiensis episcopus SS.

† Ego Bernardus Portuensis et sancte Rufine episcopus.

† Ego Gualterius Albanensis episcopus SS.

[*Col.* 3] † Ego Jacintus diaconus cardinalis sancte Marie in Cosmydyn SS.

† Ego Oddo diaconus cardinalis sancti Nicholai in Carce[re] (*b*) Tulliano SS.

† Ego Ardicio diaconus cardinalis sancti Theodori SS.

† Ego Boso diaconus cardinalis sanctorum Cosme et Damiani SS.

† Ego Cinthyus diaconus cardinalis sancti Adriani SS.

(*a*) *Dans la Rota* : Sanctus Petrus. Sanctus Paulus. Alexander papa III. † Vias tuas Domine demonstra mihi. — (*b*) Carce *A*.

† Ego Johannes diaconus cardinalis Sanctę Marię in Porticu SS.

† Ego Manfredus diaconus cardinalis sancti Georgii ad Velum aureum SS.

Datum Parisius per manum Hermanni, sancte Romane ecclesie subdiaconi et notarii, nono kalendas martii, indictione .XI., incarnationis dominice anno M°.C°.LX°.II°., pontificatus vero domni ALEXANDRI pape .III. anno .IIII.

(*Traces de bulle*).

CXXIX

[Paris], 21 avril 1163.

Notice de la consécration de l'église Saint-Germain-des-Prés, après sa reconstruction, par le pape Alexandre III, en présence d'un certain nombre de prélats.

> A. Original jadis scellé, L 759, n° 47.
> C, fol. 45. — D, fol. 53. — G, fol. 53. — N3, fol. 73. — N4, fol. 103. — N5, fol. 114; — N7, p. 103. — N8, fol. 73 v°. — Z. Copie du XVII° siècle, L 759, n° 47b.
>
> EDIT. : (*a*) Bonfons et Du Breul, *Fastes et antiquités de Paris*, fol. 46 v°. — (*b*) Du Breul, *Antiquités de Paris*, p. 260. — (*c*) Malingre, *Antiquités de Paris*, p. 193, d'après *b*. — (*d*) Du Boulay, *Hist. de l'Université de Paris*, t. II, p. 311. — (*e*) Dubois, *Hist. ecclesiae Parisiensis*, t. II, p. 128, d'après un cartulaire. — (*f*) Bouillart, *Hist. de Saint-Germain-des-Prés*, pr., p. XL, n° LV, d'après *A*. — (*g*) Félibien, *Hist. de Paris*, t. III, p. 64, d'après *b*. — (*h*) Launoy, *Opera*, t. III, p. 116 et 238, d'après *b*. — (*i*) *Gallia Christiana*, t. VII, instr., col. 71, n° LXXXVI, d'après *A*. — (*j*) Lasteyrie, *Cartulaire de Paris*, p. 375, n° 436, d'après *A*.
>
> INDIQ. : Bréquigny, *Table chronologique*, t. III, p. 341. — Jaffé, *Regesta*, t. II, p. 167.

Anno ab incarnatione Domini .M°.C°.LX°.III°., Alexander papa tercius Parisiensem civitatem ingressus per aliquot tempus ibidem moras fecit. Dumque in eadem urbe moraretur, ego Hugo tercius, Dei gratia abbas sancti Germani Parisiensis, accedens ad ejus presentiam, humiliter exoravi eum quatinus ęcclesiam beati Germani novo scemate reparatam, quia necdum consecrata erat, dignitate consecrationis insignire dignaretur; at idem reverentissimus papa Alexander precibus nostris gratanter annuens, .XI°. kl. maii predictam ęcclesiam advenit magna

pontificum et cardinalium frequentia comitatus, quorum unus
fuit Mauricius, Parisiensis episcopus. Quem monachi ejusdem
ecclesię videntes et ob ejus presentiam nimium perturbati, dixerunt
se nullatenus passuros quod consecratio ecclesię fieret, dum
predictus Mauricius episcopus presens adesset. Unde dominus
papa, audita et cognita monachorum perturbatione, convo-
cavit ad se dominum Jacinctum, diaconum cardinalem sanctę
Marię in Cosmidin, et dominum Ottonem, diaconum cardinalem
sancti Nicholai de Carcere Tulliano, dominum quoque Willel-
mum, presbiterum cardinalem sancti Petri ad Vincula ;
quibus accersitis precepit ut supradictum Mauricium episcopum
convenientes, monachorum commotionem diligenter notifica-
rent, et ex ipsius mandato eidem preciperent quod ab ecclesia
discederet ; alioquin monachi consecrationem fieri omnimodis
refutarent. At ille, audito domini pape mandato, cum omni ornatu
et vestimentis que secum detulerat ab ecclesia recessit. Post
cujus abscessum domini Hubaudus Hostiensis, Bernardus Portuensis, Galtherius Albanensis, Johannes Signinensis, Geraudus
Caturcensis, Amalricus Silvanectensis episcopi, et de Hispania
Johannes Toletanus archiepiscopus et Hispaniarum primatus,
Fellandus Asturicensis, Johannes Legionensis, Stephanus Zamo-
rensis, Johannes Luccensis, Assuerus Cauriensis, Petrus Mig-
doniensis episcopi, precipiente domino papa, ecclesiam de foris
in circuitu ter et de intus similiter circum lustrantes et aqua
benedicta, sicut mos est, aspergentes, eam honorificentissime prout
decebat dedicaverunt. Deinde dominus papa Alexander majus
altare in honore sanctę Crucis et sanctorum martirum Stephani
atque Vincentii solempniter consecravit, et in medio crucem
de oleo sancto imposuit, circumstantibus ad .iiij^{or}. cornua
ejusdem altaris .iiij^{or} de supradictis pontificibus, quorum
unusquisque crucem de oleo sancto in loco suo similiter impo-
suerunt. Dominus autem papa reliquias intra altare posuit, et
accepto instrumento, quod vulgo vocatur truella, easdem cemento
intro sigillavit. Quo peracto, dominus Hubaudus Hostiensis
episcopus, et tres episcopi pariter altare matutinale in honore
sanctissimi confessoris Germani consecraverunt. Interim dominus papa Alexander, ad pratum quod est juxta monasterii
muros cum solemni processione procedens, ad populum ser-
monem fecit, et coram omnibus astantibus publice protestatus est
quod ecclesia sancti Germani de Pratis, de proprio jure beati
Petri existens, nulli archiepiscopo vel episcopo, nisi summo pontifici sanctę Romanę ecclesię subjacet.

His interfuerunt cardinales quorum subscripta sunt nomina :

[Col. 1] Hubaudus presbiter cardinalis tituli sanctę Crucis in Jherusalem.

Henricus presbiter cardinalis tituli sanctorum Nerei et Achillei.

Johannes presbiter cardinalis tituli sanctę Anastasię.

Albertus presbiter cardinalis tituli sancti Laurentii in Lucina.

Guillelmus presbiter cardinalis tituli sancti Petri ad Vincula.

[Col. 2] Jacinctus diaconus cardinalis sanctę Marię in Cosmidin.

Oddo diaconus cardinalis sancti Nicholai in carcere Tulliano.

Arditio diaconus cardinalis sancti Theodori.

Boso cardinalis diaconus sanctorum Cosmę et Damiani.

Cinthius diaconus cardinalis sancti Adriani.

Petrus diaconus cardinalis sancti Eustachii juxta templum Agrippę.

Manfredus diaconus cardinalis sancti Georgii ad Velum aureum.

Ego Hugo, abbas sancti Germani de Pratis tercius, testificor hanc consecrationem meo instinctu sic peractam fuisse, et ideo ad certitudinem presentium et futurorum, eandem scripto commendavi et sigillo meo corroboravi.

(*Traces de sceau sur lanières de cuir.*)

CXXX

Paris, 22 avril [1163].

Le pape Alexandre III concède diverses indulgences à ceux qui visiteront l'église de Saint-Germain de Paris, au jour anniversaire de sa dédicace (1).

A. Original jadis bullé, L 230, n° 11.

EDIT. : Loewenfeld, *Epistolae pontificum Romanorum ineditae*, p. 133, d'après A.

INDIQ. : Jaffé, *Regesta*, n° 10851. — Lasteyrie, *Cartulaire de Paris*, p. 377, n° 437.

Alexander episcopus, servus servorum Dei, universis Dei fidelibus per regnum Francorum constitutis, salutem et apostolicam benedictionem. Certum est et multarum scripturarum testimonio com-

---

(1) C'est-à-dire le 21 avril ; cf. le n° précédent.

probatum qualiter beato Petro celorumque regni clavigero dominus et redemptor noster Xpistus Jesus ligandi atque solvendi plenam tribuit potestatem, illis precipue verbis quibus locutus est dicens : *tu es Petrus et super hanc petram hedificabo ecclesiam meam, et quodcumque ligaveris super terram erit ligatum et in celis, et quodcumque solveris super terram erit solutum et in celis* (1). Hanc eandem potestatem cunctis successoribus ejus ab eodem redemptore nostro fuisse collatam, a nullo qui sacrarum habeat intelligentiam scripturarum credimus ignorari. Ex ea itaque potestate nobis, qui in beati Petri cathedra licet indigni successimus, a domino Jesu Xpisto concessa, cum ecclesię sancti Germani Parisiensis, que proprie ad jus sacrosancte Romane ecclesię pertinet, munus dedicationis inpendimus, de communi fratrum nostrorum episcoporum et cardinalium consilio, unum annum de injuncta penitentia cunctis Dei fidelibus a die dedicationis usque ad octavas Pentecostes illuc causa devotionis euntibus relaxavimus, et his qui in anniversario ipsius dedicationis die et tribus diebus sequentibus illuc accesserint .xx. dies injuncte penitentie nichilominus indulgemus, universitatem vestram monentes et exhortantes in Domino quatinus ita corde contrito et humiliato ad eundem locum annis singulis accedatis, ut non alia quam sola devotionis causa illuc accedere videamini, et ab omnipotenti Domino vestrorum mereamini indulgentiam delictorum. Datum Parisius, .X. kal. maii.

(Traces de bulle).

CXXXI

Tours, 1ᵉʳ juin 1163.

Le pape Alexandre III reconnaît, en faveur de Hu[gues], abbé de Saint-Germain de Paris, que les revendications portées devant le concile de Tours par M[aurice], évêque de Paris, ne sauraient porter préjudice aux droits dudit monastère.

A. Original jadis bullé, L 230, n° 12.

EDIT. : (a) Du Breul, *Antiquités de Paris*, p. 47, d'après A. —
(b) Malingre, *Antiquités de Paris*, t. II, p. 194, d'après a. —
(c) Du Boulay, *Hist. de l'Université de Paris*, t. II, p. 312. —

(1) Matth., XVI, 18.

(d) Launoy, *Opera*, t. III, p. 120 d'après *a*. — (e) *Rec. des Histor. de France*, t. XV, p. 796, n° LXXX d'après *c*. — (f) Migne, *Patr. lat.*, t. CC, col. 228, n° CLXI, d'après *e*.

INDIQ. : Jaffé, *Regesta*, n° 10871. — Lasteyrie, *Cartulaire de Paris*, p. 378, n° 439.

[QUOD NON FIAT INTERRUPTIO PRO RECLAMATIONE EPISCOPI PARISIENSIS FACTA IN CONCILIO TURONENSI] (a).

Alexander episcopus, servus servorum Dei, dilecto filio. Hu., abbati sancti Germani Parisiensis, salutem et apostolicam benedictionem. Dum venerabilis frater noster .M., Parisiensis episcopus, et tu pariter in Turonensi concilio in nostra presentia essetis constituti, predictus episcopus in concilio ipso consurgens, jus quoddam in ecclesia tua ad se proposuit rationabiliter pertinere. Nos autem attendentes quomodo eadem ecclesia sub jure et proprietate beati Petri ab antiquis retro temporibus quiete pacificeque perstiterit, noluimus ullatenus ejusdem episcopi proclamationem admittere, nisi ostenderet aliquem eam de nostris predecessoribus admisisse. Quod quia non fecit, nec eum id facere posse pensamus, per presentia scripta decernimus ut ulla ipsius episcopi proclamatio nullam interruptionem nullumque possit juri et libertati ejusdem ecclesie prejudicium in posterum generare. Datum Turonis, kalendis junii.

(*Traces de bulle sur lacs de soie verte*).

(a) *Au dos, d'une main du* XIII° *siècle.*

CXXXII

Sens, 9 janvier 1164.

Le pape Alexandre III confirme en faveur de l'abbé Hugues les privilèges de l'abbaye de Saint-Germain de Paris.

A. Original jadis bullé, L 230, n° 16.
B, fol. 9 v°. — E, fol. 39.

INDIQ. : Jaffé, *Regesta*, n° 10994.

ALEXANDER EPISCOPUS, SERVUS SERVORUM DEI, DILECTIS FILIIS HUGONI, ABBATI SANCTI GERMANI PARISIENSIS, EJUSQUE FRATRIBUS TAM PRESENTIBUS QUAM FUTURIS REGULAREM VITAM

PROFESSIS, IN PERPETUUM. ||² In eminenti beati Petri cathedra ad hoc sumus licet inmeriti disponente Domino constituti ut justas petitiones debeamus libenter admittere, et eis studeamus effectum utilem indulgere. Eapropter, dilecti in Domino filii, vestris justis postulationibus clementer annuimus, et monasterium beati Germani de Pratis, in quo divino mancipati estis obsesquio, quod proprie beati Petri juris existit, ad exemplum predecessorum nostrorum beatę memorię Paschalis ¹, Innocentii ², Lucii ³, Eugenii ⁴, Anastasii ⁵ et Adriani ⁶, Romanorum pontificum, sub beati Petri et nostra protectione suscipimus et presentis scripti privilegio communimus, statuentes ut quascumque possessiones, quecumque bona idem monasterium in presentiarum juste et canonice possidet, aut in futurum concessione pontificum, largitione regum vel principum, oblatione fidelium seu aliis justis modis, Deo propitio, poterit adipisci, firma vobis vestrisque successoribus et illibata permaneant. Per presentis itaque privilegii paginam......

(*Le texte est conforme à celui des bulles d'Anastase IV, d'Adrien IV, et d'Alexandre III de 1162, publiées plus haut, nᵒˢ CXV, CXXI, CXXIII*).

......premia eternę pacis inveniant. AMEN. AMEN. AMEN.

(*Rota*) (*a*) † Ego Alexander catholicę ęcclesię episcopus *SS*. BENE VALETE.

† Ego Hubaldus Hostiensis episcopus *SS*.

† Ego Bernardus Portuensis et sancte Rufine episcopus *SS*.

† Ego Gualterius Albanensis episcopus *SS*.

† Ego Hubaldus cardinalis presbiter tituli sanctę Crucis in Jerusalem *SS*.

† Ego Henricus presbiter cardinalis tituli sanctorum Nerei et Achillei *SS*.

† Ego Johannes presbiter cardinalis tituli sanctę Anastasie *SS*.

† Ego Albertus presbiter cardinalis tituli sancti Laurentii in Lucina *SS*.

† Ego Guillelmus presbiter cardinalis tituli sancti Petri ad Vincula *SS*.

† Ego Jacinctus diaconus cardinalis sanctę Marię in Cosmidyn *SS*.

(1) *Supra*, nº LXXIII.
(2) *Supra*, nº LXXXV.
(3) *Supra*, nº XCV.
(4) *Supra*, nº CIV.
(5) *Supra*, nº CXV.
(6) *Supra*, nº CXXI.

† Ego Oddo diaconus cardinalis sancti Nicholai in Carcere Tulliano *SS*.

† Ego Ardicio diaconus cardinalis sancti Theodori *SS*.

† Ego Boso diaconus cardinalis sanctorum Cosmę et Damiani *SS*.

† Ego Cinthyus diaconus cardinalis sancti Adriani *SS*.

† Ego Petrus diaconus cardinalis sancti Eustachii juxta templum Agrippę *SS*.

† Ego Manfredus diaconus cardinalis sancti Georgii ad Velum aureum *SS*.

Datum Senonis per manum Hermanni, sancte Romane ecclesie subdiaconi et notarii, .V°. idus jan., indictione XI^a., incarnationis dominicę anno .M°.C°.LX°.III°., pontificatus vero domni ALEXANDRI pape .III. anno V°.

(Traces de bulle sur lacs de soie).

(a) *Dans la Rota* : Sanctus Petrus. Sanctus Paulus. Alexander papa III. † Vias tuas Domine demonstra mihi.

CXXXIII

Sens, 18 août 1164.

Sentence de Hubaud et de Guillaume, cardinaux prêtres de l'Eglise romaine, portant règlement du différend survenu entre les abbayes de Saint-Germain-des-Prés et de Saint-Jean de Sens, relativement à l'observation de l'accord précédemment conclu entre elles au sujet des revenus de l'église Saint-Georges de Marolles.

A. Original, L 780, n° 63.
B, fol. 65 v°. — C, fol. 163. — D, fol. 208.

CYROGRAPHUM (*a*).

Nos Hubaldus (*b*) et Guillelmus, Dei gratia sanctę Romanę ecclesię presbiteri cardinales, notum fieri volumus tam presentibus quam futuris quod, cum dominus noster papa Alexander in palatio Senonensi resideret, abbas [sancti Germa]ni de Pratis querimoniam movit adversus abbatem sancti Johannis ejusdem [civitati]s Senonensis, quod transactionem quandam, que olim inter utrasque ecclesias [facta fuerat su]per ecclesiam sancti Georgii de Matriolis, abbas sancti Johannis non servabat, quia lessa parrochianorum, sicut in illa transactione continebatur, cum mona[chis sancti Germani ex] equo non dividebat, feoda etiam sancti Germani que a parrochialibus ejusdem ęcclesię sancti Georgii de Matriolis canonicis ejusdem ęcclesię collata [fuerant] sibi restitui postulabat. Transactio autem hujusmodi erat : « Noverint omnes............

(*L'acte reproduit le texte de l'accord de 1126, publié plus haut, n° LXXXIII*).

............anathema sit ».

Abbas vero sancti Johannis dicebat se nichil in lessis seu feodis contra transactionem fecisse, quia in scripto [supradictę] transactionis ea tantu[m]modo dividenda referebantur que ab his qui in infirmitate constituti fuerant relinquebantur. In eodem [etiam scripto] transactionis sola patrimonia servorum sancti Germani a lessis canonicorum excipiebantur, et ideo de feodis [r]estituendis non tene[batur. Cumque hujusmodi] occasione contenderent, nobis ex mandato domini pape mediantibus, utriusque partis assensu et voluntate predicta contentio [tali concordia] terminata est : promisit itaque abbas sancti Johannis assensu capituli sui quod pro universis lessis integre percipiendis, et ut nulla [de] cetero divisio ab abbate sancti Germani vel a sua parte petatur, se suosque successores seu qui in ęcclesia sancti Georgii de Matriolis pro tempore [per]manebunt, solvere s[in]gulis annis abbati sancti Germani successoribusque suis, vel priori sancti Germani de Matriolis, pro censu .XXI. solidos Proviniensium [se]u Parisiensium in festo sancti Petri ad Vincula. Et si ad predictum terminum vel infra octavam soluti non fuerint, secundum consuetudinem patrię [emendabit, et tran]sa[cti]o firma manebit. Abbas vero sancti Germani, assensu capituli sui, omnibus querelis seu peticionibus quas super lessis vel [donationibus parrochia]norum [j]am factis seu feodis jam receptis adversus abbatem sancti Johannis moverat, omnino renuntiavit, et ipsum et [ecclesiam suam] a se suaque [ec]clesia de predictis querelis liberum fecit et quietum, promittens quod nullam de cetero querelam ipse vel succes[sores sui moveb]unt adversus predictum abbatem sancti Johannis vel successores suos de omnibus his quę jure predictę transactionis ad eum pote[rant pervenire. Renunc]iavit autem abbas sancti Johannis pro se et pro his [qu]i in ecclesia sancti Georgii de Matriolis residebunt, quod feoda [beati Germani de cetero non] recip[ie]nt nisi secundum consuetudinem qua alię ęcclesię recipere valent. Renunc[ia]vit etiam quod patri[monia servorum sancti Germani nullomodo] recipient sine assensu abbatis sancti Germani vel majoris partis monachorum. Ut autem hec [con]cordia perpetuis temporibus r[at]a maneat, sigillorum nostrorum auctoritate communiri fecimus. Actum est hoc Senonis anno dominicę incarnationis. .M°.C°.LX°.IIII°., pontificatus domni Alexandri pape III. anno .V., .XV°. kal. septembris.

(a) A droite de l'acte, partie inférieure du mot. — (b) L'original est en mauvais état ; je supplée entre crochets à l'aide de B les mots illisibles ou disparus par suite de déchirures du parchemin.

CXXXIV

Sens, 18 août [1164].

Le pape Alexandre III confirme l'accord intervenu devant les cardinaux Hubaud, du titre de Sainte-Croix, et Guillaume, du titre de Saint-Pierre-aux-Liens, entre les religieux de Saint-Germain-des-Prés et ceux de Saint-Jean de Sens, au sujet des revenus de l'église Saint-Georges de Marolles (1).

A. Original bullé, L 230, n° 19.
B, fol. 12 v°. — E, fol. 38 v°.

INDIQ. : Jaffé, *Regesta*, n° 11056.

[CONFIRMATIO COMPOSITIONIS FACTE INTER NOS ET ECCLESIAM SANCTI JOHANNIS SENONENSIS SUPER ECCLESIA DE MATRIOLIS] (a).

ALEXANDER episcopus, servus servorum Dei, dilectis filiis Hugoni abbati et fratribus sancti Germani de Pratis, salutem et apostolicam benedictionem. Justis petentium desideriis dignum est nos facilem prebere consensum, et vota que a rationis tramite non discordant effectu sunt prosequente complenda. Eapropter, dilecti in Domino filii, vestris justis postulationibus grato concurrentes assensu, compositionem inter vos et dilectos filios nostros abbatem ac fratres sancti Johannis Senonensis super censu solvendo, leissis et relictis parrochianorum ęcclesie sancti Georgii de Matriolis eidem ecclesie collatis, dilectis filiis nostris Hubaldo, tituli sanctę Crucis, et Willelmo, tituli sancti Petri ad Vincula presbiteris cardinalibus mediantibus, de beneplacito et assensu utriusque partis rationabiliter factam, sicut in eorundem cardi-

(1) cf. le n° précédent.

nalium scripto autentico exinde facto et illorum sigillo signato noscitur contineri, vobis et per vos ecclesie vestre auctoritate apostolica confirmamus, et presentis scripti patrocinio communimus, statuentes ut nulli omnino hominum liceat hanc paginam nostre confirmationis infringere vel ei aliquatenus contraire. Si quis autem id attemptare presumpserit, indignationem omnipotentis Dei et beatorum Petri et Pauli apostolorum ejus se noverit incursurum. Datum Senonis, .XV. kl. septembris.

(*Bulle sur lacs de soie rouge.*)

(*a*) *Au dos, d'une main du* XIII*e siècle.*

CXXXV

S. d. [1156-23 septembre 1164] (1).

Robert, évêque de Chartres, fait connaître l'accord intervenu entre les moines de Septeuil, et Bérard, curé dudit lieu, au sujet du partage des revenus de l'église.

B, fol. 63 v°. — D, fol. 94 v°.

ROBERTI CARNOTENSIS EPISCOPI (*a*).

Prudenter commendatur litteris gestorum memoria, quia multę contentionum lites in acerbiores excrescerent, nisi earum testimonio sopirentur. Ea ratione ego Robertus, Dei gratia Carnotensis episcopus, testimonio litterarum alligari volumus monachos de Satullia (*b*) et presbiterum suum Berardum super querelis subnotatis in hunc modum in nostra composuisse presentia : videlicet quod dominicis diebus et feriatis in ecclesia sua sancti Nicholai matutinas ad plebem et matitunalem missam celebrabit, et in harum vigilia dierum ad vesperas, et in ipsis diebus ad processionem, ad magnam missam et ad vesperas veniet, oportune tamen prout sue occupationes patientur in suis negotiis, nec suas ante monachorum vesperas sonaverit. Candelam sancti Bartholomei collectam divident et habebunt per medium ; qua deficiente, per medium similiter benedictum partientur cereum. Fontes universumque baptismum remanebunt semper apud sanctum Nicholaum. Cum monachi minutas decimas colligi voluerint, mittent pro

(1) Les dates extrêmes sont celles de l'épiscopat de Robert III à Chartres.

serviente presbiteri ; quibus collectis et in domum monachorum comportatis, monachi duas partes, presbiter terciam habuerit. Ova solus querat presbiter et solus habeat. Presbiter in suis visitationibus commonefaciet infirmos ut monachos visitent in suis benedictionibus. Decimam de Cardonello monachi propriam habuerint, sed tamen annuatim inde dederint presbitero duo sextaria frumenti, duoque sextaria annone martialis (*c*). Presbiter siquidem decimam prati de Donnicuria obtinebit propriam. Compositioni autem hujusmodi adhibiti sunt testes : Goslenus capicerius, Hernaudus de Poncello, Hamauricus Gohelli, magister Mainerius, magister Radulfus (*d*), Crispinus decanus ; monachi : Bartolomeus (*e*) prior loci, Nicholaus, Hernaudus. Ut vero prescripta compositio rata perseveret, presentem paginam nostri impressione sigilli communivimus.

(*a*) De compositione inter nos et presbiterum de Septulia *D*. — (*b*) Satellia *D*. — (*c*) marchialis *D*. — (*d*) Radulphus *D*. — (*e*) Bartholomeus *D*.

CXXXVI

Sens, 26 novembre [1163 ou 1164] (1).

Le pape Alexandre III autorise l'abbé Hu[gues] et les religieux de Saint-Germain à concéder à Mathieu de Villeneuve la mairie qu'avait occupée le père dudit Mathieu, malgré la défense faite par l'abbé T[hibaut].

O, fol. 91. — P, fol. 25.

INDIQ. : Jaffé, *Regesta*, n° 10981.

Alexander episcopus, servus servorum Dei, dilectis filiis. Hu., abbati et universo capitulo sancti Germani, salutem et apostolicam benedictionem. Pervenit ad audientiam nostram quod bone memorie .T., vestre quondam ecclesie abbas, sub anathematis astrictione prohibuit ne majoria quam pater Mathei de Villa Nova tenuerat eidem Matheo post illius obitum preberetur. Quia vero, sicut accepimus, eidem ecclesie plurimum interest ut eadem majoria predicto Matheo concedatur, per apostolica vobis scripta

(1) Les dates extrêmes sont celles des deux années pendant lesquelles Alexandre III a pu se trouver à Sens le 26 novembre.

mandamus quatinus, si pro certo noveritis magis expedire ecclesie ut majoria illa sibi concedatur quam predicti abbatis prohibitio in hac parte servetur, eandem majoriam prefato Matheo nichil supradicta prohibitione obstante auctoritate nostra libere concedatis. Credibile namque ducitur eundem abbatem non id propterea vetuisse ut ecclesie commodis in aliquo derogetur. Datum Senonis, .VI. kal. decembris.

CXXXVII

Paris, 12 avril 1164-3 avril 1165.

Louis VII, avec l'assentiment de Hugues, abbé de Saint-Germain de Paris, et de Simon, comte d'Evreux, ses co-seigneurs à Montchauvet, autorise le meunier Guillaume à construire à ses frais au dit lieu un moulin, dont le roi règle les conditions d'exploitation.

B, fol. 55 (addition). — D, fol. 88.

INDIQ. : Luchaire, *Actes de Louis VII*, n° 500.

[DE EDIFICATIONE MOLENDINI APUD MONTEM CALVETUM] (*a*).

In nomine sancte et individue Trinitatis. Amen. Ego Ludovicus, Dei gratia Francorum rex. Notum facimus universis presentibus et futuris quod assensu Hugonis, abbatis sancti Germani Parisiensis, et Symonis comitis Ebroicensis, qui comparticipes nostri sunt apud Montem Calvetum, concessimus Willelmo molnerio edificare de suo molendinum, in quo haberet ipse et heres suus (*b*) quartum buisellum ; et custodiam molendini non habebit Willelmus propriam, sed communi voluntate ponetur molnerius, et post edificationem primam communiter reedificabitur molendinum et necessaria apponentur. Quod ut notum sit et ratum in posterum, sigillo nostro presentem paginam muniri precepimus, addito nostri nominis karactere. Actum Parisius anno incarnati verbi .M°.C°.LX°.IIII^{to}., astantibus in palatio nostro quorum apposita sunt nomina et signa. S. comitis Teobaudi dapiferi nostri. S. Guidonis buticularii. S. Mathei camerarii. Data per manum Hugonis cancellarii.

(*a*) *Le titre manque dans B.* — (*b*) suum *B.*

CXXXVIII

Paris, 1166.

Hugues, abbé de Saint-Germain-des-Prés, confirme en faveur de Hugues de Novare, la propriété d'une maison sise dans la juridiction de Saint-Germain-des-Prés, que ledit Hugues avait achetée d'Aleaume, et que lui contestait le fils de ce dernier, Pierre.

X. Copie du xiii° siècle, *Cartulaire A de Saint-Martin-des-Champs*, LL 1351, fol. 93. — Y. Copie du xv° siècle, *Cartulaire B de Saint-Martin-des-Champs*, LL 1352, fol. 92. — Z. Copie du xvi° siècle, *Cartulaire C de Saint-Martin-des-Champs*, LL 1353, fol. 112, d'après X.

EDIT. : Lasteyrie, *Cartulaire de Paris*, p. 391, n° 462.

CHARTA DE DOMO MAGISTRI HUGONIS DE NOVARIA.

In Christi nomine. Ego Hugo, Dei gratia abbas sancti Germani de Pratis, notifico presentibus et futuris quod Petrus, Alelmi filius, proclamavit nobis super magistro Hugone Novariensi pro quadam domo quam in nostra juridictione tenebat, et predictus Petrus eam sui juris esse dicebat. Re vera, magister Hugo domum illam ab Alelmo, patre Petri, emerat. Utraque igitur parte ante nos constituta, cum causa diu esset agittata, tandem predictus Alelmus et Petrus ejus filius, de quo susceptis juramentis constabat quod ad annos discretionis pervenisset, et adulte etatis esset, jus predicti Hugonis et venditionem domus legitime factam fuisse recognoscentes, venditionem illam ratam habere, et ab omni calumpnia garantire fide data firmaverunt, et quod nullam de cetero super domo illa questionem moverent concesserunt. Hoc idem Gila, predicti Alelmi filia, et Petrus Lumbardus, ejus maritus, firmiter tenere concesserunt. Quod ut inviolabiliter observetur, sigillo nostro roborari postulaverunt. Actum Parisius in domo episcopali, presente venerabile pontifice Mauritio, assistentibus etiam quampluribus tam clericis quam laicis, quorum subtitulata sunt nomina : Clemens Parisiensis decanus, Albertus precentor, Symon archidiaconus, Odo cancellarius, Symon de Sancto Dyonisio et alii. Anno ab incarnatione Domini millesimo centesimo .LX°.VI°.

CXXXIX

Paris, 9 avril-31 juillet 1167.

Louis VII, à la requête de Hugues, abbé de Saint-Germain-des-Prés, et après enquête auprès des anciens de Montchauvet, Eudes, fils de Paien, et Paien de Dammartin, qui avaient assisté à la première construction du château, confirme l'accord conclu entre feu Hugues [III] abbé de Saint-Germain, le roi Louis VI et Amauri de Montfort (1) *au sujet du château de Montchauvet que ledit roi et ledit Amauri tenaient de l'abbaye moyennant un cens annuel de cinq sous, et de ses dépendances, en particulier des moulins, communs pour moitié entre les deux parties, des églises et des chapelles qui appartiennent à l'abbaye, des hôtes de Saint-Germain, qui ne pourront se fixer dans le château qu'en abandonnant ce qu'ils tiennent du monastère, et de l'étang, qui appartiendra à l'abbé.*

A. Original scellé, K 24, n° 13.
C, fol. 49. — D, fol. 85. — Z. Vidimus du 3 décembre 1456, sous le sceau de Robert d'Estouteville, prévôt de Paris, K 24, n° 13 bis.

Edit. : Tardif, *Cartons des rois*, p. 303, n° 601, d'après A.

Indiq. : Luchaire, *Actes de Louis VII*, n° 535.

[Carta regis Ludovici de Monte Calvulo] (a).

In nomine sancte et individue Trinitatis. Amen. Ego Ludovicus Dei gratia Francorum rex. Quoniam in dies crescit [malitia et vix discer]nit (b) aliquis inter justum et injustum, dum sibi comparet commodum, undecumque illud accipiat, necesse est rectoribus habere [providentiam et rebus consulere] quas habent in regimine. Qua ratione familiaris noster Hugo, sancti Germani de Pratis abbas, timore malignantium et ecclesię sue zelo, nos rogavit confirmare consuetudines quas habebat apud Montem Calvetum ; de quibus volentes certificari, antiquos homines, Odonem Pagani filium et Paganum de Donno Martino, qui fuerant in prima constructione castri, fecimus veritatem jurare et dicere. Ex testimonio itaque prenominatorum hominum, notum facimus uni-

(1) *Supra*, n° LXXXIV.

versis presentibus pariter et futuris quod bone memorię HUGO, abbas sancti GERMANI, patri nostro regi Ludovico et Amalrico de Monteforti terram in qua constructum est castrum Montis Calveti, et illam que eidem castro adjacet, sicut disterminata est certis finibus, donavit, et ęcclesię suę retinuit censum, de rege .v. solidos et de Amalrico .v. solidos annuatim reddendos in festo sancti Remigii, decimam quoque quorumcumque fructuum ; in molendinis vero duobus, quos ibi habebat ęcclesia, eos associavit, et ab eisdem obtinuit quod in molendinis omnibus et furnis, qui jam extabant vel postea fierent, participaret ecclesia per medium, eo tenore quod communiter furnarios et mulnarios mitterent, et tollerent expensas per medium, et per medium reciperent quicquid proveniet de forisfactis et justiciis ; ęcclesię omnes et capellę quę fierent concessę sunt sancto Germano et decimum forum, nullamque nullo tempore consuetudinem dabunt proprii abbatis et ęcclesię famuli. Statutum etiam est quod de hospitibus sancti Germani in castello nullus retinebitur ; et si quis propter guerram confugerit ad castrum, veniente pace revertetur, et si noluerit reverti, quicquid tenebat de ecclesia absolute et quiete dimittet, et hereditati renuntiabit. Insuper abbas stagnum suum faciet et illud proprium et per se possidebit. Nos autem hec omnia laudantes, ęcclesię beati Vincentii martiris et beati Germani confessoris, per manum dilecti nostri Hugonis abbatis, ut rata omnino permaneant, presentem paginam sigilli nostri auctoritate communiri fecimus, subterinscripto nominis nostri karactere. Actum publice Parisius, anno incarnationis dominicę .M°.C°.LX°VII°., regni nostri .XXX°., astantibus in palatio quorum nomina apposita sunt et signa. S. comitis Theobaldi dapiferi nostri. S. Guidonis buticularii. S. Mathei camerarii. S. Radulfi constabularii.

 Data per manum Hugonis (*Monogramme*) cancellarii et episcopi Suessionensis.

    (*Sceau sur lacs de soie verte*).

(*a*) *Au dos, d'une main du* XIIIe *siècle*. — (*b*) *Une déchirure du parchemin a fait disparaître le début et la fin des deux premières lignes de l'original.*

CXL

S. d. [1162-1ᵉʳ février 1168] (1).

Accord devant Hugues, archevêque de Sens, entre Hugues, abbé de Saint-Germain-des-Prés, et Thibaut Garou, avoué de Bagneaux, au sujet de leurs droits respectifs audit lieu de Bagneaux.

A, Original scellé, L 765, n° 2.
B, fol. 58 v°. — C, fol. 131. — D, fol. 214 v°. — Y. Copie du XVI° s., LL 1056, fol. 35. — Z. Copie du XVI° s., LL 1057, fol. 1.

[CARTA ARCHIEPISCOPI SENONENSIS DE ADVOCATURA BARNIOLIS] (a).

In Xpisti nomine. Ego Hugo, Dei gratia Senonensis archiepiscopus, notifico fidelibus universis quod Hugo, venerabilis abbas sancti Germani de Pratis, nostram adiit presentiam, conquerens de Theobaldo Garul, advocato scilicet de Balneolis, qui multas ei inferebat injurias, et in supradicta villa consuetudines usurpabat indebitas. Dicebat siquidem predictus Theobaldus quod tensaret homines a monachis, nec venirent ad eorum submonitionem, sed ipse faceret monachis justiciam de hominibus, et ad Villam Mauri per se quotienscunque vellet eos justisaret. Dicebat quoque quod silvas ad jus monachorum pertinentes ipsi monachi non poterant dare aut vendere sine ejus assensu, et quod corvadas quas in villa habet, cum monachi suas habuerunt in terram monachorum supra viam Trecensem, ubicunque vellet, mitteret, nec aliquid inde monachis redderet. Hęc Theobaldus asserebat et abbas sancti Germani omnia ista negabat. Cum igitur quadam die in ecclesia beati prothomartiris Stephani Senonensis essemus congregati, placuit utrique, abbati scilicet et Theobaldo, ut de astantibus .IIII°ʳ. eligerent, et quod ipsi in veritate dicerent et sacramento probare possent, ab utraque parte in perpetuum obser-

---

(1) Les dates extrêmes sont celles du début de l'abbatiat de Hugues V à Saint-Germain-des-Prés et de la mort de Hugues de Toucy, archevêque de Sens. Comme parmi les témoins figure Etienne [II], abbé de Saint-Rémi de Sens, mentionné de 1155 à 1183, il est impossible de rapporter l'acte à l'abbatiat de Hugues IV, qui fut cependant aussi contemporain de l'archevêque de Sens, Hugues de Toucy.

varetur. Quorum hęc sunt nomina : Hilduinus Manens, Garnerius de Fussi, Gaufridus Frangens Moralia, Milo de Regnhi. Isti in veritate sua dixerunt quod advocatus nullam in hominibus contra monachos habet tensationem, sed monachi eos submonebunt, et ipsi ad justiciam monachorum omnimodis stabunt eorumque curię judicia observabunt ; advocatus autem nichil inde habebit. Sed si aliquis hominum hoc facere neglexerit, monachi de eo proclamabunt advocato, advocatus autem coget illum stare ad judicium monachorum in domo ipsorum, et sic monachi habebunt quicquid jus dictaverit. Ipse vero advocatus habebit .xx^{ti}. tantummodo denarios pro districtis suis. Monachi autem non proclamabunt alii nisi advocato, donec advocatus deficiat a justicia. De silvis, autem monachi dabunt, vendent, eradicabunt, et quicquid voluerint sine contradictione facient. Advocatus quoque, si supra viam Trecensem terram invenerit vacuam, sine fimo scilicet aut cooperatione, ibi corvadas quas in villa habet, mittet, non alibi, nec alias ibi mittet carrugas, nisi corvadas. Quando vero terram sicut dixi corvadis coluerit, decimam totam et medietatem terratici monachis dabit. Monachi terram suam quando et cui voluerint ad consuetudinem dabunt, advocato inconsulto, sed si monachi sextarium frumenti vel alterius annonę et .xii. denarios acceperint, advocatus de eo qui terram tenebit unam minam avenę et .vi. denarios pro salvamento habebit, et sic de ceteris. Si vero ad monachos terra redierit, advocatus nichil accipiet quia in toto dominio sancti nichil habet. Si autem terram ad terraticum monachi dederint, advocatus nichil habebit. Homines tam de villa quam forenses procurabunt advocatum semel in anno cum .xx^{ti}. hominibus et non cum pluribus. Si autem deliquerint ei de salvamento aut de corvadis, ald submonitionem ejus ibunt usque ad Villam Mauri, et qui jurare potuerit quod eas bene reddiderit, suo solo sacramento liberabitur. Sin autem, lege communi emendabit. Si vero in alio aliquo ei deliquerint, ipse de eis proclamabit monachis, et monachi ei justiciam facient sicut ceteris. Ne consuetudinibus istis proborum hominum testimonio designatis, per alicujus maliciam aliqua possint addi, intuitu pietatis hanc cartulam jussimus scribi et nostro sigillo corroborari. Concessit autem hanc concordiam Hugo, abbas sancti Germani, cum fratribus suis, Theobaldus vero advocatus ex parte sua eam fiduciavit et uxor ejus nomine Aaliz concessit. Testes : Hugo archiepiscopus, Stephanus abbas sancti Remigii, Teo cellerarius, Symeon capicęrius, magister Petrus de Sancto Clodoaldo, Philippus nepos ejus sacerdos. Ex parte abbatis sancti Germani : Rainaldus monachus,

Ansoldus monachus, Fulco monachus, Siguinus monachus et prior de Balneolis, Odo canonicus sancti Marcelli. Nomina militum : Stephanus de Meldun, Erchenbaldus frater ejus, Paganus de Ulcinis, Hugo de Calliaco. Nomina servientium : Odo de Crispiaco, Petrus de Noviomo, Hugo Granetarius, Robertus de Moreto. Ad Villam Mauri, ubi uxor Theobaldi hoc concessit, interfuerunt ex parte abbatis : Seguinus prior de Balneolis. Nomina sacerdotum : Vitalis de Regni, Rainaldus de Moliniis, Guibertus de Seauz, Falco de Villanis, Philippus de Balneolis. Nomina servientium : Hugo Granetarius, Ingirbertus Mariscallus, Radulfus Coqus, Doardus cognatus abbatis, Guillelmus filius Girberti (*b*), Petrus de Burgo Reginę. Ex parte Theobaldi et uxoris ejus : Hilduinus de Villa Mauri et Theobaldus frater ejus, Milo de Regni, Godefridus, Odo de Paisi et Girardus, Robertus famulus advocati, Galdricus de Danzi.

(*Sceau de cire vierge sur double queue*) (1).

(*a*) *Au dos, d'une main du* XIII*e siècle*. — (*b*) Ggirberti *A*.

CXLI

S. d. [1162-1er février 1168] (2).

Accord entre Hugues, archevêque de Sens, et Hugues, abbé de Saint-Germain-des-Prés au sujet de la chapelle de Laval en la paroisse de Saint-Germain de Montereau.

A. Original jadis scellé, L 806, n° 5 bis.
B, fol. 58. — *D*, fol. 204 et *D'* fol. 34. — *N3*, fol. 71.

[LITERE DE VILLA QUE DICITUR LAVAL] (*a*).

Ego .Hu., Dei gratia Senonensis archiepiscopus, notum fieri volo cunctis presentibus et futuris quoniam de capella de Laval, que sita est infra parrochiam sancti Germani de Musterolo, ego et venerabilis frater noster .Hu., abbas beati Germani de Pratis, hoc modo convenimus ut qui in predicta parrochia beati Germani presbiter constitutus esset, presbiterum qui capelle de Laval deserviret, provideret. Omnes autem parrochiani qui in territorio de Laval manerent, presbitero capelle ejusdem territorii, illi qui una

(1) Décrit dans Douet d'Arcq, *Collection de sceaux*, n° 6384.
(2) Les dates extrêmes sont les mêmes que celles de l'acte précédent.

tantum vel pluribus bestiis ararent minellum frumenti, alii vero qui propriis manibus sine ulla bestia terram colerent, unum mineum hordei singulis annis in messe persolverent. Quod ut ratum et inconcussum maneret, litteris mandare et siggilli nostri auctoritate firmari curavimus.

(*Traces de sceau sur double queue.*)

(*a*) Au dos, d'une main du XIIe siècle.

CXLII

S. d. [1162-1er février 1168] (1).

Hugues, archevêque de Sens, fait connaître la transaction intervenue à la suite d'un duel judiciaire, entre Lambert, prieur de Bagneaux, et Henri de Donjon, au sujet de la dîme de Courgenay.

A. Original scellé, L 765, n° 1.
B, fol. 58. — C, fol. 150. — D, fol. 216 v°. — Y. Copie du XVIe s., LL 1056, fol. 40. — Z. Copie du XVIe s., LL 1057, fol. 4 v°.

[CARTA DE DUELLO INITO PRO TERRITORIO DE CORGENEIO] (*a*).

Ego Hugo, Dei gratia Senonensis archiepiscopus. Notum esse volumus tam presentibus quam futuris quod inter priorem de Balneolis Lambertum et Henricum de Dongione diu contentio agitata est, pro quadam decima que erat in territorio de Corgeneio, quam quidem ipse Henricus tenebat, sed eam prior ad jus ecclesie sancti Germani Parisiensis, cujus ipse monachus erat, pertinere dicebat. Cumque prior super eadem querela nobis questus fuisset, et judicio curie nostre stare vellet, utrumque in causam misimus. Cum vero uterque ad commodum cause sue multipliciter per verba diffluerent, et de pace abinvicem sic dissentirent, tandem utrique placuit eandem controversiam duello terminari ac finiri. Porro die belli constituta, cum uterque redissent, quisque suo prolato agonista finem rei desiderabant. Cum itaque ab eis in campo satis dimicatum fuisset, ego et persone ecclesie nostre miseris dimicantibus compatientes, ad priorem venimus eique consuluimus et

(1) Les dates extrêmes sont les mêmes que celles des n^{os} CXL et CXLI.

laudavimus ut pacem faceret, et de beneficio ecclesie sue eodem Henrico pro pace aliquid daret. Prior vero paci intendens consilio nostro favit, et ut decimam suam sine reclamatione possideret, prefato Henrico .VII. libras et .X. solidos dedit, ea scilicet conditione ut nichil in ea amplius reclamaret, et etiam datis obsidibus adversus omnes garantiret. Quam pacem ipse et uxor ejus ac filii Ansellus et Bartholomeus voluerunt et laudaverunt.

Huic autem paci ex parte prioris interfuerunt Willelmus archidiaconus, Herveus prepositus et archidiaconus, Simon thesaurarius, Matheus precentor. Rainaudus archidiaconus, Milo decanus de Riparia, Hilduinus Manens, Petrus de Insula.

Ex parte Henrici : Radulphus Bussun, Gauterus Ruminans Ferrum, Garnerius miles, Hugo camerarius, Girardus de Curleone, Gaufridus major de Pontibus, Gosbertus minaterius.

(*Restes de sceau sur double queue*).

(*a*) *Au dos, d'une main du* XIIIe *siècle.* — (*b*) Gaufridus de major A.

CXLIII

Bénévent, 5 juin 1168.

Le pape Alexandre III confirme le jugement rendu par le roi Louis VII en faveur de l'abbaye de Saint-Germain-des-Prés contre Simon d'Anet (1).

A. Original jadis bullé, L 231, n° 30.
B, fol. 1. — E, fol. 38.

INDIQ. : Jaffé, *Regesta*, n° 11410.

ALEXANDER episcopus, servus servorum Dei, dilectis filiis Hugoni abbati et fratribus monasterii sancti Germani Parisiensis salutem et apostolicam benedictionem. Justis petentium desideriis dignum est nos facilem prebere consensum, et vota que a rationis tramite non discordant effectu sunt prosequente complenda. Eapropter, dilecti in Domino filii, vestris justis postulationibus grato concurrentes assensu, sententiam quam karissimus in Xpisto

(1) Jugement qui d'ailleurs avait été une première fois confirmé par le même pape en 1163. Cf. *supra*, n° CXXVIII.

filius noster Ludovicus, illustris Francorum rex, super controversia que inter vos et Symonem de Aneto de quibusdam villis et possessionibus rationabiliter protulisse dinoscitur, auctoritate apostolica duximus roborandam. Que videlicet sententia ab ipso rege est taliter promulgata et scripto suo firmata, sicut in subsequentibus invenitur expressum : « Quoniam maxima pars hominum...
(*La bulle reproduit le texte du jugement de 1162, publié plus haut, n° CXXVII*).

....................adjecto karattere nostri nominis. » Ut autem hec sententia futuris temporibus inviolabilis perseveret, nos eam auctoritate apostolica confirmamus et presentis scripti patrocinio communimus, statuentes ut nulli omnino hominum fas sit hanc paginam nostre confirmationis infringere, vel ei aliquatenus contraire. Si qua igitur in futurum ecclesiastica secularisve persona hanc nostre confirmationis paginam sciens, contra eam temere venire temptaverit, secundo tertiove commonita, si non satisfactione congrua emendaverit, potestatis honorisque sui dignitate careat, reamque se divino judicio existere de perpetrata iniquitate cognoscat. Cunctis autem ista servantibus sit pax domini nostri Jesu Xpristi, quatinus et hic fructum bone actionis percipiant et apud districtum judicem premia eterne pacis inveniant.

(*Rota*) (*a*) † Ego Alexander catholice ecclesie episcopus subscripsi. Bene Valete.

† Ego Hubaldus Hostiensis episcopus subscripsi.

† Ego Bernardus Portuensis et sancte Rufine episcopus SS.

† Ego Hubaldus presbiter cardinalis tituli sancte Crucis in Jerusalem SS.

† Ego Johannes presbiter cardinalis sanctorum Johannis et Pauli tituli Pamachii SS.

† Ego Johannes presbiter cardinalis tituli sancte Anastasie SS.

† Ego Teodinus presbiter cardinalis sancti Vitalis tituli Vestine SS.

† Ego Jacintus diaconus cardinalis sancte Marie in Cosmydyn SS.

† Ego Ardicio diaconus cardinalis sancti Theodori SS.

† Ego Cinthyus diaconus cardinalis sancti Adriani SS.

† Ego Hugo diaconus cardinalis sancti Eustachii juxta templum Agrippe SS.

† Ego Petrus diaconus cardinalis sancte Marie in Aquiro SS.

Datum Beneventi per manum Gratiani, sancte Romane ecclesie subdiaconi et notarii, nonis junii, indictione .I., incarnationis dominice anno .M°.C°.LX°.VIII°., pontificatus vero domni ALEXANDRI pape .III. anno .VIIII.

(*Traces de bulle*).

(*a*) *Dans la Rota* : Sanctus Petrus, Sanctus Paulus. Alexander papa III.
† Vias tuas Domine demonstra mihi.

CXLIV

1168.

Sentence arbitrale de Henri évêque d'Autun, rendue d'accord avec Gilbert, abbé de Citeaux, et mettant fin au différend entre Hugues, abbé de Saint-Germain-des-Prés, et Henri, curé de Gilly, au sujet du droit de procuration journalière que ce dernier prétendait percevoir comme gardien du cellier et du grenier des moines de Gilly.

B, fol. 64 v°. — C, fol. 152 v°. — D, fol. 235. — G, fol. 68.

HENRICI EDUENSIS EPISCOPI (*a*).

Ego Henricus, Dei gratia Eduensis episcopus, notum esse volo tam futuris quam presentibus controversiam, que inter Hugonem, abbatem sancti Germani Parisiacensis (*b*), et Henricum, capellanum de Gilliaco, versabatur, esse sopitam et in pace utriusque partis compositam. Asserebat idem Henricus sui juris esse ut cellarium et granarium monachorum de Gilliaco ipse servaret et custodiret, et hujus officii gratia cum quibusdam aliis redditibus etiam cotidianam a monachis acciperet procurationem. Monachis vero ista negantibus et contradicentibus, post motam inde calumpniam et querelas in presentia mea depositas, per manum donni Gisleberti (*c*), Cisterciensis abbatis, talis facta est inter eos compositio ut propter bonum pacis monachi .xx. libras darent sacerdoti, et ipse penitus hanc calumpniam deponeret et ab exactione juris hujus in perpetuum reticeret. Querela igitur hac in manu mea deposita et jure quod exegerat refutato, tam ipse Henricus quam pater ejus et fratres, Galo videlicet, Johannes, Angenulfus, Willelmus (*d*) juramento firmaverunt nullam deinceps super hac re se facturos calumpniam, et legitimam portaturos garantiam contra omnes hujus rei calumpniatores, et si forte juramentum hoc aliquando infringere vel negare ipsi vel successores eorum attemptarent, quicquid de monachis illis tenerent, pactione hac per nostram manum inter eos facta et auctoritate confirmata, monachorum usibus et potestati cederet, et Eduensis [episcopus] (*e*) pro perjuris et excommunicatis eos teneret, donec illi quod juraverant ratum haberent et juramenti violationem emendarent. Que omnia ut firma stent et inconvulsa, presentem cartam sigillo signavi meo et abbas Cisterciensis suo, testium quoque subternotatis nominibus (*f*) : Gislebertus (*g*) abbas Cistercii, Arnaldus, Johannes de Loona, monachi ipsius, Odo prior Gilliaci, Guido, Alveredus, socii ipsius, Julianus archipresbiter de Belna, Henricus archipresbiter de Chenevis, Arnulfus decanus Vergeiaci, Teobaldus (*h*) presbiter de Givrei, Galterius presbiter de Cambela, Petrus diaconus de Flagei, Herveius dominus de Vergeiaco, Hugo de Monte sancti Johannis, Geraldus prepositus, Arveus filius ejus, Petrus decanus, Guillelmus et Petrus decimatores, Beraldus et Girardus forestarii. Acta sunt hec anno ab incarnatione Domini .M°.C°.LX°.VIII°.

(*a*) De compositione inter nos et presbiterum de Gilliaco *C*. — (*b*) Parisiensis *C*. — (*c*) Gisberti *C* ; Gilleberti *D*. — (*d*) Willermus *D*. — (*e*) episcopus *om. BC*. — (*f*) *C remplace les souscriptions par cette indication* : que nomina in autentico sunt manifesta. — (*g*) Gillebertus *D*. — (*h*) Theobaldus *D*.

CXLV

Chartres, 1168.

Henri, comte de Champagne, confirme l'accord conclu entre Hugues, abbé de Saint-Germain-des-Prés, et Eudes de Pougy seigneur de Marolles, au sujet du bois sis entre Vieux-Marolles, autrement dit Saint-Germain-[Laval], et Fresnières, ledit Eudes reconnaissant les droits du monastère, et ne se réservant que l'usage dudit bois pour le pont et la forteresse.

A. Original jadis scellé, K. 24, n° 16⁵.
B, fol. 54. — *D'*, fol. 32 v°.

EDIT. : Tardif, *Cartons des rois*, p. 308, n° 612.

[CARTA HENRICI COMITIS DE NEMORIBUS SANCTI GERMANI] (*a*).

In Xpisti nomine. Ego Henricus, Trecensium comes palatinus, notum facio universis presentibus et futuris quod controversia erat inter Hugonem, abbatem sancti Germani de Pratis, et

Odonem de Pogiaco, dominum videlicet Matriolarum, pro quodam nemore quod est prope Monsteriolum, inter Veteres Matriolas, villam scilicet que Sanctus Germanus appellatur, et Froongnerias, quod prenominatus Odo jamdicto abbati contradicebat, et ne de eo voluntatem suam faceret, resistebat ; cognoscebat siquidem nemus ecclesie esse, set dicebat quod monachi non debebant de eo voluntatem suam facere, nec ad abbatiam nec alibi ducere nisi ad opus potestatis illius que Sanctus Germanus et Vallis appellatur. Abbas vero dicebat quod a tempore felicis memorie Karoli Magni, qui hoc nemus predicte ecclesie in elemosinam dedit (1), ecclesia hujus nemoris continuam et integram possessionem habuerat, et ita habere volebat ad faciendum quicquid vellet. Et quoniam super hoc predictus Oddo abbatem et ecclesiam inquietabat, precepto domni pape Alexandri, ab archiepiscopo Senonensi excommunicatus erat. Sciens igitur se contra rationem agere et timens periculum anime sue incurrere, nostro et amicorum suorum consilio, nemus illud in presentia mea ecclesie liberum dimisit et quietum in perpetuum habere concessit, salvo usuario domini Matriolarum, videlicet ad pontem et firmitatem, et salvo etiam usuario hominum manentium infra antiqua fosseta castri Matriolarum. Nec propter hoc abbas omittet quin de predicto nemore sicut de suo faciat voluntatem suam. Et ne in futurum ab ipso Odone vel heredibus suis ecclesia super hoc inquietari possit, precibus ipsius hujus rei seriem litteris annotatam sigilli mei impressione firmavi, astantibus istis quorum hec sunt nomina : Hugo de Planceio, Hugo de Matriolis, Dembertus de Ternantis, Milo filius ejus, Girardus Eventatus et Artaldus camerarius. Ex parte vero abbatis testes fuerunt : Matheus de Villa Nova, Petrus de Noviomo, Robertus de Moreto, Amalricus de Monte Calvulo, Willelmus filius Gilleberti, Odo de Sancto Lupo. Actum est hoc anno incarnationis dominice M°.C°.LX°.VIII°. Traditum Carnoti per manum Guillelmi cancellarii.

(*Traces de sceau sur lacs de soie verte et rouge.*)

(a) *Au dos, d'une main du* XIII° *siècle.*

(1) Cf. *supra*, n° XX.

CXLVI

Bénévent, 12 avril [1168 ou 1169] (1).

Le pape Alexandre III interdit d'établir, dans les paroisses dépendant de Saint-Germain-des-Prés, des chapelles ou des cimetières, sans l'assentiment de l'abbé et de l'évêque diocésain, sauf les droits des Templiers et des Hospitaliers à cet égard.

B, fol. 13. — E_1 fol. 39.

INDIQ. : Jaffé, *Regesta*, n° 1123.

ALEXANDRI PAPE.

Alexander episcopus, servus servorum Dei, dilectis filiis Hugoni abbati et fratribus sancti Germani de Pratis salutem et apostolicam benedictionem. Cum illius devotionis et fidei puritatem quam tu, fili abbas, circa nos et ecclesiam Romanam multimodis semper exhibuisse dinosceris ad animum revocamus, de commodis et incrementis vestris solliciti et studiosi existimus, et ad hec in quibus cum Deo et justicia possumus, promptam diligentiam exhibemus. Inde siquidem est quod nos monasterium, in quo Domino deservitis, ad jus et proprietatem beati Petri et nostram provisionem nullo mediante spectare pensantes, vobis et per vos eidem monasterio auctoritate apostolica indulgemus ut infra parrochias ęcclesiarum ad jamdictum monasterium pertinentium nullus oratorium, capellam vel ęcclesiam edificare aut cimiterium facere sine diocesani episcopi et vestro consensu audeat, nisi forte Templarii vel Hospitalarii fuerint, quibus hoc Apostolicę Sedis privilegiis indultum fuisse noscatur. Datum Beneventi, .II. idus aprilis.

(1) Les dates extrêmes sont celles des deux années pendant lesquelles Alexandre III a pu se trouver à Bénévent le 12 avril.

CXLVII

Etampes, 1ᵉʳ août 1168-19 avril 1169.

Louis VII confirme l'abandon fait à Hugues, abbé de Saint-Germain-des-Prés, par Jean de Massy, de tous les droits que ce dernier prétendait exercer sur les bois d'Antony.

A. Original jadis scellé, K 24, n° 16.
D, fol. 104 v°.

EDIT. : Tardif, *Cartons des rois*, p. 306, n° 608.

INDIQ. : Luchaire, *Actes de Louis VII*, n° 550.

[CARTA DE NEMORE DE ANTOGNIACO] (*a*).

In nomine sancte et individue Trinitatis. Amen. Ego Ludovicus, Dei gratia Francorum rex. Ad mansuetudinis regie officium spectare videtur diligenter providere, ut conventiones bone fidei, que ante nos fiunt, firmius observentur. Maxime autem que ad ecclesias, quarum sumus debitores, propter Deum noscuntur attinere, inviolabiliter ducimus conservandas, ne pax eorum aliquatenus turbetur, qui solius Dei servitio proposuerunt vacare. Qua consideratione, notum facimus universis presentibus pariter ac futuris quoniam Johannes de Maci, diu agitata contentione contra Hugonem, abbatem sancti Germani de Pratis, pro quibusdam consuetudinibus quas reclamabat in toto nemore Antoniaci, excepta antiqua foresta, tandem sapientum usus consilio, omnia que reclamabat, sive juste sive injuste, et quicquid juris habebat vel se habere dicebat, et feodum et dominium, pro salute anime sue et patris sui, ecclesie sancti Germani guerpivit et concessit in presentia nostra, uxore ipsius Margarita hoc annuente. Quod ut in posterum ratum sit, paginam presentem sigillo nostro muniri fecimus et firmari, subscripto nominis nostri caractere. Actum publice Stampis, anno verbi incarnati milesimo centesimo sexagesimo octavo, regni vero nostri tricesimo secundo, astantibus in palatio nostro quorum apposita sunt nomina et signa. S. comitis Theobaudi dapiferi nostri. S. Guidonis buticularii. S. Mathei camerarii. S. Radulfi constabularii.

Data per manum Hugonis (*Monogramme*) cancellarii.
(*Traces de sceau sur lacs*).

(*a*) *Au dos, d'une main du* XIIIᵉ *siècle.*

CXLVIII

Beaune, 1170.

Hugues, duc de Bourgogne, du consentement de sa femme Aélis et de son fils Eudes, et à la requête d'Eudes, prieur de Gilly, renonce aux redevances et aux droits de gîte que ses hommes percevaient sur la terre de Saint-Germain-des-Prés à Villebichot en Beaunois, dont il confirme la possession à l'abbaye, avec toutes les dépendances de ladite terre, y compris le bois qui s'étend jusqu'à la route appelée « Salneretia », et règle l'exercice des droits de justice des deux parties sur les hommes d'Argilly.

B, fol. 50 v°. — D, fol. 224 v°. — G, fol. 68.

EDIT. : Duchesne, *Hist. des rois, ducs et comtes de Bourgogne*, t. II, pr., p. 53.

INDIQ. : Bréquigny, *Table chronologique*, t. III, p. 58. — E. Petit, *Hist. des ducs de Bourgogne*, t. II, p. 340, n° 502.

CARTA HUGONIS BURGUNDIE DUCIS.

Quoniam per successiones temporum facta priorum facile vel labuntur a memoria vel in irritum revocantur, nisi litteris mandata et testibus roborata consistant, idcirco ego Hugo, Burgundię dux, tam presentibus quam futuris per presentis cartulę conscriptionem notum facio quod Odo, prior de Gilli, in presentia mea conquestus est quod homines mei in villa quę dicitur Villebichet (*a*), quę est sita in territorio Belnensi, novas et injustas inducerent consuetudines. Ego autem, sciens conquestionem ipsius justam esse, pro remedio animę meę et parentum meorum, concedente Aalydi uxore mea et Odone filio meo, ęcclesię sancti Germani Parisiensis omnes in eadem villa consuetudines et gistas indulsi, et a meis hominibus deinceps aliquid tale ibi fieri omnino prohibui. Ejusdem etiam villę donum, ab antecessoribus meis ęcclesię sancti Germani collatum, cum omnibus appenditiis suis, terris videlicet cultis et incultis, vineis, silvis, pratis, aquis aquarumque discursibus, et cum omnibus sibi adjacentiis cunctisque consuetudinibus, cum bosco etiam usque ad viam quę dicitur Salneretia (*b*), ad proprios duntaxat usus monachorum et incolarum in eadem potestate laudo et ratum habeo, ea videlicet ratione ut, sicut prelibatum est, nec ego nec uxor mea nec aliquis meorum successorum, vel omnium qui ad me sive ad ipsos pertinent, ullam in ipsa villa gistam accipiant, vel aliquam omnino consuetudinem habeant aut justiciam. Et sciendum quia si clientes Argillei adversus aliquem de Vilebichet *(a)* querelam habuerint, majori ejusdem facient clamorem, et sic per justiciam prioris ad viam Salneretiam *(b)* ad justiciam venient. Sciendum quoque quod omne forefactum usque ad aquam ducis est et suorum, et si homo in forefacto inventus fuerit, capietur. Sin autem, per clamorem majoris inde justiciam accipient. Hujus rei testes sunt Girardus de Reun, Guillelmus de Rebello, Odo de Lambre, Guido de Solio, Henricus frater ejus, Hugo major et Hugo filius ejus, Petrus decanus Argillei, Robertus de Chaudenai, Willelmus Ligarz. Actum est hoc Belnę, anno ab incarnatione Domini .M°.C°.LXX°.

(a) Vilebichet *D*. — (b) Saluaretia *D*.

CXLIX

1171.

Maurice, évêque de Paris, fait connaître la vente faite à Evrard par Jean, curé de Saint-Landri, d'une maison sise dans le Laas.

C, fol. 44. — D, fol. 36. — G, fol. 30.

EDIT. : Lasteyrie, *Cartulaire de Paris*, p. 419, n° 503.

DE VENDITIONE VINEE QUE FUIT PRESBITERI SANCTI LANDERICI.

Ego Mauricius, Dei gratia Parisiensis episcopus. Notum fieri volumus universis tam presentibus quam futuris quod Johannes sacerdos et parrochiani sancti Landerici vineam quamdam in Aarso sitam, que ad presbiterium ecclesie sue spectabat, consilio et assensu nostro, Ebrardo .xx^{ti}. librarum precio vendiderunt ; quas siquidem .xx^{ti}. libras et eo amplius ad emendationem cujusdam domus juxta prefatam ecclesiam site, que ad presbiterium pertinet, deputaverunt, ita quod redditus ex domo illa provenientes ad usus presbiterii sancti Landerici perpetuo remanebunt. Quod ut futuris temporibus jure inviolabili teneatur, presentis attestatione scripture et sigilli nostri auctoritate communivimus. Actum Parisius anno incarnationis dominice .M°.C°.LXX°.I°., [episcopatus autem nostri] (a) anno duodecimo.

(a) *Il faut évidemment suppléer ces mots omis par BD.*

CL

Sens, 1172.

Accord devant Guillaume, archevêque de Sens et légat du Saint-Siège, entre Hugues, abbé de Saint-Germain de Paris, et Girbert, curé de Saint-Germain près Montereau, au sujet des droits de gîte de l'abbé audit lieu et de la perception de diverses redevances.

A. Original scellé, L 806, n° 6¹.
B, fol. 77. — C, fol. 150 v°. — D' fol. 29 v°.

[CARTA DE ECCLESIA SANCTI GERMANI SUPER MUSTEROLUM] (a).

Willermus (b), Dei gratia Senonensis archiepiscopus et Sedis Apostolicę legatus, omnibus tam presentibus quam futuris in Domino salutem. Universitati vestrę notum fieri volumus quod controversia que vertebatur inter Hugonem, abbatem sancti Germani Parisiensis, et Girbertum, sacerdotem sancti Germani juxta Mosteriolum, in presentia nostra in hunc modum amicabili compositione terminata est : pelliciam quam idem abbas a predicto sacerdote singulis annis requirebat, dimisit imperpetuum et quitavit ; e converso .IIII^{or}. sextarios annonę quos annuatim sacerdos ab abbate requirebat, et sex libras quas asserebat se accomodasse priori de Balneolis in perpetuum remisit. Abbas vero et successores sui abbates, quotienscumque in prefata villa hospitati fuerint, singulis noctibus .IIIes. solidos pro candela a presbitero ejusdem loci habebunt, nisi forte egritudinis causa ibi moram facerint, et quamdiu in villa fuerint sacerdos et capellanus ejus et clericus suus in mensa eorum comedent. Dominicis et aliis festivis diebus sacerdos primo cantabit missam in matrice ęclesia ; deinde, si voluerit, ad capellam descendet, et monachi majorem missam celebrabunt et cotidie pulsabunt vesperas, et interim dum pulsabuntur sacerdos suas cantabit et monachi post eum. Processiones universas monachi facient, preter processiones rogationum, quas presbiter cum parrochianis suis celebrabit.

Omnes oblationes dominicis et sollempnibus diebus ad monachos pertinent, privatis diebus ad presbiterum. De missis defunctorum hoc statutum est quod presbiter primus missam cantabit, et capellanus ejus post eum, et sine parte monachorum beneficium accipient; tertio loco cantabunt monachi si rogati fuerint, et quod eis oblatum fuerit, sibi recipient. Preterea presbiter tam privatis quam aliis diebus habebit oblationes peregrinorum et denarium et candelam de caritate, et oblationes majoris et decani et uxorum suarum in quinque festivitatibus annuis, et oblationes purificationum, nuptiarum, annualium et baptismatum et visitacionum. Item presbiter habebit in granchia monachorum .IIIes. modios annone, .II^{os}. scilicet modios frumenti et unum modium ordei, et .IIIes. modios vini accipiet in pressorio eorum. Et ut hec omnia firma et stabilia permaneant, presentem paginam scribi precepimus, et sigilli nostri auctoritate in testimonium eam roborari fecimus. Actum in palatio nostro Senonensi, anno ab incarnatione Domini .M°.C°.LXXII°., astantibus nobis Stephano abbate sancti Remigii, magistro Roberto, Petro de Sancto Florentino, magistro Radulpho, Theobaudo presbitero de Mosteriolo, magistro Johanne, et aliis quampluribus.

(*Sceau de cire brune sur double queue*) (1).

(a) *Au dos, d'une main du* XIIIe *siècle.* — (b) Wllermus A.

CLI

S. d. [1169-1172] (2).

Sentence rendue par Ives, abbé de Saint-Denis, au nom du pape Alexandre III, entre le curé de Paray et les habitants dudit lieu, au sujet des redevances à payer par ces derniers.

B, fol. 71 v°. — D, fol. 131. — G, fol. 42.

IVONIS ABBATIS SANCTI DIONYSII.

Ego Ivo (a), Dei gratia beati Dyonisii abbas, ex mandato domini Alexandri pape .III. causam que inter sacerdotem et ho-

(1) Ce sceau est décrit dans Douet d'Arcq, *Collection de sceaux*, n° 6385.
(2) Les dates extrêmes sont celles de l'abbatiat d'Ives à Saint-Denis.

mines de Pirodio (*b*) super quibusdam exactionibus vertebatur accepi terminandam, videlicet de garbis quas idem sacerdos ab illis hominibus exigebat, etiam singulis annis ab unoquoque sex : duas frumenti, .II. ordei et fabarum .II. Convocata itaque utraque parte, sacerdos in presentia nostra interrogatus quod contra homines dicere vellet, respondit se de hac re nolle agere. Nos autem auctoritate domini, pape sepe et sepius ab eo requisivimus utrum contra predictos homines aliquid dicere vellet ; ipse vero respondit se non acturum ; super quo sacerdotis responso dum nos cum sapientibus consilium haberemus, ipse nobis insciis inconsulte recessit. Nos vero nichilominus utramque partem ad certum diem citavimus. Utraque igitur parte ante presentiam nostram consistente, ab adversa parte objectum est predictum sacerdotem in prescripta causa ulterius non esse audiendum, eo quod liti renuntiasset ; quod legitimis testibus sufficienter probatum est. Nos itaque auditis testibus et allegationibus utriusque partis, communicato cum sapientibus et viris peritis consilio, quia invitus agere vel causari nemo cogitur, et cuilibet permissum est renuntiare his que per se introducta sunt, prefatos homines a peticione sacerdotis absolvimus.

(*a*) Juno *D*. — (*b*) Pyrodio *D*.

CLII

S. d. [1162-1173] (1).

Lettre de Hugues, vicomte de Châtellerault, à J[osse], archevêque de Tours, à Gu[illaume] évêque du Mans, et à Hu[gues] abbé de Saint-Germain-des-Prés, leur attestant les droits dudit monastère de Saint-Germain sur la chapelle de Saint-Jean l'Evangéliste, à l'encontre des moines de Saint-Savin.

D, fol. 237.

EDIT. : Bouillart, *Hist. de Saint-Germain-des-Prés*, pr., p. XLII, n° LVIII, d'après *D*.

(1) Les dates extrêmes seraient celles de l'avènement de l'abbé Hugues et du *terminus ad quem* de l'épiscopat de Josse de Tours, c'est-à-dire 1162-1174. Celles de Guillaume de Passavant, évêque du Mans (1142-1186), ne permettent pas de resserrer davantage ces limites chronologiques. Mais il semble bien que cet acte soit visé dans la pièce suivante, ce qui m'engage à la placer avant celle-ci dans la série chronologique.

INDIQ. : Tardif, *Cartons des rois*, p. 235, n° 662 (1).

LITTERA DE QUADAM CAPELLA IN PRIORATU DE NINTRY.

I., Dei gratia Turonensi archiepiscopo, et V., ejusdem gratia Cenomannensi episcopo, et V., Deo volente beati Germani abbati, omnibusque ibi in Dei nomine convocatis Hugo, Castri Arraudi vicecomes, salutem et obedientiam. Qui testimonium perhibet veritati, a Xpisto qui est veritas promeretur Xpistianus dici. Ego igitur sub nomine testimonii de controversia que habetur inter monachos sancti Germani et monachos sancti Savini, de capella in honore sancti Johannis Evangeliste fundata, vos, certos ut princeps et fundator castri et capelle facio. Sciatis igitur capellam supranominatam in parrochia beati Germani fundatam, et leprosi et omnes qui ante constitutionem castri ibi manserunt in tenore et parrochia de Neintre ut parrochiani fuerunt. Ego quoque ut jam fatear, quinque solidos censuales priori de Neintre usque modo reddidi. Valete in perpetuum.

CLIII

S. d. [1162-1173] (2).

Sentence rendue par Elie, abbé de Saint-Jean de Montierneuf et Guérin, abbé de Saint-Séverin de Château-Landon, juges commis par le pape, portant reconnaissance des droits des religieux de Saint-Germain-des-Prés, à l'encontre de ceux de Saint-Savin, sur la chapelle de Saint-Jean de Châteauneuf de Châtellerault.

A. Original scellé, L 776, n° 3.
B, fol. 76 v°.

(1) Tardif a analysé l'acte, d'après l'original alors conservé aux Archives nationales, sous la cote K 25, n° 6¹⁰. Mais cet original est en déficit ; la disparition a été constatée en 1887.

(2) Le *terminus a quo* est la date du début de l'abbatiat de Hugues à Saint-Germain-des-Prés. Elie, abbé de Saint-Jean de Montierneuf, est mentionné de 1152 à 1187. Quant à Guérin, aucun personnage de ce nom ne figure dans la liste des abbés de Saint-Séverin de Château-Landon du XII° siècle établie par les auteurs de la *Gallia Christiana* (t. XII, p. 201). Le scribe qui a rédigé l'acte s'est peut-être trompé sur le nom de l'abbé Garnier, mentionné de 1157 à 1166, et dont le successeur Jean paraît en 1173.

Ego Helyas, abbas sancti Johannis Novi Monasterii, et Garinus, abbas sancti Severini de Castro Nantonis, ex precepto domini pape cognoscentes de causa que vertebatur inter abbatem sancti Germani Parisiensis et abbatem sancti Savini super capella sancti Johannis, de novo constructa in loco qui dicitur Castrum Novum apud Castrum Airaudi, diligenter inspectis secundum preceptum domini pape atestationibus utriusque partis, cognito quod testes sancti Savini de possessione tantum loquebantur, quam quidam quadragenariam dicebant, non tamen continuam aut quietam exprimebant, nec aliquid de proprietate aut quod infra limites parrochie sue sita esset aserebant, considerantes autem quod multi testes sancti Germani et diversis racionibus proprietatem illius capelle sancti Germani esse, et infra limites parrochie sue contineri, et suam possessionem et possessionis quam alii pretendebant interruptionem probaverant, qui etiam addebant quod capellanum sancti Savini mandato et rogatu capellani sancti Germani, quia remotus erat, hominibus ibi commorantibus parrochialia viderant ministrantem, moti etiam pro eo quod vicecomes Castri Airaudi per litteras sigillo suo signatas, sub testimonio veritatis asseruit quod ipse capellam illam in parrochia sancti Germani fundaverat, et pro ea singulis annis quinque solidos censuales abbati sancti Germani solverat, cui testimonio aliqui de testibus sancti Germani consonabant, per diffinitivam sentenciam capellam illam monasterio sancti Germani Parisiensis adjudicavimus.

(*Restes de deux sceaux sur double queue*) (1).

CLIV

Paris, 8 avril 1173-23 mars 1174.

Louis VII confirme la donation faite aux religieux de Vincennes par Mathieu de Montreuil d'une redevance d'un muid de grain, moitié avoine moitié froment, que ledit Mathieu percevait sur la grange de Saint-Germain-de-Villeneuve, et l'abandon consenti par le même Mathieu, des corvées que son père

---

(1) Un de ces sceaux a complètement disparu. Le second est en très mauvais état et représente un personnage assis.

Gazon et sa mère Richilde avaient possédées à Thiais (1), *et auxquelles ils avaient renoncé en échange de ladite redevance en grains.*

D, fol. 163 (addition de l'an 1600). — Z. Copie de 1600, LL 1087, fol. 113.

EDIT. : (a) Du Breul, *Antiquités de Paris*, p. 1250. — (b) Félibien, *Histoire de Paris*, t. III, p. 65, d'après a.

INDIQ. : Luchaire, *Actes de Louis VII*, n° 647.

DE MODIO ANNONE RELIGIOSIS DE VICENA DATO (a).

In nomine sancte et individue Trinitatis. Amen. Ludovicus, Dei gratia Francorum rex. Dignum est et regie benignitati conveniens non solum ecclesiis et religiosis hominibus beneficia conferre, verum etiam eis ab aliis collata confirmare, ne malignantium calliditate valeant in posterum revocari. Noverint igitur universi presentes et futuri quod Mattheus de Monterel unum modium annone, quem in grangia sancti Germani de Nova Villa habebat, medietatem videlicet frumenti et medietatem avene, domui religiosorum hominum de Vicena in eleemosinam dedit, et corvadas quas apud Theophilum et in potestate ejusdem villę Gazo pater et Richildis, mater predicti Matthei, habuerant et ipsis pro censiva prefati modii annone commutaverant, idem Mattheus in perpetuum ecclesie sancti Germani libere et quiete dimisit. Ut autem homines illius potestatis pro predicta censiva deinceps ab illis corvadis liberi et immunes permaneant, precibus supradicti Matthei presentem inde cartam fieri, et sigilli nostri auctoritate precipimus confirmari. Actum Parisius anno ab incarnatione Domini millesimo centesimo septuagesimo tertio. Astantibus in palatio nostro quorum nomina supposita sunt et signa. S. comitis Theobaldi dapiferi nostri. S. Mathei camerarii. S. Guidonis buticularii. S. Radulphi constabularii.

(a) *B et Z donnent l'indication suivante* : Originale suprascriptarum litterarum patres Minimi apud Vicenas manentes servant, illudque nobis anno 1600, die 24 martii, communicaverunt. — (b) Donatio unius modii grani super grangia Villenove levandi quem Matheus de Monterel religiosis de Vicena dedit Z.

(1) Cette identification est très douteuse, car le texte porte *Theophilum*. L'identification avec Thiais, *Theodasium*, que nous savons avoir figuré au nombre des possessions de l'abbaye de Saint-Germain-des-Prés a été proposée par l'abbé Lebeuf, *Hist. de la ville et du diocèse de Paris*, éd. Bournon, t. IV, p. 440, et adoptée par M. A. Luchaire, *Actes de Louis VII*, n° 526.

CLV

Saint-Germain-des-Prés, 21 juillet 1174.

Hugues, abbé de Saint-Germain de Paris, fait remise aux habitants du terroir d'Antony de diverses coutumes qu'exigeait d'eux ledit monastère, en échange de droits d'usage que lesdits habitants percevaient dans les bois d'Antony.

D, fol. 109 v°.

ITEM DE NEMORE ANTOGNIACI.

Ego Hugo, sive jubente seu permittente Deo sancti Germani Parisiensis abbas, hominibus de potestate Antogniaci, in perpetuum. Amministratoria exigente sollicitudine et cura pastorali, qua licet indigni fungimur, tenemur eos qui nobis et ecclesie cui presumus subjecti sunt diligere, fovere et in petitionibus super quibus nullum patitur ecclesia detrimentum exaudire, et concessa scripto diffinitivo, ne a memoria excidant vel a posteris hec ignorantibus in causam trahantur, commendare. Eapropter notum facimus presenti etati omniumque sequuture posteritati quod vos, qui de potestate estis ville nostre Antogniaci, nostram adistis presentiam et immunia clamastis omnia nemora, super usuariis que habueratis nichil penitus ultra in eis clamaturi. Pro cujus recompensatione dimissionis condescendentes, vobis super hiis que nobis consuetudinarie debebatis, communi fratrum nostrorum assensu, vobis indulgere deliberavimus et dignum duximus : videlicet super duobus diebus quibus in mense marcio in obsequio nostro eratis in agriculturam, unum ; ex duobus de Gascheriis, unum ; super duobus ex binatione, unum ; segetum nostrarum sarculationem, audientias, placita generalia remittimus, indulgemus vobis et heredibus vestris, absolute perdonamus et ea requiri a successoribus interdicimus, inhibemus, salvis tamen consuetudinibus forestariorum et salvo residuo de consuetudinibus nostris. Ne vero hec diffinitio nostris successorumque nostrorum temporibus aliquo malignitatis astu violari et in irritum revocari possit, presentis scripti patrocinio inhibemus, quod sigilli beati Germani auctoritate et nostri impressione confirmantes, nominis nostri karactere signavimus, adjunctis quorumdam fratrum nostrorum nominibus et signis. *S.* domni Hugonis abbatis. *S.* Willelmi prioris et infirmarii. *S.* Roberti subprioris. *S.* Garini tercii prioris. *S.* Hugonis thesaurarii. *S.* Roberti cellerarii. *S.* Ademari Andree. *S.* Aimerici. *S.* Richerii cantoris. S. Guidonis, Guillelmi, Guidonis. S. Savini tunc Antoniaci prepositi. Actum in capitulo nostro, annuente et assistente conventu, anno incarnati Verbi ,M°.C°.LXX°.IIII°., indictione septima. Hujus rei testes sunt: Odo Brunellus tunc major ville ipsius, Ingelbertus decanus, Jocelinus de Verrariis, Ingelrannus de Antogniaco, Durandus forestarius, Ancherius forestarius. Data per manum. Scripta manu Roberti Postelli notarii nostri, .XII°. kl. augusti.

CLVI

Paris, à Saint-Germain-des-Prés, 1175.

Rotrou, archevêque de Rouen, confirme en faveur de l'abbé Hugues la donation faite à l'abbaye de Saint-Germain de Paris par l'archevêque Hugues, prédécesseur dudit Rotrou, de l'église de Saint-Léger en Arthies (1), ainsi que de l'église nouvellement construite à Longuesse, avec le droit de présentation aux cures de Saint-Martin-de-Villers et de Longuesse.

A. Original jadis scellé, L 807, n° 1 bis.
C, fol. 204. — D, fol. 96.

EDIT. : (a) Bouillart, *Hist. de Saint-Germain-des-Prés*, pr., p. XLII, n° LIX, d'après un cartulaire. — (b) Bonnin, *Droits de Saint-Germain-des-Prés en Seine-et-Oise*, p. 231, d'après a.

INDIQ. : Bréquigny, *Table chronologique*, t. III, p. 508.

[CARTA DOMINI ROTHOMAGENSIS DE ALTARI SANCTI MARTINI DE VILERS] (a).

Rotroldus, Dei gratia Rothomagensium archiepiscopus, dilectissimo in Xpisto fratri et amico Hugoni, venerabili abbati sancti Germani Parisiensis, et successoribus ejus et conventui, IMPERPETUUM. Ea que predecessor noster, venerabilis memorie Hugo, instituit et sua auctoritate confirmavit, nos, quia justa et a ratione minime exorbitantia esse cognoscimus, auctoritate qua preminemus confirmamus et rata esse volumus. Inde est quod tibi, in Domino dilecte Hugo, abbas sancti Germani Parisiensis, respectu confirmationis jamdicti predecessoris nostri, et intuitu devotionis quam erga nos et ecclesiam nostram habere dinosceris, tibi et ecclesie tue donavimus et concedimus ecclesiam sancti Leodegarii de

---

(1) Cf. *supra*, n° CXXXIII.

Arteia, ecclesiam noviter edificatam apud Longuessam cum veteri ecclesia, ut eas libere et quiete cum decimis et benefitiis et possessionibus et aliis omnibus ad ipsas pertinentibus jure stabili futuris temporibus teneatis. Id presertim significantes, ut presentationes presbiterorum, et ipsorum positiones in ecclesia sancti Martini de Vilers et in ecclesia de Longuessa, ad vestram voluntatem et arbitrium nostra omnimoda reconfirmatione a modo et in sempiternum pertinere cognoscantur. Statuimus autem ut nulli omnino hominum liceat benefitia illarum ecclesiarum inminuere vel auferre, cum aliqua vexatione perturbare, aut hanc paginam nostre confirmationis infringere. Quicquid etiam in posterum justis quibusque modis in ecclesiis jamdictis per vos poterit adipisci, ratum et illibatum permaneat, salvo in omnibus jure pontificali et parochiali. Que ut rata maneant, presentis scripti attes[tatione et] (*b*) sigilli nostri impressione confirmari mandavimus. Presentibus et attestan[tibus filiis nostris Roberto de Novo]burgo, magistro Rainaldo, Amisio Roth[omagensis ecclesie archidiacono, Roberto capellano de sancto Walerico], magistro Thoma, magistro Rogerio [de Warvino canonicis nostris. Actum Parisius apud Sanctum Germanum, anno incarnati verbi] .M°.C°.L[XX°V°].

(*Traces de sceau.*)

(*a*) *Au dos, d'une main du* XIIIe *siècle.* — (*b*) *La fin de l'acte est mutilée, mais il est facile de combler les lacunes à l'aide de CD.*

CLVII

Sens, 1175.

Accord conclu devant Guillaume, archevêque de Sens et légat du Saint-Siège, entre Itier de Mauny et Hugues, abbé de Saint-Germain-des-Prés, au sujet de la dîme de Bagneaux, dont ledit Itier tenait la moitié par droit héréditaire, et les dîmes de Planty, Flacy et Courgenay à la perception desquelles il est associé par le monastère.

A. Original scellé, L 765, n° 3.
C, fol. 130 v°. — *D*, fol. 216. — *Y.* Copie du XVIe s., LL 1056, fol. 36 v°. — *Z.* Copie du XVIe s., LL 1057, fol. 2.

[CARTA SUPER TRACTU DECIME DE BALNEOLIS] (*a*).

WILLELMUS, DEI GRATIA SENONENSIS ARCHIEPISCOPUS, APOSTOLICE SEDIS LEGATUS, OMNIBUS TAM FUTURIS ‖ ª quam presentibus ad quos littere iste pervenerint, IN PERPETUUM. Quod per volumina temporum delet oblivio, hoc scripture commendatio reparat et reformat. Ideoque formam pacis et compositionem, que inter dilectum nostrum .Hu., abbatem sancti Germani de Pratis, et dilectum filium nostrum Iterium de Malonido, super tractu decime de Balneolis et super decima de Planteiz et Flaciaco et Corgeniaco coram nobis pertracta est, presenti pagine precepimus annotari. Concessum est ab eodem Iterio quod decima de Balneolis, cujus decime medietatem de jure antecessorum optinet, in perpetuum trahatur infra granchiam abbatis que usui decime deputabitur, et hec granchia erit infra clausuram et mansionem monachorum constituta, et singulis annis erit tractus communis, et serviens ipsius Iterii clavem granchie servabit. In decimis de Planteiz et Flaciaco et Corgeniaco, non tamen ultra aquam, sed citra a parte Balneolorum, abbas assensu capituli sui jamdictum Iterium associavit, et medietatem ipsi et heredi suo concessit, salvo terragio et terre fundo in quibus nichil umquam reclamaverat. Idem vero Ite. omnes querelas quas super usuario pratorum, clusa, vennis, meatibus, et anne moverat, coram nobis quitavit et illis renuntiavit, et calumpniam quam Girbertus homo suus et heres suus super clusa et pratorum usuario moverant, sine aliqua in futurum reclamatione, nobis presentibus quitari fecit, et tam idem Ite. quam Gir. omnibus querelis, quas supra rebus jam dictis moverant penitus in nostra renuntiaverunt presentia. Huic paci et compositioni uxor sepe dicti Iterii Emelina, et filii sui Garnerius et Ansellus, et fratres sui Milo et Willelmus assensum prebuerunt et in publico eam laudaverunt. Nos ergo ea que digna memoria coram nobis laudabiliter facta sunt, rata in posterum et inconcussa permanere volentes, presentem paginam in testimonium et predicte pacis et compositionis confirmationem scribi precepimus, et sigilli nostri auctoritate roborari. Actum Senonis in palatio pontificali, anno ab incarnatione Domini .M°.C°.LXXV°., astantibus nobis Odone decano, Hilduino thesaurario, Hugone archidiacono, Gaufrido precentore, Garnerio de Triangulo canonico, Radulfo et Rogero, capellanis nostris. Laicis : Angisio, Reclaimo, Milone, Umberto, Willelmo et Lamberto. NOTA ALANI.

(*Sceau de cire brune sur lacs de soie verte et rouge*) (1).

(*a*) Au dos, d'une main du XIIIe siècle.

(1) Ce sceau est décrit dans Douet d'Arcq, *Collection de sceaux*, n° 6386.

CLVIII

1175.

Hugues, abbé de Saint-Germain de Paris, affecte un revenu de cinq muids de vin à la fondation de l'anniversaire du moine Baudouin, en reconnaissance des défrichements et des plantations de vignes que fit celui-ci, à l'époque à laquelle il était prieur de la Celle-[Saint-Cloud].

A. Original scellé, S 2913, n° 22.
E, fol. 142 v°.

[CARTA BALDUINI CHAUDERUN] (a).

Hugo, Dei misericordia sancti Germani Parisiensis humilis abbas. Omnibus ad quos per successiones temporum presentis scripti pagina pervenerit, salutem in vero salutari. Noverit universitas vestra quod dilectus frater noster Baiiduinus, eo tempore quo Celle preerat, clausum quemdam vinee apud Karoli Vennam extirpatis his que nociva erant multo sumptu, labore et studio fecit fructiferum, et de solitudinem redegit in vineam uberem. Et nos, de assensu et voluntate totius conventus nostri, in recompensatione laboris sui et sumptuum, quinque modios vini ipsius clausi ad mensuram vicini castri, quod Marliaci dicitur, ad procurationem conventus in anniversario die obitus sui singulis annis concedimus ; et ut in perpetuum maneat quod concessum est, presentis scripti attestatione et sigillorum beati Germani et nostri impressione muniri decrevimus, adjunctis quorumdam fratrum et offitialium nostrorum nominibus et signis. S. Roberti prioris. S. Alveredi subprioris. S. Alexandri tercii prioris. S. Hugonis thesaurarii. S. Rainaldi infirmarii. S. Johannis cellerarii. Actum anno incarnati verbi .M°.C°.LXX.V. Nota Roberti Postelli.

(*Scellé de deux sceaux sur double queue*).

(a) *Au dos, d'une main du* XIII° *siècle.*

CLIX

S. d. [1174-1175] (1).

Hugues, abbé de Saint-Germain de Paris concède une charte d'affranchissement aux habitants du bourg Saint-Germain.

B, fol. 83. — D, fol. 51 et 55 v°. — G, fol. 41.

EDIT. : Lasteyrie, *Cartulaire de Paris*, p. 409, n° 489, d'après *BDG*.

[HUGONIS ABBATIS SANCTI GERMANI DE LIBERTATE HOMINUM ISTIUS VILLE] (a).

IN NOMINE SANCTE ET INDIVIDUE Trinitatis. Amen. Sapientium consilio hoc in consuetudinem venisse dinoscitur ut in omnibus diffinitionibus idonea adhibeantur testimonia et unaqueque juste ac rationabiliter diffinita ratio ita cujuspiam scripti roboretur testimonio, ne deinceps adnullari vel calumpniari possit ullius falsitatis figmento. Quamplures enim contentiones excitarentur, nisi scripturarum testimonio et sigillorum auctoritatibus sopirentur. Eapropter ego Hugo, Dei gratia abbas sancti Germani Parisiensis, et communis ac voluntarius capituli nostri assensus libertatem burgo beati Germani et in eo degentibus a nobis concessam et confirmatam, presentium et futurorum noticię presenti scripto decrevimus significare. Siquidem unanimi deliberatione statuimus, et perpetua remissione indulsimus ut tallia et corvadę et placita generalia et culcitrarum atque capitalium pannorumque usus, et sepulturę merces, et panis qui in crastino die dominicę Nativitatis nobis et presbitero hujus villę de consuetudine reddebatur, nec a nobis nec a successoribus nostris in perpetuum ab aliquo hominum in predicto burgo manentium exigantur. Porro tam nobis quam successoribus nostris singuli burgenses ejusdem loci tres solidos censuales annuatim, pro singulis ignibus, ad festum sancti Remigii solvent, nisi forte aliquis domus suę quamlibet cameram sive cameras alicui locaverit, a quo igne et a quo conductore, quia propriam habitationem non habuerit, supradictus census non exigetur. Ut autem contra hanc nostre cessionis emu-

---

(1) Il semble que l'acte doive être attribué à l'année 1174 ou 1175 en raison de la mention du prieur Guillaume, du sous-prieur Robert et du troisième prieur Guérin, dont les noms figurent parmi les souscriptions.

nitatem nulla in posterum possit oriri questio, presentis scripti eam confirmari decrevimus patrocinio, quod testium annotatione et sigilli beati Germani et nostri impressione confirmantes, nominis nostri karactere signavimus, fratribusque nostris signandum prebuimus. Signum domni Hugonis abbatis. *S.* Willelmi prioris. *S.* Roberti supprioris. *S.* Garini tercii prioris. *S.* Ansoldi. *S.* Radulfi cantoris. *S.* Roberti cellerarii. *S.* Gaufredi. *S.* Johannis. *S.* Rorici. *S.* Hugonis. *S.* Martini. *S.* Symonis. *S.* Odonis. *S.* Johannis pueri. Testes: Odo de Crispeio (*b*), Gauterius carpentarius, Petrus de Noviomo, Rainaldus de Hospicio, Boso, Adam, Guinerannus Carduus, Guillelmus matricularius, Johannes sartor, Gaufredus sartor, Guillelmus pistor, Alennus et Germundus frater ejus, Alelmus, Johannes hospitalarius, Gerbertus portarius. HUGO NOTARIUS SCRIPSIT ET SUBSCRIPSIT.

(*a*) *Pas de titre dans B.* — (*b*) *B figure ici un monogramme.*

CLX

S. d. [1168-printemps 1176] (1.)

Le pape Alexandre III confie à l'abbé de Saint-Denis (2) le jugement du procès pendant devant Simon, archidiacre de Notre-Dame, entre le curé et les habitants de Paray, dont il a été fait appel au Saint-Siège.

O, fol. 93.

Alexander episcopus, servus servorum Dei, dilecto filio abbati sancti Dionisii, salutem et apostolicam benedictionem. Pervenit ad nos quod, cum causa que inter capellanum et homines de Pi-

(1) L'archevêque de Sens, légat du Saint-Siège, qui est mentionné dans l'acte doit être Guillaume aux Blanches-Mains, qui porte le titre de légat dès le début de son pontificat à Sens (Cf. J. Mathorez, *L'archevêque Guillaume aux Blanches-Mains*, dans les *Positions de thèses* des élèves de l'Ecole des chartes, année 1897, p. 82). Les dates extrêmes de la pièce sont donc celles de l'épiscopat de ce prélat à Sens. Simon, archidiacre de l'église de Paris, est également mentionné dans divers actes de cette époque (*Cartulaire de Notre-Dame de Paris*, t. II, p. 9, 339, 503; t. III, p. 358, 439). Si même cette bulle est celle à laquelle il est fait allusion dans une charte publiée plus haut (n° CLI), elle est antérieure à 1172.

(2) Qui, entre 1168 et 1176, peut être Eudes III de Taverny, mort en 1169, Ives II (1169-1172) ou Guillaume de Gap (1172-1186).

rodio super quadam inconsueta exactione vertitur in presentia dilecti filii nostri Simonis, Parisiensis archidiaconi, tractaretur, ad venerabilem fratrem nostrum Senonensem, Apostolice Sedis legatum, et a ministerialibus ejus ad nos, dicitur appellatum fuisse. Quocirca nos, de tue religionis et honestatis prudentia plenius confidentes, causam illam experientie tue duximus committendam, per apostolica scripta mandantes quod, cum exinde fueris requisitus, utramque partem ante tuam presentiam convoces et, rationibus hinc inde diligenter auditis et cognotis, eandem causam appellatione remota, servata juris equitate, decidas, tu vero in his et in aliis causis cognoscendis eam curam ac diligentiam habeas quod multas tibi causas non inmerito committere debeamus.

CLXI

S. d. [1168-1176] (1).

Le pape Alexandre III mande à [Maurice], évêque de Paris, de contraindre les parties à se soumettre au jugement que l'abbé de Saint-Denis est chargé de rendre dans l'affaire entre le curé et les habitants de Paray.

O, fol. 93.

Alexander episcopus, servus servorum Dei, dilecto filio.., Parisiensi episcopo, salutem et apostolicam benedictionem. Causam que inter capellanum et homines de Pirodio super quadam inconsueta exactione vertitur, dilecto filio nostro abbati sancti Dionisii commisimus audiendam et fine debito terminandam. Ideoque fraternitati tue per apostolica scripta mandamus quod, cum exinde fueris requisitus, utranque partem ad presentiam illius accedere et judicium ejus apellatione remota suscipere firmiter et servare districte compellas.

CLXII

Anagni, 12 janvier [1174-1176] (2).

Le pape Alexandre III, à la requête de l'abbé Hugues, accorde

(1) Les dates extrêmes sont les mêmes que celles de l'acte précédent. Peut-être même l'acte doit-il être placé avant 1172 (Cf. n°ˢ CLI et CLX).

(2) Les dates extrêmes, indiquées par Jaffé, des années pendant lesquelles le pape Alexandre III a pu se trouver à Anagni le 12 janvier sont

aux moines de Saint-Germain-des-Prés le privilège de ne pouvoir être excommuniés par personne, sauf le pape ou son légat, sans un mandat spécial du Saint-Siège.

A. Original jadis bullé, L 231, n° 50.
H, fol. 28.

INDIQ. : Jaffé, *Regesta*, n° 1300. — Lasteyrie, *Cartulaire de Paris*, p. 430, n° 520.

[QUOD NULLUS MONACHOS NOSTROS POSSIT EXCOMMUNICARE] (*a*).

ALEXANDER episcopus, servus servorum Dei, dilecto filio Hugoni, abbati sancti Germani Parisiensis, salutem et apostolicam benedictionem. Quanto monasterium tuum ad jurisdictionem beati Petri et nostram specialius pertinet, tanto in his que ad libertatem ipsius monasterii pertinent, assensum nostrum debes facilius obtinere. Eapropter, dilecte in Domino fili, tuis justis postulationibus inclinati, auctoritate apostolica prohibemus ut nullus preter Romanum pontificem vel legatum ab ejus latere missum absque speciali mandato Apostolice Sedis monachos monasterii tui, ubicumque habitaverint, excommunicare valeat vel interdicto subicere. Nulli ergo omnino hominum liceat hanc paginam nostre constitutionis infringere vel aliquatenus contraire. Si quis autem hoc attemptare presumpserit, indignationen omnipotentis Dei et beatorum Petri et Pauli apostolorum ejus se noverit incursurum. Datum Anagnie, .II. idus januarii.

(*a*) *Au dos, d'une main du* XIII° *siècle.*

CLXIII

Anagni, 19 juillet 1176.

Le pape Alexandre III confirme en faveur de l'abbé Hugues les privilèges du monastère de Saint-Germain de Paris, en y ajoutant celui de ne pouvoir être frappé d'une sentence d'excommunication ou d'interdit promulguée sans mandat spécial du Saint-Siège.

1174 et 1178. Mais le privilège relatif à l'excommunication est indiqué dans la bulle générale de confirmation de ce même pape pour Saint-Germain-des-Prés, du 19 juillet 1176 (*ci-après*, n° CLXIII). Le présent acte doit donc être antérieur à cette date.

A. Original jadis bullé, L 231, n° 52.
B, fol. 13 v°. — E, fol. 39. — Z. Copie de 1664, L 231, n° 52 bis.

INDIQ. : Jaffé, *Regesta*, n° 17227. — Lasteyrie, *Cartulaire de Paris*, p. 448, n° 545.

ALEXANDER EPISCOPUS, SERVUS SERVORUM DEI, DILECTIS FILIIS HUGONI, ABBATI SANCTI GERMANI PARISIENSIS, EJUSQUE FRATRIBUS TAM PRESENTIBUS QUAM FUTURIS REGULAREM VITAM PROFESSIS, IN PERPETUUM ||². In eminenti beati Petri cathedra ad hoc sumus licet immeriti disponente Domino constituti ut justas petitiones debeamus libenter admittere, et eis studeamus effectum utilem indulgere. Eapropter, dilecti in Domino filii, vestris justis postulationibus clementer annuimus et monasterium beati Germani de Pratis, in quo divino estis mancipati obsequio, quod proprie beati Petri juris existit, ad exemplum predecessorum nostrorum beate memorie Paschalis (1), Innocentii (2), Lucii (3), Eugenii (4), Anastasii (5) et Adriani (6), Romanorum pontificum, sub beati Petri et nostra protectione suscipimus et presentis scripti privilegio communimus. Statuentes............

(*Le texte est conforme à celui de la bulle du 9 janvier 1164, publiée plus haut, n° CXXXII*).

............benedictionem accipiat. Auctoritate etiam apostolica statuimus, et vobis de consueta clementia et benignitate Sedis Apostolice indulgemus ut nullius legationi, nisi a latere Romani pontificis specialiter fuerit delegatus, subjacere vel subesse a modo debeatis, nec alicui liceat obtentu legationis ab Apostolica sibi Sede indulte vos vel successores vertros seu monasterium, vel ecclesias que infra burgum beati Germani sunt, ulla interdicti vel excommunicationis sententia pregravare, vel super vos aut super jamdictas ecclesias jurisdictionem aliquam exercere, nisi specialiter hoc fuerit a Romano pontifice illi mandatum. Decernimus ergo ut nulli omnino hominum liceat supradictum monasterium temere perturbare, aut ejus possessiones auferre, vel ablata retinere, minuere seu quibuslibet vexationibus fatigare, sed illibata omnia et integra conserventur eorum, pro quorum gubernatione ac sustentatione concessa sunt, usibus omnimodis profutura,

(1) *Supra*, n° LXXIII.
(2) *Supra*, n° LXXXV.
(3) *Supra*, n° XCV.
(4) *Supra*, n° CIV.
(5) *Supra*, n° CXV.
(6) *Supra*, n° CXXI.

salva nimirum Apostolice Sedis auctoritate. Si qua igitur in futurum ecclesiastica secularisve persona hanc nostre constitutionis paginam sciens, contra eam temere venire temptaverit, secundo tertiove commonita, nisi presumptionem suam congrua satisfactione correxerit, potestatis honorisque sui dignitate careat, reamque se divino judicio existere de perpetrata iniquitate cognoscat, et a sacratissimo corpore et sanguine Dei et domini redemptoris nostri Jesu Xpisti aliena fiat, atque in extremo examine districte ultioni subjaceat. Cunctis autem eidem loco sua jura servantibus sit pax domini nostri Jesu Xpisti, quatinus et hic fructum bone actionis percipiant, et apud districtum judicem premia eterne pacis inveniant. AMEN. AMEN. AMEN.

(Rota) (a). Ego Alexander catholice ecclesie episcopus SS. BENE VALETE.

† Ego Hubaldus Hostiensis episcopus SS.

† Ego Johannes sanctorum Johannis et Pauli presbiter cardinalis tituli Pamachii SS.

† Ego Albertus presbiter cardinalis tituli sancti Laurentii in Lucina SS.

† Ego Willelmus presbiter cardinalis tituli sancti Petri ad Vincula SS.

† Ego Boso presbiter cardinalis sancte Pudentiane tituli Pastoris SS.

† Ego Johannes presbiter cardinalis tituli sancti Marci SS.

† Ego Theodinus presbiter cardinalis sancti Vitalis tituli Vestine SS.

† Ego Manfredus presbiter cardinalis tituli sancte Cecilie SS.

† Ego Petrus presbiter cardinalis tituli sancte Susanne SS.

† Ego Jacinthus diaconus cardinalis sancte Marie in Cosmidyn SS.

† Ego Cynthius diaconus cardinalis sancti Adriani SS.

† Ego Hugo diaconus cardinalis sancti Eustachii juxta templum Agrippe SS.

† Ego Laborans diaconus cardinalis sancte Marie in Porticu.

† Ego Raynerius diaconus cardinalis sancti Georgii ad Velum aureum SS.

Data Anagnie per manum magistri Gerardi, sancte Romane ecclesie subdiaconi et notarii, .XIIII. kal. augusti, indictione .VIIII., incarnationis dominice anno .M°.C°.LXXX°.VI°., pontificatus vero domni Alexandri pape .III. anno .XVII°.

(a) *Dans la Rota* : Sanctus Petrus. Sanctus Petrus. Alexander Papa III.
† Vias tuas Domine demonstra mihi.

CLXIV

Anagni, 30 août [1173-1176] (1).

Le pape Alexandre III confirme la sentence arbitrale rendue par Elie, abbé de Saint-Jean de Montierneuf, et G., abbé de Saint-Séverin de Château-Landon, et reconnaissant les droits des moines de Saint-Germain-des-Prés, à l'encontre de ceux de Saint-Savin, sur l'église Saint-Jean de Châteauneuf de Châtellerault (2).

A. Original bullé, L 231, n° 47.
B, fol. 13. — E, fol. 39.

EDIT. : (a) Bouillart, *Hist. de Saint-Germain-des-Prés*, pr., p. XLII, n° LVII, d'après B. — (b) Migne, *Patr. lat.*, t. CC, col. 1052, n° MCCXVIII, d'après a.

INDIQ. : Jaffé, *Regesta*, n° 12665.

[CONFIRMATIO SENTENTIE DE CAPELLA CASTRI ARAUDI] (a).

ALEXANDER episcopus, servus servorum Dei, dilectis filiis Hu. abbati et fratribus sancti Germani de Pratis salutem et apostolicam benedictionem. Ex litteris dilectorum filiorum nostrorum Helie, sancti Johannis Novi monasterii, et G., sancti Severini de Castro Nantonis abbatum, auribus nostris manifeste innotuit quod, cum causam, que inter vos et abbatem sancti Savini super capella sancti Johannis de novo constructa in loco qui dicitur Castrum Novum apud Castrum Airaldi vertebatur, de mandato nostro suscepissent fine debito terminandam, ipsi, convocatis partibus et rationibus hinc inde plenius auditis et cognitis, vobis et monasterio vestro prescriptam capellam per diffinitivam sententiam adjudicarunt. Quia igitur decet nos ea que legitime decisa sunt approbare, et apostolice auctoritatis robore communire, prescriptam sentenciam ratam et firmam habentes, vobis et monasterio vestro eandem capellam, sicut legitime vobis adjudicata est, auctoritate apostolica confirmamus, et presentis scripti patrocinio communimus, statuentes ut nulli omnino hominum liceat hanc paginam

---

(1) Les dates extrêmes sont celles des années où Alexandre III a pu se trouver le 30 août à Anagni.
(2) *Supra*, n° CLIII.

nostre confirmationis infringere, vel ei aliquatenus contraire. Si quis autem hoc attemptare presumpserit, indignationem omnipotentis Dei et beatorum Petri et Pauli apostolorum ejus se noverit incursurum. Datum Anagnie .III. kl. septembris.

(Bulle).

(a) *Au dos, d'une main du XIII° siècle.*

CLXV

Anagni, 15 novembre 1176.

Le pape Alexandre III confirme en faveur de l'abbé Hugues les biens et les privilèges du monastère de Saint-Germain de Paris.

A. Original jadis bullé, L 231, n° 52.

B, fol. 15. — G, fol. 40. — N4, fol. 104. — X. Copie figurée de 1522, L 231, n° 53 bis. — Y. Copie de 1654, S 2913, n° 19. — Y'. Copie de 1654, S 2913, n° 20. — Z. Copie du XVIII° s., LL 1041, fol. 3 v°.

EDIT. : (a) Bouillart, *Hist. de Saint-Germain-des-Prés*, pr., p. XLIV, n° LXII d'après A. — (b) Migne, *Patr. lat.*, t. CC, col. 1083, n° MCCLIV, d'après a. — (c) Bonnin, *Droits de Saint-Germain-des-Prés en Seine-et-Oise*, p. 232, d'après a.

INDIQ. : Lasteyrie, *Cartulaire de Paris*, p. 448, n° 456. — Jaffé, *Regesta*, n° 12741.

ALEXANDER EPISCOPUS, SERVUS SERVORUM DEI, DILECTIS FILIIS HUGONI, ABBATI SANCTI GERMANI PARISIENSIS, EJUSQUE FRATRIBUS TAM PRESENTIBUS QUAM FUTURIS REGULAREM VITAM PROFESSIS, IMPERPETUUM ||². Monet nos Apostolice Sedis, cui licet immeriti presidemus, auctoritas ut de statu omnium ecclesiarum generalem debeamus sollicitudinem gerere, et circa tuitionem earum precipue vigilare que specialiter beati Petri juris existunt, et ad nostram jurisdictionem nullo mediante pertinent et tutelam. Eapropter, dilecti in Domino filii, vestris justis postulationibus clementer annuimus, et monasterium vestrum, quod Romane ecclesie specialiter adherere dinoscitur, ad exemplar pie recordationis predecessorum nostrorum Romonorum pontificum, sub beati Petri et nostra protectione suscipimus, et presentis scripti privilegio communimus, statuentes ut quascumque posesssiones, quecumque bona idem monasterium in presentarium juste et canonice possidet, aut in futurum concessione pontificum, largitione regum vel principum, oblatione fidelium, seu aliis justis modis prestante Domino poterit adipisci, firma vobis vestrisque sucessoribus et illibata permaneant. In quibus hec propriis duximus exprimenda vocabulis : in episcopatu Senonensi ecclesias de Emant, ecclesiam Montis Machou, ecclesiam de Matricolis, ecclesiam beati Germani juxta Musteriolum, ecclesiam de Laval, ecclesiam sancti Petri de Veteribus Matriolis, ecclesiam de Balneolis ; in episcopatu Parisiensi ecclesiam sancti Germani Veteris infra urbem, ecclesiam Ville Nove, ecclesiam de Crona, ecclesiam de Valentone, ecclesiam de Theodasia, ecclesiam de Pirodio, ecclesiam Antoniaci, ecclesiam de Verrariis, ecclesiam de Avremvilla, ecclesiam de Surisnis ; in episcopatu Carnotensi, ecclesiam sancti Martini de Drocis, ecclesiam beate Marie Magdelene de Monte Calvulo, ecclesiam domni Martini, ecclesiam Laoniarum, ecclesiam de Neelfleta, ecclesias de Septulia ; in episcopatu Rothomagensi, ecclesiam sancti Leodegarii, ecclesiam de Vilers, ecclesiam de Longuessa ; in Suessionensi epicopatu, ecclesiam de Novigento; in Meldensi episcopatu, ecclesiam de Colli, ecclesiam beate Marie de Ramainvillare, ecclesiam de Monteri, ecclesiam de Abeli ; in Eduensi episcopatu, ecclesiam de Gilli, ecclesiam de Vilerbichet, ecclesiam de Marri ; in Bituricensi episcopatu, ecclesiam de Britiniaco, ecclesiam Nove Ville, ecclesiam de Lemauso; in Pictavensi episcopatu, ecclesiam de Naintriaco, ecclesiam sancti Johannis de Foro Castri Eraudi. Predictas autem ecclesias cum omnibus ad eas pertinentibus, sicut eas canonice possidetis, vobis et monasterio vestro auctoritate apostolica confirmamus, presentis scripti pagina statuentes ut in eis representationes presbiterorum sine contradictione qualibet habeatis, sicut predecessores vestri et vos ipsi ab antiquo noscimini habuisse ; si vero presbiteri, qui ad representationem vestram in vestris ecclesiis fuerint instituti, de talibus vobis respondere noluerint, subtrahendi eis temporalia que a vobis tenent liberam habeatis auctoritate apostolica facultatem. Decernimus ergo ut nulli omnino hominum liceat prefatum monasterium temere perturbare, aut possessiones auferre, vel ablatas retinere, minuere seu quibuslibet vexationibus fatigare, sed illibata omnia et integra conserventur eorum, pro quorum gubernatione et sustentatione concessa sunt, usibus omnimodis profutura, salva Sedis Apostolice auctoritate. Si qua igitur in futurum ecclesiastica secularisve persona hanc nostre constitutionis paginam sciens, contra eam temere venire temptaverit, secundo tertiove commonita, nisi presumptionem suam digna satisfactione correxerit, potestatis honorisque sui dignitate careat, reamque se divino judicio existere de perpetrata iniquitate cognoscat, et a sacratissimo corpore et sanguine Dei et

Domini redemptoris nostri Jesu Xpisti aliena fiat, atque in extremo examine districte ultioni subjaceat. Cunctis autem eidem loco sua jura servantibus sit pax Domini nostri Jesu Xpisti, quatinus et hic fructum bone actionis percipiant, et apud districtum judicem premia eterne pacis inveniant. AMEN. AMEN. AMEN.

(*Rota*) (*a*). Ego Alexander catholice ecclesie episcopus SS. BENE VALETE.

† Ego Hubaldus Hostiensis episcopus SS.

† Ego Johannes presbiter cardinalis sanctorum Johannis et Pauli tituli Pamachii SS.

† Ego Albertus presbiter cardinalis tituli sancti Laurentii in Lucina SS.

† Ego Willelmus presbiter cardinalis tituli sancti Petri ad Vincula SS.

† Ego Boso presbiter cardinalis sancte Pudentiane tituli Pastoris SS.

† Ego Theodinus presbiter cardinalis sancti Vitalis tituli Vestine SS.

† Ego Manfredus presbiter cardinalis tituli sanctę Cecilię SS.

† Ego Petrus presbiter cardinalis tituli sanctę Susannę SS.

† Ego Jacobus diaconus cardinalis sanctę Marię in Cosmidin SS.

† Ego Cinthyus diaconus cardinalis sancti Adriani SS.

† Ego Ugo diaconus cardinalis sancti Eustachii juxta templum Agrippe SS.

† Ego Laborans diaconus cardinalis sanctę Marię in Porticu SS.

† Ego Raynerius diaconus cardinalis sancti Georgii ad Velum aureum SS.

Datum Anagnie per manum Gratiani, sancte Romane ecclesie subdiaconi et notarii, .XVII. kl. decembris, indictione .X^a., incarnationis dominçę anno .M°.C°.LXX°.VII°., pontificatus vero domini Alexandri pape .III. anno .XVIII.

(*Traces de bulle*).

(*a*) *Dans la Rota* : Sanctus Petrus. Sanctus Paulus. Alexander papa III.
† Vias tuas Domine, demonstra mihi.

CLXVI

1176.

Hugues, abbé de Saint-Germain de Paris, fait savoir que Hugues de Fourqueux ayant vendu à Bouchard le Viautre le fief que ledit Hugues tenait à Issy de Jean de Massy, celui-ci a renoncé à ses droits, et que ledit Bouchard, qui tenait déjà d'autres fiefs de l'abbé de Saint-Germain, lui a prêté hommage pour ceux qu'il possède à Meudon et à Issy.

A. Original, Londres, British Museum, Additional charters 11.313. B, fol. 100 v° (addition du XIII° s.). — D, fol. 62. — G, fol. 62.

Fac-similé : *The Palaeographical society. Fac-similes of manuscripts*, t. II, pl. 79.

Hugo, Dei gratia sancti Germani Parisiensis abbas, omnibus im perpetuum. Ut rerum gestarum recens et perpetua maneat memoria, nec oblivione deleatur quod factum fuisse constat, antiquorum et modernorum consuevit sollertia ut scripte commendentur facta unde in posterum potest oriri contentio, ut series eorum et plenaria actio posteris nota fiat, etiam movetur testimonio. Inde est quod presentibus pariter et futuris notum facimus quod Hugo de Fulcosia feodum illud quod a Johanne de Maci apud Issiacum tenebat vendidit Bulcardo Veltri cum dominio, et ipse Bulcardus super hoc jam dicto Johanni de Maci fecit hominium. Convenientes autem Johannem, tantum erga eum egimus quod feodum istud unde Bulcardus erat homo suus, quia multa alia a nobis tenebat, et nobis immune clamavit et penitus guerpivit et Bulcardo hominium indulsit. Nos vero ad mandatum ejus ipsum Bulcardum super illo feodo, videlicet Issiaco et Meuduno, tam de feodo quam de dominio, Parisius in domo regia in hominem accepimus. In hoc autem feodo super quo Bulcardus est homo noster, excepto dominio, hec subscripta feoda continentur : feodum Petri de Issiaco, feodum Ferrici de Issiaco, feodum Odonis Parisiensis, feodum Petri de Parvo Ponte, feodum Petri Girboudi, feodum Johannis filii Rogerii, feodum Alexandri, et duo feoda que Engelbertus tenet, feodum Amalrici de Meuduno. Aliud etiam feodum infra Issiacum, quod a nobis tenebat Galo de Calvo Monte, et a Galone Bulcardus

Flandrensis, et a Bulcardo Hugo de Valle Grinnosa, emit sepedictus Bulcardus Veltri ab isto Hugone. Hec omnia, sicut hic continentur et sicut a Bulcardo empta et adquisita sunt apud Issiacum, concessit sepe nominatus Bulcardus post decessum suum sine diminutione Galeranno filio suo primogenito et heredibus suis, cum assignata parte terre quam ei fecit in presentia nostra. Et ipse Galerannus, patre presente, fecit nobis hominium super illo feodo quod pater suus primum a Johanne de Maci tenuerat, postea a nobis. Quę ut firmum in perpetuum robur optineant, nec permutari possint, litteris mandari et sigilli nostri impressione muniri decrevimus. Actum anno incarnati verbi .M°.C°.LXX°.VI°. Nota Roberti Postelli.

(Traces de sceau.)

CLXVII

1176,

Hugues, abbé de Saint-Germain de Paris, fonde l'anniversaire du frère Simon, sur les revenus de terres sises à Villeneuve, et acquises pour le compte du monastère par ledit frère, de Ferri de Thiais, qui les possédait dans le fief de la bouteillerie de Saint-Germain.

A. Original scellé, L 809, n° 28.
E, fol. 136 v°. — Y. Copie du XIII° s., L 809, n° 29. — Z. Copie du XVI° s., LL 1087, fol. 13 v°.

[CARTA DE ANNIVERSARIO FRATRIS SYMONIS] (a).

HUGO, DEI GRATIA SANCTI GERMANI PARISIENSIS ABBAS, OMNIBUS IN PERPETUUM. Quod ad multorum notitiam pervenire congruum ducitur, litterarum monimentis mandari, ne a posteris permutetur vel a memoria excidat, provida deliberatione curatur. Noverit igitur presens etas omniumque sequtura posteritas quod dilectus frater noster Symon, ex hiis que in amministrationibus nostris multo sudore adquisierat, omnia quę Ferricus de Theodasio apud Villam Novam vel in territorio ejusdem villę in dominio possidebat, quę etiam de feodo buticularie nostrę erant, cum omni integritate ab ipso Ferrico, exceptis feodis, dato pretio emit. Nos autem bonum ejus desiderium benigno subsequentes affectu, concessimus ut anniversarium ejus singulis annis sollempniter fiat, et die quo factum fuerit, ex hiis quę de emptione ipsa proveniunt volumus ut conventus honeste procuretur, quia redditum provenientem ad hoc ut plenaria fit refectio credimus sufficientem. In deliberatione autem et voluntate conventus erit cui voluerit redditum ipsum assignando commendare, et majorem ad illum recipiendum instituere. Quod a nobis intuitu misericordię et pietatis et in recompensationem laboris jamdicti fratris factum, ne a successoribus nostris permutari possit, presentis scripti attestatione et sigillorum, beati videlicet Germani et nostri, impressione munivimus. Actum anno incarnati verbi M°.LXX^{mo}.VI^{to}. Adjunximus autem quorumdam fratrum et offitialium nostrorum nomina et signa. SS. Roberti prioris. SS. Alveredi subprioris. SS. Alexandri prioris tertii. SS. Hugonis thesaurarii. SS. Rainaldi camerarii. SS. Martini cellerarii. SS. Widonis, Stephani, Anscherii, Bertranni et Petri puerorum.

Nota Roberti Postelli notarii nostri.

(*Scellé de deux sceaux en cire blanche sur double queue*).

(a) *Au dos, d'une main du* XIIIe *siècle.*

CLXVIII

Sens, 1176.

Sentence arbitrale rendue par Guillaume, archevêque de Sens et légat du Saint-Siège, sur le différend entre Hugues, abbé de Saint-Germain-des-Prés, d'une part, et Renaud de Pougy, seigneur de Marolles, de l'autre, au sujet de divers droits et en particulier des services de garde et des corvées que ledit Renaud prétendait exiger des hommes de Saint-Germain à Marolles.

A. Original scellé, L 780, n° 64.
B, fol. 78. — D, fol. 192 v°, et D', fol. 27.

[CARTA ARCHIEPISCOPI SENONENSIS] (a).

WILLELMUS, DEI GRATIA SENONENSIS ARCHIEPISCOPUS, APOSTOLICE SEDIS LEGATUS, OMNIBUS TAM FUTURIS QUAM PRESENTIBUS, IN PERPETUUM. Ea que per manum nostram facta sunt rata et inconcussa permanere volentes, notum facimus universis tam posteris quam modernis quod inter dilectum nostrum Hugonem, abbatem sancti Germani de Pratis, et Raginaldum de Pogiaco, dominum Matriolarum, controversie orte erant, que in hunc modum per sententiam nostri arbitrii sunt sopite : asserebat jamdictus Raginaldus quod ad castri Matriolarum custodiam homines de potestate que sanctus Germanus dicitur, quocienscumque vellet, citare posset, et quandiu sibi placeret retinere. Nos autem, per juramenta militum suorum inquisita et cognita veritate, diffinivimus eum ob defensionem et custodiam castri sui homines citare posse, et eos infra munitionem, scilicet ut extra portam eum non sequantur, retinere, ita tamen quod eadem die eos ad propria remeare permittet. Eos quoque sic citare poterit Raginaldus causa urgentissima, non occasione adinventa. Ad fossata vero reparanda semel in anno poterit reparare, sed non nisi per triduum retinere. Vehicula hominum terre et jumenta asserebat idem Raginaldus ad quecumque vellet et quandiu vellet posse exigere. Quod diffi_ientes, inquisita veritate taxavimus : ad lignea vehenda, edificiis et munitioni et ponti et molendinis prefati castri necessaria, ad fenum quoque ex pratis exportandum prefatorum hominum vehicula exigenda, sed neque ferreum neque lapideum aliquid, vel quodlibet aliud subvehi poterit exigere. Prefatorum autem vehiculorum usum nemini poterit dare, vel commodare, vel invadiare aut vendere, sed tantum sibi et in rebus propriis erit sicut dictum est, et non nisi infra terminos castri. Si inter homines beati Germani et feminam sepedicti Raginaldi matrimonium fuerit contractum vel econverso, caducum quod ex homine vel femina beati Germani obvenerit, ad beatum Germanum revertetur ; similiter quod ex hominibus Raginaldi ad Raginaldum. In culturis et in terris quas monachi excolunt, Raginaldus nisi ex consensu abbatis et monachorum nec arare nec serere nec deinceps aliquid poterit reclamare. Si in terra supradicte potestatis sancti Germani latro captus fuerit, ejus custodiam monachus qui terre illi presidebit cum spoliis et rebus universis et possessionibus libere habebit ; qui eum quandiu voluerit poterit retinere, et ad ultimum spoliatus et nudus ad puniendum ministerialibus domini Matriolarum tradetur, nec aliquid poterit prefatus dominus in latrone reclamare, nisi forte a custodia monachi impunitus evaserit. Noellum aque quod beatus Germanus titulo elemosine possederat, et Raginaldus auferebat, prefate ecclesie possidendum adjudicavimus, donec de jure proprietatis Raginaldus in judicio obtineat. Prata que antiqua castri sui pascua Raginaldus asserebat, ecclesia beati Germani in pace possidebit, quandiu abbas ubi et quando debuerit ei in justicia non deerit. In furno de Matriolis, cujus dimidium ecclesia beati Germani longo tempore et titulo elemosine possederat, perpetuo possidendum et tamquam proprium habendum cognita veritate cum usuario ad opus furni ex nemore mortuo proprio Raginaldi diffinivimus. Ne autem super his aliqua in posterum controversia possit oriri, eadem presenti pagine commendavimus, et sigilli nostri auctoritate confirmavimus, statuentes et sub anathemate prohibentes ne quis huic nostre confirmationi ausu temerario in aliquo contraire presumat, salva in omnibus Apostolice Sedis auctoritate. Actum publice Senonis in palacio pontificali, anno ab incarnacione domini .M°.C°.LXX°. VI^{to}.

(*Sceau de cire verte sur lacs de soie verte.*) (1).

(a) *Au dos, d'une main du* XIIIe *siècle.*

CLXIX

S. d. [vers 1176] (2).

Renaud de Pougy, seigneur de Marolles, donne à l'église de Saint-Germain de Marolles la moitié du four qu'il possédait à Marolles, et reconnaît que ni lui ni ses héritiers ne pourront semondre pour la réparation de leurs fossés les hommes de Saint-Germain-sous-Montéreau et de Laval depuis la Pentecôte jusqu'à la fête de Notre-Dame en septembre (3).

B, fol. 209.

DE FURNO DE MATRIOLIS.

Ego Reginaldus de Pugiaco, dominus Matriolarum, notum facio omnibus presentes litteras inspecturis me, assensu uxoris mee Ode, pro remedio anime mee et sue, necnon et parentum nostrorum, dedisse in elemosinam medietatem furni quam habebam in castro Matriolarum ecclesie sancti Germani in predicto castro site in perpetuo possidendam. Indulxi insuper hominibus sancti Ger-

---

(1) Ce sceau est décrit par Douet d'Arcq, *Collection de sceaux*, n° 6386.
(2) L'acte est sans date mais semble en relations avec le précédent et paraît par suite devoir être attribué à la même époque.
(3) La Nativité de la Vierge, le 8 septembre.

mani qui habitant in villa que dicitur Sanctus Germanus juxta Monsteriolum, et in ea que dicitur Vallis sancti Germani, quod nec ego nec heredes mei poterimus submonere predictos homines ad fossata reparanda a die Pentecostes usque ad festum beate Marie in septembri, quod in alio tempore poterimus facere. Et ne cujuslibet astu malignitatis valeat hoc imposterum perverti, presens inde scriptum fieri et sigillo meo consignari precepi.

CLXX

S. d. [vers 1176] (1).

Hugues, abbé de Saint-Germain-des-Prés, fait connaître l'abandon consenti en faveur de l'abbaye, par Renaud de Marolles, des droits de « noellum » qu'il exerçait sur la Seine, à Saint-Germain-sous-Montereau.

B, fol. 82 v°. — D, fol. 34 v° et 204.

[DE NOELLO AQUE IN SEQUANA JUXTA SANCTUM GERMANUM SUPER MONSTEROLUM] (a).

[H]ugo, Dei gratia sancti Germani Parisiensis humilis abbas omnibus in perpetuum. Notum sit universis quod dominus Rainaldus (b) de Matriolis et uxor ejus quitavit apud Sanctum Germanum supra Musteriolum, et concessit Deo et sancto Germano Parisiensi et abbati et monachis liberum et quietum noellum aquę in Sequana (c) juxta predictum sanctum Germanum, et posuerunt hujus quitationis et concessionis donum super altare sancti Germani in villa eadem per unum librum, assistentibus quorum hec sunt nomina, audientibusque et videntibus hoc ipsum. Ex parte domini Rainaldi (d) et uxoris ejus fuerunt ibi dominus Gauterius Cornutus, Milo filius ejus, dominus Guntelmus, dominus Anselmus nepos ejus, Radulfus prepositus de Matriolis, Constans

---

(1) Il semble que cet acte doive être rapproché des deux précédents, et notamment de la sentence arbitrale de Guillaume, archevêque de Sens (*supra*, n° CLXVIII), qui ne règle que provisoirement l'exercice du droit de *novellum aque*.

serviens ejus, Joisbertus de Sancto Germano, Stephanus filius ejus. Ex parte sancti Germani Rainardus monachus et prepositus, Petrus et Richardus monachi, Rollandus major Sancti Germani, Ferricus filius ejus, Fromundus et Teobaldus (*e*) servientes monachorum, Ferricus pater ejusdem Theobaldi (*e*), Herbertus de Sancto Germano, Ferricus de Sancto Germano et Bernardus frater (*f*) ejus, Brizardus de Veteribus Matriolis.

(*a*) *Pas de titre dans B.* — (*b*) Raynaldus *D.* — (*c*) Secana *D.* — (*d*) Raynaldi *D.* — (*e*) Theobaldus... Teobaldi *D.* — (*f*) filius *D.*

CLXXI

Viesti, 16 février 1177.

Le pape Alexandre III confirme la sentence arbitrale prononcée par [Guillaume] archevêque de Reims, sur le différend entre les moines de Saint-Germain-des-Prés et Renaud de Marolles (1), *et ratifie en même temps l'accord conclu entre lesdits moines et Eudes de Pougy, père dudit Renaud, relativement au bois sis près de Vieux-Marolles et de Saint-Germain-[Laval]* (2).

A. Original bullé, L 231, n° 54.
D, fol. 7 v°. — Y. Copie du XVII° s., L 231, n° 54 bis. — Z. Copie authentique de 1664, *ibid.*, n° 54 ter.

INDIQ. : Jaffé, *Regesta*, n° 12784.

ALEXANDER episcopus, servus servorum Dei, dilectis filiis, abbati, et fratribus sancti Germani de Pratis, salutem et apostolicam benedictionem. Ex litteris dilecti filii nostri Petri, tituli sancti Grisogoni presbiteri cardinalis, Apostolice Sedis legati, nobis innotuit qualiter venerabilis frater noster, olim Senonensis, nunc autem Remensis archiepiscopus, inter vos et nobilem virum R. de Matriolis, super novello aque et aliis questionibus que inter vos et eum vertebantur, de beneplacito et consensu utriusque partis

(1) Cf. *supra*, n° CLXIX.
(2) Cf. *supra*, n° CXLV.

amicabiliter et pacifice composuerit. Cujus quidem compositionis formam sub sigillo suo nobis clausam transmisit. Unde quoniam ea que concordia vel judicio statuuntur forma debent inconvulsa consistere, eandem compositionem, sicut de communi assensu utriusque partis facta est et hinc inde suscepta et ab eodem archiepiscopo confirmata, auctoritate apostolica confirmamus. Preterea compositionem que inter vos et Oddonem de Pogiaco, quondam patrem predicti R., super quodam nemore quod est prope Monasteriolum inter Veteres Matriolas, villam scilicet que Sanctus Germanus dicitur, et Froognerias, in presentia nobilis viri comitis Henrici, consenciente et volente utraque parte facta est, et sigillo prefati comitis confirmata, sicut in privilegio ipsius comitis continetur, auctoritate apostolica duximus confirmandam et presentis scripti patrocinio muniendam, statuentes ut nulli omnino hominum liceat hanc paginam nostre confirmationis infringere vel ei aliquatenus contraire. Si quis autem hoc attemptare presumpserit, indignationem omnipotentis Dei et beatorum Petri et Pauli apostolorum ejus se noverit incursurum. Dat. Veste .XIIII. kl. martii.

(Bulle).

CLXXII

Paris, 4 avril 1176-23 avril 1177.

Louis VII accepte et confirme la donation qui lui a été faite par l'abbé Hugues et les moines de Saint-Germain-des-Prés de la moitié du revenu de leur foire, tenue quinze jours après Pâques, sous la condition que le roi et ses héritiers ne pourront aliéner ledit revenu.

A. Original jadis scellé, K 25, n° 8².
C, fol. 24 v°. — D, fol. 45 r°. — E, fol. 34 r°. — N5, fol. 187. N6, fol. 121 v°.

EDIT. : (a) Sauval, *Antiquités de Paris*, t. I, p. 337, d'après un cartulaire (fragment). — (b) Bouillart, *Hist. de Saint-Germain-des-Prés*, pr., p. XLIV, n° LXI, d'après A. — (c) Tardif, *Cartons des rois*, p. 329, n° 670, d'après A. — (d) Lasteyrie, *Cartulaire de Paris*, p. 446, n° 543, d'après A.

INDIQ. : Bréquigny, *Table chronologique*, t. III, p. 514. — Luchaire, *Actes de Louis VII*, n° 709.

[CARTA DE NUNDINIS SANCTI GERMANI] (a).

IN NOMINE SANCTE ET INDIVIDUE TRINITATIS. AMEN. LUDOVICUS DEI GRATIA FRANCORUM REX. ||² Regie sollicitudinis interest ut ęa in quorum proventus ex ęquo percipiendis ęcclesie sive monasteria nos collegerint, nostre protectionis intuitu, carte nostre memoria sic in posterorum notitiam decurrant quod nostro munimine incrementum valeant adipisci, statumque sortiantur immutabilem. Noverint igitur universi presentes pariter et futuri Hugonem dilectum nostrum, venerabilem sancti Germani de Pratis abbatem, de assensu totius capituli sui in medietatem omnium illorum quę de redditibus nundinarum suarum, incipientium quinto decimo die post Pascha, provenerint, nos collegisse, eo tenore quod a manu nostra vel heredum nostrorum portio nostra nequaquam poterit alienari. Quam si dimittere forte voluerimus, ad predictum monasterium libere et sine contradictione redibit. Ne vero super predictis valeat in posterum dubitari, presentis scripti patrocinio et regii nominis karactere subterannotato eadem fecimus communiri. Actum Parisius anno incarnationis dominice M°.C°.LXX°.VI°., astantibus in palatio nostro quorum nomina supposita sunt et signa. Signum comitis Teobaldi, dapiferi nostri. Signum Guidonis buticularii. Signum Rainaldi camerarii. Signum Radulfi constabularii. Vacante (*Monogramme*) cancellaria.

(*Traces de sceau sur lacs de soie verte et rouge*).

(a) *Au dos, d'une main du* XIII* *siècle.*

CLXXIII

Fontainebleau, 4 avril 1176-23 avril 1177.

Louis VII confirme l'accord par lequel Hugues, abbé de Saint-Germain de Paris abandonne à Mile de Vernou les terres de « Mons Borri », la Noue-Saint-Germain et Vernou, en échange des droits que ledit Mile possédait à Samoreau.

A. Original scellé, K 25, n° 8.
B, fol. 55 v° et fol. 80. — C, fol. 76 v°. — D, fol. 225. — G, fol. 52. — Z. Vidimus de mars 1279 (=·1280), sous le scel de l'officialité de Paris, K 25, n° 10°.

EDIT. : (a) Bouillart, *Hist. de Saint-Germain-des-Prés*, pr., p. XLIII, n° LX, d'après B ou D. — (b) Tardif, *Cartons des rois*, p. 328, n° 669, d'après A.

INDIQ. : Bréquigny, *Table chronologique*, t. III, p. 514. — Luchaire, *Actes de Louis VII*, n° 698.

[CARTA DE SAMESIOLO] (a).

IN NOMINE SANCTE ET INDIVIDUE TRINITATIS. AMEN. LUDOVICUS, DEI GRATIA FRANCORUM REX. ||² Regię sollicitudinis exigit circonspectio venditiones vel emptiones seu commutationes nobis presentibus legitime consummatas litterarum apicibus annotari, ne temporum vicissitudine a memoria elabi et argumentosa malignantium calliditate deinceps valeant irritari. Noverint igitur universi presentes pariter et futuri quod dilectus noster HUGO, abbas sancti GERMANI Parisiensis, intuitu monasterii sibi commissi utilitatis et augmentationis, terram suam de Monte Borri et boscum qui vocatur Noa sancti Germani necnon terram de Vernou, cum feodo et dominio, exceptis hominibus et feminis de corpore cum eorumdem heredibus, quos sibi et monasterio imperpetuum retinuit, Miloni de Vernou pro omnibus illis quę in villa et villę pertinentiis que Samesiolum vocatur, tam in feodo quam in dominio habebat, nobis presentibus conmutavit. Terra vero ad predictam villam pertinens, quę tunc Milonis erat, nunc abbatis certis distinguitur metis ; videlicet a villa quę Campania dicitur usque ad pontem Samesii, et a nemore Stephani de Campiniaco usque ad stratam publicam que de Samesio duxit Moretum. Pro predicta vero commutatione seu venditione abbas Miloni contulit trecentas libras et uxori sue decem. Sepefata autem conmutatio seu venditio laudata fuit et concessa a prefato Milone et uxore sua Ermesinde et filiis suis, Auberto scilicet et Odone, Harduino etiam et Ferrico, Milonis fratribus, et etiam ab illis a quibus Milo tam Samesiolum quam ad ipsum pertinentia tenebat, videlicet Hugone Briardo et Stephano de Avons, qui, inquam, Stephanus a Gauterio de Monte Chavan et Gilone de Vernou partem feodi illius tenebat. Prenominati itaque id ipsum ita laudaverunt et concesserunt quod et fidem in presentia nostra dederunt se rectam abbati et monasterio garantisiam portaturos. Nos etiam ad ipsorum petitionem id ipsum in manu accepimus. Ad hec etiam Adam de Campiniaco, intuitu amoris quem erga jamdictum abbatem habebat, consenciente patre suo Stephano, feoda medie partis nemoris Samesioli ipsi abbati et monasterio sancti Germani concessit, cujus quadrantem tenebat ab eo Stephanus Granche, et reliqum quadrantem Gaufridus Gaschet, ut sicut ipsi tenebant de supradicto Adam ita teneant ipsi vel heredes eorum de abbate sancti Germani et successoribus ejus. Nos autem in manu cepimus donationem istam ratam fore, tali tenore quod si jamdictus Adam a prescripta donatione resiliret, nos feodum ipsum accepiemus quando post decessum patris ad ipsum Adam perveniet, et de redditibus ejusdem feodi mediam partem retinebimus, et alteram partem monasterio sancti Germani pro dampnis suis dabimus, donec supradicta donatio revocetur et monasterio sancti Germani firma teneatur. Que omnia ut perpetuam obtineant firmitatem, presentem cartam fieri et sigilli nostri patrocinio, regii nominis karactere subter annotato, communiri precepimus.

Actum apud Fontem Blaaudi, anno incarnationis dominice .M°.C°.LXX^{mo}.VI^{to}., astantibus in palatio nostro quorum nomina supposita sunt et signa. S. comitis Theobaldi dapiferi nostri. S. Guidonis buticularii. S. Rainaldi camerarii. S. Radulfi constabularii. Vacante (*Monogramme*) cancellaria.

(*Sceau sur lacs de soie verte et rouge*).

CLXXIV

S. d. [1176-1177] (1).

Hugues, abbé de Saint-Germain de Paris, fait connaître la ratification par Aubert, fils de Mile de Samoreau, en présence du roi Louis VII, à Fontainebleau, de l'accord conclu entre ledit Mile et l'abbaye de Saint-Germain relativement à Samoreau.

B, fol. 83 bis.

Ego Hugo, Dei gratia beati Germani Parisiensis humilis abbas, notum fieri volo omnibus tam presentibus quam presentibus ad quoscumque presens scriptum pervenerit, quod Albertus, filius Milonis de Samesiolo, in presentia Ludovici regis, apud

---

(1) L'acte n'est pas daté, mais doit être certainement rapproché de la charte publiée dans le numéro précédent.

Fontem Blaadum, laudavit et concessit nobis et ecclesie nostre emptiones et commutationes quas fecimus predicto Miloni patri suo. Hujus autem laudationis et concessionis testes sunt isti : Rainaldus camerarius sancti Germani, Philippus de Brolio. Savinus de Antoniaco, Robertus de Donno Martino, monachi sancti Germani Parisiensis, Matheus notarius regis, Teobaldus de Crispeio, Buccardus Veltrio, Freherius de Mosteriolo, Petrus de Marli, Bartholomeus de Parisius, Fredericus Malas Herbas, Jesbertus de Manso, Jesbertus Briardi, Willelmus de Moreto, Gilo de Vernoio, Anselmus frater ejus, Durandus de Brolio, Robertus de Moreto, et Gislebertus de Sancto Germano, Hermannus de Antoniaco. Petrus de Colliaco, Ferricus de Samesiolo, Gislebertus de Samesiolo, Gauterius de Villa Nova.

CLXXV

S. d. [1176-1177] (1).

Hugues, abbé de Saint-Germain de Paris, fait connaître la ratification, par Aubert, fils de Mile de Samoreau, des accords conclus entre ledit Mile et l'abbaye de Saint-Germain, relativement à la terre de Samoreau.

B, fol. 82 v°.

Hugo Dei gratia sancti Germani Parisiensis abbas, omnibus in perpetuum. Noverint universi quod Albertus filius Milonis de Samesiolo laudavit et concessit tam emptionem quam commutationem illam quam cum patre suo fecimus super villa Samesioli cum adjacentiis suis, sicut continetur in auttentico illustris Francorum regis Ludovici exinde facto. Presentibus hiis : Alberto milite de Moreto, et duobus generis suis, Bartholomeo et Milone, Teoino, Henrico filio ejus, Engelberto marescallo.

(1) Cet acte ne paraît pas représenter une rédaction abrégée, transcrite dans le cartulaire +++ de la charte précédente, car les noms des témoins sont différents : je crois cependant devoir l'en rapprocher puisqu'il est également relatif à l'acquisition de Samoreau par Saint-Germain-des-Prés.

CLXXVI

Venise, le Rialto, 23 mai [1177].

Le pape Alexandre III autorise les moines de Saint-Germain-des-Prés à refuser les droits de procuration, que l'archevêque de Sens prétendrait exiger des églises que lesdits moines possèdent dans son diocèse, pour plus de quarante chevaux et quarante-quatre hommes, selon ce qui a été antérieurement établi par le pape.

A. Original jadis bullé, L 231, n° 55.
B, fol. 96 v°. — E, fol. 41.

EDIT. : (a) Bouillart, *Hist. de Saint-Germain-des-Prés*, pr., p. XLV, n° LXIII, d'après B. — (b) *Rec. des Histor. de France*, t. XV, p. 956, n° CCCXCI, d'après A. — (c) Migne, *Patr. lat.*, t. CC, col. 1115, n° MCLXXXVI, d'après b.

INDIQ. : Jaffé, *Regesta*, n° 12846.

ALEXANDER episcopus, servus servorum Dei, dilectis filiis abbati et fratribus sancti Germani Parisiensis, salutem et apostolicam benedictionem. Quanto manifestius fervorem tue devotionis, fili abbas, in multis sumus experti, et monasterium tuum spetialius ad nostram jurisdictionem pertinet et tutelam, tanto libentius indempnitati ejusdem monasterii cavere volumus et ejus commoditatibus sollicitius providere. Unde quia cum Senonensis archiepiscopus a quibusdam ecclesiis, quas in ejus episcopatu habetis, procurationem recipiat, ipsas cum eo numero personarum et equitaturarum visitare dicitur quod ejus visitatio est ipsis ecclesiis admodum onerosa, nos gravamini predictarum ecclesiarum in hac parte volentes sollicite providere, auctoritate apostolica vobis duximus indulgendum ut, si prefatus archiepiscopus vel successores ejus ab ecclesiis vestris, in quibus debent procurationem recipere, procurationem pro pluribus quam pro quadraginta equitaturis ad plus et pro quadraginta .IIII^{or}. hominibus exegerint, ad eam sibi solvendam vel ad exhibendum quicquam ultra procurationis obtentu, eedem ecclesie vel vos non possitis aliqua ratione compelli. Nulli ergo omnino hominum liceat hanc paginam nostre constitutionis infringere vel ei aliquatenus contraire. Si quis autem hoc attemptare presumpserit, indignationem omnipotentis Dei et beatorum Petri et Pauli apostolorum ejus se noverit incursurum. Datum Venetiis in Rivo alto, .X. kl. junii.

CLXXVII

Paris, 1178.

La reine Adèle confirme l'accord conclu devant le roi Louis entre l'abbé Hugues et les moines de Saint-Germain-des-Prés, d'une part, et Barthélemi de Paris, et ses fils Hugues, Jean et Mile, de l'autre, ledit Barthélemi renonçant à la voirie et autres droits qu'il prétendait sur les terres de Saint-Germain à Carnetin.

A. Original scellé, K 25, n° 9.
D, fol. 251 (analyse).

EDIT. : Tardif, *Cartons des rois*, p. 332, n° 673, d'après A.

[CARTA PRO VIARIA DE CARNOTINO] (*a*).

IN NOMINE SANCTE ET INDIVIDUE TRINITATIS. AMEN. ADELA Dei gratia Francorum regina. Notum facimus universis, tam presentibus quam futuris, quod inter HUGONEM abbatem, ecclesiamque sancti Germani de Pratis, et quendam militem nostrum, Bartholomeum scilicet de Parisius, controversia quedam diutius est agitata, super vieria et aliis quibusdam consuetudinibus, quas idem Bartholomeus in terra sancti GERMANI apud villam que Carnotinum dicitur et in pertinenciis ipsius villę tam in plano quam in nemoribus sancti GERMANI reclamabat. At vero predictus abbas et ecclesia hec omnia constanter ei negabant. Tandem autem idem Bartholomeus, et filii ejus Hugo, Johannes et Milo, salubri accepto consilio, ante domnum regem LUDOVICUM venientes Parisius, predictas vierias scilicet et alias omnes consuetudines quas in terra sancti GERMANI apud Carnotinum et circa eamdem villam, tam in plano quam in nemoribus ipse Bartholomeus reclamabat, ex toto quitaverunt, omnique suo juri si quod in illis habere debuerant atque reclamationi exinde factę, assistente ibidem HUGONI abbate, penitus renuntiaverunt, Deo totum et ecclesię sancti GERMANI absolute concedentes. Post hec in presentia nostra constitutus sepedictus Bartholomeus, et filii ejus Hugo, Johannes et Milo, rei gestę ordinem coram nobis ex integro referentes, presente abbate, consuetudinum omnium predictarum quitationem simul et suis totius juris, si quod ut dictum est, in rebus sancti GERMANI apud Carnotinum habere debuerant, renuntiationem recognoverunt, totumque Deo et ęcclesię sancti GERMANI iterum absolute concedentes, postulaverunt a nobis quatenus hoc totum scripto commendari, illudque sigilli nostri auctoritate preciperemus confirmari, ne super predictis aliqua litis occasio valeat in posterum suboriri. Nos vero peticioni eorum gratum prebuimus assensum. Sciendum autem quod abbas HUGO dedit eis .ccc. solidos Parisiensis monetę. Actum Parisius ANNO ab incarnatione Domini M°.C°.LXX°.VIII°. TESTIBUS : Stephano abbate sanctę Genovefę, comite Theobaldo, comite Roberto, Cadurco domni regis notario, Gauterio camerario, Buccardo Weltrione, Guidone de Caprosa, Teobaldo de Crispiaco, Roberto Clemente, Gilone fratre ejus, Pontio Guinandi, Radulfo de Braeia, Petro duce, Drogone carnifice, Ansoldo serviente abbatis sancti GERMANI de Pratis.

(Sceau sur double queue) (1).

(a) *Au dos, d'une main du* XIII* *siècle.*

CLXXVIII

1178.

Hugues, abbé de Saint-Germain de Paris, autorise le mariage d'Adam, fils de Durand le Charpentier de Montreuil, homme de ladite abbaye, avec Gile, fille d'Hervé, serve de Notre-Dame de Paris, à la condition que les enfants à naître de ce mariage appartiendront pour moitié au monastère et pour moitié à l'église de Notre-Dame, jusqu'à nouvel accord au sujet de la situation de ladite Gile.

A. Original jadis scellé, L 760, n° 6.

INDIQ. : Lasteyrie, *Cartulaire de Paris,* p. 456, n° 558.

CYROGRAPHUM (a).

Ego Hugo, Dei gratia abbas sancti Germani Parisiensis. Noverint presentes pariter et futuri quod inter Adam filium Du-

(1) Sceau décrit dans Douet d'Arcq, *Collection de sceaux,* n° 153.

ranni carpentarii de Musteriolo, hominem nostrum, et Gilam filiam Hervei, ancillam beate Marie Parisiensis, contrahi matrimonium de communi assensu capituli nostri ea conditione concessimus, quod medietas infantium qui ex eis nati fuerint erit nostra, et reliqua medietas erit beate Marię, donec commutatio conveniens et nobis et canonicis jamdicte ecclesie grata detur pro ancilla. Que omnia ut rata sint nec a posteris immutari possint, presens scriptum inde fieri et sigilli beati Germani et nostri impressione muniri decrevimus. Actum anno incarnati Verbi .M°.C°.LXX°.VIII°., promotionis nostre septimo decimo, adjunctis quorumdam fratrum et officialium nostrorum nominibus et signis. S. Roberti prioris. S. Alexandri subprioris. S. Johannis prioris tercii. S. Hugonis thesaurarii. S. Petri cantoris. S. Martini cellerarii. S. Stephani, Petri, Bertranni, Anselmi, Willelmi, Radulfi puerorum. Nota Roberti Postelli.

(*Traces de deux sceaux sur double queue*).

(a) *En haut de l'acte : partie supérieure des lettres du mot.*

CLXXIX

2 février 1179.

Vente par Hugues, abbé de Saint-Germain de Paris, à Aubert Labe de Meudon et à Aimeri de Viroflay d'une partie du bois d'Antony.

Z. Copie du xiie s., Bibl. nat., ms. lat. 13315, fol. 211.

Ego Hugo, Dei gratia sancti Germani Parisiensis humilis abbas. Notum fieri volumus universis ad quos littere iste pervenerint nos vendidisse duobus hominibus, Alberto videlicet Labe de Moldon et Haimerico de Viloflein, partem unam nemoris nostri de Antoniaco, videlicet a nemore Bucardi de Castaneio usque ad nemus Stephani Palmerii, et a vendicione Bartholomei usque ad viam transversam citra vallem profundam, pro .c. libris Parisiensium, centum solidis minus. De quibus reddent nobis ad hoc primum edictum .xv. libras, et deinceps ad festum subsequens sancti Remigii .xx. libras, et ad aliud edictum .xv. libras, et ad subsequentem assumptionem sancte Marie .xv. libras, et ad tercium edictum .xv. libras, et ad sequentem sancte Marie .xv. libras. Terminum vero pervendendi nemoris assensu ipsorum eis prefiximus ab instanti Pascha usque in tres annos. Statutum est etiam et certa definitum conventione quod si nemus infra prescriptos superius terminos venundatum fuerit ab eis, nostros nichilominus secundum accelerationem venditionis reddent (a) nobis denarios ; nec poterunt ultra eosdem terminos de summa nostra denariorum nisi secundum valorem nemoris vendendi quicquam retinere. Terminos autem vendendi nemoris et reddendi denarios non licebit eis excedere. Hujus conventionis bona fide tenende pro predictis Alberto (b) et Haimerico fidejussores sunt hii qui propriis manibus affiduciaverunt se, ubi vellemus, si duo predicti viri .A. et .H. ab hac conventione deficerent, tanquam fidejussores nobis in omnibus responsuros : Guillelmus videlicet Dalfart, Gauterius Galers, Petrus major, Petrus Rufus, Orricus filius Herluini, Johannes Morellus, Gauterius Coppe Espine, Gauterius Griviels, Nicholaus frater ejus, Johannes filiaster Alberti Labe, Guillelmus Coturnix, Crispinus filius ejus, Gaucherius de Vilebon, Ravinus de Moldon, Ansquitinus molendinarius, Tecinus sutor, Archenbaudus faber, Garinus de Novis, Odo de Chaharpent, Guillelmus Burdo. Testes : dominus Ferricus et dominus Teoinus milites, Drogo major de Moldon, Durannus major de Antoniaco, Henricus filius domini Teoini, Gislebertus carpentarius, Rainaldus de Issi, Gauterius faber, Robinus filius Radulfi coqui, Euvrardus Mordant. Actum publice anno incarnati Verbi .M°.C°.LXXXIX^{mo}., die festo Purificationis sancte Marie.

(a) redderat Z. — (b) Abbato Z.

CLXXX

Velletri, 18 décembre [1179].

Le pape Alexandre III autorise Hugues, abbé de Saint-Germain de Paris, à refuser les droits de gîte, réclamés par l'archevêque de Sens, pour un nombre d'hommes et de chevaux supérieur au nombre fixé antérieurement par ledit pape.

A. Original jadis bullé, L 231, n° 68.
B, fol. 97. — E, fol. 41 v°.

EDIT. : Bouillart, *Hist. de Saint-Germain-des-Prés*, pr., p. XLVII, n° LXVII, d'après B.
INDIQ. : Jaffé, *Regesta*, n° 13501.

ALEXANDER episcopus, servus servorum Dei, ..abbati et conventui sancti Germani Parisiensis, salutem et apostolicam benedictionem. Si quando postulatur a nobis quod juri conveniat, et ecclesiastice congruat honestati, petentium desideriis facilem debemus impertiri consensum, ne in hoc difficiles videamur quod celeriter noscitur concedendum. Eapropter presentibus litteris duximus statuendum ut si venerabilis frater noster..., Senonensis archiepicopus, numerum personarum et equitaturarum quem prefiximus, in procuratione quam a vobis requirit excedere forte voluerit, liberum sit vobis quod petitur denegare. Nulli ergo omnino hominum liceat hanc paginam nostre constitutionis infringere, vel ei ausu temerario contraire. Si quis autem hoc attemptare presumpserit, indignationem omnipotentis Dei et beatorum Petri et Pauli apostolorum ejus se noverit incursurum. Datum Velletri .XV. kal. januarii.

(*Traces de bulle*).

CLXXXI

1179.

Hugues, abbé de Saint-Germain de Paris, reconnaît avoir accensé à divers particuliers, pour s'établir et y construire, la vigne sise dans le Laas, qu'il avait auparavant donnée à l'abbaye pour la fondation de son anniversaire, les religieux conservant leurs droits sur les redevances qui continueront à être perçues sur ladite vigne.

A. Original jadis scellé, L 780, n° 1.
Z. Copie du XVIII° s., LL 1050, fol. 1.

EDIT. : Lasteyrie, *Cartulaire de Paris*, p. 464, n° 568, d'après A.

[CARTULA DE VINEA DE LAAS] (*a*).

CYROGRAPHUM (*b*).

Hugo, Dei gratia beati Germani Parisiensis humilis abbas, omnibus tam futuris quam presentibus, in perpetuum. Noverit universitas vestra quod nos, de communi totius conventus nostri assensu, quandam vineam de Laas, quam spontanea voluntate eidem conventui nostro ad anniversarii nostri diem celebrandum libere concesseramus, eamdem quibusdam hominibus ad habitandum et domos in ea edificandum, utilitatem ipsius capituli in hoc considerantes, assignavimus, eo siquidem tenore quod omnes hospites, qui in terra ejusdem vineę domos habuerint, singuli pro unaquaque domo .IIIes. solidos censuales tantummodo jamdicto capitulo nostro quotannis ad festum sancti Remigii reddent, memoratis fratribus nostris ad quos suprascripta vinea proprie pertinet, omnem justiciam, venditas etiam et roathium, ceterasque consuetudines universas sibi retinentibus, extincta tallia et [om]ni exactione et consuetudine quadam candele quam homines hujus ville bis in anno parrochiis suis dare consueverunt. Quod ut ratum permaneat nec ab aliquibus possit infirmari, presens cyrographum inde fieri et sigilli beati [Germani] (c) et nostri impressione muniri precepimus, adjunctis quorumdam fratrum et officialium nostrorum nominibus et signis. SS. Alexandri subprioris. SS. Johannis tercii prioris. SS. Garini coquinarii. SS. Saymeri cellararii. SS. Martini panetarii. SS. Roberti, Teobaudi, Landrici, Guidonis, sociorum domini abbatis. SS. Bertranni, Stephani, Anselli, Petri, Radulfi puerorum. Ex laicis : Radulfus coqus, Raynaudus de Issiaco, Robertus de Moreto, Raynaudus de Hospitio, Gislebertus carpentarius et alii plures. Actum anno incarnati Verbi M°.C°.LXX°. nono.

(*Traces de deux sceaux sur double queue*).

(*a*) *Au dos de l'acte, d'une main du* XIII*ᵉ siècle*. — (*b*) *Partie supérieure des lettres du mot*. — (*c*) *Il faut évidemment suppléer ce mot omis par A*.

CLXXXII

Le Latran, 10 avril [1166-1179] (1).

Le pape Alexandre III exempte les moines de Saint-Germain-des-Prés de l'obligation de payer les dîmes pour les défrichements qu'ils cultivent, ou pour ce qui sert à l'entretien de leurs animaux domestiques.

A. Original jadis bullé, L 230, n° 27.
B, fol. 32 (fragment).

INDIQ. : Jaffé, *Regesta*, n° 13208.

(1) Les dates extrêmes sont celles des années durant lesquelles Alexandre III a pu se trouver au Latran un 10 avril.

ALEXANDER episcopus, servus servorum Dei, dilectis filiis abbati et conventui sancti Germani de Pratis, salutem et apostolicam benedictionem. Justis postulationibus religiosorum virorum assensum nos convenit facilem impertiri, ut eo fortius observantie sue professionis inserviant quo celerius se viderint a Sede Apostolica exauditos. Hac itaque ratione inducti et vestris justis postulationibus inclinati, auctoritate vobis apostolica indulgemus ut de novalibus que propriis manibus vel sumptibus colitis, sive de nutrimentis vestrorum animalium, nulli decimas solvere teneamini. Decernimus ergo ut nulli omnino hominum liceat hanc paginam nostre concessionis infringere vel ei ausu temerario contraire. Si quis autem hoc attemptare presumpserit, indignationem omnipotentis Dei et beatorum Petri et Pauli apostolorum ejus se noverit incursurum. Datum Laterani, .IIII°. idus aprelis.

(Traces de bulle).

CLXXXIII

Tusculum, 23 janvier [1171-1172] ou [1179-1180] (1).

Le pape Alexandre III accorde aux moines de l'abbaye de Saint-Germain-des-Prés le droit d'ensevelir librement les morts dans les dépendances de ladite abbaye.

A. Original jadis bullé, L 231, n° 40.
D, fol. 7 v°.

INDIQ. : Jaffé, *Regesta*, n° 14248.

ALEXANDER episcopus, servus servorum Dei, dilectis filiis abbati et fratribus sancti Germani de Pratis salutem et apostolicam benedictionem. Justis postulationibus religiosorum virorum assensum volumus facilem impertiri, eorumque vota effectu prosequente complere. Hac itaque ratione inducti et vestris precibus benignius annuentes, sepulturam locorum vestrorum, in quibus quatuor aut tres vestrum assidue commorantur, liberam esse decernimus, ut eorum devotioni et extreme voluntati qui se illic sepeliri deliberaverint, nisi forte excommunicati vel interdicti sint, nullus obsistat, salva tamen justicia illarum ecclesiarum a quibus mortuorum corpora assumuntur. Nulli ergo omnino hominum

---

(1) Les dates extrêmes sont celles des années entre lesquelles Alexandre III a pu se trouver à Tusculum un 23 janvier.

liceat hanc paginam nostre constitutionis infringere vel ei ausu temerario contraire. Si quis autem hoc attemptare presumpserit, indignationem omnipotentis Dei et beatorum Petri et Pauli apostolorum ejus se noverit incursurum. Datum Tusculani. X. kl. februarii.

(Traces de bulle).

CLXXXIV

Velletri, 15 février [1180].

Le pape Alexandre III autorise les religieux de Saint-Germain de Paris à refuser les droits de procuration que l'archevêque de Sens prétendait exiger sur leurs domaines au delà du nombre d'hommes et de chevaux précédemment fixé.

A. Original jadis bullé, L 231, n° 71.
B, fol. 97. — E, fol. 41 v°.

EDIT. : Loewenfeld, *Epistolae pontificum Romanorum ineditae*, p. 186, d'après A.

INDIQ. : Jaffé, *Regesta*, n° 13614.

Alexander episcopus, servus servorum Dei, dilectis filiis.. abbati et conventui sancti Germani Parisiensis, salutem et apostolicam benedictionem. Quanto specialius monasterium vestrum beati Petri juris existit, tanto minus gravamen ejus debemus incorrectum relinquere, sed de libertate servanda in capite et in membris, quamtum cum justitia possumus, volumus efficaciter cogitare. Eapropter auctoritate apostolica constituimus ut si venerabilis frater noster.., Senonensis archiepiscopus, in procurationibus quas debent illi quedam ecclesiarum vestrarum, numerum equitaturarum vel hominum in vestro privilegio diffinitum excedere forte voluerit, liberum sit vobis quod petitur denegare. Si autem propter hoc aliquam in ecclesias ipsas, monachos vel clericos sententiam promulgaverit, eam auctoritate apostolica decernimus non tenere. Datum Velletri, .XV. kl. martii.

(Traces de bulle).

CLXXXV

S. d. [15 février 1180 ?] (1).

Le pape Alexandre III interdit à l'archevêque de Sens d'exiger des religieux de Saint-Germain-des-Prés des droits de procuration au delà de ce qui a été préalablement établi.

B, fol. 97 v°. — E, fol. 42.

EDIT. : Bouillart, *Hist. de Saint-Germain-des-Prés*, pr., p. XLVIII, n° LXIX, d'après B.

INDIQ. : Jaffé, *Regesta*, n° 13615.

Senonensi archiepiscopo. Quanto spetialius monasterium sancti Germani de Pratis beati Petri juris existit, et sepius pro ipso fraternitati tue nostras meminimus litteras destinatas, tanto movemur amplius et turbamur quod ad commonitionem nostram frequentius replicatam ab ejus molestiis desistere hactenus, ut accepimus, non curasti, sed contra libertatem ipsius monasterii multis privilegiis Romanorum pontificum roboratam, tanquam ex debito procurationem requires, et quod aliquando ex gratia predecessoribus tuis impensum est, convertere in necessitatem contendis, non attendens, si verum est quod asseritur, quod quanto idem monasterium ad defensionem nostram amplius respicit et tutelam, tanto attentius ab ejus convenit molestiis abstineri, cum in Romane ecclesie injuriam et contemptum redundet quod in ipsius monasterii prejuditium fuerit attemptatum. Quoniam igitur sustinere in pacientia nolumus nec debemus ut monasterio, quod de indulgentia Romanorum pontificum libertate multa est preditum, nova tempore nostri regiminis servitus indicatur, fraternitati tue auctoritate apostolica districtius inhibemus ne in eo tanquam ex debito ulterius procurationem requiras, neque propter hoc ullam capiti vel membris inferas molestiam indebitam vel gravamen, sciturus quod si ad nos ulterius querela pervenerit, id, auctore Domino, quantumcunque tibi deferre velimus, taliter requiremus quod experimento cognosces quantum sit prohibitioni apostolice deferendum, neque audientes exemplo tuo ad religiosorum locorum molestias accendentur.

(1) La bulle n'est pas datée, mais doit être rapprochée de la lettre relative au même sujet, adressée aux moines de Saint-Germain, publiée sous le numéro précédent.

CLXXXVI

Velletri, 15 février [1180].

Le pape Alexandre III enjoint aux archevêques et évêques de consacrer dans les cures dépendant de Saint-Germain-des-Prés et situées dans leurs diocèses, les clercs idoines qui seraient présentés par l'abbé et les moines de ladite abbaye.

B, fol. 98. — E, fol. 42.

INDIQ. : Jaffé, *Regesta*, n° 13610.

Alexander episcopus, servus servorum Dei, venerabilibus fratribus archiepiscopis et episcopis in quorum parrochiis consistunt ecclesie ad sancti Germani de Pratis monasterium pertinentes, salutem et apostolicam benedictionem. Significantibus nobis dilectis filiis nostris Hugone abbate et fratribus sancti Germani de Pratis, ad nostram noveritis audientiam pervenisse quod quidam vestrum clericos quos presentant ad ecclesias que in villis suis consistunt, instituere contradicunt, ut interim proventus ecclesiarum prefati episcopi suis possint usibus applicare. Quia igitur indignum est et officio vestro contrarium ecclesiarum ordinationibus commodum temporale preponere, universitatem vestram monemus atque precipimus quatinus idoneos clericos, qui a prefato abbate vel conventu ad ecclesias in quibus presentatio eis competit presentati fuerint, instituere nullatenus omittatis, scituri quod si mandatum nostrum, quod non credimus, neglexeritis providere, curabimus quomodo prescriptum monasterium, quod ad defensionem nostram spetialiter respicit, sui juris non sustinet detrimentum. Datum Velletri, .XVI. kl. martii.

CLXXXVII

Velletri, 28 mars 1180.

Le pape Alxandre III confirme en faveur de l'abbé Hugues les privilèges du monastère de Saint-Germain de Paris.

A. Original jadis bullé, L 231, n° 72.
D, fol. 4 v°.

Indiq. : Jaffé, *Regesta*, n° 13636. — Lasteyrie, *Cartulaire de Paris*, p. 466, n° 572.

ALEXANDER EPISCOPUS, SERVUS SERVORUM DEI, DILECTIS FILIIS HUGONI, ABBATI SANCTI GERMANI PARISIENSIS, EJUSQUE FRATRIBUS TAM PRESENTIBUS QUAM FUTURIS REGULAREM VITAM PROFESSIS, INPERPETUUM. ||² In eminenti beati Petri cathedra ad hoc sumus licet immeriti, disponente Domino, constituti ut justas petitiones debeamus libenter admittere, et eis studeamus effectum utilem indulgere. Eapropter, dilecti in Domino filii, vestris justis postulationibus clementer annuimus, et monasterium beati Germani de Pratis, in quo divino mancipati estis obsequio, quod proprie beati Petri juris existit, ad exemplar predecessorum nostrorum beate memorie PASCHALIS (1), INNOCENTII (2), LUCII (3), EUGENII (4), ANASTASII (5) et ADRIANI (6), Romanorum pontificum, sub beati Petri et nostra protectione suscipimus et presentis scripti privilegio communimus; statuentes ut quascumque possessiones, quecumque bona idem monasterium in presentiarum juste et canonice possidet, aut in futurum concessione pontificum, largitione regum vel principum, oblatione fidelium seu aliis justis modis prestante Domino poterit adipisci, firma vobis vestrisque successoribus et illibata permaneant. Per presentis itaque privilegii paginam vobis vestrisque successoribus in perpetuum confirmamus ut quecumque libertas, quecumque dignitas privilegio beati Germani, scriptis Childeberti, Clotharii atque aliorum regum Francorum vestro monasterio est collata et subsequentibus temporibus observata illibata permaneant. Precipimus autem ut crisma, oleum sanctum, consecrationes altarium, ordinationes clericorum, et quecumque vobis ex pontificali sunt ministerio necessaria, a nullo catholico episcopo vobis vestrisque successoribus denegentur. Sane missas, ordinationes, stationes, ab omni episcopo vel clero Parisiensis ecclesie in eodem monasterio preter voluntatem abbatis vel congregationis fieri prohibemus, nec habeant potestatem ibi aliquid imperandi, sed nec divina ipsis officia interdicere, nec excommunicare nec ad synodum vocare abbatem aut monachos, presbiteros aut clericos ecclesiarum ipsius loci concedimus facultatem. Adicimus etiam ut in parrochialibus ecclesiis, quas extra burgum beati

---

(1) *Supra*, n° LXXIII.
(2) *Supra*, n° LXXXV.
(3) *Supra*, n° XCV.
(4) *Supra*, n° CIV.
(5) *Supra*, n° CXV.
(6) *Supra*, n° CXXI.

Germani tenetis, presbiteri per vos eligantur ; quibus si idonei fuerint episcopus animarum curam comittet, ut ei de plebis quidem cura, pro rebus vero temporalibus ad monasterium pertinentibus vobis respondeant. Quod si facere forte noluerint, subtrahendi eis temporalia que a vobis tenent liberam habeatis auctoritate apostolica facultatem. Omnis autem abbas, dilecte in Domino fili Hugo, qui post te a congregatione commissi tibi cenobii secundum regulam beati Benedicti electus fuerit, a Romano pontifice vel a quo maluerit catholico episcopo gratiam et communionem Apostolice Sedis habente benedictionem accipiat. Auctoritate etiam apostolica statuimus, et vobis de consueta clementia et benignitate Sedis Apostolice indulgemus ut nullius legationi, nisi a latere Romani pontificis specialiter fuerit delegatus, subjacere vel subesse amodo debeatis, nec alicui liceat obtentu legationis ab Apostolica sibi Sede indulte vos vel successores vestros, seu monasterium vestrum vel ecclesias que infra burgum beati Germani sunt, ulla interdicti vel excommunicationis sententia pregravare, vel super vos aut super jamdictas ecclesias jurisdictionem aliquam exercere, nisi specialiter hoc fuerit a Romano pontifice illi mandatum. Sane novalium vestrorum, que propriis manibus aut sumptibus colitis sive de nutrimentis animalium vestrorum, nullus a vobis decimas exigere presumat. Sepulturam quoque locorum vestrorum, in quibus tres ad minus ex fratribus vestris habitant, immunem esse decernimus, ut eorum devotioni et extreme voluntati qui se illic sepeliri deliberaverint, nisi forte excommunicati vel interdicti sint, nullus obsistat, salva tamen justicia illarum ecclesiarum a quibus mortuorum corpora assumuntur. Decernimus ergo ut nulli omnino hominum fas sit supradictum monasterium temere perturbare, aut ejus possessiones auferre vel ablatas retinere, minuere seu quibuslibet vexationibus fatigare, sed illibata omnia et integra conserventur eorum, pro quorum gubernatione ac sustentatione concessa sunt, usibus omnimodis profutura, salva Apostolice Sedis auctoritate. Si qua igitur in futurum ecclesiastica secularisve persona hanc nostre constitutionis paginam sciens, contra eam temere venire temptaverit, secundo tertiove commonita, nisi reatum suum digna satisfactione correxerit, potestatis honorisque sui dignitate careat, reamque se divino judicio existere de perpetrata iniquitate cognoscat, et a sacratissimo corpore et sanguine Dei et domini redemptoris nostri Jesu Xpisti aliena fiat atque in extremo examine divine ultioni subjaceat. Cunctis autem eidem loco sua jura servantibus sit pax domini nostri Jesu Xpisti, quatinus et hic fructum bone actionis percipiant, et apud districtum judicem premia eterne pacis inveniant. AMEN. AMEN. AMEN.

(*Rota*) (*a*). Ego Alexander catholice ecclesie episcopus *SS*.

† Ego Hubaldus Hostiensis episcopus *SS*.

† Ego Thedinus Portuensis et sancte Rufine sedis episcopus *SS*.

† Ego Berneredus Prenestinus episcopus *SS*.

† Ego Johannes sanctorum Johannis et Pauli presbiter cardinalis tituli Pamachii *SS*.

† Ego Vivianus tituli sancti Stephani in Celio monte presbiter cardinalis *SS*.

† Ego Cinthius tituli sancte Cecilie presbiter cardinalis *SS*.

† Ego Matheus presbiter cardinalis tituli sancti Marcelli *SS*.

† Ego Laborans presbiter cardinalis sancte Marie trans Tiberim tituli Calixti *SS*.

† Ego Jacintus diaconus cardinalis sancte Marie in Cosmidyn *SS*.

† Ego Gratianus diaconus cardinalis sanctorum Cosme et Damiani *SS*.

† Ego Johannes diaconus cardinalis sancti Angeli *SS*.

† Ego Rainerius diaconus cardinalis sancti Adriani *SS*.

† Ego Matheus sancte Marie Nove diaconus cardinalis *SS*.

Datum Velletri per manum Alberti, sancte Romane ecclesie presbiteri cardinalis et cancellarii, .V. kal. aprilis, indictione .XIII., incarnationis dominice anno .M.C.LXXX., pontificatus vero domni ALEXANDRI pape .III. anno .XX.

(*Traces de bulle*).

(*a*) *Dans la Rota* : Sanctus Petrus. Sanctus Paulus. Alexander papa III.
† Vias tuas Domine demonstra mihi.

CLXXXVIII

Paris, 1ᵉʳ avril 1179-19 avril 1180.

Louis VII, à la requête de l'abbé Hugues, et de Pierre de Samois, dit Baucent, chevalier, ratifie la renonciation faite en présence du roi à Fontainebleau, en faveur de l'abbaye de Saint-Germain-des-Prés, par ledit Pierre de Samois, avec le consentement de sa femme Aveline et de ses enfants, Joibert, Garnier, Guillaume, Odeline et Agnès, aux droits de chasse, d'avouerie et autres qu'il prétendait à Samoreau et sur le cours de la Seine.

A. Original jadis scellé, K 25, n° 10.
B, fol. 25 v°. — C, fol. 176. — D, fol. 171. — G, fol. 49 v°. — Z. Vidimus de mars 1279 (= 1280) sous le scel de l'officialité de Paris, K 25, n° 10b.

EDIT. : (a) Bouillart, *Hist. de Saint-Germain-des-Prés*, pr., p. XLVI, d'après un cartulaire. — (b) Tardif, *Cartons des rois*, p. 333, n° 679, d'après A.

INDIQ. : Bréquigny, *Table chronologique*, t. III, p. 554. — Luchaire, *Actes de Louis VII*, n° 763.

IN NOMINE SANCTE ET INDIVIDUE TRINITATIS. AMEN. LUDOVICUS DEI GRATIA FRANCORUM REX. Noverint universi presentes pariter et futuri quod Petrus miles de Samesio, qui cognominatur Baucens, jus fugationis et venationis et haiam in nemoribus Samesioli, et quod nullus ibidem sine suo assensu venari debebat, et abbatituram in predictis nemoribus et in terra sancti Germani de Pratis apud Samesiolum et in aqua Sequanę juxta eandem terram jure hereditario reclamans, constitutus in presentia nostra apud Fontem Blaaldi, presente HUGONE abbate, hec omnia quitavit, et omnino quicquid juris et consuetudinis in predictis se habere asserebat predicto abbati et monasterio sancti Germani, assensu uxoris sue Aveline et liberorum Joisberti, Garnerii, Guillelmi, Odeline et Agnetis, pro sua et omnium antecessorum suorum animabus, in perpetuam donavit elemosinam, eidemque juri imperpetuum renuntians, rectam garantisiam erga omnes se suosque heredes bona fide portaturos promisit. Nos autem ad petitionem dilectissimi ac fidelis nostri HUGONIS, abbatis sancti Germani, et predicti Petri preces presentem kartam, jamdictam donationem que de feodo nostro est, quod idem Petrus de nobis tenet, continentem, sigilli nostri auctoritate regiique nominis karactere subter annotato ad inconvulsam stabilitatem precepimus confirmari.

Actum Parisius, anno ab incarnatione domini M°.C°.LXX°. VIIII°., astantibus in palatio nostro quorum nomina supposita sunt et signa. S. comitis Teobaldi dapiferi nostri. S. Guidonis buticularii. S. Raginaldi camerarii. S. Radulfi constabularii.

Vacante (*Monogramme*) cancellaria.

(*Traces de sceaux sur lacs de soie verte et rouge*).

CLXXXIX

S. d. [1179-1180] (1).

Hugues, abbé de Saint-Germain de Paris, fait connaître la renonciation faite à Fontainebleau, devant le roi Louis VII, par Pierre de Samois, dit Baucent, chevalier, aux droits de chasse divers que ledit Pierre prétendait sur la terre de Saint-Germain à Samoreau, et la confirmation, par sa femme et ses enfants, de cette renonciation.

A. Original scellé, L 807, n° 8.
C, fol. 146 v° et 173. — D, fol. 169 (rédaction abrégée). — G, fol. 49.

EDIT. : Bouillart, *Hist. de Saint-Germain-des-Prés*, pr., p. XLVI, n° LXIV, d'après C.

INDIQ. : Bréquigny, *Table chronologique*, t. III, p. 543.

[DE QUITATIONE VENATIONIS NEMORIS DE SAMESOLIO] (a).

IN NOMINE SANCTE ET INDIVIDUE TRINITATIS. AMEN. HUGO, DEI GRATIA SANCTI GERMANI PARISIENSIS ABBAS. Notum sit universis presentibus pariter et futuris quod Petrus miles de Samesio, qui cognominatur Baucens, jus fugationis seu venationis et haiam in nemoribus Samesioli, et quod nullus ibidem sine suo assensu venari debebat, et abbatituram in terra sancti Germani apud Samesiolum et in aqua Sequanę juxta eamdem terram jure hereditario reclamans, hoc totum in presencia illustris Francorum regis LUDOVICI apud Fontem Blaaldi nobis quitavit et omnino quicquid juris et consuetudinis in supradictis se habere asserebat, assensu uxoris suae Avelinę et liberorum, Joisberti videlicet, Garnerii, Willelmi, Odelinę et Agnetis, Deo et ecclesiae sancti Germani, pro sua et omnium antecessorum suorum animabus, in elemosinam dimisit, predictoque juri in perpetuum renuncians, erga omnes rectam garentisiam se portaturum promisit, obnixe deprecans dominum regem quatenus hanc elemosinam in manu acciperet, ipsamque monasterio sancti Germani proprio scripto sigilli sui auc-

---

(1) La pièce est attribuée par Bréquigny à l'année 1178, mais elle est évidemment en rapport avec l'acte de Louis VII publié au numéro précédent, c'est pourquoi j'ai cru devoir la placer à la même date que ce dernier.

toritate munito confirmaret. Huic rei ad Fontem Blaaldi interfuerunt hi testes : magister Petrus de Bosco, Willelmus, Jeremias diaconus de Samesio, Buccardus Weltrio, Pontius Gumanz, Gilo de Torneello, Hugo Bibens, Teobaldus de sancto Mederico, Adam cubicularius, Henricus de Belvaco, Gauterius Gratarz, Radulfus Gallus. Ex parte ecclesię nostre : Robertus capellanus noster, Ingelbertus marescalcus, Petrus de Sancto Dyonisio. In crastinum vero venit ad domum predicti Petri apud Herici Stephanus miles de Avuns, jussu domini regis, qui eum loco sui ad hoc misit, ut per ipsum uxoris Petri et liberorum suorum super hac elemosina cognosceret voluntatem. In cujus presentia uxor Petri, Avelina, et liberi eorum, Garnerius, Willelmus, Odelina et Agnes ipsam elemosinam benigne laudaverunt, audientibus his testibus: Roberto nostro capellano, Amalrico presbitero de Samesiolo, Ingelberto marescalco, Petro de Sancto Dyonisio, Gauterio fabro, Buccardo et Johanne servientibus nostris de Samesiolo, Menardo Picharth. Uxor autem Petri Avelina ex parte sua hos duos vocavit testes, Thiun videlicet Picharth et Thoun filium Andreę. Hoc totum eadem die Stephanus miles domino regi retulit. Sciendum vero quod Joisbertus, Petri et Avelinę primogenitus, apud Herici presens non erat quando mater ejus et fratres et sorores sepedictam hanc elemosinam Petri laudaverunt. Verum idem Petrus, audientibus testibus suprascriptis, apud Herici Stephanum militem fidejussorem dedit, quod ipsum Joisbertum suam hanc elemosinam faceret in proximo laudare. Quod et fecit. Nam non multo post idem Joisbertus et Gaufredus atque Albertus, filii Hugonis Rufi de Samesio, venientes Samesiolum, prescriptam elemosinam coram nobis laudaverunt, audientibus his testibus quorum nomina sunt hec : Alexander supprior ęcclesię nostrę, Robertus capellanus noster, Johannes prepositus sancti Germani, Jeremias diaconus de Samesio, Amalricus presbiter de Samesiolo, Rodulfus coquus, Ingelbertus marescalcus, Petrus de Sancto Dyonisio, Ansoldus et Buccardus servientes nostri.

(Sceau de cire brune sur double queue).

(a) *Au dos, d'une main du* XIIIe *siècle.*

CXC

Tusculum, 3 août [1171-1180] (1).

Le pape Alexandre III concède à H[ugues], abbé de Saint-Germain-des-Prés, et à ses successeurs, l'usage de la mitre et de l'anneau.

A. Original jadis bullé, L 231, n° 37.
EDIT. : Lasteyrie, *Cartulaire de Paris*, p. 419, n° 502, d'après A.

INDIQ. : Jaffé, *Regesta*, n° 13551.

ALEXANDER episcopus, servus servorum Dei, dilecto filio .H., abbati sancti Germani de Pratis, salutem et apostolicam benedictionem. Eos speciali prerogativa diligimus et largitione nostri muneris merito decoramus quos novimus beato Petro et nobis devotos, et circa Ecclesiam constantie virtute fervere videmus. Attendentes itaque devotionis et fidei puritatem quam circa beatum Petrum et circa nos ipsos exhibere dinosceris, volentes quoque te et monasterium tuum honoris et gratie privilegio decorare, usum mitre atque anuli tam tibi quam successoribus tuis de consueta Sedis Apostolice benignitate duximus indulgendum. Datum Tusculani, .III. nonas augusti.

CXCI

Tusculum, 25 février [1171-1181] (1).

Le pape Alexandre III accorde à l'abbaye de Saint-Germain-des-Prés le privilège que nul ne puisse vendre les terres qu'il tient de ladite abbaye, sans le consentement des religieux, et un droit de préférence pour le rachat de tous les droits que quiconque pourrait posséder sur ces mêmes terres.

A. Original jadis bullé, L 231, n° 42.

INDIQ. : Jaffé, *Regesta*, n° 14265.

(1) Les dates extrêmes sont celles des années durant lesquelles le pape Alexandre III a pu se trouver à Tusculum un 25 février.

[Quod nulli liceat terras ad nos pertinentes vendere vel comparare sine assensu nostro] (a).

Alexander episcopus, servus servorum Dei, dilectis filiis.. abbati et capitulo sancti Germari Parisiensis, salutem et apostolicam benedictionem. Considerata devotione illa quam circa nos et Romanam ecclesiam geritis, petitiones vestras in his que juste requiritis libenter admittimus et efficaciter exaudimus. Eapropter, dilecti in Domino filii, volentes indempnitati monasterii vestri, quod nobis est nullo mediante subjectum, pastorali circumspectione prospicere, et petitionibus vestris benigno concurrentes assensu, presentibus vobis litteris indulgemus ut terras ad proprietatem ipsius monasterii pertinentes, quas homines vestri vel alii tenent a vobis, sine licentia et assensu vestro nullus vendere vel comparare presumat, seu alio quolibet titulo in aliam personam transferre, aut etiam jus si quod in his terris aliqui habent, donec requirant vos, et vos volueritis ipsum pro eodem pretio comparare, quod ab aliis possunt habere. Nulli ergo omnino hominum liceat hanc paginam nostre constitutionis infringere vel ei ausu temerario contraire. Si quis autem hoc attemptare presumpserit, indignationem omnipotentis Dei et beatorum Petri et Pauli apostolorum ejus se noverit incursurum. Datum Tusculani, .V. kal. martii.

(a) *Au dos, d'une main du* XIII*ᵉ siècle.*

CXCII

5 avril-31 octobre 1181.

Philippe Auguste autorise Hugues, abbé de Saint-Germain-des-Prés, à faire contribuer les hôtes de son abbaye au paiement de l'aide par lui promise au roi.

A. Original, K 26, n° 2.
C, fol. 30. — D, fol. 48. — G, fol. 35 v°.

Edit. : (a) Bouillart, *Hist. de Saint-Germain-des-Prés*, pr., p. xlviii, n° lxx, d'après un cartulaire. — (b) *Gallia christiana*, t. VII, instr., col. 74, n° xc.

(1) Les dates extrêmes sont celles des années durant lesquelles Alexandre III a pu se trouver un 3 août à Tusculum.

INDIQ. : L. Delisle, *Actes de Philippe-Auguste*, n° 32. — Tardif, *Cartons des rois*, p. 327, n° 687.

Philippus Dei gratia Francorum rex. Noverint universi ad quos littere presentes pervenerint quia nos dilectum nostrum Hugonem, abbatem sancti Germani de Pratis, requisivimus ut in negotiorum nostrorum necessitate subveniret de suo largiendo; quod et bono animo fecit. Inde est quod volumus et precipimus ut omnes tam hospites quam homines ejus ecclesie ipsi ad summam pecunie solvendam quam nobis promisit auxilium faciant. Preterea precipimus et statuimus ut redditus suos omnes et consuetudines et tallias rationabiles, tempore nostro, sicut et tempore patris nostri quiete et libere possideat. Actum anno incarnationis dominice .M°.C°.LXXX°.I°., regni vero nostri anno secundo.

CXCIII

S. d. [1159-30 août 1181] (1).

Le pape Alexandre III renouvelle l'interdiction faite à l'archevêque de Sens d'exiger dans les domaines du monastère de Saint-Germain de Paris des droits de procuration pour plus de quarante-quatre hommes et quarante chevaux, selon ce qui a été antérieurement établi.

B, fol. 97 v°. — E, fol. 41.
EDIT. : Bouillart, *Hist. de Saint-Germain-des-Prés*, pr., p. XLVII, n° LXVIII, d'après B ou E.

INDIQ. : Bréquigny et Pardessus, *Table chronologique*, t. IV, p. 15. — Jaffé, *Regesta*, n° 13616.

Senonensi archiepiscopo. Attendentes qualiter religiosorum paci prospicere de suscepti pontificatus officio tenearis, grave gerimus admodum et indignum quod ecclesias que ad monasterium sancti Germani Parisiensis pertinent, contra privilegium quod ipsi monasterio indulsimus, immoderatis, ut accepimus, procurationibus inquietas. Meminimus sane nos ratione previa statuisse ne procurationem pro pluribus quam pro quadraginta equitaturis et pro quadraginta quatuor hominibus exigeres ab ecclesiis supradictis ; sed tu, privilegio nostro non deferens, cum septuaginta hominibus aut pluribus quandam eorum ecclesiam, que Sanctus

(1) Les dates extrêmes sont celles du pontificat d'Alexandre III.

Germanus dicitur, adivisti, proponens te alia vice majorem multitudinem adducturum. Quia igitur, quanto majori dignitate premines, tanto majorem debes Sedi Apostolice reverentiam exhibere, fraternitati tue per apostolica scripta monemus, mandamus atque precipimus quatinus in procurationibus prescriptis numerum in privilegio monasterii positum non excedas, sed eo contentus existens, caritative recipias quod tibi et tuis decenter jamdicti fratres vel eorum officiales curaverint ministrare. Provideas autem ne contra tenorem privilegii prescripti monasterii aliquam ecclesiis, monachis, vel clericis ejus inferas molestiam vel gravamen, sciturus quod si sentenciam aliquam tuleris, eam auctoritate apostolica decernimus non tenere.

CXCIV

S. d. [1159-30 août 1181].

Le pape Alexandre III interdit à l'archevêque de Sens d'exiger, des églises dépendant de Saint-Germain-des-Prés, des droits de procuration pour un nombre d'hommes et de chevaux plus grand que celui qui a été fixé antérieurement par le pape.

B, fol. 96 v°. — L, fol. 41 v°.

EDIT. : Bouillart, *Hist. de Saint-Germain-des-Prés*, pr., p. XLVII, n° LXVI, d'après B.

INDIQ. : Bréquigny et Pardessus, *Table chronologique*, t. IV, p. 15. — Jaffé, *Regesta*, n° 13617.

Senonensi archiepiscopo. Non excidit a memoria nostra, nec tu es, sicut arbitramur, oblitus quam diligenter apud nos in concilio et frequenter institeris ut tibi liceret ad ecclesias sancti Germani Parisiensis, in quibus procurationes debes recipere, majorem personarum et equitaturarum numerum ducere, quam aliter tibi fuerit apostolica auctoritate mandatum. Licet autem super hoc aliam a nobis indulgentiam non habueris, tu, sicut ex litteris dilecti filii nostri abbatis prescripti monasterii nobis innotuit, contra privilegium abbati eidem a nobis indultum, .XLII. equos et .LXX. homines ad quandam ejus ecclesiam ducere, et pro his omnibus procurationem accipere minime dubitasti. Sane si hec nobis in veritate constarent, transgressionem tuam ita graviter puniremus, ut non sine pena cognosceres non esse tutum tibi vel cuilibet alii statutis apostolicis obviare. Mandamus itaque tibi, et cum omni districtione precipimus quatinus de cetero contra privilegium quod memorato abbati indulsimus super his nullatenus venire presumas, sciturus quod si ad nos querimonia pervenerit iterata, factum tuum sicut nunc clausis occulis non transibimus, sed ipsum potius non sine rubore tuo, prout justum fuerit, corrigemus.

CXCV

S. d. [1162-1181] (1).

J[ean] évêque de Poitiers, à la requête du roi de France et de l'abbé de Saint-Germain-des-Prés, renonce, moyennant le paiement annuel d'une somme de vingt sous, aux droits de procuration qu'il percevait sur la maison de Naintré.

A. Original scellé, L 781, n° 13.
D, fol. 237. — G, fol. 70.

[CARTA DE QUITATIONE PROCURATIONIS DE NENTRIACO] (a)

I., Dei gratia Pictavensis ecclesie humilis sacerdos, omnibus tam presentibus quam post venturis ad quos littere iste pervenerint, salutem. Quecunque tenatiore memoria retineri volumus, scripto commendamus. Inde est quod universitatis vestri presentis scripti attestatione significari volumus quod nos tenuitati domus de Nentriaco condescendentes, dominique regis Francorum abbatisque sancti Germani Parisiensis, ad quem predicta domus pertinet, aliorumque magnorum virorum precibus inclinati, procurationem annuam quam in eadem domo requirebamus, nostris temporibus eis indulsimus pro .xx^{ti}. solidis Andegavensis monete, singulis annis in Cena Domini reddendis, hoc facientes sine prejudicio successorum nostrorum, quorum erit super hoc pro beneplacito suo ordinare. Nos vero aut aliquis pro nobis amplius quam .xx^{ti}. solidos in eadem domo pro procuratione non requiremus. Ad hujus rei confirmationem cartam nostram fieri jussimus et sigilli nostri munimine roboravimus.

(*Sceau de cire blanche sur lanière de cuir*) (2).

(a) Au dos, d'une main du XIIIe siècle.

(1) Les dates extrêmes sont celles de l'épiscopat de Jean de Bellemains à Poitiers.
(2) Le sceau est décrit dans Douet d'Arcq, *Collection de sceaux*, n° 6816.

CXCVI

Le Latran, 13 janvier 1182.

Le pape Lucius III confirme en faveur de l'abbé Hugues les privilèges du monastère de Saint-Germain de Paris.

B, fol. 98 v°. — E, fol. 42 v°.

ÉDIT. : (*a*) Bouillart, *Hist. de Saint-Germain-des-Prés*, pr., p. XLVIII, n° LXXI, d'après *E*. — (*b*) Migne, *Patr. lat.*, t. CCI, col. 1088, n° XIV, d'après *a*.

INDIQ. : Jaffé, *Regesta*, n° 14549 et 14563.

[PRIVILEGIUM LUCII PAPE] (*a*).

Lucius episcopus, servus servorum Dei, dilectis filiis Hugoni, abbati sancti Germani Parisiensis, ejusque fratribus tam presentibus quam futuris regularem vitam professis, in perpetuum. In eminenti beati Petri cathedra ad hoc sumus licet immeriti disponente Domino constituti ut justas petitiones debeamus libenter admittere, et eis studeamus affectum utilem indulgere. Eapropter, dilecti in Domino filii, vestris justis postulationibus clementer annuimus, et monasterium beati Germani de Pratis, in quo divino estis mancipati obsequio, quod proprie beati Petri juris existit, ad exemplar felicis memorie Paschalis (1), Innocentii (2), Lucii (3), Eugenii (4), Anastasii (5), Adriani (6) et Alexandri (7), predecessorum nostrorum Romanorum (*b*) pontificum, sub beati Petri et nostra protectione suscipimus, et presentis scripti privilegio communimus. Statuentes ut............

(*Le texte est conforme à celui de la bulle d'Alexandre III du 28 mars 1180, publiée plus haut, n° CLXXXVII*).

............a Romano pontifice illi mandatum. Preterea cum Senonensis archiepiscopus quasdam ecclesias quas in ejus episcopatu habetis cum eo numero personarum et equitaturarum tempore jamdicti predecessoris nostri Alexandri visitare solitus fuerit, ut

(1) *Supra*, n° LXXIII.
(2) *Supra*, n° LXXXV.
(3) *Supra*, n° XCV.
(4) *Supra*, n° CIV.
(5) *Supra*, n° CXV.
(6) *Supra*, n° CXXI.
(7) *Supra*, n° CLXXXVII.

ejus esset visitatio plurimum ipsis ecclesiis onerosa, sicut ante concilium pia monasterio vestro consideratione consuluit in hac parte, sic quoque ipsius subsecuti vestigia, auctoritate apostolica vobis duximus indulgendum ut, si prefatus archiepiscopus vel successores ejus ab ecclesiis vestris, in quibus debent procurationem recipere, procurationem nisi ex gratia pro pluribus quam pro quadraginta equitaturis ad plus et pro quadraginta quatuor hominibus exegerint, ad eam sibi solvendam vel ad exhibendum quicquam procurationis obtentu eedem ecclesie vel vos non possitis aliqua ratione compelli (1). Quod si archiepiscopus qui modo presidet vel ejus successores in procurationibus, quas debent archiepiscopo Senonensi quedam ecclesiarum vestrarum, numerum equitaturarum vel hominum superius diffinitum excedere forte voluerit, liberum sit vobis quod petitur denegare (2). Si autem propter hoc aliquam in ecclesias ipsas, monachos vel clericos sententiam promulgaverint, eam auctoritate apostolica decernimus non tenere. Prohibemus insuper ut monasterii vestri monachos, ubicumque habitaverint, nullus preter Romanum pontificem vel legatum ab ejus latere missum, absque speciali mandato Apostolice Sedis, vel preter abbatem ad quem cura et custodia eorum pertinet, excommunicet aut interdicat (3). Sane novalium vestrorum que propriis manibus aut sumptibus colitis, sive de nutrimentis animalium vestrorum ullus a vobis decimas exigere vel extorquere presumat (4). Auctoritate quoque apostolica vobis duximus indulgendum ut infra parrochias ecclesiarum ad jamdictum monasterium pertinentium nullus oratorium, capellam vel ecclesiam edificare aut cimiterium facere sine diocesani episcopi et vestro consensu audeat, nisi forte Templarii vel Hospitalarii fuerint, quibus hoc Apostolice Sedis privilegiis indultum fuisse noscatur (5). Propterea paci et utilitati vestre pontificali volentes provisione prospicere, presenti privilegio duximus statuendum ut, si quis terras ad vos jure spechantes, vel campos in quibus portionem habetis, donatione aut venditione, seu quolibet alio alienationis titulo in aliam ecclesiam vel religiosa loca transtulerit, ecclesiis illis vel locis religiosis ultra annum et diem eas sine assensu vestro non liceat retinere ; sed juxta consuetudinem Gallicanarum ecclesiarum talibus personis precio seu dono concedant, que vobis et monasterio vestro jura vestra cum integritate per-

(1) Cf. *supra*, n° CLXXVI, CLXXXV, CXCIV, CXCV.
(2) Cf. *supra*, n° CLXXI, CLXXX, CLXXXIV.
(3) Cf. *supra*, n° CLXIII.
(4) Cf. *supra*, n° CLXXXII.
(5) Cf. *supra*, n° CXLVI.

solvant. Decernimus ergo ut nulli omnino hominum liceat prefatum monasterium temere perturbare, aut ejus possessiones auferre, vel ablatas retinere, minuere seu quibuslibet vexationibus fatigare, sed illibata omnia et integra conserventur eorum, pro quorum gubernatione ac sustentatione concessa sunt, usibus omnimodis profutura, salva nimirum Apostolice Sedis auctoritate. Si qua igitur in futurum ecclesiastica secularisve persona hanc nostre constitutionis paginam sciens, contra eam temere venire temptaverit, secundo tertiove commonita, nisi reatum suum congrua satisfactione correxerit, potestatis honorisque sui dignitate careat, reamque se divino judicio existere de perpetrata iniquitate congnoscat, et a sacratissimo corpore et sanguine Dei et domini redemptoris nostri Jesu Xpisti aliena fiat, atque in extremo examine districte ultioni subjaceat. Cunctis autem eidem loco sua jura servantibus sit pax domini nostri Jesu Xpisti, quatinus et hic fructum bone actionis percipiant, et apud districtum judicem premia eterne pacis inveniant. Amen.

Ego Lucius catholice ecclesie episcopus SS.

Ego Paulus Prenestinus episcopus SS (c).

Ego Petrus tituli sancte Susanne presbiter cardinalis SS.

Ego Vivianus presbiter cardinalis tituli sancti Stephani in Celio monte SS.

Ego Cynthius presbiter cardinalis tituli sancte Cecilie SS.

Ego Hugo tituli sancti Clementis presbiter cardinalis SS.

Ego Arduinus presbiter cardinalis tituli sancte Crucis in Jerusalem SS.

Ego Matheus tituli sancti Marcelli presbiter cardinalis SS.

Ego Laborans tituli sancte Marie trans Tiberim presbiter cardinalis SS.

Ego Jacinthus diaconus cardinalis sancte Marie in Cosmidyn SS.

Ego R[ainerius] diaconus cardinalis sancti Georgii ad Velum aureum SS.

Ego Gratianus sanctorum Cosme et Damiani diaconus cardinalis SS.

Ego Rainerius diaconus cardinalis sancti Adriani SS (d).

Datum Laterani per manum Alberti, presbiteri cardinalis et cancellarii sancte Romane ecclesie, id. januarii, indictione .XV., incarnationis dominice anno millesimo centesimo .LXXXI°., pontificatus vero domni Lucii pape .III. anno I°.

(a) *B ne donne pas de titre.* — (b) Rome *BE.* — (c) *Les souscriptions et la date, dans E, ont été remplacées par celles d'une bulle d'Alexan-*

dre III du 15 octobre 1177. Un correcteur du XIV° siècle a rajouté en marge la souscription de Lucius, celle de l'évêque de Preneste « et cetere ut in autentico declarantur » et une date abrégée. — (d) Les dernières souscriptions sont à demi effacées dans B.

CXCVII

1182.

Nivelon, évêque de Soissons, à la requête de Guillaume, archevêque de Reims, concède à l'abbé Hugues et aux religieux de Saint-Germain de Paris la moitié des revenus de l'église paroissiale de Nogent, sur la Marne.

A. Original jadis scellé, L 781, n° 19.
C, fol. 71 v°. — D, fol. 240.

[CARTA SUESSIONENSIS EPISCOPI PRO ECCLESIA DE NONGENTO] (a).

Ego Nivelo, Dei gratia Suessionensis episcopus. Omnibus tam futuris quam presentibus, in perpetuum. Cum in omnibus diffinitionibus idonea sunt adhibenda testimonia necesse est ut unaqueque diffinitio sic roboretur scriptis et testimoniis ne ulterius possit corrumpi ullis falsitatis figmentis. Qua consideratione, nos omnibus fidelibus ad quos littere iste pervenerint notum fieri volumus quod, ad preces reverentissimi patris et domini Willelmi, Remensis archiepiscopi, tituli sancte Sabine cardinalis, Apostolice Sedis legati, et ob devotionem et amorem que erga nos et ecclesiam nostram venerabilis Hugo abbas et conventus sancti Germani Parisiensis habent, concessimus ut in omni jure parrochiali ad ecclesiam de Nongento super Maternam fluvium pertinente, cujus altare cum omnibus appendiciis suis predicti sancti Germani monasterium ab antiquis temporibus possedisse, et medietatem oblationum in Nativitate Domini, in Pascha, in festo Omnium sanctorum, habuisse dinoscitur, monachi ejusdem monasterii a modo medietatem habeant, videlicet tricenariis mortuorum, sepulturis, oblationibus omnium missarum, tam pro vivis quam pro defunctis, lessis etiam atque omnibus beneficiis quecumque delata fuerint ad altare vel ad manum presbiteri, excepto baptisterio, confessionibus et oblationibus quas sponsi et sponse et omnes juraturi ad sancta, et mulieres ad purificationem propriis manibus facient ; que omnia presbiter sine participatione habebit. Quod ut ratum firmumque permaneat in posterum, presenti scripto commendavimus et sigilli nostri patrocinio confirmavimus. Actum anno ab incarnatione Domini .M°.C°.LXXX°. secundo.

(*Traces de sceau sur lacs de soie*).

(a) *Au dos, d'une main du* XIIIe *siècle.*

CXCVIII

1182.

Sentence arbitrale rendue par Guillaume, archevêque de Reims, cardinal du titre de Sainte-Sabine, légat du Saint-Siège, et réglant les droits respectifs du chambrier Artaud et des religieux de Saint-Germain-des-Prés à Nogent-sur-Marne.

A. Original jadis scellé, L 781, n° 18.
N_4, fol. 107 v°.

Willelmus, Dei gratia Remorum archiepiscopus, sancte Romane ecclesie tituli sancte Sabine cardinalis, Apostolice Sedis legatus. Omnibus tam futuris quam presentibus ad quos littere iste pervenerint, in Domino salutem. Noverit universitas vestra quod cum per multos dies inter monachos ecclesie sancti Germani Parisiensis et Hertaudum camerarium litigatum esset, super injuriis quas ipse ecclesie inferebat apud Nongentum super Maternam fluvium, ad ultimum facta est concordia in hunc modum : ipse in predicta villa contra voluntatem monachorum turrim, muros, fossata, stagnum, furnum et torcular construxerat, et ibidem nundinas et forum constituerat, alneta quoque et alias terras occupaverat. De istis igitur et omnibus injuriis quas ecclesie irrogaverat, Hugo abbas et monachi communi assensu et voluntate eum nobis presentibus absolverunt, et quietum clamaverunt, tali conditione quod pro predictis occupationibus reddet ecclesie singulis annis decem solidos censuales Pruvinensis monete ad festum sancti Remigii, pro hereditate uxoris sue Odierne .xx^{ti}. denarios censuales et sex sextaria vini ; pro prato quod calcéia occupat, restituit ecclesie unum arpennum prati quod emit ab Odone Agno in duobus locis ; pro terra quam stagnum occupat, restituit unum arpennum terre in Campaliis. In furno etiam medietatem habebunt monachi, tali pacto quod a modo medietatem omnium expensarum mittent, et si nichil mittere voluerint, in lucro non participabunt, nec ipse similiter, si non miserit ; in nundinis medietatem simili modo, in foro tertiam partem medietatis. Cum vero a monachis Caziaci reliquam partem extorserint, tunc medietatem habebunt et ipse medietatem expensarum mittet in causis agendis. Torcular autem suum facient monachi, sicut et ille suum, et erunt torcularia communia. Si vero unum deciderit, ille cujus fuerat illud quod decidit nichil capiet in lucro alterius torcularis, donec suum refecerit, excepto quod vindemiam suam sine pressoragio dando premet. Pepigit etiam prenominatus Hertaudus quod a modo in terra monachorum vel hominibus nichil usurpabit, ultra consuetudines illas quas ibi habuerat comes Theobaldus et heredes ejus, a quibus ipse habet advocationem, et istam compositionem faciet confirmari scriptis et sigillis episcopi Suessionensis et domine comitisse Trecensis. Ne ergo super his omnibus aliqua in posterum controversia possit oriri, eadem ad preces utriusque partis presentis scripti patrocinio et sigilli nostri auctoritate confirmamus. Actum anno ab incarnatione domini .M°.C°.LXXX°. secundo. Datum per manum Lamberti cancellarii nostri.

(*Traces de sceau sur lacs de soie verte et rouge*).

CXCIX

1182.

L'abbé Hugues et les moines de Saint-Germain de Paris, confirment aux frères de la maison de l'Hôpital de Paris, la possession d'un fief acheté par lesdits Hospitaliers de Thibaut le Riche, et que celui-ci tenait de Saint-Germain à Lourcine, au-dessus de Saint-Marcel, et celle d'un moulin sur la Seine, au-dessous du Petit-Pont, acquis dans les mêmes conditions, ledit Thibaut obtenant en compensation l'abandon en faveur des moines de Saint-Germain par les religieux de l'ordre de Grandmont, d'un muid d'avoine de rente annuelle que ces derniers possédaient sur la grange de Saint-Germain à Villeneuve.

A. Original, L 782, n° 62.
Y. Copie du XVI° s., LL 1087, fol. 14. — Z. Copie du début du XVII° s., L 782, n° 62 bis.

[CARTA HOSPITALARIORUM] (*a*).

CYROGRAPHUM (*b*).

Hugo, Dei gratia sancti Germani Parisiensis humilis abbas, et totus ejusdem loci conventus, omnibus ad quos littere iste pervenerint in Domino salutem. Universitati vestre volumus esse precognitum nos, de communi omnium nostrorum assensu, liberaliter concessisse fratribus Hospitalis Ierosolimitani Parisius, in monte sancte Genovefe manentibus, et domui eorum imperpetuum feodum quod emerunt a Teboudo Divite de Parisius, qui de nobis et de nostra ęcclesia ipsum tenebat in villa que dicitur Laurcinę, supra sanctum Marcellum. Et ut ipsum semper libere habeant, idem Teboudus fecit nobis et ęcclesię nostrę concedi et quitari a fratribus Grandis Montis, ob recompensationem hujus nostrę cessionis, quemdam semimodium avenę quem habebant et singulis annis accipiebant in grangia nostra de Villa Nova. Concessimus etiam eisdem Hospitalariis molendinum quod predictus Teboudus vendidit eis in Sequana sub Parvo Ponte, salvo nobis sicut in aliis que sunt ibidem molendinis omni penitus jure nostro et justicia, et annuo censu quinque solidorum reddendo quotannis coquinario nostro in festo sancti Germani, V. kl. junii. Que omnia ut firma permaneant semper et illibata, presens inde scriptum fieri et sigillis nostris fecimus communiri, adjunctis quorumdam officialium nostrorum nominibus et signis. S. Rainaldi prioris. S. Teobaldi subprioris. S. Johannis tercii prioris. S. Hugonis thesaurarii. S. Richerii cellerarii. S. Bernardi coquinarii. S. Petri, Willelmi, Andreę, Viviani puerorum. Actum anno incarnati verbi .M°.C°.LXXXII°.

Nota Roberti capellani.

(a) Au dos, d'une main du XIV° siècle. — (b) Partie inférieure des lettres du mot.

CC

S. d. [vers 1182] (1).

Echange de cens assis sur diverses maisons à Paris, conclu entre Guérin, abbé de Saint-Victor de Paris, et l'église de Saint-Germain-des-Prés.

(1) L'acte n'est pas daté, mais il doit être rapproché du précédent, en raison de la mention qui y est faite des accords conclus entre Saint-Germain-des-Prés, les religieux de Vincennes et Thibaut le Riche. Ce dernier est d'ailleurs mentionné dans d'autres actes de 1178 et 1179 (Lasteyrie, *Cartulaire de Paris*, n°⁸ 561 et 564).

C, fol. 44. — D, fol. 36. — G, fol. 30 v°.

Edit. : Lasteyrie, *Cartulaire de Paris*, p. 441, n° 536.

De permutatione cujusdam census cum fratribus de sancto Victore.

Ego Guarinus, ecclesie sancti Victoris Parisiensis abbas, et ejusdem loci conventus. Notum facimus omnibus ad quos littere iste pervenerint quod de controversia que erat inter nos et ecclesiam sancti Germani de Pratis pro censu duodecim denariorum, quem eadem ecclesia sancti Germani dicebat se habere in domibus Renaudi filii Mauguini ante Sanctum Xpistophorum sitis, solventibus nobis annuatim censum .lx ^{a}. solidorum, que assensu ecclesie nostre constructe erant in plateis quas habebamus ex dono Obizonis medici, quas etiam Embertus, filius predicti Renaudi, nobis pro centum et quinquaginta libris vendidit, facta est conpositio in hunc modum : pro supradicto censu .xii.^{cim} denariorum, quem prefata ecclesia sancti Germani nobis imperpetuum remisit, nichil juris in pretaxatis domibus sibi retinens, concessimus ei in recompensationem alios .xii. denarios de censu, octo scilicet in domo majori Renaudi Philipi in capite Sancti Xpistofori, ita tamen quod camera adherens prefate domui, que sex denarios reddit censuales, remanebit ecclesie nostre, et .iiii^{or}. denarios de domo Hildealdis, uxoris defuncti Godefridi, in festo sancti Andree (a) persolvendos, libere et quiete imperpetuum possidendos, penitus nil juris nobis in eadem possessione retinentes, Preterea pro censu .xviii. denariorum, quem habebat sepedicta ecclesia sancti Germani in domibus magistri Hugonis, quondam episcopi Suessionensis et regii cancellarii (b), quas domos abbas sancti Germani et conventus nobis libere et quiete imperpetuum possidendas benigne concesserunt, nichil juris sibi in eisdem retinentes, dedit Tiboldus Dives in recompensationem ecclesie sancti Germani .xx^{ti}. denarios de censu libere et quiete imperpetuum possidendos, nichil juris in eisdem sibi retinens, .xiiii^{cim}. scilicet in domo Aalulfi cambitoris, et sex denarios in domo Petri Fabri Lombardi. Quia vero idem Tiboldus, a quo prenominati episcopi domos habuimus, sigillum ad petitionem domni abbatis et conventus sancti Germani de Pratis (c), predictam reconpensationem litteris nostris interseruimus, similiter et condonationem dimidii modii avene factam imperpetuum ecclesie sancti Germani precibus ejusdem Tiboldi a fratribus Vicenie ; quem annuatim habere debebant in granchia Villenove de elemosina Petri de Monterello supradictum dimidium avene modium. Que condonatio facta est in reconpensationem cujusdam feodi, quem tenebat idem Tibouldus ab abbate sancti Germani apud Laorcinas; et eum vendidit fratribus de Hospitali. Quod ne valeat oblivione deleri, scripto commendavimus et sigilli capituli nostri impressione confirmavimus. S. Roberti prioris. S. Petri prebendarii. S. Henrici hospitalarii. S. Stephani sacerdotis. S. Ancelini sacerdotis. S. Richardi dyaconi. S. Philipi subdyaconi. S. Alelmi subdyaconi. S. Odonis subdiaconi.

(a) Andre C. — (b) Cancellis CD. — (c) La phrase paraît incomplète.

CCI

S. d. [1162-1182] (1).

Guillaume Louvel d'Ivry renonce, en faveur de l'abbé Hugues et des moines de Saint-Germain-de-Paris, aux coutumes qu'il percevait injustement sur la terre de ladite abbaye à Dammartin.

A. Original jadis scellé, L 777, n° 5.
B, fol. 70. — D, fol. 80 v°.

[CARTA DE CONSUETUDINIBUS DE DOMNO MARTINO] (a).

Hugoni, Dei gratia abbati sancti Germani Parisiensis sacroque conventui ibidem Deo famulanti, Willelmus Lupellus de Ibreio salutem. Confiteor me graviter peccasse Deo et vobis, quia consuetudines quas in terra sancti Germani, in potestate videlicet Domni Martini, accipere solebam, injuste accipiebam. Unde vestram sanctitatem suppliciter et flexis genibus exoro quatinus, propter misericordiam Dei et vestram pietatem, me ab hoc delicto absolvatis, et beneficii ęcclesię participem esse concedatis, quia in quamcunque curiam volueritis me ducere testificabor et probabo quod tota potestas Domni Martini vestra est libera, nec ego nec heredes mei debemus in ea aliquid habere.

(a) Au dos, d'une main du XIII° siècle.

(1) Une note moderne au dos de l'acte l'attribue à l'abbatiat de Hugues VI, au début du XIII° siècle. Mais sa présence dans le cartulaire +++, dans la portion primitive qui date du XII° siècle, me porte à l'attribuer plutôt au temps de Hugues V. Ses dates extrêmes sont celles de l'abbatiat de ce dernier.

CCII

S. d. [1162-1182] (1).

Jugement rendu par la cour de l'abbé de Saint-Germain-des-Prés contre Geoffroi de Breuillet, au sujet des droits d'usage que ce dernier prétendait posséder et tenir de Jean de Massy, dans le bois d'Antony.

B, fol. 84.

Hugo, Dei gratia sancti Germani Parisiensis humilis abbas. Ad universorum volumus noticiam pervenire quod, reclamante Godefrido de Braoileto usuarium jure hereditario in quadam parte nemoris nostri de Antoniaco, et de Johanne de Maci, qui de nobis hoc ipsum se tenere dicebat, in feodum sese hoc tenere proponente, cum id eis inficiaremur, ad instanciam ipsius Godefridi diem agendi super hoc assignavimus ei in curia nostra. Ad quam veniens, cum eumdem qui presens inerat Johannem de Maci de garantisia feodi quod in nostro nemore reclamabat coram nobis requisisset, idem Johannes in hoc articulo penitus ei defuit, et nullam se portaturum de feodo isto garantisiam ergo nos publice pronuncians, a curia nostra discessit. Ipso vero Godefrido non minus instante ut ei super hoc quod reclamabat justiciam exhiberemus, et nobis contradicentibus, pro eo quod suus ei defuerat advocatus, judicium curie nostre requisivit a nobis, videlicet utrum ei super hoc respondere deberemus, an non. Quapropter ei die assignata a jurisperitis qui nobis assistebant hominibus, judicatum est quod nos ei respondere debebamus. Hoc autem judicium retulit homo quidam senior, Godefridus scilicet de sancto Germano. Godefridus vero de Braoileto, communicato cum suis consilio, judicium istud falsificavit, et de falsitate judicii Godefridum de sancto Germano tanquam homo menbris debilitatus vadio belli impetivit. Godefridus autem de sancto Germano, pro assertione judicii quod retulerat, tanquam homo qui processerat in diebus suis, vadium suum contra eum dedit. Quo facto, cum uterque suam suo pugili dedisset advocationem, die data ad ultimum in curia nostra convenerunt, et Godefridus quidem de sancto Germano pugilem suum, Robertum videlicet de Loengiis, et suos obsides

(1) Les dates extrêmes sont celles de l'abbatiat de Hugues V.

coram assistente multitudine nobis exibuit. Godefridus vero de Braoileto nec pugilem nec obsides suos exibuit, nec ullatenus ea die comparuerunt in curia nostra. Propter quod ei diximus ipsum decidisse a causa, Godefridumque de sancto Germano et nos ecclesiamque nostram, pro quibus idem Godefridus agebat, de jure obtinere. Et cum ipse sic a nostra vellet curia discedere, nos iterum coram omnibus qui aderant diximus ei, quia nisi pugilem suum Bodinum de Alneto juxta Alneolum, cui suam coram nobis dederat advocationem, et suos pariter obsides exiberet, suamque plenius exequeretur causam, nos et ecclesia nostra querelam obtinere et de usuario quod in nostro nemore reclamaverat in omni deinceps pace remanere vellemus. Ipse autem cum supradictorum nichil fecisset, a curia discessit. Testes ex parte nostra : Fredericus de Issiaco, Archembaudus de Moudon, Teoinus de Vitriaco milites, Henricus filius ejusdem Teoini, Drogo carnifex, Stephanus filius ejus, Robertus ad Virgam, Robertus de Moreto, Rainaldus de Issiaco, Rainaldus de Hospicio, Girbertus Portarius, Odo de Sartrino, Gislebertus decanus, Gislebertus carpentarius, Gislebertus coquus, Gauterius faber, Willelmus, Guinerannus, alter Guinerannus et Hugo matricularii, Durannus major de Antoniaco, Engelrannus de Antoniaco, Engelbertus decanus de Antoniaco, Fromundus decanus de Verreriis. Ex parte Godefridi : Gauterius de Braoileto patruus ejus, Gaufredus Pediculus et Buchardus frater ejus.

CCIII

S. d. [1162-1182] (1).

Jugement rendu par la cour de l'abbé de Saint-Germain-des-Prés contre Geoffroi de Breuillet et Hugues Bardous, son oncle, qui avaient pénétré dans le bois d'Antony et frappé un des hôtes de l'abbaye.

B, fol. 90 v°.

Ego Hugo, Dei gratia sancti Germani Parisiensis abbas. Noverint omnes in quorum manus presens scriptum venerit quod Godefridus de Braoillet et Hugo Bardos, avunculus ejus, venerunt in nemore nostro Antoniaco a parte Vallis Profunde, et Gode-

(1) Les dates extrêmes sont celles de l'abbatiat de Hugues V.

fridus quemdam ex hospitibus nostris verberibus affecit. Inde clamor ad aures nostras perlatus est, et nos domine Heluise, que de nobis tenet feodum de Musnellis, mandavimus ut ipsos, scilicet Godefridum et Hugonem, ad rectum nobis exiberet in curia nostra, super his que in hospite nostro nobis conmiserant. Infra diem ab ipsa Heluisa nobis assignatam, adiit nos sepedictus Godefridus, petens ut ei rectum faceremus super quibusdam consuetudinibus quas in nemore nostro Antoniaci reclamabat. Et nos ei respondimus quod ei respondere nolebamus, nisi de juditio curie procederet, donec emendasset nobis que hospiti nostro forisfecerat et nobis, qui ei justiciam non negabamus, quia prius querimoniam feceramus de eo domine Heluise quam ipse nos de recto sibi faciendo expetisset. Sic ei diem assignavimus et ipse assensit. Diem autem emendationis nostre super injuriam quam nobis fecerant tam ipse Godefridus quam avunculus suus Hugo prolongaverunt, indutias querentes. Ad aliam autem diem ei, id est Godefrido, a nobis assignatam super his que in nemore reclamabat, venit petens consuetudines quasdam in nemore Antoniaci, quas sicut dicebat Johannes de Maci nobis vendiderat. Et nos ei respondimus, sicut prius, quod ei respondere nolebamus nisi de juditio curie nostre hoc procederet, et tantum parati eramus ei facere quantum curia judicaret, donec nobis forisfactum emendaret super homine verberato, quia et ita eis, ipsi videlicet et avunculo suo Hugoni Bardous, diem assignaveramus, et si negarent probare parati eramus per homines qui interfuerunt, sub hac conditione diem fuisse denominatam. Hoc audientes ipsi nichil infitiati sunt. Secundum autem hec que de parte nostra et parte ejus dicta fuerunt, et juxta seriem et modum actionis, ei obtulimus quod ei rectum dicere faceremus. In eo autem defecit, quia nec recipere nec audire voluit. Per omnia autem ei plane negavimus, quod nichil a Johanne de Maci emeramus, et quia nec ipse nec Johannes in nemore aliquid habebant, et ipsi ita discesserunt. Hujus rei testes de parte Godefridi, Gauterius patruus suus de Braoillet, Hugo Bardous, Stephanus de Musnellis, Gauterius cognatus Godefridi, Remondus Pleidet. Ex parte nostra : magister Mainerius, Orricus prepositus regis, Theoinus et Flohardus de Vitriaco, Herluinus famulus prepositi, Gauterius carpentarius, Odo de Crespi, Engerrannus de Antoniaco. Engelbertus decanus, Durannus forestarius, Gauterius quadriga.

CCIV

S. d. [1162-1182] (1).

Notice du procès entre Hugues, abbé de Saint-Germain-des-Prés, et Jean de Massy, relativement aux droits d'usage que ce dernier prétendait exercer dans le bois d'Antony.

B, fol. 75. — D, fol. 108 v°.

QUOD NEMUS DE ANTONIACO NOSTRUM EST LIBERUM.

Inter Hugonem, abbatem sancti Germani de Pratis, et Johannem de Mati erat contentio pro quibusdam consuetudinibus, quas isdem Johannes reclamabat in toto nemore Antoniaci (a), excepta antiqua foresta, cotidie scilicet duos asinos et unam asinam curtam, et usuarium domino de Molnellis, qui dicebat se hoc tenere a Johanne et Johannem ab abbate. Abbas autem hec omnia negabat. Johanni igitur postulanti statuta est ab abbate dies placitandi. Ad quam veniens et trahens in medium duos homines, obtulit probare consuetudinem trium asinorum, et per alios duos usuarium domini de Molnellis, ipso domino Stephano videlicet presente et cum eo Guidone de Alneio. Abbas autem, cum audiret quod Johannes hoc suo feudo adjungere vellet, dixit quod probationem hominum non reciperet nisi per judicium. Johannes vero respondit quod ipse per se faceret vel per talem qui facere posset; et ita tradita est res judicibus. Die igitur judicii multis casibus demandata et prolongata, postremo ad festum sancti Benedicti, .V. idus julii, statuta est. Infra vero, servientes abbatis invenerunt in nemore servientes domini de Molnellis et abstulerunt eis nanta sua. Abbas autem recredidit ea Stephano, plegio Guidone de Alneio, ita ut ipse rehaberet ea ante judicium. Inter hec Johannes, rei veritatem inquirens et non sibi sufficientem inveniens, sapienti usus consilio, in crastinum nathalis apostolorum Petri et Pauli (2), Parisius in curia regia omnia que reclamabat in nemore sive juste sive injuste et feodum et dominium, pro remedio animę suę et patris sui, predictę ecclesię guerpivit, et per capellum Burcardi Veltri predictum abbatem in-

(1) Les dates extrêmes sont celles de l'abbatiat de Hugues V.
(2) C'est-à-dire le 30 juin.

vestivit, nemusque sine aliqua reclamatione ęcclesię liberum dimisit. Testes : decanus Parisiensis, magister Mainerius, Bartholomeus archipresbiter, Guido de Cabrosa, Fredericus de Palatiolo, Burcardus Veltrus, Guillelmus frater ejus, Hugo Bibens, Paganus de Ulcinis, Fredericus de Issiaco, Ulricus Trosevache, Hugo Marcheant, Engerbertus de Antoniaco, Landricus, Durandus, Ingelramnus, Petrus de Noviomo, Rainaldus de Hospitio, Galterius carpentarius, Gillebertus et Alenus filiii ejus, Johannes hospitalarius, Hilduinus decanus et filii ejus, Petrus Galuchiers et frater ejus Guido, Bartholomeus filius Teoderici (*b*), Himbertus (*c*) de Pistrino, et Guillelmus. Sequenti vero die abbas Palatiolum ivit, et cum in domum domini Frederici descendisset uxor predicti Johannis Margarita ante eum venit, et sicut Johannes fecerat, ipsa concessit et ratum habuit, audiente patre suo Frederico fratribusque suis Guidone et Frederico, Guidone Boisel. Affuerunt isti : Petrus de Brunaia, Johannes de Mace, Matheus de Mongaudon. Ex parte vero abbatis, Paganus de Ulcinis, Hugo Marcheant, Odo Brunellus de Antoniaco, Engirbertus, Landricus, Durandus, Engerranus, Odo de Crispeio, Petrus de Noviomo, Robertus de Moreto, Rainaldus de Hospitio, Gislebertus et Alanus fratres, Gislebertus major et Isembardus nepos ejus, Guillelmus matricularius, Engirbertus marischalcus. Venientes igitur ad diem judicii in festo sancti Benedicti, Stephanus de Molnellis et Guido de Alneio abbatem de nantis suis investiverunt, et postea petierunt ut eis recrederentur, qui infra placitum et judicium capta erant. Abbas dixit quod propter injurias et violentias quas ei intulerant, cum non hęc disrationassent, nanta nolebat reddere vel recredere, nisi de judicio curie procederet. Iterum instanter petierunt ut eis nanta sua recrederentur. Abbas autem respondit eis quod non solum nanta volebat recredere, sed etiam de omnibus querelis volebat in pace remanere, quia credebat se querelam disrationasse propter hoc quod ille defecerat eis in causa qui erat protector eorum, videlicet Johannes (*e*) de Maci (*f*), et obtulit eis abbas judicium secundum rei actionem. Ipsi autem dixerunt quod non audirent nisi prius recreditio fieret. Abbas iterum obtulit eis judicium et de recreditione et de querelis. Ipsi autem refutantes abierunt, videntibus et audientibus istis quorum hęc sunt nomina : magister Mainerius, Bartholomeus archipresbiter, Symon de Sancto Dyonisio, Guilelmus Veltris, Stephanus de Melduno, Erchenbaldus frater ejus, Odo de Crispiaco, Petrus de Noviomo, Odo Brunellus de Antoniaco, Engirbertus, Landricus, Ingerrannus, Joscelinus de Vitreis, Hilduinus decanus, Girbertus portarius, Garinus et Odo frater ejus, Martinus de Villa Nova.

(*a*) Antogniaco, Antogoniaci, etc., *D*. — (*b*) Teoderici *D*. — (*c*) Humbertus *D*. — (*d*) Mache *D*. — (*e*) Johanne *D*. — (*f*) *Les mots* videlicet Johannes de Maci *sont en interligne dans B*.

CCV

S. d. [1162-1182] (1).

Hugues, abbé de Saint-Germain de Paris, affecte à la fondation de son anniversaire divers revenus acquis par lui, et en particulier une vigne sise dans le Laas.

O, fol. 94. — *P*, fol. 176.

EDIT. : Lasteyrie, *Cartulaire de Paris*, p. 476, n° 583.

Quia viam universe carnis ingredi necessario tenemur universi, inde est quod nullus umquam hominum manentem habuit in hoc mundo civitatem. Iccirco ad futuram promerendam totis nos viribus oportet anhelare ; verum quoniam corporis quod corrumpitur sarcina pregravati multisque prepediti negociis secularibus, ad dignos penitentie fructus faciendos vel ad supernorum obtinendam civium societatem, propriis non sufficimus meritis, dum tempus habemus, agendum nobis est quod saluti nostrarum post mortem corporis proficiat animarum. Proinde ego Hugo, Dei gratia sancti Germani Parisiensis humilis abbas, presenti scripto tam futuris quam presentibus notificare decrevi quosdam de reddititibus, quos tempore nostro propriis sumptibus adquisivimus et industria, ad anniversarium nostrum singulis sollempniter annis faciendum, assensu et voluntate totius ecclesię nostrę conventus, nos instituisse. Noverint igitur universi quod nos ab Evrardo de Greva quamdam emimus vineam, juxta Parisius sitam in loco qui vocatur Li Aas, quam quibusdam ascensivimus hominibus ad hospitandum et domos edificandas ; ipsi vero de domibus suis reddunt nobis quotannis .XL.IIII^{or}. solidos census. Emimus etiam apud Antoniacum a Guillelmo de Orceio .VIII. solidos et .III. obolos census. Illos itaque .XL.IIII^{or}. solidos de domibus quę sunt en Laas et .VII. solidos et .III. obolos de Antoniaco, qui simul fiunt .LII°. solidi et .III. oboli, cum omnibus aliis consuetudinibus et

(1) Les dates extrêmes sont celles de l'abbatiat de Hugues V. Cependant il est possible que la pièce fasse allusion à une charte de 1179 (*supra*, n° CLXXXI), et par conséquent soit postérieure à cette date.

redditibus qui de utraque censiva sive in foragio, sive rotatico seu aliis quibuscumque nobis provenient, statuimus ad primam nostri anniversarii diem, ad hoc videlicet ut in ipsa die procuretur exinde in refectorio toto conventui plena refectio, de piscibus scilicet obtimis et de gastellis et de bono clarato. Emimus quoque terram quamdam a Matheo Bufe, inter Sanctum Marcellum et Vitriacum sitam, que quotannis valet nobis circa .xxx^{ta}. solidos redditus. Constituimus autem ut in ipsius aniversarii nostri octava die, de his .xxx^{ta}. solidis et de omnibus aliis consuetudinibus que de terra illa quoquo modo provenient, procuretur conventus, quatinus et in ipsa die plenam de nobis et devotam faciant fratres nostri memoriam, nobisque cum missa plenum exhibeant officium defunctorum in conventu. Preter hec etiam, ut per illos sex dies qui sunt inter primum anniversarii diem et octavum, cotidiana de nobis fiat in capitulo memoria, et ibi nos conventus sicut in prima die et octava specialiter et nominatim absolvat, de censu .xv^{cim}. solidorum Pruvinensium, quos apud Emantum emimus a Pagano de Warennis, statuimus quatinus per eosdem sex dies cotidie conventus duos solidos et dimidium habeat ad cenam emendam. Emimus preterea in villa ista terram quandam de Guillelmo de Rupe, in qua plures posuimus hospites, quorum unus, Rogerius scilicet Petrarius, de domo sua reddit .v^{que}. solidos census. Hos itaque decrevimus elemosinario hujus ecclesie annuatim reddi, quatinus eos ipse in prima anniversarii nostri die, pro animę nostrę remedio, sexaginta pauperibus eroget, ita quod eorum unusquisque unum habeat denarium. Emimus denique apud Theodasium a Frederico milite .II^{os}. solidos census, quos reddit Gerelmus filius Garini. Cum itaque cętera que de censiva ista provenient domno remaneant abbati, nos istos .II^{os}. solidos disposuimus et dedimus quatuor matriculariis ęcclesię istius, qui pro nobis in anniversario nostro et in die octava signa pulsabunt, habebitque quisque eorum ipsa die et octava panem unum integrum cum vino quod habere solent, et de illis duobus solidis quisque .vi. denarios prima die, eo videlicet tenore quod nullus eorum partem suam quam habet in his denariis nullatenus poterit alii dare aut vendere seu pignori obligare. Non enim in eorum erit potestate istos duos solidos aliqua unquam ratione a proprietate matricularię alienare. Ut autem presens scriptum et hec nostra de nostro anniversario dispositio firmum et inviolabile robur perpetualiter obtineat, auctoritate Dei omnipotentis et beate Marię sanctique Vincencii et beati Germani omniumque sanctorum et nostra penitus prohibemus ne quisquam umquam hominum hanc nostram institutionem anniversarii nostri, sive reddituum quos ipsi deputavimus, post decessum nostrum immutare seu minuere presumat. Eos vero qui hoc attemptare presumpserint, toto in communi capitulo assistente conventu excommunicavimus, quatenus reos se divino judicio existere de perpetrata iniquitate cognoscant, et a sacratissimo corpore Dei et domini nostri Jesu Xpisti alieni fiant, atque in extremo examine districtę subjaceant ultioni. Porro ut hec omnia successorum nostrorum memorię facilius semper occurrant et fidelius imprimantur, precipiendo sub prescripta statuimus conditione quatinus hujus nostre institutionis pagina singulis annis in vigilia anniversarii nostri post lectionem capituli coram omnibus in conventu legatur.

CCVI

S. d. [1162-1182] (1).

Hugues, abbé de Saint-Germain de Paris, fait savoir qu'à la suite du jugement rendu au nom du roi par Jobert Briart, ladite abbaye de Saint-Germain a été reconnue en possession du bois d'Arrabloy [La-Chapelle-Rablais], où le gruyer Haseau avait à tort arrêté les charpentiers du monastère.

Z. Copie du XII° s., Bibl. nat., ms. lat. 12194, fol. 218 v°.

Ego Hugo, Dei gratia abbas sancti Germani Parisiensis, notifico presentibus et futuris quod Hasellus gruearius (a) de Nangiis carpentarios qui in foresta nostra de Herablen faciebant lignaria nostra cepit, et vadia eorum secum tulit. Super quo nos proclamavimus domino regi, cui ipse statuit diem Parisius tercia die post Purificationem beate Marie. Porro dominus rex ingruentibus negotiis prepeditus, predicta die Parisius esse nequivit, sed mihi et Josberto Briart placita sua commisit. Cumque prescripta die Parisius in aula regali pariter resideremus, ego ostendi querelam meam, Josberto Briart loco domini regis ibi residente, super prefato Hasello. Ille vero dixit quod tercium decimum denarium premii quod carpentarii pro opere lignario a nobis accipiebant habere debebat, videlicet quoniam illi ad opus nostrum non diatim conducebantur, sed summatim illud faciebant. Ego autem respondi quod nemus illud ita de proprio jure beati Germani erat quod ad omnes usus nostros de eo voluntatem meam facere possem, nec ipse aliquid inde haberet. Et quoniam idem juri nostro contraire

(1) Les dates extrêmes sont celles de l'abbatiat de Hugues V.

non potuit, secundum deliberationem eorum qui astabant in curia mihi rectum fecit. Huic rei interfuerunt testes isti: Paganus de Ulcinis, Fredericus de Issiaco, Hugo de Sancto Ionio, Tebertus de Monte Leterici, Galterius Corzon, Matheus de Atheis, Stephanus frater ejus, Guibertus de sancto Germano, Petrus cognatus fratris Rainardi, Robertus de Moreto, Robertus pugil, Girbertus portarius, Rainaudus de Hospitio, Hugo mercator, Ulricus Trosevache.

(a) *Le ms. porte* gricearius.

CCVII

S. d. [1162-1182] (1).

Hugues, abbé de Saint-Germain de Paris, fait savoir qu'il a été reconnu que Hugues de Baston ne peut prétendre à aucun droit d'usage sur la portion de bois sise à Avrainville et vendue par ladite abbaye.

B, fol. 24. — D', fol. 14.

[DE QUADAM PARTE NEMORIS APUD AVREINVILLA] (a).

Ego Hugo, Dei gratia sancti Germani Parisiensis abbas. Noverint omnes in quorum manus presens scriptum venerit quod quamdam partem nemoris nostri de Avreinvilla vendidimus, et tunc petiit nos Hugo de Baston, insinuans nobis quod, quamdiu nemus illud in venditione persistebat, accipere debebat usuarium ad focum suum, et hoc ex consuetudine clamabat, et de feodo nostro se hoc tenere dicebat. Nos autem ei plane negavimus. Diu autem super hoc inter nos et ipsum in curia nostra causa ventilata est. Infra hoc surrexit Odo vicecomes de Castris, asserens se paratum esse probare, per tres legitimos homines secum, quod nec ipse Hugo nec antecessores ejus umquam habuerunt vel habere debebant hanc consuetudinem quam ipse reclamabat. Quod Hugo annuit. Nos autem transitum facientes per Castra venimus in domum Haimerici de Alneel, et cum sacrosancta ibi fuissent allata, parati fuerunt tam Odo vicecomes quam tres legitimi homines secum jurare quod hanc consuetudinem injuste clamabat

(1) Les dates extrêmes sont celles de l'abbatiat de Hugues V.

Hugo, excepto quod in Natale Domini, quando advocati ville in nemus illud mittent, et ipse Hugo tunc propriam quadrigam mittet, et hoc semel et de nemore illo ad utensilia et opus molendini de Bastons (*b*), igne excepto, si repperire ibi potuerit, accipiet. Cumque hoc Odo vicecomes jurare vellet, indulsit ei Hugo quia dominus suus erat. Juramenta autem aliorum qui cum vice comite hoc jurare disposuerant accepit ipse Hugo. Hii sunt qui juraverunt : Xpistianus major Avreinville, Odo filius Ermenais, Hugo Gandrehart, Stephanus Maillart. Testes ex parte nostra : magister Ernaldus, Paganus de Ulcinis, Thomas Charmegre (*c*), Bulcardus filius vicecomitis, Thomas de Castris, Tebertus de Monte Lihiri, Bulcardus et Hugo de Vallegrinosa, Gauterius heremita, Odo de Crespi (*c*), Petrus de Noviomo, Rainerius de Issiaco, Garinus Reclanus, Paganus Tassel (*c*), Ansellus. Ex parte Hugonis : Olivierius de Lardi, Hugo de Matriolis, Robertus de Repenti, Haimericus de Alneel. De hominibus Avreinville : Ansellus filius majoris, Willelmus sororius ejus, Ferricus frater majoris, Haimardus, Stephanus de Malo Campo, Balduinus de Cruce, et Giroudus frater ejus, Drogo de Cruce, Engelbertus Peterel.

(*a*) *Pas de titre dans B.* — (*b*) de Bastons *ajouté en interligne dans B.* — (*c*) filius Ermenais, Charmegre, de Crespi, Tassel, *en interligne dans B.*

CCVIII

S. d. [1162-1182] (1).

Hugues, abbé de Saint-Germain, fait connaître la donation faite à ladite abbaye par Gilbert de Longuesse, sa femme Erembourg et son fils Pierre d'une maison sise à Meulan.

B, fol. 85.

Hugo, Dei gratia sancti Germani humilis abbas. Notum sit universis presentibus pariter et futuris Gislebertum de Longhessa, uxoremque ejus Eremburgem, filium quoque ipsorum Petrum, quem nos fecimus monachum, dedisse nobis et ecclesię nostre in elemosina (*a*) et (*b*) omnium antecessorum suorum animabus domum suam quam habebant in castro Mellenti, in terra domini Petri de Mellento sitam, volentibus hoc et laudantibus Willelmo, filio ipsius Petri, et domina Philippa matre Willelmi, et domino Radulfo de

(1) Les dates extrêmes sont celles de l'abbatiat de Hugues V.

Bellofonte, marito Philippe et vitrico Willelmi, eo videlicet tenore quod nos et ecclesia nostra eis et eorum heredibus reddemus quotannis in die Pasche vel in crastino tres solidos census pro domo eadem. De hac autem domo et de ipsius concessione investierunt predictus Willelmus et Philippa et Radulfus loco nostri (c) quendam monachum nostrum, Hugonem videlicet de Septulia, presentibus et videntibus his testibus quorum hec sunt nomina : Johannes miles cognomento Papellons, et Obertus serviens ejus. TESTES nostri : Gislebertus de Longhessa, Gauterius de Villa Nova, Teboudus filius Hugonis granatarii, Stephanus filius Radulfi coqui, Gislebertus coquus, Hugo Anglicus serviens monachi de Cella.

(a) *Un blanc dans le manuscrit après* elemosina. — (b) *Il faut évidemment suppléer* pro. — (c) *Un blanc dans le manuscrit après* nostri.

CCIX

S. d. [1162-1182] (1).

Hugues, abbé de Saint-Germain de Paris constate le serment de fidélité fait à ladite abbaye par Guillaume, maire d'Esmans (2).

B, fol 84.

Ego Hugo Dei gratia beati Germani Parisiensis humilis abbas tam futuris quam presentibus omnibus in perpetuum. Noverit universitas vestra quod Willelmus major de Emancto fecit fidelitatem ecclesie beati Germani in presentia nostra sicut homo de corpore, ubi interfuerunt isti : Raynaudus, Ansoldus, Philippus, Hugo de Septulia monachi, Stephanus Li Vaslet miles, Paganus de Ulcinis, Hugo mercator, Ingebertus de Antoniaco, Petrus de Noviomo, Robertus de Moreto, Willelmus de Pistrino, et alter Willelmus nepotes fratris Symonis, Ferricus de Emancto, Hym-

(1) Les dates extrêmes sont celles de l'abbatiat de Hugues V.
(2) Une note transcrite à la fin du ms. lat. 11951 (fol. 169 v°) de la Bibliothèque Nationale, d'une main de la fin du XII° siècle, contient un résumé de cet acte. Elle est ainsi conçue : « Guillelmus major de Emanto fecit fidelitatem ecclesie beati Germani sicut homo de corpore, in presentia domni abbatis Hugonis. Ubi interfuerunt Rainardus monachus, Ansoldus monachus, Philippus monachus, Stephanus Li Vaslez, miles, Paganus de Ulcinis... Petrus de Noviomo, Robertus de Moreto, duo nepotes... de Pistrino, Rainaudus de Hospitio, Alenus. »

bertus de Pistrino, Rauit de Pistrino, Raynaudus de Hospitio, Alanus, Crispinus. Post longum vero tempus, cum quadam die a nobis citatus sui nobis presentiam fecisset, et nos ei diceremus ut super quibusdam injuriis, quas nobis fecerat, sicut homo de corpore responderet, hominium et fidelitatem quam prescriptis audientibus et videntibus nobis fecerat, denegavit, eamque postea amicorum suorum usus consilio pariter et hominium recognovit. Milo etiam filius suus qui tunc presens aderat, quam prius ad mandatum nostrum facere recusavit, eandem postea consilio patris sui, Girardi etiam Brocarht et Stephani fratris ejusdem, Hugonis quoque de Noblen, Willelmi de Tavert, amicorum scilicet suorum, de contemptu etiam nobis satisfaciens, et flexis genibus rogans ut eam acciperemus, nobis et ecclesie spontanee fidelitatem fecit ut homo de corpore. Huic autem rei interfuerunt isti : Ansoldus, Roricus, Petrus, Hugo, Alardus, Robertus, Teobaudus, Landricus, Saymerus, Guido monachi. Ex laicis : Tevinus de Vitriaco et Henricus filius ejus, Matheus Bufeet, Hugo de Valentum, milites, Drogo carnifex et Stephanus filius ejus, Bernerius de Gonessa, Flohardus de Vitriaco, Gervasius de Villa Nova, Matheus major Ville Nove, Symon de Valenton, Petrus de Noviomo, Robertus de Moreto, Raynaudus de Yssiaco, Raynaudus de Hospitio, Johannes hospitiarius, Gislebertus coquus, Gislebertus carpentarius, Gislebertus decanus, Eduardus de Catiquanto, Willelmus gener ejus, Willelmus de Pisrtino, Girbertus portarius, Willelmus et Hugo matricularii, Ansoudet, Rauit, Symon filius marescalli, Stephanus filius Radulfi coqui, Rogerius claudus, Durandus major, Ingebertus decanus, Crispinus nepos ejus de Antoniaco. De Theodasio Odo parvus, Drogo, Raynaudus gener ejus. Ex parte Willelmi et Milonis filii ejus : Girardus Brocarht et Stephanus frater ejus, Hugo de Noblen, Willelmus de Tavart et alii plures.

CCX

S. d. [1162-1182] (1).

Hugues, abbé de Saint-Germain-des-Prés, constate le serment de fidélité prêté à ladite abbaye par Robert, maire de la Celle.

B, fol 84.

(1) Les dates extrêmes sont celles de l'abbatiat de Hugues V.

Notum sit omnibus presentibus et futuris quod ego Hugo, Dei gratia abbas sancti Germani de Pratis, Robertum majorem de Cella feci juramento firmare coram presentia nostra hominem (a) sancti Germani et nostrum ; huic autem rei interfuerunt quidam de monachis et de servientibus nostris : Rainaudus capellanus noster, Savinus, Balduinus, Philippus, Fulco infirmarius, Hugo capellanus noster, Hugo de Calliaco. De laicis : Hugo de Maciaco (b), Lancelinus (c) major de Pirodio, Himbertus de Pistrino, Herbertus, Achardus, Gesbertus de Pirodio, Alenus, Berengerius (d) de Rueilo, Guillelmus de Castro Forti, Robertus de Moreto, Rainaldus de Hospitio, Petrus major de Cella, Galerannus frater ejusdem Roberti, Hilduinus decanus, Gislebertus major, Boso.

(a) hominum B ; *il faut peut-être suppléer* esse. — (b) *en interligne* : I. denarium. — (c) *en interligne* : I. nummum.

CCXI

S. d. [1162-1182] (1).

Hugues, abbé de Saint-Germain-des-Prés, constate le serment de fidélité prêté à ladite abbaye par Roger l'Anglais et Guillaume le Normand.

B, fol. 84 v°.

Hugo, Dei gratia sancti Germani Parisiensis humilis abbas. Omnibus esse notum volumus hominibus quod Rogerius Anglicus, maritus Ermengardis de Antoniaco, et Willelmus Normannus, maritus Heluidis, fecerunt nobis fidelitatem sicut homines nostri de corporibus, eamque nobis et ecclesię nostre sacramentis firmaverunt coram testibus his quorum nomina sunt hec : Gauterius major Villę Novę, Durandus major Antoniaci, Engelbertus decanus, Lancelinus major Pirodii, Odo Vierius, Symon decanus de Valentone, Girardus, Thomas, Menardus, Garinus decanus, Garinus de Teodasio, Rainaldus filius Jordanni, Radulfus Imperator.

(1) Les dates extrêmes sont celles de l'abbatiat de Hugues V.

CCXII

S. d. [1162-1182 ?] (1).

Serment de fidélité prêté à l'abbaye de Saint-Germain-des-Prés par Marie, femme d'Arnoul, fils de Guérin Geneste d'Antony.

B, fol. 85.

Maria uxor Arnulfi, filii Garini Geneste de Antoniaco, fecit nobis fidelitatem sicut femina sancti Germani de corpore, coram his testibus : domino Teoino et domino Ferrico militibus, Duranno majore de Antoniaco et Engelberto decano, qui eam submonuerunt et adduxerunt coram nobis, Gauterio majore de Villa Nova, Roberto Pontonario et Girardo Torto et Hannardo et Aeno, et Thoma et Simone de Villa Nova sancti Georgii, Gervasio et Petro de Villa Nova Regis.

CCXIII

S. d. [1162-1182] (2).

Hugues, abbé de Saint-Germain de Paris, concède à Gilbert le Charpentier, l'office qu'avait déjà exercé son père.

Z. Copie du XIIᵉ s., Bibl. nat., ms. lat. 12194, fol. 3 v°.

EDIT. : Lasteyrie, *Cartulaire de Paris*, p. 463, n° 567, d'après Z.

Hugo Dei gratia sancti Germani Parisiensis abbas, omnibus ad quos presentis scripti pagina devenerit salutem. Noverit universitas vestra quod nos de assensu et voluntate tocius conventus nostri concessimus Gilleberto Carpentario ministerium paternum et officium ex integro, videlicet ut domos nostras con necesse fuerit quooperiat, obsequium cellarii in dolis et vasis ligandis et faciendis, et in aliis omnibus in quibus necessarium erit, artificium suum exequatur. In recompensatione vero laboris sui et opere, volumus

---

(1) L'acte est transcrit dans le cartulaire ✝✝✝ immédiatement après un acte de Hugues V, avant un acte de l'abbé Foulques. Je l'attribue provisoirement à l'abbatiat de Hugues V.

(2) Les dates extrêmes sont celles de l'abbatiat de Hugues V.

ut quoad vixerit habeat cotidie .iiii. panes, .ii. videlicet albos et .ii. bisos, dimidium sextarium vini generale con fabis, et in festis carnem quando alii servientes habebunt, et pro messe annuatim dimidium modium frumenti ad majorem minam, et tunicam unam precii .v. solidorum. Tempore autem vindemiarum, quamdiu dolia religabit, habebit cotidie unum denarium et veteres circulos, et dolaturas lignorum que in opere mitti non possunt. Concessimus etiam ei terram de Nans. Hec autem omnia ipsi in vita sua contulimus, ita ut si forisfecerit et emendare voluerit, teneat, sin autem, perdat. Que omnia ut rata maneant nec a posteris infirmari possint, scriptum cum cirographo fieri, et sigilli beati Germani et nostri impressione muniri mandavimus, adjunctis quorumdam fratrum et officialium nostrorum nominibus et signis.

CCXIV

S. d. [1162-1182] (1).

Hugues, abbé de Saint-Germain de Paris, fait savoir que Gui, maire de Suresnes, a été contraint de reconnaître devant la cour dudit abbé qu'il était homme de corps du monastère, et a prêté serment de fidélité comme tel.

'Z. Copie du xiie s., Bibl. nat., ms. lat. 12194, fol. 219.

Ego Hugo, Dei gratia abbas sancti GERMANI Parisiensis. Notum esse volumus universis presentibus pariter et futuris quod Guido, major de Surinis, astu malignitatis negabat se hominem nostrum et ecclesię nostre esse. Proinde nos submonuimus eum de jure et ad diem statutum undequaque congregavimus in curia nostra utriusque sexus fere quinquaginta de parentela predicti Guidonis. Qui omnes homines nostri de corpore parati essent approbare quod idem Guido sicut et ipsi homo noster esse debebat. At ille videns in abnegatione dominii nostri se minus provide ac sapienter egisse, nec resistendi juri nostro vires habere, sapienti usus consilio, ab incepto errore destitit et homagium nostrum publice confitens, fidelitatem nobis ut homo noster de corpore fecit, atque juravit sine malo ingenio quod nobis et ecclesię nostrę nostrisque successoribus fidelis semper existet. Ut autem memoria

(1) Les dates extrêmes sont celles de l'abbatiat de Hugues V.

hujus actionis in futurum non deleatur, scripto commendare id ipsum curavimus, et nomina testium qui huic rei interfuerunt annotari fecimus. Testes : Rainaudus sacrista, Hugo capellanus noster, Robertus cellerarius, Ulricus de Carnoto monachus, frater Simon, frater Arnulfus, Buchardus Veltri, Guillelmus frater ejus, Galerannus de Claemcurte, Paganus de Ulcinis, Fredericus de Issiaco, Ulricus Trossevache, Galterius carpentarius, Hilduinus decanus, Girbertus portarius, Guinerannus sutor, Stephanus cementarius, Reinboldus filius ejus, Petrus de Noviomo, Robertus de Moreto, Rauidius de Pistrino, Himbertus de Pistrino, Rainaldus de Hospitio, Alenus, Boso, Garinus filius Bernardi Potee, Petrus Ad Manum, Johannes de Niion, Radulfus frater ejus, Bonvis, Amalricus de Monte Calveto, Garinus de Theodasio, Haimo cocus, Petrus Galigerii, Tomas cursor noster, Levoinus cursor noster, Germundus filius Galterii. Ex parte Guidonis : magister Petrus avunculus ejus, Andreas de Sancto Clodoaldo.

CCXV

S. d. [1175-1182] (1).

Hugues, abbé de Saint-Germain de Paris, fait connaître la donation faite à ladite abbaye par Pierre de Longuesse et sa femme Hildeburgis de terres sises près de Longuesse.

B, fol. 82. — D, fol. 97.

[DE QUADAM ELEMOSINA NOBIS FACTA APUD LONGUESSA] (a).

[E]go Hugo, Dei gratia abbas sancti Germani Parisiensis, notum esse volo omnibus hominibus tam presentibus quam futuris dominum Petrum de Longuessa et uxorem ejus Hildeburgem, volentibus et concedentibus filiis et filiabus suis, dedisse in elemosina Deo et sancto Germano et abbati et monachis ejusdem loci, pro suis et omnium antecessorum suorum animabus, arpennos quos habebant juxta villam de Longuessa. Hanc elemosinam laudaverunt filii et filie eorum, Adam scilicet et Helvidis uxor ejus, et Gauterius et Evrardus filii domini Petri et Hildeburgis et filie

---

(1) *Le terminus ad quem* est celui de l'abbatiat de Hugues. Le *terminus a quo* est la date à laquelle le prieur Robert est mentionné dans les actes.

Emelina, Richildis, Adda et Damiana. Habuerunt autem de karitate ecclesie sancti Germani pro hac elemosina predictus Petrus .xxi. libras et .x. solidos, et Hildeburgis uxor ejus anulum aureum Adam .xx. solidos et Helvidis uxor ejus anulum aureum, Gauterius .v. solidos, Emelina anulum aureum, Richildis anulum aureum, Adda anulum aureum, Damiana .iii^{ou}. solidos. Harum omnium testes sunt hi : Robertus prior sancti Germani, Savinus monachus, Willelmus presbiter de Longuessa, dominus Gauterius de Longuessa et dominus Herbertus filius ejus, dominus Tevinus de Vitriaco, et Henricus filius ejus, Radulfus coquus, Gerbertus marescalcus, Rainaldus de Issiaco. Hujus elemosine donum posuerunt super altare sancti Vincencii coram conventu prefatus Petrus et Adam et Gauterius filii ejus. Huic rei interfuerunt testes : Petrus de Noviomo. Guinerannus Carduus, Rainaldus de Hospicio, Girbertus portarius, Radulphus Vigherous, Robertus Ad Virgam, Guillelmus matricularius, Hugo Rufus, Guinerannus Pigons.

(a) *Le titre manque dans B.*

CCXVI

S. d. [1178-1182] (1).

Hugues, abbé de Saint-Germain-des-Prés, en récompense des services qu'a rendus Renard, moine de ladite abbaye, par l'achat d'un pressoir à Etampes, attribue une somme de 20 sous, sur les revenus de Saint-Germain à Etampes, à la célébration d'un banquet annuel, ladite somme devant être, après la mort de Renard, affectée à la fondation de son anniversaire.

A. Original scellé, L 777, n° 2 bis.
C, fol. 185. — E, fol. 97. — Z. Copie du xviii° s., LL 1044, fol. 2 v°.

In nomine sancte Trinitatis. Ego Hugo, Dei gratia abbas sancti Germani de Pratis, notifico presentibus et futuris quod quidam frater noster, Rainardus nomine, emit a quodam milite, precio duodecim librarum, medietatem torcularis unius juxta Stampas. De quo in remuneratione istius boni et aliorum que ipse fecit, concedimus, concedentes statuimus, statuentes confirmamus, qua-

(1) Les dates extrêmes sont celles de la dernière mention à date certaine du prieur Robert, prédécesseur de Renaud qui souscrit l'acte, et de la fin de l'abbatiat de Hugues V.

tinus ille qui redditus nostros de Stampis colliget, reddat singulis annis ad festum sancti Remigii, conventui hujus sacri loci .xx^{ti}. solidos Parisiensium, qui expendantur in cenis, quamdiu predictus Rainardus vixerit. Post obitum vero ipsius in anniversario ejus, de istis et aliis .xx^{ti}. quos habebit conventus de Broilo, fiat fratribus plenaria refectio, quatinus magis delectet eos pro anima ipsius Domini misericordiam deprecari, et ipse mereatur delictorum suorum veniam consequi. Et ne hoc in posterum possit violari vel immutari, hanc cartam precepimus fieri et nostro sigillo corroborari, additis fratrum nostrorum nominibus et signis. *SS.* domni Hugonis abbatis. *SS.* Rainaldi prioris. *SS.* Willelmi supprioris. *SS.* Roberti tercii prioris. *SS.* Andree. *SS.* Aimerici. *SS.* Odonis. *SS.* Edmundi. *SS.* Ebrardi. *SS.* Osberti. *SS.* Roberti. *SS.* Gausfridi Pictavensis (*a*). *SS.* Gaufridi Brustin. *SS.* Hugonis de Septulio. *SS.* Rorici. *SS.* Hugonis. *SS.* **Martini.** *SS.* Willelmi de Dormella. *SS.* Gurrici. *SS.* Fulconis. *SS.* Nicholai, Johannis, Stephani, Simonis, Galterii, Johannis, puerorum. Fulco **scripsit et subscripsit.**

(*a*) *Les désignations* Pictavensis, Brustin, de Septulia, de Dormella, puerorum, *sont en interligne dans* A.

CCXVII

S. d. [1176-1182] (1).

Hugues, abbé de Saint-Germain de Paris, fait connaître la concession faite à son monastère par Geoffroi Polins, Geoffroi Gachet et son frère Guérin, de tous les droits dont les enfants d'Hulard de Champagne avaient hérité dans les bois de Samoreau du chef de leur oncle Geoffroi Gachet.

B, fol. 81 v°. — D, fol. 171. — G, fol. 49 v°.

[Pro quadam elemosina] (*a*).

In Dei nomine. Ego Hugo, Dei gratia sancti Germani Parisiensis humilis abbas, notum fieri volo tam futuris quam presen-

(1) Geoffroi Gachet est mentionné dans un acte de 1176 (cf. n° ccxx). D'autre part, c'est en 1176 que se place l'acquisition par l'abbaye de Saint-Germain-des-Prés du fief de Samoreau (cf. n° CLXXIII, et Longnon, *Polyptyque d'Irminon*, t. I, p. 222). Les dates extrêmes de l'acte sont donc celles de cette acquisition et de la mort de l'abbé Hugues.

tibus quod Gaufridus Polinis et Gaufridus Gaschet Garinusque frater ejus, quicquid filiis et filiabus Hulardi de Canpania de hereditate Gaufridi Gaschet avunculi eorum accidit in nemore de Samesiolo, nobis et ęcclesię nostrę in helemosina concesserunt, et facta donatione super altare beati Germani Parisiensis, astantibus monachis et laicis, liberum et quietum clameverunt. Et ipse Gaufridus Polinis adversus sorores suas et heredes earum, adversusque omnes qui aliquid in ipso nemore clamaverint, omnem garentiam in hac parte nobis et ęcclesię nostre se servaturum fideliter promisit. Huic autem concessioni quando facta fuit in domo nostra de Samesiolo presentes affuerunt hii : Stephanus de Canpenni (b) et Adam filius ejus, Aubertus, Gilo de Moreto, Stephanus de Avuns. Thevuinus miles de Vitri et Henricus filius ejus, Renaudus de Isiaco, Blundellus et Buchardus de Theodasio, Renaudus major, Gislebertus et Arnaudus, Theodericus, Adam de Avuns, Robertus presbiter de Avuns, Anmauricus (c) presbiter de Samesiolo. Donationi vero quando facta fuit super altare beati Germani astantes fuerunt hii : Matheus major Ville Nove, Radulfus coccus, Renaudus de Hospitio, Guillelmus de Pistrino, Girbertus portarius, Robinus de Hospitio. Teobaudus (d) de Pistrino et alii plures.

(a) *Le titre manque dans B*. — (b) Campenni *D*. — (c) Anmauricius *D*. — (d) Tebaudus *D*.

CCXVIII

S. d. [1176-1182] (1).

Hugues, abbé de Saint-Germain de Paris, fait savoir qu'il a acheté de Guibert de Vernou toutes les terres et redevances que ledit Guibert possédait sur la terre de l'abbaye à Samoreau.

B, fol. 91. — D, fol. 171 v°. — G, fol. 50.

[DE QUADAM EMPTIONE FACTA APUD SAMESIOLUM] (a).

Hugo, Dei gratia sancti Germani Parisiensis abbas, omnibus imperpetuum. Noverint presentes pariter et futuri quod nos omnia que Guibertus de Vernou (b) apud Samesiolum villam nostram

(1) Les dates extrêmes sont celles de l'acquisition par l'abbaye du fief de Samoreau et de la mort de l'abbé Hugues.

habebat, tam in nemore quam in plano, tam censibus quam decimis, ab ipso Guiberto dato pretio emimus, assensum prestante Gilone de Vernou, a quo ipse ea tenebat et Gilo a nobis, pro emptione quam feceramus de Samesiolo villa, a qua feodum illud ad nos proveniebat. Testimonium autem huic emptioni perhibent Aubertus de Moreto, in cujus manu fidem dedit sepedictus Guibertus se rectam garantisiam super hoc portaturum, Ansellus de Vernou et Gilo fratres, Milo de Vernou, Robertus de Cella, Daimbertus, Robertus de Moreto, Gauterius carpentarius, Johannes hospitialis, Raginaldus de Hospitio, Renerius, Bartholomeus. Istis etiam presentibus, Joscoinus (c) frater Guiberti hoc concessit, et Girardus de Livri sororius jamdicti Guiberti, qui fidem prestitit se rectam garantisiam portaturum. Blancha uxor Guiberti venditionem istam factam a viro suo laudavit, et vocavit ad se in testimonium, sicut est consuetudo in partibus illis, duos, Robertum videlicet de Cella et Harduinum de Vernou. Hiis interfuerunt Robertus de Moreto, Gislebertus carpentarius de Sancto Germano, Rainaldus major de Samesiolo, Gauterius quadrigarius. Odelina de Livri soror ipsius Guiberti, hoc similiter laudavit et in testimonium vocavit ad se Joscoinum fratrem suum, et Milonem de Samesiolo. Huic laudationi testimonium perhibent Robertus de Cella, Ansellus de Vernou, Radulfus, Teobaldus, Odo de Livri, Robertus de Moreto, Rogerius de Carnotinis, Gislebertus de Sancto Germano. Item Emelina soror Guiberti laudavit venditionem istam, et vocavit ad se in testimonium Renoldum de Matriolis et Xpistianum de Borrum. Hec testificantur Ansellus de Vernou, Helyas de Borrum, Robertus de Moreto, Gislebertus carpentarius de Sancto Germano. Ne autem imposterum hec calumpniari possent ab aliquibus, presens scriptum inde fieri mandavimus.

(a) *B ne donne pas de titre.* — (b) *Ici et ailleurs* Vernon *D.* — (c) Josdoinus *D.*

CCXIX

S. d. [1176-1182] (1).

Notice de la concession faite par dame Bouchage à l'abbaye de Saint-Germain-des-Prés du fief que ladite dame possédait à Samoreau.

B, fol. 91.

Item domina Boschagia laudavit et concessit nobis feodum illud quod apud Samesiolum villam nostram habebat, et super eo nos investivit ante monasterium de Avons. Huic rei testimonium perhibent : Bernardus, Willelmus, Robertus Postel, fratres nostri, Robertus presbiter de Avons, Gislebertus frater jamdicte domine, Stephanus d'Avons nepos ejus, Milo de Samesio cognatus ipsius, Gauterius de Doai, Stephanus Granche, et de servientibus nostris, Petrus de Noviomo, Radulfus cocus, Garinus, Ansoldus, Belinus, Xpistianus de Villa Nova. Nos autem intuitu concessionis hujus ipsi domine octo libras contulimus.

CCXX

S. d. [1176-1182] (2).

Hugues, abbé de Saint-Germain de Paris, fait connaître la cession faite à ladite abbaye par Geoffroi Gachet, son frère Guérin, sa mère Havise, sa sœur Aveline et sa femme Marie de tout ce qu'ils possédaient dans le bois de Samoreau.

B, fol. 81. — D, fol. 171 v°. — G, fol. 49 v°.

[ITEM PRO EADEM ELEMOSINA] (*a*).

Hugo, Dei gratia sancti Germani Parisiensis abbas, omnibus in perpetuum. Noverint presentes pariter et futuri quod Gaufri-

---

(1) La notice n'est pas datée. Elle est postérieure à l'acquisition du fief de Samoreau par l'abbaye de Saint-Germain, donc à 1176. D'autre part, elle est transcrite, dans le cartulaire +++, immédiatement après la charte de l'abbé Hugues relative à l'achat des domaines de Guibert de Vernou, et rattachée en quelque sorte à cette charte par le mot *item*. C'est ce qui peut justifier son attribution à l'abbatiat de Hugues V.

(2) Les dates extrêmes sont celle du début de l'abbatiat, à Saint-Pierre de Melun, de Mile, qui souscrit l'acte, et celle de la mort de Hugues.

dus Gaschet, et Garinus frater ejus, et Havisa mater eorum, et Avelina soror, et Maria uxor ipsius Gaufridi, concesserunt nobis et ecclesie nostre in helemosina quecumque in nemore ville nostre Samesioli tam in dominio quam in his que alius tenebat ab ipsis habebant, et super his nos investierunt apud Milidunum (*b*) in claustro infirmarie infra abbatiam. Confessa est etiam in presentia nostra Havisa, mater superius nominati Gaufridi, quod Gauterius vir suus illam partem nemoris que nobis ab ipsa et suis concessa erat, tenuerat in feodo a Stephano de Campiniaco, et ipsa post mortem viri sui ab ipso nec ab alio aliquo. Huic concessioni apud Milidunum facte presentes fuerunt ex parte nostra : Milo abbas sancti Petri Milidunensis (*c*), Harduinus prior, Radulfus subprior, Gauterius secretarius, Hubertus presbiter sancti Bartholomei, Garnerius frater ejus, Willelmus clericus et Salomon, Willelmus decanus, Manasses, Isembardus et Willelmus cocus, servientes abbatis, et Petrus Magnus de Sancto Ambrosio, et Radulfus de Sancto Marculfo. De servientibus nostris Gauterius carpentarius, Lisardus decanus Ville Nove. Ex parte Gaufridi et mulierum testes fuerunt : Johannes de Domna Maria, Bartholomeus Strabo, Milo de Samesio milites, quos superius nominate mulieres ad se vocaverunt in testimonium, sicut est consuetudo terre. Ad confirmationem etiam helemosine facte, Gaufridus Gaschet et Garinus frater ejus super his que nobi concesserant donum fecerunt super altare beati Vincentii Parisius, assistente conventu nostro, presentibus laicis et testimonium dato facto perhibentibus : Guineranno Pigon, Hugone Rufo, Guineranno Chareton, Willelmo et matriculariis. Nos vero in recompensatione donationis hujus sepefato Gaufrido .xx^{ti}.iii. libras, Garino fratri suo .xxx^{ta}. solidos, Havise matri eorum .xl. solidos, Marie uxori Gaufridi .xx. solidos et Aveline sorori eorum .xx^{ti}. solidos (*d*) contulimus. Cujus pecunie summa est .xx.viii. libre et dimidia. Ne hec autem a posterorum memoria elabi possent, tam datum quam testes, tam ipsam actionem quam etiam summam pecunie quam concedentibus dedimus, presenti scripto mandari decrevimus.

(*a*) *Pas de titre dans B; une main du* xvie *s. a ajouté* : des boys de Samoiseau. — (*b*) Melidunum *D*. — (*c*) Meledunum... Meledunensis *D*. — (*d*) et Aveline... XX^{ti} solidos *am. D*.

CCXXI

S. d. [vers 1176-1182] (1).

Liste des acquisitions faites pour Saint-Germain-des-Prés par l'abbé Hugues (2).

Z. Copie du xiie s., Bibl. nat., ms. lat. 13056, fol. 2. — Z'. Copie du xiie siècle, ibid., fol. 156.

HE SUNT EMPTIONES QUAS FECIT DOMNUS ABBAS HUGO IN ECCLESIA SANCTI GERMANI PARISIENSIS (a).

Apud Antoniacum pro querela (b) ipsius ville dedit quadraginta libras. Querela (c) talis erat : unus quisque ignis totius ville solvebat unam minam avene, et unum panem et unum denarium et unam gallinam, etiam si in una domo duo aut tres vel eo amplius essent ignes, redditum omnes redebant.

Pro libertate nemoris quinquaginta libras.

Militibus de Orcei pro vino et censu quadraginta libras.

Pro prato decem libras.

Apud Pirodium pro quinque solidis censalibus dedit sexaginta solidos.

Pro terra ibidem duodecim libras.

Apud Villam Novam pro vinea de Rigauth viginti duas libras.

Apud Emantum pro terra Guillelmi majoris .x. libras et .x. solidos.

Pagano de Warennis pro quindecim solidis censualibus dedit duodecim libras.

In hac villa pro vinea de Aas sedecim libras.

Pro terra Guillelmi de Rupe centum solidos.

Pro terra Evrardi quatuor libras.

---

(1) Le document paraît postérieur à 1176, date de l'acquisition par Saint-Germain-des-Prés du domaine de Samoreau. Il est, d'autre part, antérieur à la mort de l'abbé Hugues V.

(2) Bien que ce document ne soit pas une charte, et bien qu'il ne soit pas transcrit dans le cartulaire, il concerne de manière très directe le temporel du monastère, et résume pour ainsi dire une partie de la gestion de l'abbé Hugues, telle que nous pouvons la connaître d'après les actes émanés de lui et publiés plus haut. D'autre part, il se rapproche beaucoup d'autres actes relatifs à l'administration du même personnage, dont le cartulaire +++ nous a conservé le texte, et qu'on trouvera publiés ci-après. C'est ce qui me détermine à le publier ici.

Pro terra Johannis Parvi triginta et quinque solidos.

Pro vinea de Issiaco decem et octo libras (*d*).

Apud Meduntam pro prima domo quadraginta libras.

Pro alia domo optima quinquaginta duos libras, et pro alia que juxta illam est duodecim libras (*e*).

Apud Theodasium pro domo Crispini quatuor libris, et pro vinea missarum sexaginta solidos.

Pro terra quadam Petro de Longuessa [viginti] quatuor libras, et Gisleberto viginti libras, et Giloni genero suo centum solidos, et Emeline centum solidos, et Herberto centum solidos, et uxori sue quadraginta solidos.

Miloni .ccc. libras et uxori sue decem libras, et dominis feodi septuaginta libras.

Guiberto de Vernou et uxori et fratri et sororibus ejus triginta duas libras.

Gaufrido Guaschet et matri sue et uxori et fratri et sorori triginta libras.

Miloni de Wuldeio .xxx. et .i. libras et dominis suis decem libras.

Ade .xv. libras.

Stephano centum solidos.

Gaufredo Poleigni et sociis ejus centum et decem solidos pro nemore de Samesello.

Ferrico de Samesello quadraginta libras (*f*).

Hec omnia sunt de Samesello a .ccc. libris Milonis usque hic (*g*).

Petro de Musteriolo sexaginta solidos pro terra Mathei Bufe.

Teobaldo Froissepei .xv. libras pro terra de Samesiolo, et domino Stephano de Avons .xl. solidos.

Domine Boschagie .viii. libras pro concessione feodi de Samesiolo (*h*).

Aveline .c. solidos pro vinea de Portu.

Ernaldo .xxx. solidos pro vinea sua.

Uxori Huberti .xxx. solidos pro vinea sua.

Pro vinea Josberti .xx. solidos.

Pro prato Rainaldi .xx. solidos.

Dominus abbas Teobaldus commodavit Guillelmo majori de Emanto super medietatem suam furni de Emanto, et super terras et prata et censum .xxx.viii. lib. Et super hec eadem, dominus abbas Hugo commodavit ei .lx. sol. et super duos campos de Sabulis .c. sol. et super .viii. sol. census et .vi. d. lx. sol. De hoc censu debet Radulfus de Puteo .v. sol. et Patritius .iii. sol. et .vi. d. Summa .xl. lib.

Maria de Samesio debet nobis .IIII. lib. super prata sua de Emanto, Fulconi Marmerel .X. lib. et Henrico fratri ejus .XII. lib. pro his que accipiebant in grangia de Domno Martino.

(*a*) He sunt emptiones quam fecimus. Querelam de Antoniaco .XL. libris, Z'. — *Je donne le document d'après le texte Z, qui est plus complet en n'indiquant les variantes Z' que lorsqu'elles représentent des omissions ou des additions.* — (*b*) querula Z. — (*c*) Querela talis... redebant *omis dans Z'.* — (*d*) Willelmo majori de Emanto .X. libras pro domo sua et quadem terra *ajoute Z'.* — (*e*) et pro alia, etc., *om. Z'.* — (*f*) *Les articles relatifs à* Terricus de Samesiolo *et à* Petrus de Musterolio *sont intervertis dans Z'.* — (*g*) *Cette note est omise par Z'.* — (*h*) *Les articles suivants jusqu'à la fin sont omis par Z' qui ajoute au contraire une autre notice* : Fulconi Marmerel .X. libras et fratri suo Henrico .XII. libras pro hiis que accipiebant in grangia domni Martini. — (*i*) *Ce qui suit, omis par Z', est d'une autre main dans Z.*

CCXXII

S. d. [vers 1176-1182] (1).

État des fiefs tenus de l'abbaye de Saint-Germain-des-Prés.

B, fol. 94.

EDIT. : Longnon, *Polyptyque d'Irminon*, t. I, p. 223.

ISTA SUNT FEODA ECCLESIE BEATI GERMANI, QUE DE JURE DEBENT TENERE AB ECCLESIA HII QUORUM NOMINA SUBSCRIBUNTUR (*a*).

In episcopatu Xanctonensi, Willelmus de Rupe tenet castrum Joenziacum vocatum.

Comes de Monteforti tenet ab ecclesia castrum nuncupatum Beines, et feodum et dominium cum decima de Chasneio, et quecumque Robertus Chastiau, Rainaldus Chanpania, Willelmus de Monsterolio habent apud Grinun, salvis decimis nostris.

(1) Sur cette date, cf. Longnon, *Polyptyque d'Irminon*, t. I, p. 222. La rédaction de la partie principale du document est antérieure à 1176, date de l'acquisition de Samoreau par Saint-Germain-des-Prés. Mais la notice relative aux fiefs qui composaient le domaine de Samoreau, notice qui fit l'objet d'un complément d'état primitif, est transcrite dans le cartulaire +++, de la même main que cet état. Celui-ci ne doit donc pas lui être de beaucoup antérieur. D'autre part, une note relative à Geoffroi Poouz a encore été ajoutée après coup. Je me borne donc à dater la pièce des dernières années de l'abbatiat de Hugues V.

Radulfus de Toeni tenet ab ecclesia castrum vocatum Nongentum Eremberti et feoda.

. Nivardus de Septulia molendinum de Valle Baien et tensamentum Avene de Chasneio.

Petrus de Manlia quinque solidos in festo sancti Germani et quinque in festo sancti Remigii.

Hugo Pilet quicquid habet apud Laorcines juxta Sanctum Marcellum.

Fulco Marmeriaus .II. modios frumenti et .II^{os}. avene secundum mensuram Montis Calvuli et .xx. cappones.

In episcopatu Parisiensi, Guido de Caprosa terram de Chaneveriis juxta Neophilam et ea que Manesses Cadaver tenet ab eo apud Leviis.

Hugo de Sancto Eudone (b) tenet ab ecclesia similiter .VI. modios avene apud Bonum Vilare.

Vicecomes Castrensis ea que dominus de Ville Moisum tenet ab eo apud Theodasium et Choisi, sicut Dodo de Attiis tenet de domino de Villemoysum, et ea que habet in nemore de Avrenvilla, et ea que Thomas Caromacra tenet ab eo.

Galdricus de Chatenvilla quinque solidos apud Broilum et terram apud Pirodium quam Radulfus tenet.

Hugo de Baston molendinationem de Avrenvilla et usuarium in nemore ad corpus molendini reficiendum.

Paganus Tasellus terram apud Avrenvillam et apud Pirodium.

Thomas de Castris villam quamdam que vocatur Viller, et quicquid habet in molendino de Brolio.

Garinus de Guillervilla villam Perrox vocatam.

Teobaldus de Balisi ea que habet apud Spinolium.

Vicecomes de Corboilo .v. solidos et unum solidum.

Galerannus Panerius .x. solidos in censibus Ville Nove.

Ansellus (c) de Paris quinque solidos et unum salmonem.

Hugo de Valentone quicquid habet apud Villam Novam et Valenton, nisi censualiter teneat, et est homo ligius.

Landricus de Villa Nova torcular suum et porprisiam suam.

Petrus filius ejus, domum .Galterii Malferas et porprisiam suam.

Petrus de Monterel hoc quod habet in vico Sancti Benedicti et in vico Sancti Severini.

Hugo Bibens hoc quod habet in parrochia de Theodasio.

Ferricus de Theodasio hoc quod habet apud Theodasium, Villam Novam et Villam Judeam, et est homo ligius.

Jordanus, frater ejus, hoc quod habet apud Theodasium et Pirodium, et est homo ligius.

Ansellus hoc quod habet apud Pirodium.

Ansellus de Briueriis hoc quod habet apud Campum Renintru et Catiquantum.

Johannes de Maci Mulniaus, et Ambleviler, et Broilum et feodum Roberti de Sancto Mederico apud Vanvas.

Guido Boisellus .x. modios vini.

Odo de Gif .x. modios vini apud Antoniacum.

Hugo de Bullis .III. modios avene ad parvam minam apud Antoniacum.

Bucchardus Veltrio quicquid habet apud Yssiacum et Meldunum et que ibi tenentur ab eo, exceptis his que de Hugone de Bullis tenet et que Petrus de Parvo Ponte tenebat ab eo apud Banneola.

Willelmus Veltrio frumentum et consuetudines quas Odo, burgensis Parisiensis, tenet ab eo apud Villam Novam Regis, et .III^{os}. solidos apud Antoniacum, et .II. solidos et dimidium in hac villa, et feodum Eustachii de Bivera, de domo sua de Monte.

Ammalricus de Melduno furnum de Melduno.

Ferricus de Issyaco .VII. arpenos terre apud Issyacum.

Petrus de Issyaco terram apud Issyacum.

Johannes, filius Petri Girboldi, quicquid habet apud Issyacum, excepto hoc quod tenet de Buccardo Veltrione.

Hugo de Forcuissa hoc quod Matheus de Chastenai et Bartholomeus tenent ab eo apud Filio[li] curtem et Sanctum Leodegarium, et insulam de Spinosa.

Harcherius quicquid habet in hac villa et que Matheus Bufez in eadem tenet ab eo, et culturam Galterii, exceptis his que tenent a nobis ad censum.

Willelmus de Sancto Germano domum suam hujus ville et molendinum de Caticanto, et est homo ligius.

Hugo de Calvo Monte castellulum de Parvo Ponte, et burgum circa, et ea que habet apud Caticantum, et medietatem nemoris de Jardiis, et .xxx. solidos die festo sancti Germani, et ea que tenet ab eo Ammalricus de Melduno apud Meldunum, et Plexeium quod Hugo tenet de eo, et feoda que tenent apud Yssiacum Hugo et Herbertus, et pratum insule Sequane, et terciam partem usuarii in terra insule que est juxta pratum, et feodum Anselli de Ivriaco, quod est apud Antoniacum, et ea que Ivo de Villonen tenet ab eo, et Bucardus de Chastenai tenet de Ivone et est apud Antoniacum.

Teobaldus Dives ea que habet apud Laorcines juxta Sanctum Marcellum.

Manasses Cadaver Parriniacum cum adjacentiis, et quicquid

Teodericus de Parreni habet apud Villam Judeam, et duos burgenses apud Corbolium et Ororium Repositum, et quicquid ipse Manasses habet apud Maciacum et Villam Haymonis et quicquid Simon frater suus, Johannes de Maciaco, Petrus de Munellis, Bucchardus Veltrio, Guido de Cella, Stephanus de Berner, Beroudus de Bordiaus, et alii plures tenent ab eo, et villam que vocatur Voysina, quam Symon frater suus tenet ab eo, et aliam villam que vocatur Vilers juxta Gornacum, et in Bria feodum Gisleberti de Bello Videre et altera .IIII^{or}. feoda.

Bucchardus de Saviniaco terram et prata apud Saviniacum.

Johannes de Versailes unum furnum in Judearia qui vocatur Basez, et tres talamos ad tres solidos censuales (d), et .III. solidos de censu et unum molendinum nomine Bogerial (e) en Mibraii.

Johannes de Corcellis quicquid Ivo et Garinus Ferrum Asini tenent ab eo juxta Antoniacum, et hoc quod Garinus Ferrum Asini tenet ab eo apud Rodolium, et villam que vocatur Limons que Willelmus filius ejusdem Garini tenet ad census .III. solidorum.

Stephanus Palmerius quicquid habet apud Antoniacum, nisi censualiter teneat.

Gaufridus de Orceio hoc quod jamdictus Stephanus tenebat ab eo apud Antoniacum.

Bucchardus de Hanemont quicquid habet apud Antoniacum et domum quam Evrardus de Berner tenet ab eo.

Crispinus de Antoniaco terram apud Antoniacum.

Gaucherius de Marivas quicquid habet apud Theodasium et Cheosi, et quicquid alii ibi tenent ab eo.

Ferricus de Corbolio .II. modios bladi in grangia nostra Ville Nove ad parvam mensuram ejusdem ville.

Willelmus Marmerellus unam vineam apud Villam Novam et quicquid habet apud Theodasium, nisi censualiter teneat (f).

Radulfus [li Granz] de Marli feodum unum apud Marli (g).

In episcopatu Meldensi, Symon de Colli quicquid habet in eadem villa et quic[quid] alii tenent ab eo, et custodiam.

Apud Nongentum vicecomitatum quem Johannes tenet ab ecclesia, et est homo ligius, et hoc quod alii tenent ab eo.

Et homo qui vocatur Tuebof quandam terram.

Vicecomes Senonensis .IIII^{or}. libras quas Galterius de Montchaven tenet de eo, et Monteniacum villam, et ea que illi de Montiniaco habent apud Sorgas.

Gaufridus li Ferles molendina sua de Mosteriolo, et virgultum, et nemus de Forgiis, et census de Mareschiis ubi partitur cum Sancto Germano, et medietatem caducorum quae ad nos pertinent super hominibus de corpore qui mansionarii sunt in burgo Sequane apud Monsteriolum.

Freherius de Monsteriolo .xx. solidos quos Herbertus Taphet tenet ab eo et .xii. solidos quos Fania tenet ab ipso, et .v. solidos quos Stephanus Sirons tenet de eo, et quinque solidos quos Adam de Cellis tenebat ab ipso.

Gauterius Cornutus quicquid habet apud Matriolas et que alii tenent ibi ab eo , exceptis corporibus hominum ; et omnes decimas, exceptis his que in dominio habet ecclesia ; et feodum Evrardi de Mortuo Mari, et feodum Damberti, et feodum Willelmi Mali Monachi, et feodum Herberti Taphet, et feodum Hugonis de Pontloe, et feodum Erenburgis, et feodum Rotlandi Majoris, et feodum Gaufridi Pennelin, et feodum Maynardi Felfunet, et feodum Stephani Ceci, et quicquid habet apud Sanctum Germanum in terra et in aqua in dominio.

Evrardus de Mortuo Mari feodum de Moteus et feodum quod Gontellus tenet ab eo.

Guntelmus tenet ab ecclesia suum molendinum de Matriolis.

Iterius de Malo Nido corvadas de Malo Nido.

Godefridus de Palai quicquid alii tenent ab eo apud Monmacho et .x. solidos et .iii. obolas quos monachi de Cones tenent ab eo.

Guido clericus de Miliduno quicquid habet apud Pringi et apud Bosanville, et quicquid Ludovicus, nepos suus, tenet ab eo.

Siguinus Canbitor de Stampis quicquid habet apud Bonum vilare et Rovreoi.

Rollandus de Matriolis, Joisede cognomine (*h*); terram apud Matriolas.

FEODA QUE AD NOS PERTINENT PRO EMPTIONE SAMESIOLI.

Stephanus de Avons tenet a nobis medietatem nemoris Gauteriz et medietatem molendini de Valevain, et tres culturas apud Valevain, et feodum Stephani Grangen.

Herveus Forestarius tenet a nobis duas partes terre apud Valevain a dextra et sinistra parte rivi, cum labitur et decidit in Sequana.

Hugo de Brocea .III. solidos de censu.

Harduinus quicquid habet apud Samesiolum.

Stephanus Grangia quadrantem nemoris de Samesolio, quem soror sua tenet ab eo.

Joffredus (*i*) Pooz habet in Avreinvilla terciam partem quinque consuetudinum; terciam partem tallie trium hospitum : in festo sancti Remigii .XVIII. denarios census, in Natali Domini .XIIII. denarios, in festo sancte Marie in marcio .VI. solidos, in festo sancte Marie in augusto .VI. denarios vivente Ansello majore, eo mortuo .XVIII. denarios; terciam partem duorum sextariorum avene quando terre que debent illam consuetudinem fructificant, duos sextaria bladi pro campiparte, sextum denarium quando nemus venditur.

(a) *Ce titre est joint au texte dans le ms.* — (b) *En marge, avec un renvoi* Yonio. — (c) *Le mot* Ferris *a été ajouté en interligne.* — (d) *La syllabe* in *et tout ce qui suit jusqu'à* censuales *ont été ajoutés en interligne.* — (e) *Les mots* nomine Bogerial *ont été rajoutés en interligne.* — (f) *Les mots* nisi censualiter teneat *ont été rajoutés en interligne.* — (g) *Cet article a été rajouté en marge et le mot* li granz *ajouté lui-même à cette addition en interligne.* — (h) *Les mots* Joisede cognomine *ont été rajoutés en interligne.* — (i) *Ce qui suit est d'une autre main.*

CCXXIII

S. d. [vers 1176-1182] (1).

Liste des fiefs tenus de Geoffroy Pooz.

B, fol. 87 v°.

Hugo de Bastunnis est homo ligius Gualfridi Pooudi de molendino de Bastunnis et de suo herberagio et de hoc quod habet apud Chetenvillam et quod tenetur de eo et de feodo Paguani Rassel, unde est homo ejus ligius.

Ansellus de Chetenvilla est homo ligius predicti Gualfridi de hoc quod habet apud Chetenvillam, absque medietate decime ejusdem ville et duobus hospitibus de sancto Ionio, et de hoc quod habet in vigearia apud Castra et quod tenetur de eo, et de tali feodo quem tenebat ab eo Hubertus Borrez et de suis antecessoribus, scilicet de hoc quod est apud salictam, et de hoc quod est ultra Juniani de matrimonio matris Hugonis de Bastunnis.

Balduinus de Aienvilla est homo ligius predicti G. de hoc quod habet apud Aienvillam, a medietate scilicet usque ad Mesnil et de eodem Mesnil quodcumque tenetur ab eo, scilicet vineas et terras et decimam de Lardi et domum in plateam.

Bartholomeus Bernardus est homo ligius ejusdem G. de hoc

(1) Le document n'est pas daté, mais paraît destiné à compléter l'article additionnel transcrit à la suite de l'état des fiefs de Saint-Germain-des-Prés. Je l'en rapproche donc.

quod habet apud Bonnas, et quod tenetur ab eo, et de feodo Johannis de Mesnil Giraudi et de communi censu de Stampis et apud Guainunvillam et apud Mandegius, et est de eodem feodo quod tenet Balduinus apud Aienvillam ab altera parte mote in supernis, et de hoc de Dunnemaria quod idem Balduinus tenet de eo, totum de feodo predicti G., et quod Havis Potache tenebat apud Cheteinvillam et quod tenebatur ab ea. Unde est Johannes de Mesnil Giraudi homo G. Pooudi ligius.

Thomas Caromacra est homo ejusdem G., sicut feodum requirit, de omni quod habet apud Avreinvillam et quod ab eo tenetur, et de hoc quod habet apud Castra de terra et hospitibus communibus inter se et Gualterium heremitam, et de hoc quod habet apud Villam Novam et quod tenetur ab eo, et propter hoc venit Guido Caromacra ad Odonem Pooudum causa guarandisie, et guarandisiavit ei sicut de matrimonio.

Bucardus Pooudus est homo ligius ejusdem .G. de omni hoc quod habet apud Rotam et quod tenetur ab eo, et de terra Theobaldi de Vallegrinosa, quantum habet ibi et quod tenetur ab eo.

Dominus de Villa Moissun est homo G., sicut feodum requirit scilicet de tali feodo quem Dodo de Beure tenebat de eo.

Guido de Alneto est homo ejusdem G., sicut feodum requirit, scilicet de hoc quod Ansoudus de Basili tenebat de eo apud Avreinvillam, et de hospitibus de Castris, qui sunt ejus et Hugonis Carnificis et Pagani fratris, et de residuo si potest excogitari.

Hugo de Gravele est homo G., sicut feodum requirit, de feodo quem Galterius de Brugeriis teent de eo, et de eo quod Hugo de Busteaus tenet apud Ver et alibi.

Thomas de Brueriis Seeles est homo G. de terra apud Firmitatem quam Adam de Cramoel tenebat de eo.

Oliverius de Lardi est homo ejusdem G. de vigearia et de justicia que tenetur ab eo.

Illud feodum quod Guarinus de Ver tenet de Roberto de Anvers procedit a Gualfrido Poodo.

Hospites Theobaudi de Ver debent .II. solidos censuales apud festum sancti Remigii pro vigearia a rivo de Maesroles.

Pastus (a) sive receptus quantum debet ecclesia ista Meldensi episcopo : triginta panes quales monachi comedunt in refectorio, unus modius vini, quinque solidate carnis vel, si maluerit, quinque solidi, .XII. galline, dimidia libra piperis, tres sestarii avene.

(a) *Ce qui suit est d'une autre main.*

CCXXIV

S. d. [vers 1176-1182].

Liste de ceux qui tiennent à cens des maisons de Saint-Germain-des-Prés.

B, fol. 101.

EDIT. : Lasteyrie, *Cartulaire de Paris*, p. 479, n° 585, d'après *B*.

CENSUS DOMORUM VILLE SANCTI GERMANI.

Rainaldus de Hospicio unam. Radulfus presbiter unam. Odo Rufus unam. Rogerius Parmentarius unam. Hermengardis unam. Havidis la Garlande unam. Richardus Gode unam. Teboudus de Versaleis unam. Ferricus quadrigarius unam. Teobdus unam. Odo Gastinellus unam. Gaufredus Anglicus unam. Rogerius de Capite Villę unam. Stephanus Coillefort unam. Gislebertus bubulcus unam. Giroudus li Borrers unam. Willelmus Beloz unam. Petrus asinarius unam. Willelmus Pevrels unam. Bernerius unam. Robertus furnerius unam. Fromundus unam. Hisembardus clausarius unam. Alelmus unam. Galterius Normannus unam. Maria la Desvee unam. Radulfus de Emanto duas. Gislebertus decanus unam. Hodierna decana unam. Willelmus Dodins unam. Guinandus unam. Guido Galichers unam. Hugo Mazue unam. Radulfus de Sancto Sulpicio unam. Robertus Parvus unam. Hilduinus clausarius unam. Hersendis uxor Ogeri unam. Ramulfus unam. Cuchewi unam. Petrus de Barra unam. Germundus filius Belini unam. Johannes de Vughon unam. Richardus Turbo unam. Ravis unam (*a*). Leiardis uxor Gauterii carpentarii unam. Landricus Rufus unam. Odo Parvus unam. Hugo filius Antes unam. Helvidis uxor Antes unam. Guinerannus sutor unam. Stephanus verrarius unam. Willelmus Pistor unam. Stephanus clausarius unam. Menoudus li Aboberre unam. Engelbertus marescalcus unam. Johannes nepos abbatis unam. Robertus de Moreto unam. Teobaldus Saillenbein unam. Guido filius Evrardi Pinel unam.

---

(1) L'acte n'est pas daté, mais il se trouve transcrit dans le cartulaire +++ au milieu d'autres pièces du même genre relatives à l'abbatiat de Hugues V, et les noms de quelques-uns des personnages qui y sont mentionnés se retrouvent dans d'autres documents datant de la seconde partie de ce même abbatiat.

Stephanus Ghions unam. Gauterius quadrigator unam. Johannes Parmentarius unam. Robertus Caro Asini unam. Germundus filius Gauterii carpentarii unam. Gaufridus Rufus unam. Johannes Parvus unam. Gibere unam. Gislebertus carpentarius unam. Radulfus clausarius unam. Robertus ad Vaccas unam. Stephanus pistor unam. Robertus li Gohuns unam. Stephanus de Calliaco unam. Teobaldus de Pistrino unam. Herbertus Brochez duas. Rogerius coquus unam. Radulfus presbiter unam. Juliana unam. Renardus unam. Thomas duas. Thomas duas pro .v. solidis (*b*). Robertus Surdus unam. Stephanus cementarius unam. Gauterius unam. Petrus de Crispeio unam et dimidiam. Johannes Pes Anseris unam pro .III. solidis (*b*). Seguinus unam pro .IIII. solidis (*b*). Adam petrarius unam. Petrus quadrigator unam. Gislebertus major unam. Bartholomeus de Noviomo unam. Willelmus matricularius unam. Girardus justisiator unam. Terricus Apostolicus unam. Gislebertus Blundels unam. Gislebertus coquus unam. Johannes hospitalarius unam. Petrus castellanus unam. Joscelinus Hoperon unam. Odo sartor unam. Guinerannus Pijons unam. Stephanus Fillons unam. Emelina filia Guinerani pistoris unam. Willelmus Pictavensis unam. Rogerus Teste unam. Gaufredus sartor unam. Willelmus portarius unam. Susanna uxor Roberti le Gris unam. Herbertus Curtus unam. Richardus li Teisseranz unam. Girbertus portarius unam. Hilduinus major unam. Hugo Rufus unam. Guinerannus Carduus unam. Engerboudus unam. Gislebertus filius Noel unam. Isabels unam. Teboudus unam.

(*a*) *Ce mot a été corrigé d'une main postérieure en* duas. — (*b*) *Les indications* pro .v. solidis, pro .IIII. solidis *ont été ajoutés en interligne.*

CCXXV

S. d. [1162-1182] (?) (1).

Hugues, abbé de Saint-Germain-des-Prés, fait connaître la concession faite audit monastère, en y prenant l'habit religieux,

(1) L'acte n'est pas daté. Malgré les indications modernes qui accompagnent la pièce et la place du temps de Hugues VI, je l'attribue, très dubitativement, à l'abbatiat de Hugues V, en raison du caractère de l'écriture, qui semble être plutôt de la fin du XIIe siècle que du début du XIIIe. D'autre part, Gui, maire de Suresnes, qui y est mentionné, figure également dans un acte du temps de Hugues V (*Supra*, n° CCXIV).

par Gilbert de Meulan, des terres que celui-ci tenait en fief de Herbert, seigneur en partie de Longuesse, et avait d'abord données à Gilon, mari de sa fille Mathilde.

A, Original jadis scellé, L 780, n° 49.

Hugo, Dei gratia sancti Germani Parisiensis abbas, omnibus in' perpetuum. Noverit presens etas omniumque sequtura posteritas quod Gislebertus de Mellent, nunc conversus noster et confrater illam terram quam Giloni, cum filiam suam Mathildem duxit uxorem apud Longuessam dederat, a Herberto partis ipsius ville domino in feodum et hominium tenebat, et a Gisleberto Gilo gener suus eam tenebat. Cum autem ipse Gislebertus se et sua ecclesie nostre contradidit, feodum illud in manum Herberti dimisit et se devestivit. Super eo autem feodo ipse Herbertus et mater ejus Emelina et uxor ejus Sezilia nos investierunt. Unde et Gilo qui ante a Gisleberto terram matrimonii sui tenebat, de mandato ipsuis Gisleberti a nobis eam suscepit, sub censu annuo .XII^{cim}. denariorum, qui nobis et successoribus nostris in eternum solvetur, et sic translatum est dominium ad nos, et ille Gilo et heres suus censuales nostri et successorum nostrorum erunt, et ab eis terram illam tenebunt, et nobis et ipsis justiciam sicut censuales exibebunt. Que omnia ut rata maneant, presentis scripti adtestatione et sigillorum beati Germani et nostri impresione munivimus. Huic actioni interfuerunt. Galterius de Longuessa, Herbertus filius ejus, Petrus de Longuessa, Thomas gener ejus, Tiboldus, Paganus, Alermus, Ulricus de Calvo Monte, Erveus de Longuessa, Thostanus. Ex parte nostra interfuerunt Theoinus de Vitriaco et Enricus filius ejus, Guido major de Susrisnis et Lambertus filius ejus, Rainadus de Ysiaco, Hengerbertus Mariscalcus, Garinus, Guillelmus nepos ejus, Guillelmus de Grinon, et etiam huic rei interfuit Guillelmus presbiter de Longuessa.

(*Traces de deux sceaux sur double queue*).

CCXXVI

S. d. [1162 ?-1182 ?] (1).

Généalogies d'hommes de l'abbaye de Saint-Germain-des-Prés.

(1) La première des notices dont on trouvera ici le texte semble se rattacher au procès à la suite duquel Gui, maire de Suresnes, fut obligé de se reconnaître homme de corps de l'abbaye de Saint-Germain-des-Prés (*supra*, n° CCXIV), procès qui est de l'époque de Hugues V. J'en rapproche deux notices analogues, conservées par des copies du XIIe siècle.

I

Z. Copie du XIIe s., Bibl. nat., ms. lat. 12194, fol. 219 v°.

Hęc est progenies Guidonis majoris de Sirinis : Vitalis et Tiboldus et Herenburgis fuerunt frater et soror, et fuerunt homines Sancti Germani de corpore.

[Col. 1]. De Vitali exierunt Aalardus et Albertus et Aales. De Aalardo Girelmus et Giroldus et Hemelina de Castellione et Avelina de Tirannis et Hirdeburgis de Monte Rubeo et Ligardis de Atrio. De Alberto Legardis de Nemore. De Aales Maria; de Maria Frodo Comes. De Giroldo Odelina. De Girelmo Menardus, Maria, Heluisa, Osanna. De Ligardi de Atrio Richildis uxor Guillelmi. De Richildi Stephanus. De Hildeburgi Ingelrannus et Gencelina et Rohes. De Emelina Gislebertus et Johannes. De Avelina Gislebertus. De Legardi de Nemore Durannus et Radulfus.

[Col. 2.]. De Tiboldo exierunt Bordinus et Avelina et Hisemburgis. De Bordino exierunt Guido et fratres et sorores ejus. De Avelina sorore Bordini Brunellus et Osanna et Alburgis. De Osanna Aubertus presbiter et Arraudus et Flandinus. De Alburgi Ingelrannus et Balduinus et Aldonnus et Gibelina. De Brunello Ingelburgis et Matildis. De Flandina Herbertus et Maria. De Balduino Hermundus et Heluis. De Haudonno Durandus et Avelina et Doda. De Gibelina Robertus et Galterius et Ermengardis. De Aurando Jacolina.

[Col. 3]. De Herenburgi Hugo miles et Doda et Ermengardis. De Doda Evrardus major et Robertus et Adelina et Menaldis et Rohes et Grossa. De Adelina Hilderius et Gibelina. Hildeardis Gerlent. Andreas presbiter. De Menaldi Hildoardus major Caticanti et Richardus major de Arcolio. De Rohes Fulbertus et Stephanus et Senata et Heremburgis. De Grossa Giroldus et Henricus. De Giroldo Ingelarius et Hirdeburgis uxor Roberti. De Henrico Ingelrannus et Josbertus et Robertus et Ermentrudis et Guntildis. De Gerlent Teoinus. De Hilderio Alburgis. De Fulberto Herbertus, Garinus, Adalardus, Guido. De Senata Berta, Alena, Robertus, Petrus, Hisabel.

II

B, fol. 86 v°.

Johannes et Guinerannus coci et Erchemboldus et Jocelinus Diffidens Deum fratres fuerunt. Johannes duxit in uxorem Alietru feminam nostram de corpore, utpote filiam Hudeberti hospitalarii; de quo Hudebert exivit Revoldus Paganus, Landricus hospitalarius, Fulcho hospitalarius et jamdicta Aletruz; et de Aletruz exivit Estouz cocus et Evrardus Cratecul et Agnes. De Agnes exivit Garinus et Beatriz et Odelina. De Garino exivit Gaubertus aulutarius. De Beatriz Guillelmus cognatus Gauberti. De Odelina Harcherius clericus.

III

Z. Copie du XII° s., Bibl. nat., ms. lat. 13056, fol. 125 v°.

David et Robertus fratres fuerunt germani.

De David exierunt Herbertus et Hersendis. De Herberto Stephanus. De Stephano Willelmus et Robertus et Freesindis. De Hersinde uxore Stephani Capalu exivit Robertus Capalu, Susanna, Gilberga. De Roberto Evrardus et de Susanna Hugo. De Hugone Teboudus, Petronilla uxor Evardi et uxor Haimonis coci. De Gilberga uxor Johannis hospitalarii et uxor Anselmi Avril.

De Roberto exivit Garinus. De Garino Guido presbiter, Paganus et Robertus de Corceliis et Adelina de Laoniis et Odelina de Medonta et Belina de Grinnon, Thetia Sancti Germani et mater Guiberti decani.

IMPRIMÉ

PAR

PHILIPPE RENOUARD

19, rue des Saints-Pères

PARIS

PUBLICATIONS
DE LA SOCIÉTÉ DE L'HISTOIRE DE PARIS

MÉMOIRES DE LA SOCIÉTÉ DE L'HISTOIRE DE PARIS. *Paris*, 1874-1909, 36 vol. in-8°. 288 fr.

PLAN DE PARIS de Truschet et Hoyau, 8 feuilles in-plano, dans un carton, et notice par J. Cousin. *Paris*, 1874-1875, in-8°. 30 fr.

PARIS PENDANT LA DOMINATION ANGLAISE (1420-1436), documents extraits des registres de la Chancellerie de France, par A. Longnon. *Paris*, 1875, in-8°. 10 fr.

LES COMÉDIENS DU ROI DE LA TROUPE FRANÇAISE, documents recueillis aux Archives nationales, par E. Campardon. *Paris*, 1878, in-8°. 10 fr.

JOURNAL D'UN BOURGEOIS DE PARIS (1405-1449), publié par A. Tuetey. *Paris*, 1880, in-8°. 10 fr.

DOCUMENTS PARISIENS SUR L'ICONOGRAPHIE DE SAINT LOUIS, publiés par A. Longnon. *Paris*, 1881, in-8°. 8 fr.

JOURNAL DES GUERRES CIVILES DE DUBUISSON-AUBENAY, publié par G. Saige. *Paris*, 1882-1883, 2 vol. in-8°. 20 fr.

POLYPTYQUE DE L'ABBAYE DE SAINT-GERMAIN-DES-PRÉS, publié par A. Longnon. *Paris*, 1885-1895, 2 volumes in-8°. 20 fr.

L'HÔTEL-DIEU DE PARIS AU MOYEN AGE, histoire et documents, par E. Coyecque. *Paris*, 1888-1891, 2 vol. in-8°. 20 fr.

ÉPITRE DE G. FICHET SUR L'INTRODUCTION DE L'IMPRIMERIE A PARIS, publiée en fac-similé, avec préface par L. Delisle. *Paris*, 1889, in-8°. 6 fr.

UN GRAND ENLUMINEUR PARISIEN DU XV° SIÈCLE, Jacques de Besançon, par P. Durrieu. *Paris*, 1892, in-8°. 10 fr.

LETTRES DE M. DE MARVILLE, lieutenant général de police, au ministre Maurepas, publiées par A. de Boislisle. *Paris*, 1896-1905, 3 vol. in-8°. [Tome I, épuisé.] 30 fr.

DOCUMENTS PARISIENS DU RÈGNE DE PHILIPPE VI DE VALOIS (1328-1350), publiés par Jules Viard. *Paris*, 1898-1900, 2 vol. in-8°. 20 fr.

DOCUMENTS SUR LES IMPRIMEURS, LIBRAIRES, etc. (1450-1600), publiés par Ph. Renouard. *Paris*, 1901, in-8°. 10 fr.

LÉGENDE DE SAINT DENIS, reproduction des miniatures, etc. Notice par H. Martin. *Paris*, 1908, gr. in-8°. 25 fr.

TABLES DÉCENNALES DES PUBLICATIONS DE LA SOCIÉTÉ, par F. Mareuse. *Paris*, 1885, 1894 et 1909, 3 vol. in-8°, chaque 5 fr.

BULLETIN DE LA SOCIÉTÉ DE L'HISTOIRE DE PARIS ET DE L'ILE-DE-FRANCE. *Paris*, 1874-1909, 36 vol. in-8°. 180 fr.

On peut se faire inscrire comme souscripteur sur la présentation de deux membres de la Société.

Le prix de la cotisation est de 15 fr. par an.

www.ingramcontent.com/pod-product-compliance
Lightning Source LLC
Chambersburg PA
CBHW070631160426
43194CB00009B/1425